高等学校"十三五"规划教材

生产与运作管理

任继勤 方 勇 孙泽人 ◎ 编著

·北京·

内 容 简 介

《生产与运作管理》系统介绍了生产与运作管理的概念、理论和实务,兼顾了制造业和服务业,体系完整,涵盖了生产与运作的战略、系统的设计、系统的运行、系统的维护与改进四大部分。

《生产与运作管理》在战略方面重视企业的战略目标的制定和选择;在系统的设计方面以需求管理与预测为主要依据,注重生态、产品和服务设计及能力规划、流程选择与设施布置,并且在工作系统设计中考虑了员工的情况;在系统的运行方面,以现代制造业和服务业为主;在系统的维护与改进方面,融入了新的元素。本书各个章节前设有学习目标和案例,在章节中有案例分析、思考练习等内容,体例活泼,逻辑清晰,有较强的针对性和实用性。

本书适合于工业工程、信息管理与信息系统、工商管理等专业的师生使用,也可供对生产与运作管理的理论与实务感兴趣的各界人士参考。

图书在版编目（CIP）数据

生产与运作管理/任继勤,方勇,孙泽人编著.—北京:化学工业出版社,2020.11（2022.7重印）
高等学校"十三五"规划教材
ISBN 978-7-122-38013-5

Ⅰ.①生… Ⅱ.①任…②方…③孙… Ⅲ.①企业管理-生产管理-高等学校-教材 Ⅳ.①F273

中国版本图书馆 CIP 数据核字（2020）第 231307 号

责任编辑：王淑燕　　　　　　　　　　　　文字编辑：陈小滔　王春峰
责任校对：宋　夏　　　　　　　　　　　　装帧设计：刘丽华

出版发行：化学工业出版社（北京市东城区青年湖南街13号　邮政编码100011）
印　　装：天津盛通数码科技有限公司
787mm×1092mm　1/16　印张19　字数502千字　2022年7月北京第1版第2次印刷

购书咨询：010-64518888　　　　　　　　　售后服务：010-64518899
网　　址：http://www.cip.com.cn
凡购买本书,如有缺损质量问题,本社销售中心负责调换。

定　　价：55.00元　　　　　　　　　　　　　　　　　　　　　版权所有　违者必究

前言

随着科学技术的不断进行,生产与运作管理水平不断提高,新的生产方式和管理模式层出不穷。生产与运作管理的进展和其国家的经济实力、社会文化发展水平密切相关。《生产与运作管理》教材既要国际化,与世界经济发展同步;又要本土化,与中国的实际国情相符合。

本书介绍了近年来的新方法、新理论和案例,既有国外知名公司阅读材料和案例,又有国内的案例穿插在相应的部分;本书注重图书的实用性,案例的本土化,帮助读者掌握所学方法和技能的应用,例如大规模定制、精益生产、人工智能等。全书可分四个部分介绍。第一部分是绪论,介绍生产与运作管理基本概念、企业的生产率、竞争力和战略;第二部分是生产与运作系统的设计;第三部分是生产与运作系统的运行;第四部分是生产与运作系统的维护与改进。

本书具有以下 3 个方面的特色。

1. 实用性强,通俗易懂

为了便于教师教学和学生学习,帮助学生掌握这门课程的内容要点,每一章都有相关的基本理论讲解,同时,有一定数量的思考题、案例、随堂讨论等。

2. 制造业和服务业并重

由于我国地域经济发展的不平衡性,有的区域以服务业为主,有的区域以制造业为主,所以本书以二者并重的形式出现。

3. 新的方法和理念

介绍了近年来的新方法、新理念和案例,如大规模定制、精益生产等。

本书由任继勤、方勇、孙泽人编著。笔者多年从事生产与运作管理的教学和科研工作,积累了较为丰富的教学和实践经验,研究生薛琦玮、李晶晶、杨雅文、洪占江和郭远萱等同学参与了书稿的整理工作。本书的出版得到了化学工业出版社有限公司的大力支持,在此表示衷心的感谢!同时,得到了北京化工大学 2016 年本科教材建设项目(北化大校教发〔2017〕3 号)的支持。

本书提供教学课件 PPT、电子教案、模拟试卷、习题和答案,可以登录化学工业出版社有限公司教学资源网(www.cipedu.com.cn)下载。

本书适合于工业工程、信息管理与信息系统、工商管理等专业的师生使用,也可供对生产与运作管理的理论与实务感兴趣的各界人士参考。

限于编者水平,书中难免存在不妥之处,敬请兄弟院校教师和读者批评指正。

编著者
2020 年 10 月

目录

第一章 绪论 / 001

第一节 生产与运作管理概述 / 002
一、生产与运作管理的概念 / 002
二、生产与运作管理的目标和研究内容 / 004
三、生产与运作管理的作用 / 007

第二节 生产与运作管理的类型 / 008
一、制造业产品生产的类型 / 008
二、服务性运作的类型与特点 / 010
三、产品生产与服务运作的异同 / 012

第三节 生产与运作管理发展的历程与趋势 / 012
一、生产与运作管理的发展历程 / 012
二、传统和现代的生产与运作管理 / 015
三、生产与运作管理的发展趋势 / 018

本章小结 / 019
练习题 / 019

第二章 生产率、竞争力和战略 / 020

第一节 生产率的目标 / 021
一、生产率的概念及其计算 / 021
二、生产率的影响因素 / 023
三、提高生产率的对策 / 023

第二节 核心竞争力 / 024
一、企业竞争力的含义 / 025
二、核心竞争力的含义 / 026
三、生产与运作职能在竞争中的关键作用 / 028

第三节 战略管理与战略目标 / 029
  一、战略管理 / 030
  二、战略目标 / 034
第四节 战略制定 / 035
  一、战略制定的因素分析 / 035
  二、战略制定的程序 / 037
本章小结 / 037
练习题 / 037

第三章 需求预测方法和技术 / 038

第一节 预测概述 / 038
  一、需求管理 / 039
  二、预测的概念和分类 / 039
第二节 定性预测 / 041
  一、专家会议法 / 041
  二、德尔菲法 / 042
  三、对比类推法 / 044
第三节 定量预测 / 044
  一、因果分析法 / 045
  二、时间序列法 / 046
  三、预测误差监控及预测方法选择 / 048
本章小结 / 048
练习题 / 049

第四章 产品和服务设计及能力规划 / 050

第一节 产品和服务设计 / 051
  一、设计创意构思的来源 / 051
  二、产品和服务设计的内容和相关问题 / 051
  三、服务设计 / 053
第二节 新产品的研究和开发 / 054
  一、新产品的研究 / 054
  二、新产品开发步骤 / 056
  三、新产品设计的方法 / 057
第三节 能力规划的相关问题 / 058

一、能力规划 / 059

二、能力规划的步骤 / 060

三、产能规划的特点 / 061

四、能力的测评 / 062

第四节 有效生产能力和生产能力规划的制定 / 064

一、有效生产能力 / 064

二、能力规划的制订 / 065

三、服务能力规划 / 067

本章小结 / 069

练习题 / 069

第五章 流程选择与设施布置 / 070

第一节 流程的选择及战略 / 070

一、流程的类型和战略 / 071

二、流程绩效衡量 / 073

第二节 业务流程重构 / 075

一、业务流程重构的起源及应用 / 075

二、业务流程重构的主要程序 / 076

三、业务流程重构的特性及反思 / 078

第三节 战略资源组织：设施布置 / 078

一、设施布置概述 / 078

二、典型设施的布置 / 080

三、设施布置决策的定量分析 / 082

第四节 流水生产线的基本特征及平衡 / 085

一、流水生产线的特征及组织条件 / 085

二、生产线平衡及相关概念 / 086

三、生产线平衡及计算 / 087

第五节 单一品种流水线的组织设计 / 089

一、单一品种流水线组织设计的一般内容 / 089

二、单一品种流水线组织设计的具体方法 / 089

本章小结 / 091

练习题 / 091

第六章 工作设计与作业测定 / 092

第一节 报酬的基本概述 / 093
一、报酬概述 / 093
二、员工激励 / 095
三、激励方法 / 096

第二节 工作设计 / 097
一、工作设计基础 / 098
二、工作设计的模式 / 101
三、工作设计的内容、原则和方法 / 103
四、工作设计的基础理论 / 107

第三节 工作的条件及测定 / 110
一、工作条件 / 110
二、工作测定 / 111
三、工作测定的主要方法 / 114

第四节 动作研究 / 115
一、动作研究的概念 / 115
二、动作研究的工作程序 / 117
三、动作研究的工具 / 118

本章小结 / 120
练习题 / 120

第七章 选址规划与评估 / 121

第一节 选址决策 / 122
一、选址条件及战略 / 122
二、设施选址方式及供应链 / 123
三、选址的宏观和微观影响因素 / 125

第二节 全球性选址 / 127
一、全球性选址概述 / 128
二、影响全球性选址决策的因素 / 130

第三节 选址分析 / 131
一、制定选址方案的程序 / 131
二、商场选址作业规范 / 132
三、不同类型企业选址分析 / 135

第四节 选址的流程和方案评价 / 140
一、工厂选址流程 / 140
二、选址评价 / 142
三、设施选址决策评价方法 / 142

本章小结 / 148

练习题 / 148

第八章　库存管理 / 149

第一节　库存管理的含义和发展过程 / 149
一、库存管理概述 / 150
二、库存管理的发展过程 / 152
三、库存管理的目标和主要解决的问题 / 152

第二节　库存控制的策略和方法 / 154
一、库存订货量系统及订货策略 / 154
二、订货方法 / 156

第三节　单周期库存控制 / 160
一、期望损失最小法 / 160
二、期望利润最大法 / 161
三、边际分析法 / 161

本章小结 / 162

练习题 / 162

第九章　综合计划与主生产计划 / 163

第一节　生产计划 / 163
一、生产计划概述 / 164
二、计划的制订和编制 / 165
三、计划、执行与操作 / 167

第二节　平稳生产能力策略与追逐需求策略 / 168
一、需求的概述 / 168
二、生产能力概述 / 169
三、生产能力策略 / 170
四、策略选择 / 172

第三节　综合计划 / 172
一、综合计划概述 / 172
二、综合计划目标 / 173
三、综合计划的编制 / 175

第四节　主生产计划 / 178

一、主生产计划概述 / 178

二、主生产计划的编制 / 180

三、制订主生产计划的程序和方法 / 181

本章小结 / 183

练习题 / 183

第十章　物料需求计划和企业资源计划 / 184

第一节　物料资源需求计划 / 184

一、物料资源需求计划的概念及原理 / 185

二、物料资源需求计划在行业中的应用及分类 / 187

三、物料资源需求计划系统的结构 / 188

四、物料资源需求计划系统的运算逻辑 / 195

第二节　制造资源计划 / 196

一、制造资源计划系统的工作原理及编制过程 / 196

二、制造资源计划的特点 / 198

第三节　能力需求计划 / 199

一、能力需求计划和粗能力计划及详细能力计划 / 199

二、能力需求计划的工作原理及其编制 / 200

三、能力需求计划平衡与输出 / 202

第四节　企业资源计划 / 202

一、企业资源计划概述 / 203

二、企业资源计划系统的功能模块 / 204

三、企业资源计划系统的实施运用 / 207

本章小结 / 208

练习题 / 208

第十一章　生产作业计划与控制 / 209

第一节　生产作业计划及作业计划标准 / 209

一、生产作业计划特点及主要研究
　　内容 / 209
二、作业计划标准的定义及其分类 / 212
三、生产作业计划的编制方法 / 213

第二节　作业排序 / 215
一、概述 / 216
二、作业排序的优先调度规则 / 216
三、作业排序方法 / 217

**第三节　单件小批生产系统的作业
　　　　　计划 / 219**
一、单件小批生产及其特征 / 220
二、产能分析及管理系统 / 220
三、单件小批生产系统的 QCDES
　　管理 / 221

第四节　服务业的作业计划 / 221
一、服务业作业计划及主要问题的解决
　　办法 / 221
二、排队系统结构及类型 / 222
三、人员班次计划及计算 / 223

第五节　生产控制 / 225
一、控制的种类 / 225
二、控制方式 / 226
三、基本程序 / 228

第六节　现场管理 / 230
一、现场管理及其标准 / 230
二、现场管理制度 / 231
三、现场管理的核心要素及其工具 / 233
四、现场管理的方法及实施 / 234

本章小结 / 235
练习题 / 235

第十二章　质量管理与控制 / 236

第一节　质量与质量管理 / 237
一、质量 / 237
二、质量管理 / 239
三、质量管理体系 / 240

第二节　质量管理常用的统计方法 / 242
一、质量统计基本原理 / 243

二、质量管理的工具 / 244

　　三、六西格玛管理 / 248

　　四、其他质量管理方法 / 249

第三节　全面质量管理 / 252

　　一、全面质量管理的概念及特点 / 252

　　二、全面质量管理常用的工作方法——PDCA 循环 / 253

本章小结 / 255

练习题 / 255

第十三章　设备管理与维护 / 256

第一节　设备管理概述 / 257

　　一、设备及设备管理 / 257

　　二、设备管理的演进 / 258

第二节　设备的选购种类、选择、安装与调试 / 260

　　一、设备的种类 / 260

　　二、设备的选择与评价 / 261

　　三、设备的安装与调试 / 263

第三节　设备的合理使用和维护保养 / 264

　　一、设备的合理使用 / 264

　　二、设备的磨损理论 / 265

　　三、设备的故障曲线 / 266

　　四、设备的维修 / 267

第四节　设备的更新与改造 / 269

　　一、设备的寿命与更新 / 269

　　二、设备的技术改造 / 270

本章小结 / 271

练习题 / 271

第十四章　新型生产运作方式 / 272

第一节　准时生产 / 273

　　一、准时生产的生产方式和目标 / 273

　　二、准时生产的基本手段 / 273

　　三、实现适时适量生产的管理工具——看板 / 275

第二节 精益生产 / 276
一、精益生产的内容及特点 / 276
二、实现精益生产的关键因素及优势 / 277

第三节 敏捷制造 / 279
一、敏捷制造的基本理念 / 279
二、敏捷制造的特点和三要素 / 280
三、敏捷制造技术基础 / 281

第四节 大规模定制 / 283
一、大规模定制概述 / 283
二、大规模定制实施的相关问题 / 285
三、大规模生产与大规模定制 / 286

第五节 约束管理 / 287
一、约束管理及其指标 / 287
二、约束管理分析——产能 / 288

本章小结 / 291

练习题 / 291

参考文献 / 292

第一章 绪论

【学习目标】
1. 掌握生产与运作管理的概念;
2. 理解生产与运作管理的研究内容;
3. 了解生产与运作管理的作用;
4. 了解企业生产与运作管理的发展历程;
5. 掌握生产与运作管理的特征。

案例

福特流水线生产

1908年福特公司为其生产T型车的工厂进行生产模式的变革,把操作流程改造成像"河流与支流"一样的流水线生产模式,生产用机器设备和加速装置布满了工厂的每个角落。随着小的部件通过流水线逐渐组合成更大的部件,T型车就这样诞生了。从装配磁线圈开始到最后一道装配工序,零件通过传送带自动传送,并且每一道工序被细分为更小的操作任务,从而使生产率大幅度提高。这种生产模式的结果令人吃惊,以前平均1个工人装配1辆T型车需要728小时,而现在却只需93分钟,生产率提高的直接结果是生产成本的下降,企业的年收入由200万美元增加到37600万美元,而T型车的价格反而由780美元/辆降为360美元/辆。

启发思考:
(1) 流水线生产模式给世界加工业带来了哪些深远的影响?
(2) 如何通过改变生产方式提高生产率?

生产活动是人类最基本的实践活动,而生产管理就伴随着生产活动出现。人类最早的管理活动就是对生产活动的管理。本章阐述生产与运作管理的基本概念、管理目标和研究的基本内容,讨论生产运作的分类、各类生产运作的类型和特征,以及生产与运作管理的演进史,探讨生产与运作管理的新发展和面临的问题,阐明学习生产与运作管理的目的和意义。

生产与运作管理是企业管理的一项基本和重要的职能管理,也是一门实践性很强的管理学科。本课程主要讲授生产与运作管理的计划、组织和控制等重点内容,并介绍现代生产管理的新方法和新发展。通过本课程学习,可较为系统地掌握现代生产与运作管理的基本理论、原则和方法,基本掌握生产过程中实现资源优化配置、提高生产效率和效益的管理技能与方法。

第一节
生产与运作管理概述

本节主要介绍的是生产与运作管理的概念、目标、研究的内容和作用。

一、生产与运作管理的概念

1. 生产与运作管理概念的起源和发展

生产与运作是人类社会赖以生存和发展的最基本活动，对其的管理活动有着悠久的历史。但作为一门实践性极强的管理学科，它却是伴随着近代产业革命的发展而出现的，其目的是研究如何将生产要素组织成现实的生产力以有效地创造出产品和服务。与此相近的概念有生产管理、制造管理、作业管理、运作管理、生产与运作管理、运营管理、服务管理等，这些名称从侧面反映了这一学科的发展过程。

生产管理（production management）的主体一般是指产业革命以来的工业企业，制造业是其中的典型代表，作业（流程）管理是其中的重点。生产是人类社会获得一切财富的源泉。不从事生产活动，人类就无法生存，社会也无法发展。所以，自企业组织出现以来，生产职能一直就是企业经营安身立命之本。

生产与运作管理（production and operations management）表明学科的重心从第二产业向第三产业的转换，如图1.1所示。随着时代的发展，人类社会生产活动的内容、方式不断发生变化。生产活动的领域也不断扩大。因此，现在的生产管理被很多人改为生产与运作管理。

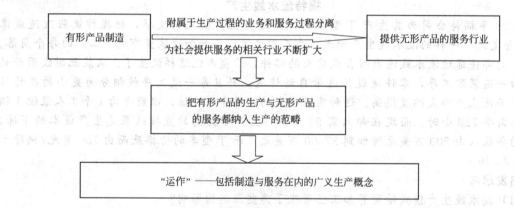

图1.1　生产与运作管理概念的发展

运作/运营/服务管理（operations management）则主要面对的是服务性企业。在英文里 production 含有生产有形物质产品的意思，而 operation 的含义较广泛，可以指既包含制造有形产品的制造活动，又包含提供无形产品的劳务活动。

为了能够更好地反映学科发展的连续性，本书采用"生产与运作管理"这一名称。生产与运作管理可定义为关于企业生产系统的设计、运行与改进的管理过程。本书中的"生产"与"运作""运营"概念基本是一致的，未进行详细区分。

2. 企业的主要功能及其决策

企业是微观经济的主体，它通过制造产品或提供服务来为社会创造价值，进而获得利润。企业的组织经营包括基本功能和支持功能。基本功能包括营销、运作、财务，三者相互依存。支持功能包括人力资源、信息系统等。在一个组织中，功能领域是决策的主要职能，每种作业不可能只考虑自己的决策职责，而是要与其他作业一起进行决策。功能及其决策如表1.1所示。

表1.1 功能及其决策

关键领域决策	运作决策界面
市场营销 谁是顾客和顾客需要什么 市场大小(容量) 配送渠道 定价 新产品引进	质量设计和质量管理 所选择的流程类型和要求的生产能力 产品的库存量和存放地点 质量、生产能力和库存 交叉功能工作小组
市场运作 员工技术水平 雇员人数以及全职和兼职 员工培训 岗位设计 工作团队 用户需求确定 信息系统设计 软件开发 硬件的取得	所选流程类型和自动化 生产能力和工序决策 质量改进 流程和技术选择 运作中的所有决策 系统应该支持运作中所有的用户 系统应该有助于流水线作业，支持所有的运作决策 软件要能满足生产能力、质量、库存和工序决策要求 硬件要支持运作中的自动化决策和作业软件
市场财务 资金的可靠性 转换过程的效率 净现值和现金流 过程费用和岗位费用 运作评价	库存水平、自动化程度、所选择流程类型和生产能力 流程类型的选择、过程流程和价值增值确定 自动化、库存和生产能力 所选择的流程类型 费用系统

市场营销功能专门负责创造需求和销售。市场营销直接面向顾客和需求，市场营销在决定企业将要销售产品的数量上具有十分重要的作用，需要进行产品选择、定价和做出促销决策。市场营销运作决策需要确定配送产品到顾客的配送渠道，这项决策对产品库存量和存放地点选择有影响。市场营销部门的定价决策不仅影响产品质量，而且影响到生产和库存水平。

运作功能负责生产产品和服务。产品销量直接影响诸如流程类型选择，如生产线、批量和产品，以及所需生产能力等的决策。因此，市场与运作的决策需要高度整合。客户需求对产品的设计质量很有影响，并且要保持作业质量的一致性。

财务功能负责提供资金支持。财务决定资金运用的有效性、投资回报、企业经营的风险性、现金流和运作效果。资金的有效性影响库存水平、生产能力和财务的自动控制程度，每项作业决策的效果都可以从资金回报和现金流中观察到，这些决策也影响股东的回报。生产转换过程的效率与财务业务有关，并且反映在流程选择、流程安排以及消除无价值增值的步骤等运作决策中。

显然，不论一个社会个体选择经营中的哪个专业，都与生产与运作管理密切相关。对所有的商务职业来说，理解运作决策十分重要，因为每个人都会直接地或在功能决策时涉及运作决策。

3. 生产与运作活动的过程以及环境关系

从过程角度来看，把输入资源按照社会需要转化为有用输出，实现价值增值的过程就是运作活动的过程，也就是生产与运作管理。不同行业、不同社会组织的输入、转换、输出的主要内容各有不同，见表1.2。其中，输出是企业对社会做出的贡献，也是它赖以生存的基础；输入则由输出决定，生产什么样的产品决定了需要什么样的资源和其他输入要素，见图1.2。一个企业的产品或服务的特色与竞争力，是在转化过程中形成的。因此，转化过程的有效性是影响企业竞争力的关键因素之一。

表 1.2 "输入—转换—输出"的典型系统

系统	主要输入资源	转换	输出
汽车制造厂	钢材、零部件、设备、工具	制造、装配汽车	汽车
学校	学生、教师、教材、教室	传授知识、技能	受过教育的人才
医院	病人、医师、护士、药品、医疗设备	治疗、护理	健康的人
商场	顾客、售货员、商品、库房、货架	吸引顾客、推销产品	顾客的满意

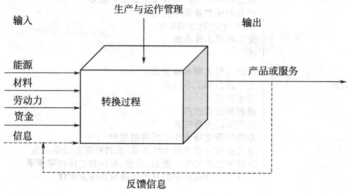

图 1.2 生产与运作系统的输入与输出

生产与运作的系统观把不同行业的不同系统统一成一体。例如，制造业的转换系统是一种从原材料到产成品的材料的转换；而在服务业中转换过程被用来将输入转换成为服务型输出，如航班服务要用资金输入来购买飞机和设备，要有飞行员、服务员和支持性人员的输入，生产出安全、可靠、快速和高效的运输。所有的系统都会与其内部和外部环境发生交互作用。交叉功能决策已经反映了内部环境之间的交互作用，而与外部环境的交互作用发生在运作与经济、物质、社会和政治环境方面，见图1.3。

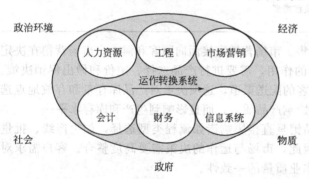

图 1.3 企业运作与环境关系图

企业运作被它周围的环境包围着，而且不断与环境发生着交互作用，这些交互性关系要求企业运作必须不断地监视环境，并且在必要时使企业运作做出相应的调整。今天的全球商务与经营的瞬息万变，使运作过程的不断调整与变化本质上已成为企业生存与发展的一种手段。系统观点可以帮助我们理解如何使企业运作从环境变化中解脱出来，而不是必须去适应这些变化。

二、生产与运作管理的目标和研究内容

1. 目标

激烈的市场竞争对企业提出了越来越高的要求，这种环境要求就是企业生产与运作管理的目标，包括四个方面：时间、质量、成本和服务。

时间是指满足顾客对产品和服务在时间方面的要求，即交货期要短而准。质量指满足顾客对产品和服务在质量方面的要求。成本指满足顾客对产品和服务在价格和使用成本方面的

要求，即不仅产品在形成过程中的成本要低，而且在用户使用过程中的成本也要低。服务指提供产品之外为满足顾客需求而提供的相关服务，如产品售前服务及售后服务等。因此，生产与运作管理的根本任务，就是在用户需要的时间内提供所需数量的合格产品和满意服务。

为实现生产与运作管理的根本任务，由此引申出生产与运作管理的三个基本问题。

① 如何保证适时、适量地将产品投放市场。在这里，产品的时间价值转变为生产与运作管理中的产品数量与交货期控制问题。在现代化大生产中，生产所涉及的人员、物料、设备、资金等资源成千上万，如何将全部资源要素在需要的时候组织起来，筹措到位，是一项十分复杂的系统工程。这也是生产与运作管理所要解决的一个最主要问题——进度管理（delivery management）。

② 如何保证和提高产品质量。质量包括产品的使用功能（functional quality）、操作性能（quality of operability）、社会性能（quality of sociality，指产品的安全性能、环境性能以及空间性能）和保全性能（maintainability，包括可靠性、修复性以及日常保养性能）等内涵。生产与运作管理要实现上述的产品质量特征，就要进行质量管理（quality management），包括产品的设计质量、制造质量和服务质量的综合管理。

③ 如何才能使产品的价格既为顾客所接受，又为企业带来一定的利润。这涉及人、物料、设备、能源、土地等资源的合理配置和利用，涉及生产率的提高，还涉及企业资金的运用和管理，归根结底是努力降低产品的生产成本。这是生产与运作管理所要解决的成本管理（cost management）问题。

2. 研究内容

生产与运作管理的研究内容可从企业生产运作活动过程的角度分析。就有形产品的生产来说，生产活动的中心是制造部分，即狭义的生产。所以，传统的生产管理学的中心内容主要是关于生产的日程管理、在制品管理等。但为了进行生产，生产之前的一系列技术准备活动是必不可少的，例如工艺设计、工装夹具设计、工作设计等，这些活动可称之为生产技术活动。生产技术活动以产品的设计图纸为基础，所以在生产技术活动之前是产品的设计活动。"设计—生产技术准备—制造"这样的一系列活动，才构成一个相对较完整的生产活动的核心部分。

当今技术日新月异、市场需求多变，产品更新换代的速度越来越快。这种趋势一方面使企业必须经常地投入更大精力和更多资源进行新产品的研究与开发；另一方面，由于技术进步和新产品对生产系统功能的要求，使企业不断面临生产系统的选择、设计与调整。这两方面的课题从企业经营决策层的角度来看，其决策范围向产品的研究与开发，生产系统的选择、设计这样的"向下"方向延伸；而从生产管理职能的角度来看，为了更有效地控制生产系统的运行，生产出能够最大限度地实现生产管理目标的产品，生产管理从其特有的地位与立场出发，必然要参与产品开发与生产系统的选择、设计，以便使生产系统运行的前提——产品的工艺可行性、生产系统的经济性能够得到保障。

按照生命周期理论，本书将生产与运作管理内容的框架分为四个部分：战略的制定、生产运作系统的设计、生产运作系统的运行、生产运作系统的维护与改进，见图1.4。

（1）战略的制定

战略包括决定产出什么，如何组合各种不同的产出品种，为此需要投入什么，如何优化配置所需要投入的资源要素，如何设计生产组织方式，如何确立竞争优势等。战略的制定离不开预测，包括预测市场的需求等内容，其目的是为产品生产及时提供全套的、能取得令人满意的技术经济效果的技术文件，并尽量缩短开发周期，降低开发费用。

（2）生产运作系统的设计

生产运作系统的设计包括产品或服务的选择和设计、设施的定点选择、设施布置、服务

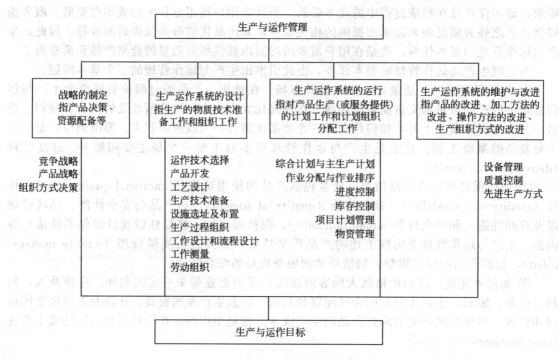

图 1.4 生产与运作管理框架图

交付系统设计和工作设计等。生产运作系统的设计一般在设施建造阶段进行,但在系统的生命周期内,不可避免地要对系统进行更新,包括扩建新设施,增加新设备,或者由于产品和服务的变化,需要对生产运作设施进行调整和重新布置等。在这种情况下,会遇到生产运作系统设计问题。如果产品和服务选择不当,将导致方向性错误,造成人力、物力和财力无法弥补的损失。厂址和服务设施选址不当,将直接决定产品和服务的成本,影响生产经营活动的效果,这一点对服务业尤其重要。

(3) 生产运作系统的运行

生产运作系统的运行主要解决生产运作系统如何适应市场的变化,按用户的需求输出合格产品和提供满意服务的问题,主要涉及生产计划、组织与控制三个方面的内容。

生产计划解决生产什么、生产多少和何时产出的问题。这包括预测对本企业产品和服务的需求,确定产品和服务的品种与产量,设置产品交货期和服务提供方式,编制运作计划,做好人员班次安排,统计生产进展情况等。

制订了详细的生产计划以后,生产与运作管理的组织功能要求对参与企业生产的原材料、机器、设备、劳动力、信息等各要素,生产过程中的各个工艺阶段、各个方面进行合理的组织和协调,进行生产工作,保证按计划完成生产任务。

在企业的生产管理实践中,为了保证计划能够顺利完成,最经济地按质、按量、按期完成生产任务,必须对分析工作得出的有关生产过程的信息及时反馈,与生产运作计划相对比,纠正偏差。这一过程称为"控制",主要包括接受订货控制、投料控制、生产进度控制、库存控制和成本控制等。对订货生产型企业,接受订货控制是很重要的,是否接受订货、订多少货,是一项重要决策,它决定了企业生产经营活动的效果。投料控制主要是决定投什么、投多少、何时投,它关系到产品的出产期和在制品数量。生产进度控制的目的是保证零件按期完工,产品按期装配和出产。库存控制包括对原材料库存、在制品库存和成品库存的控制。如何以最低的库存保证供应,是库存控制的主要目标。

总之，为了取得良好的经济效益，生产与运作管理应很好地完成计划、组织、控制职能，做到综合平衡。计划工作着眼未来，是对生产工作各个方面、各个阶段的总体安排；组织工作围绕生产过程，保证生产计划的完成；控制工作立足现在，根据分析得出的生产信息，对未来的生产过程进行纠偏和监督，使各生产环节相互之间紧密结合，保证按品种、按质量、按交货期完成生产任务。

(4) 生产运作系统的维护与改进

任何系统都有生命周期，如果不加以维护和改进，系统就会终止。生产运作系统的维护与改进包括对设施的维修与可靠性管理、质量的保证、整个生产运作系统的不断改进和各种先进的生产方式和管理模式的采用。

三、生产与运作管理的作用

生产与运作管理实质上就是创造涉及投入到产出的产品或服务的转变或转换过程，并且在这个转换过程中实现价值增值。生产与运作管理是对组织中负责制造产品或提供服务的职能部门的管理。生产与运作管理、财务管理和市场营销被誉为现代企业经营的三大基石。

从企业经营的过程来看，企业经营过程是人们利用各种投入，例如：资本、劳动和信息，通过一个或多个转换过程（例如储存、运输、切割）创造出产品或服务，并且为确保获得满意的产出，需在转换过程的各个阶段进行检测（反馈），并与制定好的标准做比较，以决定是否需要采取纠正措施（控制）。企业生产运作过程见图1.5。

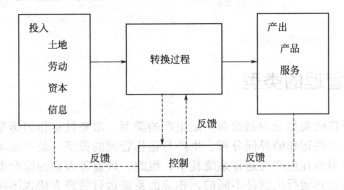

图 1.5　企业生产运作过程图

生产与运作管理的作用可以归结为以下几点。

1. 企业通过组织活动实现理想的经营目标并适应市场的变化

生产与运作管理属于企业管理系统中的基本部分，生产活动是制造业企业的基本活动，主要特征是商品生产。因此，生产什么样的产品、生产多少产品、什么时候生产产品以满足用户和市场的需求，就成为制造业企业经营的重要指标。

在市场经济条件下，市场是买方市场，竞争加剧，对商品的要求是多元化的，不仅要求品种多、质量高，而且要求价格便宜、服务周到、交货准时。这种对产品需求的变化，无疑对生产与运作管理提出新的挑战。

2. 企业经理人领导角色的转化

在现代市场经济条件下，企业的高层经理人员应集中精力，做好和企业的长期发展密切相关的经营决策，做好企业的宏观决策。企业的基层经理人员在日常生产管理活动中，应形成一套健全有力的生产与运作管理系统，以保证高层经理人员的决策落到实处。生产与运作管理属于基础性管理，它为做好经营决策提供条件。

3. 实现价值增值的必要环节与企业竞争力的源泉

从人类社会经济发展的角度来看，物质产品的生产制造是人类能动地创造财富的最主要活动。工业生产制造直接决定着人们的衣食住行方式，也直接影响着农业、矿业等产业技术装备的能力。生产与运作管理在人类创造财富的整个过程中起着重要的作用，而作为构成社会基本单位的企业，其活动是人类最主要的生产活动，也是企业创造价值、服务社会和获取利润的主要环节。

现代企业活动都面临着许多问题，每个问题都有可能影响整个企业的正常生产和经营。而消费者和用户只关心企业所提供的产品或服务的效用，因此，企业之间的竞争实际上是企业产品之间的竞争，企业竞争的关键最终体现在企业提供的产品或服务的质量、价格和适时性上。一个企业产品的竞争力，在很大程度上取决于企业生产与运作管理的绩效。如何适时、适量地提供高质量、低价格的产品，是现代企业经营管理领域中最富有挑战性的内容之一。

4. 生产力发展的标志

生产是人类社会从事的最基本的活动，是一切社会财富的源泉。生产运作系统是社会化生产要素的集合体，也是社会生产力发展的标志。生产与运作管理在科学有效的管理方法、手段和管理艺术的指导下，充分利用现代先进技术，尤其是信息技术，对社会各种资源进行合理配置，使生产运作系统优质、高效、灵活、准确地运转，为人们提供了具有一定效用的产品或服务，满足了人们的物质与精神需求，改变了人们的生活方式，推动了社会的发展。

第二节
生产与运作管理的类型

生产与运作管理的类型分为制造业产品生产的类型、服务性运作的类型。本部分进行制造业产品生产与服务性运作的异同分析。生产与运作管理的类型，是产品和服务的品种、数量、专业化程度等因素在生产与运作系统技术、组织、效益等方面的综合表现。不同的类型所对应的系统结构及其运行机制是不同的，相应的系统运行管理方法也不同。因此，充分了解所在企业生产与运作类型，了解其运行机制，就成为生产与运作管理的首要任务。

一、制造业产品生产的类型

生产与运作管理涉及第二、第三产业的各种不同行业，即使在同一行业中，各企业的生产与运作状况也千差万别，为探求各行业、各企业在管理方面所具有的共同特点，必须以某些因素为标志，如技术特性、市场特性、连续程度、品种与数量的关系、管理特性、工艺特征等。在实际工作中，一般将工业企业的生产与运作方式划分为以下几种类型。

1. 装配式生产和流程式生产

以生产与运作的技术特性为标志，分为装配式生产和流程式生产。装配式生产是指先分别通过固有的各种加工作业制造出图纸规定的零件，然后通过一定的手段，把它们组合起来，制造成具有特定功能的产品的过程。流程式生产是指把一种乃至数种原料投入最初工序或接近于最初工序中，通过它们共同连续地进行一系列的化学或物理变化而制成成品的过程。

装配式生产的地理位置分散，零件加工和产品装配可以在不同的地区甚至在不同的国家进行。由于零件种类繁多，加工工艺多样化，又涉及多种多样的加工单位、工人和设备，装配式生产的生产过程中协作关系十分复杂，计划、组织、协调与控制任务相当繁重，生产管理大大复杂化。因此，生产管理研究的重点一直放在装配式生产上。

流程式生产的地理位置集中，生产过程自动化程度高，只要设备体系运行正常，工艺参数得到控制，就可以正常生产合格产品。生产过程中的协作与协调任务少。

2. 订货式生产和备货（存货）式生产

按企业接受订货的方式和顾客要求定制的程度，可分为订货式生产和备货（存货）式生产。

订货式生产是在收到顾客的订单之后，才按顾客的具体要求组织生产，进行设计、供应、制造和发货等工作。由于是按顾客要求定制，故产品大多是非标准化的，在规格、数量、质量和交货期等方面可能各不相同。

订货式生产是按订货合同规定的交货日期进行生产，产品生产出来立即交货，所以基本上没有产成品存货。生产管理的重点是确保交货期，按"期"组织生产过程各环节的衔接平衡。订货式生产方式还可以进一步按为顾客定制的制造阶段划分为：订货组装方式、订货制造方式、订货工程方式。

备货式生产是在对市场需求量进行预测的基础上，有计划地进行生产，产品有库存。为防止库存积压和脱销，生产管理的重点是抓供、产、销之间的衔接，按"量"组织生产过程各环节之间的平衡，保证全面完成计划任务。这种生产方式对应的顾客定制程度很低，通常是标准化地、大批量地进行轮番生产，其生产效率比较高。

3. 连续式生产和间断（离散）式生产

以生产与运作的连续程度为标志，可分为连续式生产和间断（离散）式生产。

连续式生产类型是指长时期内一直生产一种或少数几种产品的生产系统，如石油化工厂、手表厂、电视机厂等。这类企业产品的工艺流程一般是固定的，多采用专用生产线及装配线。

间断（离散）式生产类型是指产品品种较多，但工艺流程又各不相同的生产系统，如重型机械厂、飞机制造厂等。企业多采用通用设备，这是由于产品设计的变化缺少典型性的缘故。

4. 多品种小批量生产和少品种大批量生产

以产品/服务的品种与数量关系为标志，分为多品种小批量生产和少品种大批量生产。其中，多品种小批量生产与单件生产类似，少品种大批量生产与大量生产类似。

5. 大量生产、成批生产和单件生产

按生产任务的重复程度和工作地的专业化程度，可将制造性生产划分为大量生产、成批生产和单件生产三种类型。三种生产类型的比较见表1.3。

表 1.3　三种生产类型比较

比较的内容	大量生产	成批生产	单件生产
生产的品种和数量	品种少,数量多	品种较多,数量较多	品种繁多,数量少
生产的稳定性和重复性	很强	一定的稳定性和重复性	弱
使用的设备和工装	专业,自动化	部分专用,部分通用	通用设备
专业化方式	对象专业化	两种兼有	工艺专业化
生产计划	整体优化,仔细	优化有所下降	粗略
生产控制	实时监控	现场控制较难	生产控制任务很重
生产效率	高	中	低

大量生产的特点是生产的品种少，每一品种的产量大，生产稳定且不断地重复进行。一般这种产品在一定时期内具有相对稳定的很大的社会需求。例如螺钉、螺母、轴承等标准件，家电产品、小轿车等。大量生产类型有条件采用高效的专用设备和专用工艺装备，工作地按对象专业化原则设置，采用生产线和流水线的生产组织形式，在工作地固定完成一二道工序。在生产计划和控制方面也由于生产不断重复进行，规律性强，专业化程度很高。有条件应用经过仔细安排及优化的标准计划和应用自动化装置对生产过程进行监控。工人也易于掌握操作技术，迅速提高熟练程度。

成批生产的特点是生产的产品产量比大量生产少，而产品品种较多，各种产品在计划期内成批地轮番生产。大多数工作地要负担较多工序。由一批产品的制造改变为另一批产品的制造，工作地上的设备和工具就要作相应的调整，即要花一次"准备结束时间"。每批产品的数量越大，则工作地上调整的次数越少；反之，每批产品的数量越少，则调整的次数越多。

根据生产的稳定性、重复性和工作地专业化程度，成批生产又可分为大批生产、中批生产和小批生产。大批生产的特点接近于大量生产，小批生产的特点接近于单件生产。每隔一定时间组织产品轮番生产时，有固定重复期的叫定期成批生产，没有固定重复期的叫不定期成批生产。合理地确定批量，组织好多品种的轮番生产，是成批生产管理的重要问题。

单件生产的特点是产品对象基本上是一次性需求的专用产品，一般不重复生产。因此生产中品种繁多，生产对象不断在变化，生产设备和工艺装备必须采用通用性的，工作地的专业化程度很低。在生产对象复杂多变的情况下，一般宜按工艺专业化原则，采用机群式布置的生产组织形式。生产作业计划的编制不宜集中，一般采取多级编制自上而下逐级细化的方法，在生产指挥和监控上要使基层能够根据生产的实际运行情况有较大的灵活处置权，以提高生产管理系统的适宜能力。单件生产要求工人具有较高的技术水平和较广的生产知识以适应多品种生产的要求。

6. 合成型、分解型、调制型和提取型

以生产与运作的工艺特征为标志，分为合成型、分解型、调制型和提取型。

合成型也叫集中型，它是若干种原料、材料，经过若干道工序加工成或合成为一种产品的生产类型，如汽车厂、电视机厂以及某些食品加工厂等。各生产环节必须紧密配合协调。

分解型也叫发散型，它是从一种原材料中生产出多种产品的生产类型，如炼油厂、焦化厂等。这些企业要求生产系统的装置与设施要严格成套，必须注重综合利用原材料。

调制型，是通过改变加工对象的形状或性能而制成产品的过程，如钢铁厂、橡胶厂等。

提取型，是指从地下、海洋中提取产品的类型，如煤矿、油田等。

在实际工作中，一个企业的生产与运作过程可能采用多种方式，具有多种生产类型特征。如机械制造厂属于合成型，但兼有调制型，如铸造、热处理、电镀等。在实际工作中经常遇到的是以管理特性为标志的划分方法，其依据是产品生产重复程度（一定时期内重复生产同一品种产品的频率）和工作地专业化程度（一个工作地操作者从事同样内容的重复程度）。

二、服务性运作的类型与特点

1. 服务性运作的类型

纯服务性运作和一般服务性运作。按照是否提供有形产品，可将服务性运作划分成纯服务性运作和一般服务性运作两种。纯服务性运作不提供任何有形产品，如咨询、指导和讲课等；一般服务性运作则提供有形产品，如批发、零售、邮政、运输、图书馆书刊借阅等。

高接触型运作、准制造型运作和混合型运作。按照与顾客直接接触的程度，可将服务性运作划分成高接触型运作、准制造型运作和混合型运作三种。高接触型运作是指那些与顾客直接打交道或直接交往的服务性运作，如旅馆的接待服务、保险公司的个人服务、餐厅的上菜服务、零售业的柜台销售服务、医院的门诊服务以及课堂教学等。高接触型运作的效率和质量，主要取决于服务人员的职业道德和工作能力。准制造型运作就是不与顾客直接打交道，而是从事业务和信息处理的服务性工作，如企业的行政管理、会计事务处理、存货管理、计划与调度、采购作业、批发、设备维护等。这些准制造型运作从性质上看，与制造系统的类似作业并无本质区别，可直接应用制造业先进的生产管理方法来改进这类服务性运作的效率。混合型运作是指性质和内容介于高接触型运作和准制造型运作之间的各种服务工作，如银行的出纳作业、火车站的售票作业、售后服务部门的修理工作、超市的上货工作等。

技术密集型运作和人员密集型运作。按生产运作系统的特性划分，可将服务性运作划分为技术密集型运作和人员密集型运作。这种分类方式的区别主要在于人员与设施装备的比例关系。前者需要更多的设施及装备投入，后者则需要高素质的人员。航空公司、运输公司、银行、娱乐业、通信业、医院等都属于技术密集型运作；百货商店、餐饮业、学校、咨询公司等属于人员密集型运作。从中不难看出二者在生产与运作管理上的相应特点：前者更注重合理的技术装备投资决策，加强技术管理，控制服务交货进度与准确性；后者更注重员工的聘用、培训和激励，工作方式的改进，设施选址和布置等问题。

2. 服务业运作管理的特点

与传统的制造业生产作业管理相比，服务业运作管理有自己的特点，主要表现为以下方面。

服务业的产品是无形的。服务业与制造业的生产过程都是一个"输入—转换—输出"的过程，但是两种输出的性质是不同的。服务业所提供的产品是无形的、不可触摸的，寿命较短，如某种技术培训、一个主意、一种方案或某种信息。

产品不可储备。服务是不能预先"生产"出来的，无法库存。当实际需求高时，服务质量就会立刻下降，如出现排队等待时间加长、拥挤等状况。

与顾客的接触频繁。服务业企业的生产与消费是同时进行的，顾客既是投入的一部分，又是在运作过程中接受服务的主体。顾客在提供服务的大多数过程中都是介入的，这就对运作过程的设计提出了不同要求。有的服务业企业，其组织的某些层面与顾客接触较多，有明显的"前台"与"后台"之分，例如邮局、银行、保险公司等。在这种情况下，还需要分别考虑对前台和后台采取不同的管理方式。

响应顾客需求的难度大。在一个超级市场，如果顾客在收款处等待 5 分钟，可能就会变得不耐烦。由于顾客是随机到达的，因此服务业企业要想保持需求和能力的一致，难度是很大的。而且，顾客到达的随机性在不同的日期、每日不同的时间段内，可能都会不同，这就使得短时间内的需求也有很大的不确定性。

设施靠近顾客目的地。服务业质量的提高有赖于对最终市场的接近与分散程度，设施必须靠近顾客群，而一个设施只能服务于有限的区域范围，企业在选址、布局等方面要注意。

产品质量不易度量。服务业大多数产出是不可触摸的，顾客的个人偏好也影响对质量的评价，对质量的客观度量有较大难度。例如，对于百货商店，一个顾客可能以购物时营业员的和蔼态度为主要评价标准，而另一个顾客可能以处理付款的准确性和速度来评价。

生产率难以测定。服务业因服务对象的不同会有较大的区别。

制造业企业的设备和人员都要求有很强的技术性，并严格按照事先制定的工艺标准和工艺规程工作，生产率容易测定。

三、产品生产与服务运作的异同

有形产品的制造过程和无形产品的服务过程都可以看作是一个"输入—转换—输出"的过程，但这两种不同的转换过程以及它们的产出结果有很多区别，主要表现在以下五个方面。

① 产品物质形态不同。制造生产的产品是有形的，可以被储藏、运输，以用于未来的或其他地区的需求。因此，在有形产品的生产中，企业可以利用库存和改变生产量来调节与适应需求的波动。而服务生产提供的产品是无形的，是不能预先生产出来的，也无法用库存来调节顾客的随机性需求。

② 顾客参与程度不同。制造生产过程基本上不需要顾客参与，而服务则不同，顾客需要在运作过程中接受服务，有时顾客本身就是运作活动的一个组成部分。

③ 对顾客需求的响应时间不同。制造业企业所提供的产品可以有数天、数周甚至数月的交货周期，而对于许多服务业企业来说，必须在顾客到达的几分钟内做出响应。由于顾客是随机到达的，就使得短时间内的需求有很大的不确定性。因此，服务业企业要想保持需求和能力的一致性，难度是很大的。从这个意义上来讲，制造业企业和服务业企业在制订其运作能力计划及进行人员和设施安排时，必须采用不同的方法。

④ 生产运作场所的集中性和规模不同。制造企业的生产设施可远离顾客，从而可服务于地区、全国甚至国际市场，比服务业组织更集中，设施规模更大，自动化程度更高和资本投资更多，对流通、运输设施的依赖性也更强。而对于服务企业来说，服务不能被运输到异地，其服务质量的提高有赖于与最终市场的接近与分散程度。设施必须靠近其顾客群，从而使一个设施只能服务于有限的区域范围，这导致了服务业的运作系统在选址、布局等方面有不同的要求。

⑤ 在质量标准及度量方面不同。由于制造业企业所提供的产品是有形的，所以其产品的质量易于度量。而对于服务业企业来说，大多数产出是不可触摸的，无法准确地衡量服务质量，顾客的个人偏好也影响对质量的评价。因此，对质量的客观度量有较大难度。

第三节
生产与运作管理发展的历程与趋势

生产与运作管理的发展和科学技术的发展密切相关，本小节介绍其发展历程和特征，并预测其发展趋势。

一、生产与运作管理的发展历程

1. 产业革命（18 世纪 60 年代—19 世纪初）

产业革命始于 18 世纪 60 年代的英国，19 世纪又扩展到美国和其他国家。之前农业一直都是世界各国的主导产业，制造业采取的是手工作坊方式，产品是由手工艺人和其徒弟在作坊里加工。这种手工作坊式的生产方式直到 19 世纪初才发生了变化，许多发明创造改变了生产方式，机器代替了人力。其中，最具重大意义的是蒸汽机的发明、劳动分工概念和标准化生产方式的提出。

1765 年，英国人詹姆斯·瓦特（James Watt）在工作中改良了蒸汽机，为制造业提供了机械动力，推动了制造业的发展。1776 年，英国人亚当·斯密在其著作《国民财富的性质和原因的研究》中提出劳动分工的概念，在理论上为生产与运作管理的发展奠定了基础。

他认为分工具有以下优点：①重复单项操作，提高熟练程度，提高效率；②减少变换工作所损失的时间；③有利于工具和机器的改进。

1801 年，美国人埃尔·惠特尼（Eli Whitney）在生产枪支的时候，采用了标准化的生产方式。其中，采用了标准化的配件，实现了零件的可互换性，从而以标准化的方式生产了上万支滑膛枪。福特汽车装配线的大量生产，是采用标准化生产的最好例证。

2. 科学管理（1910—1920 年）

20 世纪初，泰勒（Frederick W. Taylor）为代表的学者创立了科学管理原理。泰勒是科学管理原理的创始人，被尊称为科学管理之父。泰勒认为雇主与雇员的真正利益是一致的，只有最大限度地提高生产率，同时实现雇主和雇员的财富最大化，才能永久地实现社会财富的最大化。

（1）泰勒科学管理的基本观点

① 科学管理的中心问题是提高劳动生产率。泰勒在《科学管理原理》一书中充分强调提高劳动生产率的重要性和可能性。他通过科学观察、记录和分析，进行工时和动作研究，在实现工时的合理有效利用的基础上，制定合理的日工作量，这就是所谓的工作定额原理。

② 为了提高劳动生产率必须挑选和培训"第一流的工人"。所谓第一流的工人，是指那些在体力及智力上能够适应将要承担的工作，并愿意尽其最大努力工作的工人。泰勒认为只要工作合适，每个人都能成为第一流的工人，而培训工人成为"第一流的工人"是企业管理层的责任。

③ 要使工人掌握标准化的操作方法，使用标准化的工具、机器和材料，并使作业环境标准化。泰勒认为通过标准化，可以消除各种不合理的因素，将各种最好的因素有效地结合起来，形成一种最好的方法，以便充分提高劳动生产率。这便是所谓的标准化原理。

④ 实行有差别的计件工资制。为了鼓励工人达到或超额完成定额，在制定和执行有科学依据的定额（或标准）基础上，对达到定额者以正常工资率付酬，超过定额以高工资率付酬，未达到定额者以低工资率付酬。通过实行有差别的计件工资制调动工人的积极性，从而促使工人提高劳动生产率。

⑤ 工人和雇主双方都必须来一次"精神革命"。泰勒试图在工人和雇主间谋求一种和谐的人际关系，使双方都把注意力从盈利的分配转到增加盈利数量上来。只要他们用友好合作和互相帮助代替对抗和斗争，就能够得到比过去更多的盈利，从而使工人的工资大幅度增加，使企业主的利润也大量增长。这样，双方没必要再为盈利的分配争吵。

⑥ 把计划职能同执行职能分开，以科学工作法取代原来的经验工作法。泰勒主张应有意识地把原来由工人全部承担的工作，按其性质分成两部分，即分成计划职能和执行职能。由企业管理层设立专门计划部门承担计划职能，现场工人只依据计划从事执行职能。因此，工人必须依据计划部门制定的操作方法和指令，使用规定的标准化工具进行工作，不得凭借经验或自行改变。

⑦ 实行"职能工长制"。泰勒主张，为使工长能够有效地履行职责，必须将管理工作进行细分，使每一工长只承担一种职能。这样就形成了一个工人同时接受多个工长的领导，容易引起混乱。故"职能工长制"未能得到推广，但这种思想为后来的职能部门的确立和管理的专业化提供了参考。

⑧ 提出"例外原则"。泰勒认为，"例外原则"指组织的上层管理人员应把一般的日常管理问题授权给下级管理人员去处理，而自己只保留对例外事项的决策和监督权。

（2）其他学者对科学管理的贡献

众多学者对科学管理做出了重要的贡献，如吉尔布雷斯夫妇、甘特、福特等。

① 弗兰克·吉尔布雷斯（Frank Gilbreth）是一位工业工程师，被称为动作研究之父。

莉莲·吉尔布雷斯（Lillian Gilbreth）是一位心理学博士，她把心理学的成果应用于动作研究，这可以认为是人际关系学说的萌芽。吉尔布雷斯夫妇把研究集中在有关工人疲劳方面的问题，最后提出了节约动作的十个原则。这些原则至今仍在用于操作和动作的改进与优化。

② 亨利·甘特（Henry Gantt）看到了非物质利益对激励工人的价值，提出了至今仍被广泛使用的甘特图。利用甘特图，使计划的编制更加快捷和直观，对进度管理起到了促进作用。

③ 亨利·福特（Henry Ford）是一位伟大的实业家，为在汽车行业采用大量生产做出了巨大贡献，使汽车进入了美国普通居民的家庭。在20世纪初，汽车在美国开始畅销，福特公司的T型车大获成功，供不应求。为提高运作效率，福特组建了汽车装配线，并把泰勒提出的科学管理原理应用于工厂管理。

3. 行为科学对生产与运作管理起到的影响（1920—1970年）

科学管理十分强调运作系统规划与设计以及运行与控制的技术因素，而人际关系学说则强调人这一因素的重要性。在20世纪20至70年代之间，以美国和欧洲的学者为代表创建的运筹学与管理科学则使生产与运作管理真正建立在定量分析基础之上。

（1）行为科学

西方电气公司在伊利诺伊州的霍桑工厂有完善的娱乐设施、医疗和养老金制度，但工作效率不高，员工情绪不满。于是美国国家研究委员会组织社会学、心理学、管理学等专家进驻该厂，在1924—1932年间进行了大规模实验。整个实验分为四个阶段：第一阶段为照明实验，发现不改善照明，效率同样得到提高；第二阶段为继电器装配组实验，发现效率提高的原因不是免费午餐、五天工作制度等，而是观察人员对工人和蔼可亲的态度；第三阶段为大规模访谈，发现最重要的影响因素是工作中发展起来的人际关系；第四阶段为接线板接线工作室实验，发现存在非正式组织，也有领袖人物控制小帮派的行为规范。这就是历史上著名的霍桑实验，通过实验，梅奥得出了以下三个重要结论：①工人是"社会人"而不是"经济人"；②社会和心理因素对效率有更大的影响；③组织应重视工作团体中非正式组织的存在。这些成果为行为科学的发展奠定了基础，也为生产与运作管理注入了新的元素。

1943年，亚伯拉罕·马斯洛（Abraham Maslow）在《调动人的积极性的理论》一书中提出了著名的需要层次理论。需要层次理论认为：人的需要从低到高分为生理需要、安全需要、社交需要、尊重需要和自我实现需要五个层次。人对不同层次的需要可同时存在，但只有低一层次的需要得到满足后，才会寻求高一层次的需要。即只有较低层次的需要得到满足后，较高层次的需要才出现并起到激励作用。同一时期内，总有一种需要占主导、支配地位，这种需要称为优势需要，人的行为主要受优势需要所驱动。即使是同一个人的需要，也会因环境变化引起他对需要层次的变化。

1957年，麻省理工学院的道格拉斯·麦格雷戈（Douglas McGregor）教授在《企业的人性面》一书中提出人性假设的X理论与Y理论。X理论坚持消极的一面，假定工人都不喜欢工作，必须经过管制，奖与罚，才能使他们干好工作。这一看法起初在汽车业及其他一些行业得到普遍认同。后来，全球竞争威胁的加大迫使他们不得不重新考虑这一看法。Y理论与X理论的观点正好相反，假定工人很乐意工作，认为工作使他们身心得到发展。到了20世纪70年代威廉·乌奇（William Ouchi）提出了Z理论。该理论集成了日本的诸如终生雇用、关心雇员及协同一致的观点以及西方的诸如短期雇用、专门人才以及个人决策与职责的传统观点。1959年，弗里德里克·赫茨伯格（Frederick Herzberg）在《工作的激励因素》一书中又进一步发展了激励理论，提出了包含保健因素和激励因素的双因素理论。

（2）数量模型与管理科学

数量模型的提出和应用推动了工厂的发展。早在1915年，F.W.哈里斯

(F. W. Harris) 提出了第一个模型：库存管理的数学模型。20世纪30年代，在贝尔电话实验室（Bell Telephone Labs）工作的三个同事 H. F. 道奇（H. F. Dodge）、H. G. 罗米格（H. G. Romig）和 W. 休哈特（W. Shewhart）提出了统计过程控制的质量管理模型。20世纪20至70年代，以美国和欧洲的学者为代表，包括众多数学家和经济学家相继提出了各种数量模型，如数学规划、对策论和排队论、库存模型等，促成了运筹学的创立与发展。这些数量模型为第二次世界大战的后勤组织和武器系统设计提供了有效的解决方案，也在工业生产组织中获得了广泛应用。战后，研究和改进数量方法的工作仍在进行，相继提出了预测技术、项目管理中的计划评审技术（PERT）和关键线路法（CPM）等。

（3）生产与运作管理作为一门学科出现

20世纪50年代末和20世纪60年代初，不同于在工业工程和运筹学领域的研究，专家们开始专门研究生产与运作管理方面的问题。1957年，爱德华·布曼（Edward Bowman）和罗伯特·法特（Robert Fetter）的著作《生产与运作管理分析》出版。1961年，埃尔伍德·布法（Elwood S. Buffa）的《现代生产管理》一书面世。这些专家注意到了生产系统所面临问题的普遍性及把生产作为一个独立系统的重要性。此外，他们还强调了排队论、仿真和线性规划在生产与运作管理中的具体应用。自此以后，生产与运作管理作为一门独立的学科出现。

4. 日本制造商对生产与运作管理的贡献（1970年—21世纪初）

20世纪70年代，全球性石油危机加之原材料价格上涨、工资提高和需求多样化给丰田提供了向世人展示其生产方式的机会。丰田生产方式震慑性地冲击着美国引以为豪的福特生产方式。具有戏剧性的是，著名的福特汽车公司在20世纪80年代初险些破产，只好反过来向过去的学生——日本丰田汽车公司学习生产管理。

日本汽车公司之所以后来居上，至今仍在全球汽车市场上居于主导地位，其制胜法宝是精益生产方式。精益生产方式的内涵有以下四点：①以顾客需求为出发点的模块化产品设计与开发；②准时化生产；③稳定快捷的供应链；④多功能团队活动与持续改进。

5. 21世纪初的生产与运作管理（21世纪初—现在）

进入21世纪以来，产品寿命周期的缩短、科学技术的长足发展和社会需求的快速多变，给企业带来了前所未有的压力；如何高质量、低成本地满足顾客多样化的需求摆在了企业组织的面前。正是在这种形势下，大规模定制应运而生，并呈现出勃勃生机。大量生产超越手工作业，实现了低成本生产；精益生产又优于大量生产，实现了高质量生产；而大规模定制则是精益生产方式的升华，实现了定制化生产。这种生产方式综合了大量生产的低成本和精益生产的柔性化的优点。实现大规模定制的核心技术是模块化与延迟策略。通过这两项核心技术，使本来相互对立的大规模生产与满足顾客定制化需求统一在了一起：大规模生产的是模块化设计的组件；通过延迟策略，最大限度地满足了顾客定制化的需求。

而使大规模定制真正落到实处的是：①以顾客需求深度调查为基础的客户关系管理；②以最先进信息技术为支撑的电子商务；③以价值链为核心的供应链管理；④基于流程优化或流程再造的精益六西格玛。

> **温故知新**
> 请问生产与运作管理的发展历程，你认为哪个环节最重要？并列举相应的案例说明。

二、传统和现代的生产与运作管理

1. 传统生产与运作管理模式及其弊端

20世纪20年代开始出现了"第一次生产方式革命"，即单一品种（少品种）大批量生产方式替代手工制造单件生产方式，但随后取而代之的是多品种小批量生产方式，即"第二次生产方式革命"。

我国传统的生产管理模式是以产品为中心组织生产，以生产调度为中心控制整个生产，与单一品种大批量生产方式相适应的生产管理模式。与现代企业的生产与运作管理相比，我国企业传统的生产管理模式存在着以下一些弊端。

企业生产缺乏柔性，对市场反应能力有待提高。所谓"柔性"，就是加工制造的灵活性、可变性和可调节性。现代企业的生产组织必须适应市场需求的多变性，要求在短时期内，以最少的资源消耗，从一种产品的生产转换为另一种产品的生产。但传统生产管理模式是以产品为单位，按台份编制生产计划的，投入产品与调整产品对整个计划影响较大，再加上企业生产的反馈信息比较慢，下月初才有上月末的生产统计资料，无法实现动态调整，生产相对滞后，导致生产系统速度慢。

企业的"多动力源的推进方式"使库存大量增加。所谓"多动力源的推进方式"是指各个零部件生产阶段，各自都以自己的生产能力、生产速度生产，而后推到下一个阶段，由此逐级下推形成"串联"，平行下推形成"并联"，直到最后的总装配，构成了多级驱动的推进方式。由于生产是"多动力源"的多级驱动，加上没有严格有效的计划控制和全厂的同步化均衡生产的协调，各生产阶段的产量必然会形成"长线"和"短线"。长线零部件进入库存，加大库存量，而短线零部件影响配套装配，形成短缺件。然后，当长线越长，短线越短时，使各种库存不但不能起到协调生产、保证生产连续性的作用，反而造成在制品积压，流动资金周转慢，生产周期长，给产品的质量管理、成本管理、劳动生产率，以及对市场的反应能力等方面带来极其不利的影响。

单一产品的"大而全""小而全"生产结构。现代化大生产是充分利用发达的社会分工和协作，组成专业化和多样化相结合的整机厂和专业化的零部件厂。然而，随着时代的变迁，科学技术的不断进步和人们生活条件的不断改善，消费者的价值观念变化很快，消费需求越来越多样化，从而引起产品的寿命周期相应缩短。为适应市场需求环境的变化，多品种、小批量混合生产必将成为企业生产方式的主流。

企业生产计划与作业计划相脱节，计划控制力弱。传统生产管理模式在生产计划的编制过程中，是以产品为单位进行的，但又由于各生产阶段内部的物流和信息流是以零件为单位，因此，作为厂一级的生产计划只能以产品为单位，按台份下达到各生产阶段，即有关车间，而不能下达到生产车间内部。生产车间内部则根据厂级生产计划，以零件为单位自行编制本车间的生产作业计划。由于各生产车间的工艺、对象和生产作业计划的特殊性和独立性，各生产车间产量进度不尽相同。而厂级计划是以产品为单位编制的，对各车间以零件为单位的生产作业计划不能起到控制作用。

2. 传统生产管理模式更新的内容

虽然面对着严峻的挑战和严酷的现实，但我国企业应该清楚地看到，这也是一次很好的契机。如果能抓住这个机遇，彻底改变传统的生产管理观念，采用先进的生产方式，构造新的适合我国国情的生产与运作管理模式，直接迎接新的生产方式的挑战，那么我国企业必然会产生翻天覆地的根本性变化，带动整个国民经济的腾飞。所以，更新我国传统的生产管理模式，对促进我国企业生产与运作管理以及社会经济的发展，有着十分重要的意义。

（1）在生产方式方面

从粗放式生产转变为精益生产，按照精益生产的要求，企业围绕市场需求来组织生产，其具体形式是拉动式生产。即企业的生产以市场需求为依据，准时地组织各环节的生产，一环拉动一环，消除整个生产过程中的一切松弛点，从而最大限度地提高生产过程的有效性和经济性，尽善尽美地满足用户需求。拉动式生产彻底地改变了过去那种各环节都按自己的计划组织生产，靠大量的在制品储备保任务、保均衡的做法，使社会需要的产品以最快的速度生产出来，减少储存，最终做到企业的生产与市场需要同步。

(2) 在生产组织方面

生产企业从"以产品为中心"组织生产转变为"以零件为中心"组织生产。所谓"以产品为中心"组织生产，是指在整个企业生产过程中，各生产阶段之间的物流和信息流都是以产品为单位流动和传递的，各生产阶段内的物流和信息流则是以零件为单位流动和传递的。尽管生产一个产品，要把一个个零件设计出来，再把一个个零件加工出来，即实际工作是以零件为单位进行的，但它并不能改变整个生产过程以产品为单位的特性。也因为各生产阶段内部的单位口径不一致，产生了传统生产管理模式的特性。现代生产管理要求"以零件为中心"组织生产，即整个生产过程中，从工艺设计、计划编制、生产组织实施等各个环节，都以零件为单位组织安排，它不仅在生产阶段内部物流和信息流的传递是以零件为单位，而且在各阶段之间的物流和信息流也是如此。

这样，可使生产计划与生产作业计划成为"一揽子"计划，它克服了"以产品为中心"方式因其单位口径不一致造成的物流和信息流的割裂和脱节，使得生产计划和生产作业计划之间的信息传递无障碍，从而使各生产阶段之间及其内部的物流和信息流都能受控于统一的控制中心，即整个生产过程受到严格、有序的控制。

(3) 在生产与运作管理方法方面

管理现代化的目标之一是手段的计算机化，办公的自动化，由手工管理转变为计算机管理。目前，有的企业计算机还处于局部运用当中，比如人事档案、劳动工资、材料库存和成本管理等单项管理。对于市场预测、决策、生产计划、生产作业计划的编制和控制、产品设计、工艺工装和产品的生产制造等方面，仍然没有普遍采用计算机辅助设计（CAD）、计算机辅助工艺过程设计（CAPP）、计算机辅助制造（CAM）、制造资源计划（MRPⅡ）、成组技术（GT）和柔性制造系统（FMS）等计算机管理的方法。

近 20 年发展起来的计算机集成制造系统（CIMS）技术，使企业的经营计划、产品开发、产品设计、生产制造以及营销等一系列活动有可能构成一个完整的有机系统，从而更加灵活地适应市场环境变化的要求。计算机技术具有巨大的潜力，它的应用和普及将给企业带来巨大的效益。

(4) 在生产品种方面

由少品种大批量转变为多品种小批量生产。我国传统生产管理模式是以产品为中心组织生产，以调度为中心控制进度的管理方式，是与少品种大批量生产方式相适应的。一方面，在市场需求多样化面前，这种生产方式逐渐显露出其缺乏柔性、不能灵活适应市场需求的弱点；另一方面，飞速发展的电子技术、自动化技术和计算机技术等，使生产工艺技术以及生产方式的灵活转换成为可能。

而当今的企业必须面向用户，适应市场，并依据市场和用户的需求变化不断地优化产品结构，最大限度满足用户对产品品种、质量、价格与服务的需求，这也是市场经济高度发展的客观要求。可以肯定地说，多品种、小批量生产将越来越成为主流。

(5) 在管理制度方面

由非制度化、非程序化、非标准化转变为制度化、程序化和标准化。我国的部分企业的基础管理工作是一个薄弱环节，非制度化、非程序化和非标准化成为我国传统生产管理模式的特征之一。它反映在管理业务、管理方法、生产操作、生产过程、报表文件、数据资料等各个方面，特别是在生产现场可能存在生产无序，管理混乱，"跑、冒、滴、漏"等。

生产与运作管理的制度化、程序化和标准化是科学管理的基础，现代生产与运作管理要求是科学化的管理。在管理工作中，要完全按照各种规章制度、作业标准、条例等执行，一切都做到有据可依，有章可循，按制度办事，按作业标准操作，按程序管理。

3. 现代生产与运作管理的特征

生产与服务融合。服务与制造业在当今的经济中是高度相关的，诸如银行、保险、咨询、电信和运输等服务业，对于制造业的支持是至关重要的。同样，制造业生产的产品支持所有的服务业。由于制造业和服务业的相互渗透和相互交叉性，对制造业和服务业的讨论成为运作的重要主题。

顾客导向型运作。企业以满足顾客需求、增加顾客价值为企业经营出发点，在经营过程中，特别注意顾客的消费能力、消费偏好以及消费行为的调查分析，重视新产品开发和营销手段的创新，以动态地适应顾客需求。一个关键的概念是，在力求满足客户需求时不会以牺牲有效需求为代价。顾客可能是减少废品和提高所有流程效率的更加有力的推动力量，这种观念在产品设计、流程设计、服务运作、产品质量、工序安排和库存控制中都得以体现。

持续改进。持续改进是当下在经营中保持竞争力的关键。运作不再是用来满足现有的固定的标准，而是在于将来的改进，因为顾客的需求是不断变化的，而且会有更好的观念。在这种情况下，当持续不断地改进还不能满足需求时，则需要实施流程再造——流程的重新设计。

功能一体化。在过去，经营功能被完全孤立起来，有些组织是作为独立部门被管理的，在它们之间很少有综合。现在，好的运作正在通过运用交叉功能小组、信息系统、管理协作、员工轮换和其他方法来完成一体化作业。

人本管理与不断创新。随着知识经济时代的到来，信息和知识将成为最重要的财富和资源。在知识经济社会，创新是经济增长的主要动力。一个企业竞争力的强弱，取决于该企业创新能力的强弱。对于生产系统也是一样，一个生产系统能否有效地运行，能否根据需求的变化、环境的变化而呈现灵活的应变能力，关键在于不断地创新，而创新能力主要依赖于人的智力。所以要想使企业的生产系统保持充沛的活力，企业要想取得和保持竞争优势，必须重视智力资源的充分开发和有效利用。现代企业强调人才的作用，重视对员工的教育和培训。

快速响应与灵活应变。由于科学技术的进步，使得人们的需求多样化，所以多品种、小批量生产将成为社会生产的主流方式，从而带来生产管理上的一系列变化。20世纪初，以福特制造为代表的大量生产方式揭开了现代化社会大生产的序幕，该生产方式创立的生产标准化原理（standardization）、作业单纯化原理（simplification）以及分工专业化原理（specialization）等奠定了现代化社会大生产的基础。

因此，生产方式的这种转变，使得生产管理面临着如何解决多品种、小批量生产与降低成本之间的矛盾。从而要求生产与运作管理从管理组织结构、管理制度到管理方法要采取新的措施。

日本丰田汽车公司在这方面做了有益的尝试，丰田生产方式给大家提供了成功的经验。由于市场复杂多变，快速响应和灵活应变的能力已成为当代企业生存和发展的关键。企业应密切与市场、与顾客的联系，改革臃肿的管理机构，使管理机构扁平化，以提高对市场变化的反应速度和决策速度；提高生产系统的柔性和可重构性，在发展壮大自己核心能力的同时，广泛开展社会协作和组织动态联盟，以提高企业的应变能力。这些是现代生产与运作管理面临的必然选择。

三、生产与运作管理的发展趋势

随着市场需求的多样化、技术日新月异、竞争日趋激烈、全球经济日趋一体化，现代企业的生产与运作管理又有了新特征和新趋势。

生产与运作管理的涵盖范围越来越大。首先，现代运作突破了传统制造业的生产过程和生产系统控制，扩大到了非制造业的运作过程和运作系统的设计上。其次，现代生产与运作管理不再局限于生产过程的计划、组织与控制，而是包括运作战略的制定、运作系统设计以及运作系统的运行等多个层次的内容，把运作战略、新产品开发、产品设计、采购供应、生产制造、产品配送直至售后服务看作一个完整的"价值链"，对其进行综合管理。

"全球化"将是现代企业的一个永恒的主题。随着全球经济一体化趋势的加剧，"全球运作"成为现代企业的一个重要课题。企业的制造活动将从集中式转变为分布式，大企业面对的工厂选址问题将不再是一个单一的工厂选址问题，而是为一个由不同的零部件厂、装配厂以及市场构成的制造网络选址的问题。即越来越多的企业将在全球范围内进行工厂选址、进行资源优化配置。因此，全球生产与运作管理也越来越成为生产与运作管理学中的新热点。

跨企业的集成管理，即供应链管理成为企业生产与运作管理中的一个重要方面。供应链由原材料零部件供应商、生产商、批发经销商、零售商和运输商等一系列企业所组成。在传统的企业管理中，一条"链"上的各个企业只把对方视为买卖关系、交易对手，各自只关注自己企业内部的运作和管理。而现代企业则开始致力于整个供应链上物流、信息流和资金流的合理化和优化，与供应链上的多个企业结成联盟，把整条"链"看作一个集成组织，通过"链"上各个企业之间的合作与分工，应对日趋激烈的市场竞争。

环境问题日益受到重视。环境保护已经成为人类所面临的一个重大问题，而企业在这个问题上具有最直接的责任。为此，企业有必要在产品设计和运作过程中考虑如何保护环境；在资源获取和利用上尽量节约自然资源、合理使用资源，并考虑各种资源的再生利用问题。

本 章 小 结

本章主要讲述了生产与运作管理概念和作用、类型、历史演进和趋势等有关内容。

首先，给出了生产与运作管理的概念、目标、研究内容，并阐述了生产与运作管理的作用。

其次，阐明了生产与运作管理的类型，制造业和服务业的类型，并给出他们的异同点。

最后，借助于生产与运作管理发展的里程碑事件，介绍了生产与运作管理整个发展历程，并给出了传统和现代生产与运作管理的特征和生产与运作管理的发展趋势。

练习题

一、名词解释
1. 生产 2. 运作 3. 生产与运作管理 4. 生产与运作管理的基本职能
5. 生产与运作管理的研究内容

二、简答题
1. 简述生产与运作管理发展的历史，谈谈你有什么认识和体会。
2. 现代生产与运作管理的特征是什么？
3. 制造业产品生产的类型。
4. 产品生产和服务运作的异同点。

第二章

生产率、竞争力和战略

【学习目标】
1. 理解生产率概念,掌握生产率影响因素,掌握生产率的计算方法;
2. 理解核心竞争力的概念,了解核心竞争力的关键影响因素;
3. 理解战略管理的概念,并说明企业战略和竞争力之间的关系;
4. 组织战略和运营战略的区别与联系,掌握战略管理的制定方式;
5. 了解平衡记分卡与传统评价方式的区别,了解平衡记分卡实施过程中存在的问题。

案例一

昊华宇航化工有限责任公司的改进计划

昊华宇航引入持续改进管理理念和方法时,在思想认识上经历了由不理解到主动实施的转变。经过四年的实施,持续改进工作已成为公司稳定运行、节能降耗、降低成本、提升质量、实现战略目标的关键路径和重要的改进方法。他们实现改进的主要路径有以下几个方面。

转变理念,提高认识。2008年金融危机以来,电石、工业盐、燃煤价格持续攀升,PVC售价在低位徘徊。面对外部市场形势,公司充分认识到推行持续改进、精益生产,是降低生产成本、提升竞争能力的重要途径。公司依托现有规模、提高装置运行质量、提升产能,转型升级,实现内涵式增长。

加强培训,持续宣传。领导班子成员、绝大多数中层干部及生产技术管理人员均进行了培训,加强管理层对质量管理方法的掌握,使他们能够用所学的方法对公司开展的持续改进项目进行指导和检查。

成立机构,建章立制。为确保此项工作的顺利推进,公司成立了由总经理担任组长的持续改进指导委员会,相关班子成员和部门负责人为成员,负责持续改进工作的指导实施;并成立了公司、生产厂区两级持续改进工作办公室,负责持续改进工作的具体实施;明确了公司、职能处室、分厂和班组在持续改进工作中的定位,形成了指导委员会、持续改进工作办公室、分厂推进小组三级组织网络。在此基础上,制定了相关的实施方案《2012年昊华宇航世界级制造/持续改进工作实施方案》《昊华宇航持续改进项目管理办法》,为推进基层持续改进工作奠定了基础。

昊华宇航化工有限责任公司把持续改进作为挖潜增效、提升管理水平、应对市场变化的重要抓手,立足实际选项目,克难攻坚降成本,全员参与齐动手,持续改进提水平,逐步形成了"贵在坚持,重在持续,控制过程,突出效果"的工作运行机制,促进了管理水平的全面提升。2009—2012 年，完成精益六西格玛项目 29 个，实现财务收益 2800 余万元。

启发思考：
(1) 什么是生产率？如何提高生产率？
(2) 如何通过提高生产率，实现企业的战略目标？

本章分别讨论对企业组织至关重要的并且相互联系的 3 个概念：生产率、竞争力和战略。生产率与资源的有效利用有关，直接影响到企业的竞争力，生产与运作管理的水平直接影响到企业的竞争力；竞争力关系到一个企业与同类企业在市场上竞争的优势程度；战略决定一个企业如何实现其目标的计划问题。

第一节 生产率的目标

企业管理者的最主要职责之一就是要有效地使用企业的资源。生产率通常用于表示企业的产出与生产过程中的投入之间的关系，是一个相对指标，并受多种因素的影响。生产率是确定企业竞争力状况的一个重要的因素，因此，企业为了提高生产率采取相关的对策。

一、生产率的概念及其计算

生产率（productivity）是指每单位劳动生产的产品或服务的速率，或指产出和投入的比值，可用公式表述为：

$$\text{生产率} = \text{产出}/\text{投入} \tag{2.1}$$

1. 生产率指标

生产率指标的计算适用于单一运营、一个企业乃至整个国家。在营利性企业组织内部，生产率用于规划劳动力需求、设备安排、财务分析以及一些重要的预算等，影响企业的竞争力。对非营利性组织，高的生产率意味着以较低的成本完成较多的事情。

生产率的增长率是一个时期的生产率减去前一个时期的生产率再除以前一个时期的生产率。当一个国家物价一定时，生产率的提供意味着整体经济价值的增加。生产率的增长率是影响一个国家人民生活水平和通货膨胀的关键因素。

$$\text{生产率的增长率} = (\text{当期生产率} - \text{前期生产率})/\text{前期生产率} \times 100\% \tag{2.2}$$

【例 2.1】 某企业 2015 年的生产率是 80%，2016 年的生产率是 84%，求其生产率的增长率是多少？

【解】 生产率的增长率 =（当期生产率 − 前期生产率）/前期生产率 × 100%
=（84 − 80）/80 × 100% = 5%。则企业生产率的增长率是 5%。

2. 生产率的计算

生产率的计算方法：按照单一投入、两种投入或多种投入以及全部投入来衡量，得到单要素生产率、多要素生产率和全要素生产率。劳动生产率的指标通常用：每人工小时的产出单位数量、每班的产出单位数量、每小时的产值、每小时的增值额。机器设备生产率的指标通常用：每机时的产出单位数量、每机时的产值。资本生产率的指标通常用：每元人民币投入的产出单位数量、每元人民币投入的产值。能源生产率的指标通常用：每千瓦时的产出单位数量、每千瓦时的产值。不同类型生产率计算方法见表 2.1。

表 2.1　不同类型生产率计算方法

生产率类型	计算方法
单要素生产率	产出/劳动力，产出/机器设备，产出/资本，产出/能源
多要素生产率	产出/(劳动力+机器设备)，产出/(劳动力+资本)，产出/(劳动力+能源)，产出/(劳动力+机器设备+资本+能源)
全要素生产率	生产商品或服务/生产过程中的全部投入

单要素生产率的计算，指标通常有：劳动生产率、机器设备生产率、资本生产率、能源生产率。生产率计算中使用的单位，通常取决于具体的工作类型。在生产与运作管理过程中，常采用单要素生产率的办法进行计算。

【例 2.2】 某企业 2015 年的生产有两种情况：(1) 4 个工人用了 8 个小时，生产了 720 平方米的地毯；(2) 1 台机器用了 2 个小时，生产了 68 件可用的产品。求二者的生产率分别是多少？

【解】 (1) 生产率=生产地毯的平方米/人工小时数=720/(4×8)=22.5（平方米/小时）
(2) 生产率=生产的可用件数/生产的时间=68/2=34（件/小时）

多要素生产率的计算，对投入和产出要使用同一种计算单位，例如成本或价值等，可以是投入的成本和产出的价格直接的计算。计算公式见 (2.3)，在具体计算时要注意，分母上的计算单位必须是统一的单位。

$$\text{多要素生产率} = \text{产量}/(\text{劳动力成本}+\text{原材料成本}+\text{管理费用}) \quad (2.3)$$

【例 2.3】 某企业 2015 年的生产投入情况如下产出：7040 件。投入：人工，1000 人民币；材料费，520 元人民币；管理费，2000 元人民币。请求劳动力和机器投入的多要素生产率。

【解】 多要素生产率=产出/(人工+材料费+管理费)=7040/(1000+520+2000)=2（件/元）

生产率反映出企业资源的有效利用程度。对企业的单个部门而言，生产率可以用来衡量其一定时期内的业绩。它可以使管理者对业绩进行比较和评价，如果是生产率上升了，就要找出理由，并给予奖励；如果生产率下降了，就要找出具体原因，对具体需要改进和提升的部分进行实际的指导，并做出决策。

企业的生产率直接影响到企业的竞争力，企业管理者关心生产率，其核心思想是关心企业的竞争力。例如，两家企业有同样的产出，如果其中一家企业的生产率较高，那么就意味着其投入的较少，可以获得更多的利润，企业也能够以较低的价格销售产品，进而提高了市场份额和市场占有率。

通过生产率的计算不仅可以了解一个企业的绩效，还可以对一个行业或者一个国家的综合生产率做出评价。综合生产率是由各个企业或行业的生产率共同决定的。政府领导者关注生产率，因为一个国家的生产率高，那么人民就会有较高的生活水平。如果一个国家在生产率没有提高的情况下，提高工资，就会对国民经济造成通货膨胀的压力。

3. 服务业的生产率

服务业的生产率相对难于计算，制造业相对容易计算出具体数值。服务业涉及较多的智力活动且工作具有高度可变性，例如医疗诊断、手术、法律、计算机修理等服务工作，生产率难以计算。

过程收益（process yield）是一种与生产率密切联系的计算方法。在有产品的情况下，过程收益是优质产品的产出与原料投入之比。在服务业，过程收益通常取决于特定的过程，例如，对于某个租车服务机构，其某一天的过程收益就是租车的数量与拥有车辆数的比率；对于订阅服务，过程收益就是新订阅的数量与要求订阅数量的比值。

二、生产率的影响因素

影响企业生产率的因素有很多种，主要因素包括：资本、产品质量、技术和管理。下面从内部和外部两种因素分析影响企业生产率的具体因素。

1. 内部因素

由于企业内部因素比外部因素更易变化，所以我们按其可变性分为硬因素和软因素。硬因素包括产品、技术、设备和原材料等不易变化的因素；软因素包括劳动力、组织系统和程序、管理方式和工作方法等容易变化的因素。这样分类有助于我们确定优先顺序。

一是硬因素。包括：①产品类型、品种，产品的质量、数量，产品间的组合结构等；②厂房和设备的维修保养程度、工作地、设备平面布置状况、设备生产能力、使用年限、投资成本等；③技术（构成生产率的一个重要来源）；④材料和能源（为获得产出而投入的重要因素）。材料选择、材料质量、生产流程控制、废品的利用管理、存货周转率、库存管理、以国产材料代替进口材料等，都对成本有影响，从而影响生产率。

二是软因素。包括：①人是生产率的重要资源和主要因素，包括人的价值观、工作动机、工作方法、技术、工作态度和才能；②组织机构必须及时对市场信息进行反应，横向联系密切；③对现有工作方法的改进，会使生产率有显著提高。④管理方法和方式影响着组织设计、人事政策、工作设计、工作计划和控制、资本费用和资金来源、成本控制技术等各方面。管理部门负责企业控制下的所有资源的有效使用，因此管理方式对生产率水平有很大影响。

2. 外部因素

影响企业生产率的外部因素，在短期内企业无法控制，但在社会结构和制度较高层次上可得到控制，由此影响单个企业的生产行为、管理行为，从而影响企业的生产率。

一是人力资源。按照马克思劳动力再生理论，劳动是创造价值的唯一源泉，人是生产活动的中心，劳动者的知识、技能和体力是决定生产率的最基本因素。人类经济活动中知识和技术的含量急剧增加，表现为劳动形态由体力型向智力型转化，劳动工具和劳动对象日益复杂、精细、多样和高技术化。这意味着在现代经济活动中，不仅所蕴含的知识、技术含量急剧增加，而且在质和内容上正在经历着日益加剧的变动。

二是科技水平。从某种意义上讲，生产率是反映一个国家科技实力和水平的重要指标。工业发达国家之所以具有比不发达国家高得多的生产率，一个重要的原因就在于拥有居于世界领先地位的科学技术和装备。提高科技水平是提高生产率的根本途径。在技术变革的时代，推进技术进步对提高生产率能取得事半功倍的效果，应鼓励采用先进技术，大力促进技术转移和扩散，使科技转化成生产力。

三是宏观管理政策。宏观政策是指国家的经济体制、产业结构和产业政策、技术政策和技术装备政策、技术引进政策以及战略规划等。政府的政策、战略和计划主要通过政府机构的实际工作、法规（如价格控制、收入和工资政策）、交通通信、动力、财政措施和经济杠杆（利率、关税和其他税种）等极大地影响着生产率。政府的实际工作作风与效率也极为重要。

三、提高生产率的对策

经济系统的理想状态是生产率大于1，以下的五种办法可作为提高生产率的对策。

① 降低成本（耗物的价格或数量）并提高销售额（产物的价格或数量）；
② 维持成本（耗物的价格或数量）并提高销售额（产物的价格或数量）；
③ 缓增成本（耗物的价格或数量）并速增销售额（产物的价格或数量）；
④ 降低成本（耗物的价格或数量）并保持销售额（产物的价格或数量）；
⑤ 速降成本（耗物的价格或数量）并缓降销售额（产物的价格或数量）。

经济系统的极不理想状态是生产率小于1，应极力避免。

通过上述对生产率与投入结构与产出结构的相对数量关系的分析，我们又将提高生产率分解成寻求投入的最佳结构与产出的最佳结构这样两个子目标。

在生产实践中，生产系统内外因素瞬息万变，系统很难被控制在某一特定状态上，所以它只能在原则上把提高生产率作为可想象的对策目标，把降低生产成本或提高产品销售额作为可计量的对策目标，把降低生产所耗资源的价格、减少所耗资源数量、提高所销产品的价格、增加所销产品数量、优化投入结构和优化产出结构作为可操作的目标。

第二节
核心竞争力

企业在市场上销售产品和提供服务，都要面临着竞争。竞争力是决定企业壮大、仅能维持生存或者失败的一个重要因素。企业可以通过生产与运作管理的方法结合市场营销，进行市场的竞争，提高企业的核心竞争力。

案例二

后起之秀戴尔——戴尔模式

戴尔（Dell）公司是美国的一家著名计算机生产销售公司，是技术产品和服务的多元化提供商，2001年取代康柏成为全球最大的个人电脑制造商。戴尔公司不仅设计、生产、销售桌上个人电脑、笔记本电脑及网络服务器，还销售外围设备和软件，并提供服务和支持程序。公司已经在全球30多个国家设立了销售办事处，产品和服务遍及170多个国家和地区，全球共有47800名雇员。戴尔PowerEdge服务器运作的www.dell.com网址覆盖84个国家的站点，提供28种语言或方言、29种不同的货币报价。

戴尔公司创建后即实施差异化战略，真正按照顾客的要求来设计和制造产品，并在尽可能短的时间内，以低廉的价格将产品直接送到客户手上，震撼了全球商界，构建了强大的企业核心竞争力。迈克尔·戴尔从切身体验中找到了"改变为顾客服务方式"的新路，在决定企业服务范围与服务水平时，努力寻求顾客服务方式和服务水平方面的差异，形成了构建和提升企业核心竞争力的"着力点"，实现了跨越式的发展，成为业界霸主，在行业中获得较高利润水平。

实施差异化战略首先要找准企业的定位，通过顾客需求和企业能力的匹配来确定企业的定位，即为顾客提供与行业竞争对手不同的服务与服务水平，并以此定位作为差异化战略的实质标志。在决定整体定位差异化的时候，必须要对顾客的需求、企业的自身能力与竞争对手的服务水平三个要素进行综合考虑，做到三者的协调统一。价值诉求主要有三个重要的方面：企业准备服务于什么类型的客户？满足这些客户什么样的需求？你们会寻求什么样的相应价格？这三点构成了独特的价值诉求。企业要有一个不同的、为客户精心设计的价值链，营销、制造和物流都必须和对手不同，这样才能形成差异和特色。在价值链上的各项活动，必须是相互匹配并彼此促进的。戴尔公司的差异化战略，重要体现在"黄金三原则"，即"坚持直销""摒弃库存""与客户结盟"。

启发思考：
(1) 什么是竞争力？戴尔公司的核心竞争力有哪些？
(2) 戴尔公司的核心竞争力在哪里？

一、企业竞争力的含义

1. 企业竞争力及其三个层面

企业竞争力（competitiveness）是指在竞争性市场条件下，企业通过培育自身的能力，获取外部可寻资源，并综合加以利用，在为顾客创造价值的基础上，实现自身价值的综合性能力。一个企业所具有的能够比其他企业更有效地向市场提供产品和服务，并获得盈利和自身发展的综合素质是企业竞争力的具体体现。企业的竞争力分为产品、制度、核心三个层面。

产品竞争力包括企业产品生产及质量控制能力、企业的服务、成本控制、营销、研发能力，是表层的竞争力。制度竞争力包括各经营管理要素组成的结构平台、企业内外部环境、资源关系、企业运行机制、企业规模、品牌、企业产权制度，是支持平台的竞争力。核心竞争力包括以企业理念、企业价值观为核心的企业文化、内外一致的企业形象、企业创新能力、差异化个性化的企业特色、稳健的财务、拥有卓越的远见和长远的全球化发展目标等。我们可以看出，企业文化对企业增强竞争力有重要作用。

2. 企业竞争力的来源

企业竞争力来源于价格及成本、产品质量、品牌、差异化、核心能力五个方面。

一是价格及成本方面，同类企业所生产的相同产品在同一市场上的销售价格的高低，是构成企业竞争力差异的一个来源。假设消费者是理性的经济人，价格是影响消费者选择某一产品的重要因素。相同的产品在同一市场上，在其他因素相同的条件下，价格较低就具有较高的竞争力。由价格可以引出汇率，它是不同货币的比价关系，会影响商品的相对价格，从而导致一国企业竞争力的变化。

二是产品质量方面，质量既是商品在市场上实现交换的最根本前提，也是企业实现价值的决定性因素。劣等商品，只有在供不应求的情况下调节市场价值；优等商品，才能在供大于求的情况下满足市场需求。一个不向市场提供优质商品的企业是无竞争力可言的。

三是品牌方面，优秀品牌为公司提供了竞争优势，由于其高水平的品牌知名度和消费者忠诚度，公司减少了营销成本，可比同类竞争者卖出更高的价格；在激烈的价格竞争中，品牌给公司提供了某些保护作用。世界上优秀的公司在制造产品的同时，都拥有对品牌的创造、维持、保护和拓展的能力。品牌是一种名称、术语、标记、符号或设计，或是它们的组合运用，其目的是借以辨认某个销售者或某一组销售者的产品或服务，并使之同竞争对手的产品和服务区别开来。

四是差异化方面，具有竞争优势的企业都是拥有较强的差异化能力，或者说是差异化的能力使某一个企业在竞争的较量中脱颖而出。差异化的经济学意义是制造稀缺，是企业对某一产品在供求平衡、或供大于求的市场结构中，制造产品某一方面、或产品经营过程中某一环节的有别于竞争对手的稀缺，即"局部的供不应求"，从而使产品产生竞争优势，以及获得创新的超额价值。

五是核心能力方面，企业的核心能力是企业拥有的最主要的资源或资产，企业能力可以从本质上把企业能够承担和进行内部处理的各种活动界定清楚，企业核心能力的储备状况决定企业的经营范围，特别是决定企业多角化经营的广度和深度。核心能力是对企业进行分析的最小单元，是反映企业本质的能力。能力的区分虽然具有一定的抽象性，不过并不妨碍对企业的深入分析，企业拥有的能力总是可以区分为不同的类别，如可以区分为一般能力、特殊组织能力、社会能力、技术能力、市场开拓能力和管理能力，且每一种能力还可以细分。

二、核心竞争力的含义

1. 核心竞争力的概念及特性

核心竞争力（core competence）的定义是："在一个组织内部经过整合了的知识和技能，尤其是关于怎样协调多种生产技能和整合不同技术的知识和技能"。从与产品或服务的关系角度来看，核心竞争力实际上是隐含在公司核心产品或服务里面的知识和技能，或者知识和技能的集合体。核心竞争力的概念是 1990 年美国密西根大学商学院教授普拉哈拉德（C. K. Prahalad）和伦敦商学院教授加里·哈默尔（Gary Hamel）在其合著的《公司核心竞争力》（*The Core Competence of the Corporation*）一文（发表在 1990 年的《哈佛商业评论》）中首先提出来的。

在普拉哈拉德和哈默尔看来，核心竞争力：首先，应该有助于公司进入不同的市场，它应成为公司扩大经营的能力基础；其次，核心竞争力对创造公司最终产品和服务的顾客价值贡献巨大，它的贡献在于实现顾客最为关注的、核心的、根本的利益，而不仅仅是一些普通的、短期的好处；最后，公司的核心竞争力应该是难以被竞争对手所复制和模仿的。正如海尔集团张瑞敏所说的那样："创新（能力）是海尔真正的核心竞争力，因为它不易或无法被竞争对手所模仿。"

核心竞争力是企业竞争力中那些最基本的能使整个企业保持长期稳定的竞争优势或获得稳定超额利润的竞争力，是将技能资产和运作机制有机融合的企业自身组织能力，是企业推行内部管理性战略和外部交易性战略的结果。核心竞争力具有五个典型的特性。

偷不走——不可转移：别人模仿你很困难，如你拥有的自主知识产权——品牌、文化。

买不来——不可交易：这些资源不能从市场上获得。

拆不开——不可分割：企业的资源、能力有互补性，分开就不值钱，合起来才值钱。比如鞋子，左鞋和右鞋具有互补性，别人拿走一只鞋是没有用的。

带不走——资源的组织性。个人的技术、才能可以带走，因此，拥有身价高的人才也不意味着有核心竞争力。整合企业资源所形成的竞争力，才是企业的核心竞争力。

溜不掉——提高企业的持久竞争力。今天拆不开、偷不走的资源，明天就可能被拆开、偷走，所以，企业家真正的工作不是管理，而是不断创造新的竞争力。

总之，核心竞争力是一家企业在竞争中比其他企业拥有更具有优势的关键资源、知识或能力，它具有竞争对手难以模仿、不可移植，也不随着员工的离开而流失等特点。它对公司的竞争力、市场地位和盈利能力起着至关重要的作用。

核心竞争力可能是完成某项业务所需要的优秀技能、技术诀窍或是企业的知识管理体系，也可能是那些能够产生很大竞争价值的生产能力的一系列具体技能的组合，见表 2.2。

表 2.2 核心能力的标准组合与竞争优势

有价值	稀缺	难模仿	难替代	竞争结果	业绩预期
否	否	否	否	竞争劣势	低于平均水平业绩
是	否	否	是/否	持平	平均业绩
是	是	否	是/否	暂时优势	平均/高于平均业绩
是	是	是	是	持续优势	超过平均业绩

2. 核心竞争力的管理

核心竞争力在战略制定中的重要意义在于它能给公司带来具有某种宝贵竞争价值的能力，具有成为公司战略基石的潜力，可能为公司带来某种竞争优势。如果一家公司拥有的某种竞争力是该公司取得竞争成功的重要因素，它的竞争对手在该种竞争力上无法抗衡，而且模仿成本很高，那么，这家公司就容易建立起竞争优势。

不同企业所表现出来的核心竞争力是多种多样的。如：独特的企业文化，生产高质量产品的技能，创建和操作一个能够快速而准确处理客户订单系统的诀窍，新产品的快速开发，良好的售后服务能力，产品研发和革新能力，采购和产品展销的技能，在重要技术上的特有知识，研究客户需求和品位以及准确寻求市场变化趋势的良好方法体系，同客户就产品的新用途和使用方式进行合作的技能，综合使用多种技术创造一个全新产品的能力。

核心竞争力的管理包括：竞争力培育、竞争力扩散、竞争力整合、竞争力发挥、竞争力更新五个关键过程。

其中，核心竞争力培育包括：第一，创新。包括业务创新和客户管理创新。在建立客户信息的基础上，进行综合开发，选择培育核心客户群，通过对现有客户进行细分，扩大业务量。第二，差异化策略的实施。第三，有高远的目标，并将这一目标根植于公司成员的意识深处。再通过内部奖惩机制的设立，对每一成员施加竞争紧迫感的压力，对创新性思维及创新性行动进行激励、引导、总结与宣传。在这一过程中，要强调个人认知的贡献，它可以对集体竞争力的开发产生关键性和持续性的突破。为此，复合型人才的培养和使用尤为重要。

3. 核心竞争力的形成

从产业价值链的控制力分析，可看出企业形成竞争优势并拥有价值链的控制力的基本要素，一是能使顾客价值最大化，二是在整个价值链上拥有稀缺资源控制力（资源稀缺）。要想获得持续的竞争优势，就必须持续地满足顾客价值最大化和在价值链上拥有稀缺资源控制力。

第一，只有给顾客提供完整的产品系统解决方案，并通过对方案的系统分析和优化，找出满足顾客效用最大、顾客成本最小的方案，才能满足顾客价值最大化。在提供完整系统解决方案的基础上，要辨识出整个系统方案资源配置中的稀缺资源。根据企业自身的资源状况以及市场环境等，制定出拥有价值链稀缺资源控制力的战略和经营策略，并通过企业的日常经营逐步实现。

第二，企业拥有了产业价值链的控制力，就可在市场竞争中保持优势；企业要想持续地获得竞争优势，就必须保持在产业价值链上的控制力，也就是企业拥有了核心竞争力，从而确保企业在行业上始终处于领先地位。

4. 竞争的关键因素分析

竞争成功关键因素是指影响企业在市场上盈利能力的主要因素，使企业在特定市场获利必须拥有的技能、条件或资产。他们可能是产品价格优势、产品性能优势，或是一种资本结构和消费组合，也可以是企业纵向一体化的行业结构。例如产品性能、竞争力、市场表现等。

竞争成功关键因素会因行业而异、因时而异，随着竞争情况而改变。特别是传统的资源产业、制造业和新兴的软件产业、生物工程产业等，成功的关键因素差异极大。常见的行业成功关键因素的类型如下。

① 技术类行业如软件开发行业，成功关键因素包括科研专家、工艺创新能力、产品创新能力、既定技术应用能力、网络营销能力。

② 制造类行业如家电行业，成功关键因素包括低成本厂址、低成本产品设计、低成本

生产、高的固定资产能力利用率和劳工技能等。

③ 资源加工类行业如石油、煤炭、造纸行业等，成功关键因素包括自然资源的控制能力、财务融资能力、成本控制能力等。

④ 日用消费品制造行业如食品、饮料行业，成功关键因素包括品质管理、品牌建设、成本控制和销售网络等。

⑤ 服务类行业如航空客运、旅游行业等，成功关键因素包括良好的公司形象/声誉、低成本、便利的设施选址、礼貌的员工、融资能力等。

⑥ 分销类行业，成功关键因素包括强大的批发网或特约经销商网络、公司控制的零售点、拥有自己的分销渠道和网点、低的销售成本、快速配送等。

5. 核心竞争力的保持和提升

为何有的企业昙花一现，有的中途陨落，有的历经坎坷仍生生不息？原因正在于核心竞争力极其难以维持。企业可以从以下几个方面进行核心竞争力的保持和提升。

① 坚守主业，审慎对待多元化。
② 运用核心优势，正确把握商机。
③ 完善制度，保证权力传承。
④ 分类分级管理，防止关键要素流失，比如核心团队成员、核心技术等。
⑤ 适度扩张，避免核心能力过度稀释。
⑥ 守成与创新结合，防止核心刚度。核心刚度就是把企业的既有优势或一时的成功经验固化、神话、教条化，今天对昨天只能照抄照搬，不得越雷池一步，形成"路径依赖性"。扼杀创新与活力，使之丧失市场应变能力和环境适应能力。

> **知识点滴**
>
> 杜邦公司因开发尼龙等纤维产品而一举成名，杜邦的这一成功在很大程度上受益于公司长期在纤维品染色方面积累的特殊能力。1984年处于极度困境中的美国国际电报电话公司（ITT）被拆分出一个继承了母公司名称的新AT&T公司（专营长途电话业务）和七个本地电话公司（即"贝尔七兄弟"），美国电信业从此进入了竞争时代。公司的困境源于过度追求"非相关性多元化"造成的核心能力缺失。之后该公司基于只提供"其他公司在同等成本、同等质量以及同等的社会关心等条件下所不能提供"的产品基础上的战略分解使公司起死回生。

三、生产与运作职能在竞争中的关键作用

1. 生产与运作职能和营销职能的配合竞争战略

营销职能对竞争力的影响表现在消费者的需求和需要、定价以及广告推销方面。明确消费者的需求和需要是企业组织决策过程的一个基本环节，是决定竞争力的核心，其理想目标是实现消费者需求和需要与组织提供的产品和服务完全一致。定价通常是影响消费者购买决定的一个关键因素。广告和推销是企业组织将产品或服务的特性告诉潜在的顾客并吸引他们购买的方式。

2. 生产与运作职能对竞争力的影响

生产与运作职能通过以下方面影响竞争力：产品和服务设计、成本、地理位置、质量、响应时间、柔性、库存管理、供应链管理、服务、管理者和员工。这些方面是相互联系的，具体如表2.3所示。

表 2.3　生产运作职能中竞争力的影响因素

影响因素	意义及作用
产品和服务设计	体现企业许多职能部门的协同工作,力争达到资金、运营能力、供应链的能力以及消费者需求和需要之间的匹配
成本	影响该组织的定价决策、生产率和利润的一个关键变量,降低成本通常是企业组织的不懈追求
地理位置	对于服务行业,就顾客的成本和便利性而言,位置尤为重要;对于生产制造企业,靠近原材料供应地的位置可降低投入成本,而靠近市场的地理位置可以降低运输成本和缩短交货时间
质量	质量与用料、做工及设计密切相关,消费者通常愿意为他们认为质量好于其他厂家的产品或服务支付更高的价格
响应时间	快速响应可成为一种竞争优势,体现在快速将新的或改进的产品或服务推向市场,在接到订单之后可以迅速将现有产品交付给顾客,以及对顾客抱怨处理及时
柔性	柔性是指对变化的反应能力,柔性强可成为一种竞争优势
库存管理	库存管理得好,可以做到产品的供应与需求有效匹配,获得竞争优势
供应链管理	涉及内外(购买者和供应者)的协调,以实现整个系统货物交付及时、成本低
服务	服务可能包括被顾客看成增值的售后活动,诸如货物交付、安装、保证工作、技术支持或者对顾客消费过程的格外关注(如举止礼貌)
管理者和员工	管理者和员工是组织的核心,如果他们有能力且工作积极主动,那么就能通过其技巧和智慧给企业带来竞争优势

竞争成功的关键在于明确顾客需要什么,然后付诸实施,以满足(甚至超过)顾客的期望。有两个问题必须解决:第一,顾客需要什么;第二,哪一方面能最好地满足顾客的需要。

因此,运营部门要同营销部门密切合作,以获取有关各主要顾客和目标市场方面的信息。

3. 企业破产的原因

企业破产或经营不善有多种原因,认识到这些原因有助于管理者避免犯类似的错误。他们的错误一般有七个方面:忽视生产运作战略;未能利用优势和机会、未能认识到竞争威胁;过分重视短期财务业绩,不重视研发;对产品或服务的设计过于强调,而对工艺设计与改进重视不够;忽视在资本和人力资源方面的投资;未能在不同职能部门间建立起良好的内部沟通与合作机制;未能考虑顾客的需求与需要。

> **名人名言**
>
> 竞争是企业成败的核心,它决定了企业的创新、文化凝聚力、执行效率等与企业整体表现息息相关的各种活动;竞争战略则是要使企业在最基本的战场(产业)上找出有利的竞争位置。因此,竞争战略的目的就在于:针对产业竞争的决定因素建立起能获利、持久的竞争位置。——迈克尔·波特教授

第三节　战略管理与战略目标

战略是直接左右企业能否持续发展和持续盈利的最重要的决策参照系。战略管理是依据

企业的战略规划，对企业的战略实施加以监督、分析与控制，特别是对企业的资源配置与事业方向加以约束，最终促使企业顺利达成企业目标的过程管理。企业战略管理体系的设计其实质是围绕着企业的三个核心问题进行细化设计的过程，这三个核心分别是：企业在哪里？企业去哪里？我们何时行动（竞争）？"企业在哪里"是指明晰企业的位置，我们的优劣所在，我们如何在广泛的市场参与中选择有价值的目标市场与顾客，以提供满足其需求的服务举措。"企业去哪里"是指企业的未来发展方向。"我们何时行动"指我们什么时间怎样行动才能战胜竞争对手，这需要企业详细分析竞争对手以及采用各种具有较高价值策略手段，比如采用什么样的新技术还是采用什么类型的增值服务项目等。

一、战略管理

1. 战略管理的概念及演进

战略管理（strategic management）定义为：企业确定其使命，根据组织外部环境和内部条件设定企业的战略目标，为保证目标的正确落实和实现进行谋划，并依靠企业内部的能力将这种谋划和决策付诸实施，以及在实施过程中进行控制的一个动态管理过程。

"战略"一词的希腊语是 strategos，意思是"将军指挥军队的艺术"，是一个军事术语。20世纪60年代，战略思想开始运用于商业领域，并与达尔文"物竞天择"的生物进化思想共同成为战略管理学科的两大思想源流。

安索夫最初在其1976年出版的《从战略规划到战略管理》一书中提出了"企业战略管理"。他认为：企业的战略管理是指将企业的日常业务决策同长期计划决策相结合而形成的一系列经营管理业务。斯坦纳在他1982年出版的《企业政策与战略》一书中则认为：企业战略管理是确定企业使命，根据企业外部环境和内部经营要素确定企业目标，保证目标的正确落实并使企业使命最终得以实现的一个动态过程。

从企业未来发展的角度来看，战略表现为一种计划（plan）；从企业过去发展历程的角度来看，战略则表现为一种模式（pattern）；如果从产业层次来看，战略表现为一种定位（position）；而从企业层次来看，战略则表现为一种观念（perspective）。此外，战略也表现为企业在竞争中采用的一种计谋（ploy）。这是关于企业战略比较全面的看法，即著名的5P模型（明茨伯格，1998）。

什么是战略管理？战略管理是指对企业战略的管理，包括战略制定（strategy formulation/formation）与战略实施（strategy implementation）两个部分。

战略管理具有如下特点。

第一，战略管理不仅涉及战略的制定和规划，而且也包含着对制定出的战略付诸实施的管理，因此是一个全过程的管理。

第二，战略管理不是静态的、一次性的管理，而是一种循环的、往复性的动态管理过程。它是需要根据外部环境的变化、企业内部条件的改变，以及战略执行结果的反馈信息等，而重复进行新一轮战略管理的过程，是不间断的管理。

战略管理有三个层次：总体层战略、业务层战略、职能层战略，见图2.1。

一是总体层战略，又称公司战略，是企业最高层次的战略，是企业整体的战略总纲。在存在多个经营单位或多种经营业务的情况下，企业总体战略主要是指集团母公司或者公司总部的战略。总体战略的目标是确定企业未来一段时间的总体发展方向，协调企业下属的各个业务单位和职能部门之间的关系，合理配置企业资源，培育企业核心能力，实现企业总体目标。

它主要强调两个方面的问题：一是"应该做什么业务"，即从公司全局出发，根据外部

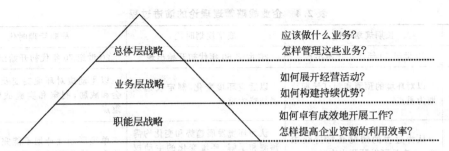

图 2.1　战略管理的三个层次

环境的变化及企业的内部条件，确定企业的使命与任务、产品与市场领域；二是"怎样管理这些业务"，即在企业不同的战略事业单位之间如何分配资源以及采取何种成长方式等，以实现公司整体的战略意图。

二是业务层战略，又称经营单位战略。现代大型企业一般都同时从事多种经营业务，或者生产多种不同的产品，有若干个相对独立的产品或市场部门，这些部门即事业部或战略经营单位。由于各个业务部门的产品或服务不同，所面对的外部环境（特别是市场环境）也不相同，企业能够对各项业务提供的资源支持也不同。因此，各部门在参与经营过程中所采取的战略也不尽相同，各经营单位有必要制定指导本部门产品或服务经营活动的战略，即业务层战略。

业务层战略是企业战略业务单元在公司战略的指导下，经营管理某一特定的战略业务单元的战略计划，具体指导和管理经营单位的重大决策和行动方案，是企业的一种局部战略，也是公司战略的子战略。它处于战略结构体系中的第二层次，着眼于企业中某一具体业务单元的市场和竞争状况，相对于总体战略有一定的独立性，同时又是企业战略体系的组成部分。

业务层战略主要回答在确定的经营业务领域内，企业如何展开经营活动；在一个具体的、可识别的市场上，企业如何构建持续优势等问题。其侧重点在于以下几个方面：贯彻使命、业务发展的机会和威胁分析、业务发展的内在条件分析、业务发展的总体目标和要求等。对于只经营一种业务的小企业，或者不从事多元化经营的大型组织，业务层战略与公司战略是一回事。所涉及的决策问题是在既定的产品与市场领域，在什么样的基础上来开展业务，以取得顾客认可的经营优势。

三是职能层战略。职能层战略是为贯彻、实施和支持公司战略与业务战略而在企业特定的职能管理领域制定的战略。职能层战略主要回答某职能的相关部门如何卓有成效地开展工作的问题，重点是提高企业资源的利用效率，使企业资源的利用效率最大化。其内容比业务层战略更为详细、具体，其作用是使总体层战略与业务层战略的内容得到具体落实，并使各项职能之间协调一致，通常包括：营销战略、人事战略、财务战略、生产战略、研发战略等方面。

总体层战略倾向于总体价值取向，以抽象概念为基础，主要由企业高层管理者制定；业务层战略主要就本业务部门的某一具体业务进行战略规划，主要由业务部门领导层负责；职能层战略主要涉及具体执行和操作问题。

总体层战略、业务层战略与职能层战略一起构成了企业战略体系。在企业内部，企业战略管理各个层次之间是相互联系、相互配合的。企业每一层次的战略都为下一层次战略提供方向，并构成下一层次的战略环境；每层战略又为上一级战略目标的实现提供保障和支持。所以，企业要实现其总体战略目标，必须将三个层次的战略有效地结合起来。企业战略管理理论的演进过程见表 2.4。

表 2.4 企业战略管理理论的演进过程

项目	长期规划时代	战略规划时代	战略管理时代
时间	20 世纪 50 年代初开始出现	20 世纪 60 年代初开始出现	20 世纪 70 年代初开始出现
管理的重点	以对环境的预测和制订长期计划为重点	以适应环境变化,制定长远发展战略为重点	以主动应对环境突变及出现的机会和威胁,制定和实施战略并重为重点
前提	认为过去的情况必将持续未来,未来是可以预测出来的	认为环境发展趋势和变化均需预测和了解,环境变化的主动权在企业	单纯周期性计划不能完全适应环境变化的需要,企业能力是个变数
管理的程序	周期性程序	周期性程序	因地制宜与周期性程序并存

2. 企业战略规划过程

企业战略是指企业在竞争环境中,为赢得竞争优势,实现企业经营目标和使命,而着眼于长远,适应企业内外形势而做出的企业总体发展规划。它指明了在竞争环境中企业的生存态势和发展方向,决定着企业的业务结构和竞争形势,并要求对企业的人财物、技术、管理等资源进行相应配置。

企业的管理必须站在战略的高度,全面分析企业外部环境,发现企业的机会与存在的威胁;客观认识企业的内部条件,了解自身的优势与劣势,充分挖掘竞争潜力,才能抓住机会,扬长避短,赢得竞争胜利。例如,企业重大项目投资决策是非常重要的战略决策,它不单需要对项目的技术经济进行分析,更应建立在企业战略分析的基础之上。

企业战略规划是规划企业未来长期目标,并制订实施计划的过程。它包括对各种为实现组织目标和使命方案的拟定、评价以及实施方案选择,可以分为战略分析、战略选择、战略实施三个方面。

企业战略规划需要考虑企业外部和内部两大因素,如图 2.2 所示。

企业的外部不可控因素:社会文化、政治、法律、经济、技术和自然等因素都将制约着企业的生存和发展,它们构成企业的外部不可控因素,它们给企业带来机会,也带来威胁。如何趋利避险,在外部因素中发现机会、把握机会、利用机会,洞悉威胁、规避风险,是企业生死攸关的大事。在瞬息万变的动态市场中,企业是否有快速应变能力,能否迅速适应市场变化,实现企业创新变革,决定着企业是否有可持续发展的潜力。

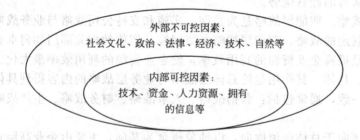

图 2.2 企业战略规划影响因素

企业的内部可控因素,主要包括:技术、资金、人力资源和拥有的信息等,通过内部因素分析,可以准确把握企业的优势与劣势。从而知己知彼,扬长避短,发挥自身的竞争优势,确定企业的战略发展方向和目标,使目标、资源和战略三者达到最佳匹配。

借助外部因素评价矩阵、竞争态势矩阵、内部因素评价矩阵、SWOT 矩阵等方法,通过对外部机会、风险以及内部优势、劣势的综合分析,可以确立企业长期战略发展目标,制定企业发展战略。将企业目标、资源与所制定的战略相比较，利用波士顿矩阵、通用矩阵等分析工具，找出并建立外部与内部重要因素相匹配的有效的备选战略。通过定量战略规划矩阵对备选战略的吸引力进行比较，确定企业最可能成功的战略。然后制定企业具体的年度目标，围绕这一确定的目标，合理地进行人财物等各项资源的配置，有效地实施战略，并对已实施的战略进行控制、反馈与评价，再改进和完善企业战略，实现动态战略规划。

3. 企业战略类型

企业战略一般包括三个层次，即企业总体战略、竞争战略和职能战略。企业总体战略是确定企业的发展方向和目标，明确企业应该进入或退出哪些领域，选择或放弃哪些业务。企业竞争战略是确定开发哪些产品，进入哪些市场，如何与竞争者展开有效竞争等。企业职能战略研究企业的营销、财务、人力资源和生产等不同职能部门如何组织，为企业总体战略服务的问题，包括研发战略、营销战略、生产战略、财务战略、人力资源战略等，是实现企业目标的途径和方法。其中，与项目投资决策密切相关的是企业总体战略和竞争战略。

（1）企业总体战略

企业总体战略包括：稳定战略、发展战略和撤退战略三大类。

稳定战略又称防御型战略，是指受经营环境和内部条件的限制，企业基本保持现有战略起点和范围的战略，包括无变化战略、利润战略等。

发展战略又称进攻性战略、增长型战略，是指企业充分利用外部机会，挖掘内部优势资源，向更高层次发展的战略。发展战略是大多数企业的基本战略选择，包括：新领域进入战略、一体化战略和多元化战略。发展战略实现方式有内部发展与外部发展两种途径，包括产品开发、直接投资、并购、战略联盟等方式，其中并购是当前全球跨国投资的主要方式，全球直接投资的85%是以企业并购的方式进行的。

① 新领域进入战略。它是指企业为了摆脱现有产业的困境，或发现了新的产业成长机会，为培育新的增长点，而采用的产业拓展或市场拓展战略，包括进入新的市场、进入新的行业等。如电器制造企业进入房地产行业，中国企业进入美国市场等。

② 一体化战略。包括纵向一体化战略和横向一体化战略。纵向一体化战略又称垂直一体化战略，它是将企业生产的上下游组合起来的发展战略，如纺织企业向上延伸到化纤原料生产，向下延伸到服装生产。横向一体化战略又称水平一体化战略，是企业为了扩大生产规模，降低生产成本，巩固企业市场地位，提高竞争能力而与同行的企业进行联合的一种战略。

③ 多元化战略。由著名的战略学家安索夫在20世纪50年代提出。多元化包括相关多元化和不相关多元化。相关多元化是以企业现有的设备和技术能力为基础，发展与现有产品或服务不同但相近的新产品或服务，如制造电视机的家电企业扩展到空调、计算机、洗衣机等行业。不相关多元化则是企业进入完全无关的行业，如同仁堂收购天津狗不理包子等。

撤退战略也称为退却性战略，是指退出没有发展或者发展潜力很小的行业的战略，包括紧缩战略、转向战略和放弃战略。

（2）企业竞争战略

企业竞争战略包括成本领先战略、差别化战略和重点集中战略三大类，其特征和基本要求见表2.5。

表2.5 三种企业竞争战略的特征和基本要求

特征和基本要求	成本领先战略	差别化战略	重点集中战略
产品多样化	较低	较高	围绕特定目标
市场分割	面向大众和普通顾客	市场细分	一个或少数几个市场分割

续表

特征和基本要求	成本领先战略	差别化战略	重点集中战略
基本能力要求	持续的资本投资和良好的融资能力；工艺加工技能高；生产管理严格；产品易于制造和大批量生产；低成本的分销系统	强大的营销、产品加工能力；创新能力；销售渠道高度配合；强调品牌、设计、服务和质量	针对具体目标，确定相应的各项能力组合
特殊能力需求	制造、物料管理能力	研发能力	集中战略下的各种能力
基本组织要求	组织职责明确；严格的定量目标激励；严格成本控制	研发、销售部门密切配合；重视主管评价和激励；宽松的工作氛围	针对具体战略目标，确定相应的组织要求

温故知新

请描述战略规划过程以及战略类型，并列举相应的案例。

二、战略目标

战略目标，是对企业战略经营活动预期取得的主要成果的期望值。战略目标的设定，是企业宗旨的展开和具体化，是企业宗旨中确认的企业经营目的、社会使命的进一步阐明和界定，也是企业在既定的战略经营领域展开战略经营活动所要达到的水平的具体规定。

1. 战略目标的特性

战略目标具有宏观性、长期性、相对稳定性、全面性、可分性等特性。战略目标的特性具体如表2.6所示。

表2.6 战略目标的特性

特性	内容
宏观性	是企业对企业发展的一种总体设想，它的着眼点是整体而不是局部
长期性	着眼点是未来和长远
相对稳定性	战略目标既然是一种长期目标，那么它在其所规定的时间内就应该是相对稳定的
全面性	战略目标是一种整体性要求
可分性	战略目标作为一种总目标、总任务和总要求，总是可以分解成某些具体目标、具体任务和具体要求的
可接受性	企业战略的实施和评价主要是通过企业内部人员和外部公众来实现的，因此，战略目标必须被他们理解并符合他们的利益
可检验性	为了对企业管理的活动进行准确的衡量，战略目标应该是具体的和可以检验的。目标必须明确，具体地说明将在何时达到何种效果
可挑战性	目标本身是一种激励力量，特别是当企业目标充分体现了企业成员的共同利益，使战略大目标和个人小目标很好地结合在一起的时候，就会极大地激发组织成员的工作热情和献身精神

2. 战略目标的内容

战略目标是企业使命和功能的具体化，一方面，有关企业生存的各部门都需要有目标；另一方面，目标还取决于个别企业的不同战略。因此，企业的战略目标是多元化的，既包括经济目标，又包括非经济目标；既包括定性目标，又包括定量目标。战略目标不止一个，而是由若干目标项目组成的一个战略目标体系。

3. 战略目标的确定

影响生产运作战略的因素有：市场需求及其变化、技术进步、供应市场、企业经营战略目标、各职能战略目标。一般来说，确定战略目标需要经历调查研究、拟定目标、评价论证和目标决断这样四个具体步骤。

① 调查研究：在制定企业战略目标之前，必须进行调查研究工作。它的侧重点是企业与外部环境的关系和对未来研究和预测。

② 拟定目标：依据对外部环境、需要和资源的综合考虑，确定目标方向，对沿着战略方向展开的活动所要达到的水平也做出初步的规定，形成可供决策选择的目标方案。

③ 评价论证：战略目标拟定出来之后，就要组织多方面的专家和有关人员对提出的目标方案进行评价和论证。

④ 目标决断：权衡各个目标方案，选择最优方案。

4. 战略目标对企业的意义

企业制定战略目标有助于企业正确评价外部环境的危机与机遇。企业只有正确识别和评价外部机会与威胁才能制定明确的任务，设计实现长期战略目标所需的战略及相应的政策，并随着企业外部竞争环境的变化做适度的调整。

企业战略目标有助于明确企业核心能力，制定企业有效的战略活动领域，使企业获得长久的竞争优势，可以优化组合企业人力资源，增强企业的执行力，营造企业文化。各个部门的管理者和职员共同工作并提供思路和信息，参与制定企业的战略，加强组织内的协调与沟通，有助于增强员工的归属感和责任感，并形成企业特有的软实力，形成与企业战略目标一致的企业文化。成功的企业文化能为企业战略的制定提供成功的动力，是企业战略顺利实施的关键，也是维持企业战略优势的重要条件。制定战略目标的过程，见图2.3。

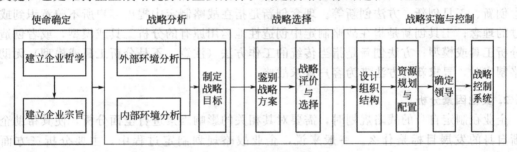

图2.3 制定战略目标的过程

第四节

战略制定

战略制定是指确定企业任务，认定企业外部的机会与威胁，找准企业内部优势与弱点，建立长期目标，制定供选择的战略，以及选择特定的实施战略。战略制定是企业基础管理的一个组成部分，是科学化加艺术化的产物，需要不断完善。在战略制定过程中必须考虑技术因素所带来的机会与威胁。技术的进步可以极大地影响到企业的产品、服务、市场、供应商、竞争者和竞争地位。

一、战略制定的因素分析

1. 战略制定的关键因素：体系为王，创新为魂

（1）体系为王

对于战略制定而言，体系统领战略制定的全局。战略制定的体系可以包含四个层面：基础分析、企业战略、业务战略及职能战略。基础分析指的是内外部环境分析，企业战略指的是企业层面的整体战略，业务战略指的是业务层面的总体战略和进一步细分层面的战略，职能战略指的是职能管理层面的战略。这四个层面相互关联、自成逻辑体系。

基础分析的内容是战略制定的基石。在基础分析中，需要对企业的内外部环境进行必要的、详略得当的研究和阐述。对于基础分析中的内部环境分析、外部环境分析两部分而言，同样也有研究层面的划分以及内在逻辑体系的考虑。

完成基础分析之后，接着进行企业战略的制定，这里指"企业层面"的战略。它包括了传统的战略框架中的愿景、使命、目标、在行业中的地位等因素，同时也可以考虑企业自身的运营模式、经营领域的选择等。这些都是对整个企业的通盘考虑。

随后进行业务战略的制定，它涵盖了企业选定业务领域的战略考虑。毋庸置疑，业务战略既要依托于基础分析，同时又要基于企业层面的战略来进行制定。它需要进一步切实明晰企业战略所确立的竞争优势是什么，这是企业战略和业务战略之间的一座桥梁。

最后是职能战略的制定。在企业层面、业务层面的战略确定之后，职能层面要相应进行重新设计和调整。这里同样也自成一个内在的分析体系，同时职能战略所涉及的范围、重点以及内容深度都需要结合前面企业层面、业务层面的战略内容以及客户的需要。

（2）创新为魂

对于战略制定而言，创新决定战略制定的内涵与外延。具体到战略制定，创新可以分为理念创新、工具创新、方法创新等。理念创新是指在战略制定中提出客户所不曾意识到或接触过的理念；工具创新是指在战略制定中创造性地运用原有的分析工具或模型，或者创造新的分析工具或模型；方法创新是指当传统的工作方法（注意：不是分析工具或模型）无助于战略制定时，寻求新的方法来为客户谋求战略。

2. 其他因素分析

企业在制定自身的战略规划时，需要对其相关的影响因素进行全面分析，使其帮助企业清晰自身的发展目标是什么。一般来说，企业战略规划制定过程中，主要分析三方面的因素。

（1）对市场及用户分析

一个企业如果不了解其市场和用户，是很难生存下去的，所以，战略规划的第一步就是深入细致地进行市场和用户分析。后面几步均以市场和用户分析的结论作为前提，这是整个战略规划的基础，是重中之重。

（2）对自身竞争对手的分析

对竞争对手分析的目的是了解在本企业参与的目标市场上谁是现有的、直接的竞争对手，谁是将来有可能加入的潜在竞争对手，对本企业产品或服务可能构成威胁的替代品是什么。竞争分析通常有五个层次：第一个层次是能列出本企业目标市场上的主要竞争对手；第二个层次是能描述竞争对手的状况，分析竞争对手的基本情况，如竞争对手的4P组合；第三个层次是能掌握竞争对手的大方向，知道竞争对手想往哪里走；第四个层次是能"翻译"出竞争对手的总体战略，能"替"竞争对手写一份企业战略规划书；第五个层次是能引导竞争对手的行为和战略，知道竞争对手为什么会往某个方向发展。

（3）对企业的长远目标与发展方向的分析

一旦企业明确了市场和用户需求，也了解了竞争状况，进行了理想的完整产品描述，就很容易明确本企业的市场定位。也就是说，企业存在的价值是什么，企业的长远目标和发展方向是什么。

二、战略制定的程序

生产与运作管理战略考虑的面比较宽，时间跨度比较长，要将顾客所要求的重点（特别是从营销中获得的竞争重点）转变为运作中的特定职责。其中，确定顾客所要求的重点的步骤如下：一是根据产品组将市场细分；二是确定产品要求、需要形式、每一产品组的边际利润；三是确定每组的订单赢得要素和订单资格要素；四是将订单赢得要素转化为特定的运作职责要求，制订必要的计划确保运作能力能充分完成这些职责。

生产与运作管理战略在企业的经营活动中处于承上启下的地位，它向上要遵循企业经营战略，向下要推动生产系统贯彻执行具体的实施计划以实现经营战略意图。这种承上启下的特殊位置决定了它的如下特点：一是它虽然属于战略管理活动，但它是从属于经营战略的，因此，考虑的问题比较具体一些，从产品选择到生产组织都是它研究的具体对象。二是它与营销战略、财务战略紧密相关。它的运作过程受到两大管理行为的约束，同时又是实现营销与财务战略的必要保证。

制定战略的程序是：先进行环境分析，认清环境中存在的各种威胁和机会，结合企业自身的优劣势，确定本企业的使命，形成一种战略，然后根据这个主导战略形成企业的生产作业战略。与此同时，也形成了企业的两个重要的职能战略：市场营销战略和财务战略。接下来，就是实施企业的生产作业战略并根据环境的变化适时调整这个战略。

本 章 小 结

本章首先对生产率的概念、影响因素进行介绍，同时提出提高生产率的对策，并对生产率的投入结构与产出结构的相对数量关系进行分析，将提高生产率分解成寻求投入的最佳结构与产出的最佳结构这样两个子目标。

其次，介绍了核心竞争力及其特征，介绍了生产运作职能在竞争中的关键作用。

再次，详细介绍了企业的战略管理与战略目标。

最后，介绍了战略制定的关键因素分析、战略制定程序，为管理者的实践活动提供参考。

一、名词解释
1. 生产率 2. 竞争力 3. 核心竞争力 4. 生产率 5. 战略

二、简答题
1. 生产率的影响因素，以及生产率计算的方式。
2. 企业竞争力及三个层面是什么？
3. 核心竞争力的关键因素。
4. 战略目标的确定对企业的意义。
5. 战略管理的演进及企业战略的类型。
6. 战略制定程序。

第三章 需求预测方法和技术

【学习目标】
1. 理解需求管理、独立需求及相关需求；
2. 掌握预测的概念及分类，列出预测方法所需要的基本要素；
3. 理解定性预测，掌握德尔菲法；
4. 理解定量预测，掌握时间序列法；
5. 了解常见的预测误差及其计算，会使用线性回归模型进行预测。

对于每一个商业组织和每一个重要的管理决策来说，预测都是至关重要的。预测是实施长期计划和决策的基础。对于企业来说，在进行很多决策时是以需求为基础的，要考虑预测。生产与运作管理人员使用预测来制定周期性决策，包括：工艺选择、生产负荷计划等。本章从需求管理的概念入手，重点介绍专家会议法、德尔菲法、对比类推法等定性预测法，以及时间序列预测法和因果分析法等定量预测法。由于预测结果通常存在误差，所以文中对预测误差监控进行了详解。

第一节 预测概述

案例

宝洁公司的"青春永驻"之术

宝洁（英文名称：Procter & Gamble）创于1837年，是全球最大的日用消费品公司之一，其品牌的特点就是多样性和创新性。宝洁能够服务于多样性的市场，当面对范围广泛、特点不同的细分市场时，产品的优越性就完美地体现出来了。宝洁公司在其180多年的历史中开发出了数百种产品，有效满足了家庭和个人不同的清洁需要。宝洁公司认为，成功的品牌开发来自市场调查，其市场调查的目的：一是对于已拥有的产品，消费者还有哪些要求；二是对于完全没有的产品，了解消费者的需求，研发新产品。宝洁公司成立了一支专业调查队伍，他们的足迹遍及各地，与数十万计的消费者进行接触。他们的调研方式还包括定量样本研究、定性效果分析、举办消费者座谈会、入户访问、商店调查等。

宝洁公司根据消费者的需要，挖掘潜在市场，预测消费者新的更高的需求，不断推出新产品。

启发思考：
(1) 需求管理是什么？
(2) 需求预测的方法有哪些？
(3) 学术界常用哪些定量预测方法？

一、需求管理

需求管理（demand management）是一种用于查找、记录、组织和跟踪系统需求变更的系统化方法。需求管理是认识和管理对产品的全部需求，并确保主生产计划反映这些需求的功能。需求管理包括：需求预测、订单录入、订单承诺、分库需求、非独立需求、厂际订单及维修件需求等。有效需求管理的关键在于保证需求的明确阐述、每种需求类型所适用的属性，以及与其他需求和其他项目工件之间的可追踪性。需求有唯一的特征或特征值，例如，它们的重要性和容易满足的程度都各不相同。需求涉及众多相关方面，这意味着需求要由功能交叉的各组人员共同管理。

1. 独立需求

独立需求是指企业或个人对某种产品或服务的需求，与其他产品或服务的需求无关，如公司在一定时期内的销售量等。当一个库存项目的需求不依赖于其他库存项目的需求时，称为独立需求。这类需求主要受市场等外部随机因素的影响，需求必须经过预测，即根据对历史资料的分析或由管理人员的经验得到。

2. 相关需求

当一个库存项目的需求与其他库存项目的需求直接相关时，称为非独立需求或相关需求。相关需求是一种能够从上一级需求项目派生出这一级需求项目的需求类型，如半成品、原材料。相关需求是从独立需求中推导出来的。物料需求计划根据独立需求，自动地计算出构成这些项目的部件、零件，以及原材料的相关需求量。

二、预测的概念和分类

1. 预测的概念

预测是指估计未来一定时间内，整个产品或特定产品的需求量和需求金额。它为企业指明了其产品在未来一段时间里的需求期望水平，并为企业的计划和控制决策提供了依据。需求预测的目的在于通过充分利用现在和过去的数据、考虑未来各种影响因素，结合本企业的实际情况，采用合适的科学分析方法，提出切合实际的需求目标，从而定制订购需求计划，指导原材料或商品订货、库存控制、必要设施的配合等工作的开展。

企业对目标市场未来的需求状况作出预测，依据预测结果规划生产能力、筹备资源要素。需求预测是企业制定战略规划、生产安排、销售计划、物流管理计划等的重要依据。从企业内部管理来看，无论是战略层、还是管理层都要根据需求预测指导计划安排。企业战略层关注需求长期变动趋势的预测，管理层关心的是企业未来数周、数月的生产、销售、资金安排。

预测有以下四个特征：一是总是根据过去的数据或经验推断未来；二是因随机性因素，预测总会有一定的误差；三是群体预测的精度高于单个人的预测；四是预测的精度随时间跨度的增加而降低。

精心设计的预测应做到：适时、精度、可靠、可计量、书面表示、易于理解。预测的具体步骤如图 3.1 所示。

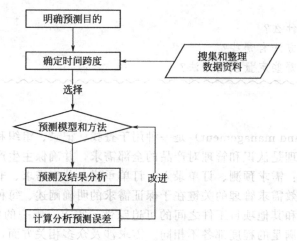

图 3.1　预测步骤

2. 预测的分类

预测可以分为四种基本类型：定性预测、定量预测、综合预测和其他预测等四大类，具体见图 3.2。

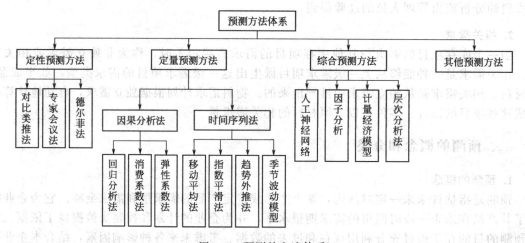

图 3.2　预测的方法体系

定性预测方法，是根据掌握的信息资料，依靠专家个人和群体的经验、知识，运用一定的方法，对市场的未来和企业的竞争力的趋势、规律、状态做出主观的判断和描述。往往依赖于评价者的知识、经验、判断，其主要的评价方式为观察、分析、归纳、描述等。定性预测是一种较为主观的判断，它基于估计和评价。主要有对比类推法、专家会议法和德尔菲法。

定量预测方法，受益于计算机技术的发展和学科的完善，已经呈现出了多样性、复杂性、学科交叉性等特点，其依据市场历史和现在的统计数据资料，选择或建立合适的数学模型，分析研究事物发展变化规律并对未来做出预测。其方法可归纳为因果分析法和时间序列法。因果分析法假定需求与某些内在因素或周围环境的外部因素相关。时间序列基于这样一种理念：与过去相关的历史数据可以用来预测将来的需求。历史数据可能包括诸如趋势因素、季节因素、周期因素等。

综合预测方法，其基本思想就是将企业视为一个包含多层次、多因素的综合体系，先建立企业竞争力评价指标体系，再采用各种评价方法，综合考虑多个指标对企业竞争力进行评价。在综合评价过程中，要把多个反映企业竞争力各个方面且量纲不同的指标，转化成无量纲的相对评价值，综合这些评价值得出对企业竞争力的整体性评价。这不只是一个方法，而是一个方法系统。综合预测法的关键问题是指标权重的确定和指标数值的无量纲处理。

常用的方法：人工神经网络、因子分析、计量经济模型及层次分析法。

其他预测方法，包括一些新发现的方法，以及经济计量分析、投入产出分析、系统动力模型、马尔可夫链等。这些预测方法主要借助复杂的数学模型模拟显示经济结构，分析经济现象的各种数量关系，从而提高人们认识经济现象的深度、广度和精确度，适用于经济生活中的中长期市场预测。

> **课堂讨论**
> 1. 定性分析和定量分析的区别是什么？
> 2. 当车辆过来之前，我能穿过马路吗？我要何时出发才能准时到达课堂？企业预测工作和上述方法有类似之处，然而企业进行预测和对预测方法及预测精度的要求比较高。

第二节

定性预测

定性预测（qualitative forecasting）是指预测者依靠熟悉业务知识、具有丰富经验和综合分析能力的人员与专家，根据已掌握的历史资料和直观材料，运用个人的经验和分析判断能力，对事物的未来发展做出性质和程度上的判断，然后再通过一定形式综合各方面的意见，作为预测未来的主要依据。

定性预测方法可以分为直观判断法和集合意见法两类，其核心都是专家预测，都是依据经验、智慧和能力在个人判断的基础上进行预测。在常见的定性评价方法中，直观判断法主要有对比类推法，集合意见法包括专家会议法、德尔菲法、价值链分析法、波士顿矩阵法、因素分析法、标杆管理法等。

定性预测具有如下特点：①着重对事物发展的性质进行预测，主要凭借人的经验以及分析判断能力；②着重对事物发展的趋势、方向和重大转折点进行预测。

定性预测方法的具体形式主要有专家会议法、德尔菲法和对比类推法。其优点是注重于事物发展在性质方面的预测，具有较大的灵活性，易于充分发挥人的主观能动作用，且简单迅速，省时省费用。缺点则是易受主观因素的影响，比较注重于人的经验和主观判断能力，从而易受人的知识、经验和能力的多少或大小的束缚和限制，尤其缺乏对事物发展做数量上的精确描述。

一、专家会议法

专家会议法是指邀请有关方面的专家，通过会议的形式，对市场未来需求趋势或某个产品的发展前景做出判断，并在专家们分析判断的基础上，综合专家们的意见，进行市场预测的方法。

1. 原则

①专家要有丰富经验和广博知识。专家一般应具有较高学历,有丰富的与预测课题相关的工作经验,思维判断能力敏锐,语言表达能力较强。②专家要有代表性,要由各方面专家组成,如有市场营销专家、管理专家、生产技术专家等。③专家要有一定的市场调查和市场预测方面的知识和经验。

2. 步骤

①邀请专家参加会议,8~12人为宜。②会议主持人提出预测题目,要求大家充分发表意见,提出各种各样的方案。③强调会议上不要批评别人的方案,大家畅谈自己的方案,敞开思想,方案多多益善。④会议结束后,再对各种方案进行比较、评价、归类,最后确定预测方案。

3. 优点

①专家集体讨论可互相启发、取长补短,发挥专家的创造性思维,能把调查预测与讨论研究结合起来,分析考虑的影响因素全面细致。②节省预测的人力与时间,能在较短的时间内获得比较正确的预测结果。

4. 缺点

①参加会议的专家往往有人数的限制,使代表性不充分。②预测时可能受心理因素的影响。③对于一些机密等级较高的问题,不宜在预测会上交谈。④较多地占用了专家的时间。

二、德尔菲法

德尔菲法是采用匿名函询的方法,通过一系列简明的调查征询表向专家进行调查,并通过有控制的反馈,取得尽可能一致的意见,对预测对象的未来做出推断。这个过程实际上是一个被调查专家集体交流信息的过程。

1. 特点

①匿名性是指被调查的专家们互不见面,不直接交流信息,由调查者组织书面讨论。各位专家通过匿名的方式传递信息,可在不必顾及面子的情况下改变自己的观点,有利于意见趋于统一。②反馈性是指在每一轮调查结束后,调查者综合整理调查结果,并在下一轮调查时随同调查表一起函送给各位专家,使专家们了解预测调查的全面情况。这样可以促使专家进行再思考,完善或改变自己的观点,促进专家之间的信息交流和书面讨论。德尔菲法一般要进行三轮到四轮的专家意见征询。③收敛性是指经过多轮调查和反馈的过程,言之有理的见解会逐渐为大多数专家所接受,分散的意见会向其集中,呈现出收敛的趋势。

2. 步骤

第一,组成调查工作组。德尔菲法的实施需要一定的组织工作,首先应建立调查小组,人数一般在10~20人左右,根据预测的工作量大小而定。调查组的任务是组织整个调查预测工作,主要工作内容是对预测过程作计划、选择专家、设计调查表、组织调查、对调查结果进行汇总处理、做出预测。

第二,选择专家。选择专家主要是由所要预测问题的性质决定的,既要选择本学科有代表性的专家,也要选择边缘学科、社会学等方面的专家,要考虑专家所属部门和单位的广泛性。专家人数视预测问题的规模而定,一般以10~50人为宜。对于一些重大问题的预测,可以扩大到100名以上。按照统计学样本数的要求,一般不少于20人。

第三,函询调查。德尔菲法是通过向专家函寄调查表的方式进行调查,调查表是进行预测的主要手段,调查表设计的质量直接影响到调查和预测的效果。调查表没有统一格式,应根据所要调查内容和预测目标来设计，总的原则是提问明确、回答方式简练，便于对调查结果进行汇总处理。填表要求作充分的说明，还应向专家提供有关资料和背景材料。

第四，调查结果分析整理。国外预测学者的研究结果表明，专家意见的概率分布一般服从或接近正态分布，这是对专家意见进行统计处理的重要理论依据。调查结果汇总后，对于定量调查结果，一般采用中位数法进行数据处理。即分别求出预测结果的中位数，上、下四分位点。上、下四分位点之间的区域为四分位区间，其大小反映专家意见的离散程度，区间越小，专家意见集中程度越高。对于评分排序结果，用总分比重法进行处理，即用各要素的得分在总得分中的比重衡量其相对重要性的大小。对于主观概率，通常采用平均主观概率作为专家集体预测的结果。

3. 优缺点与适用范围

优点：简单易行，用途广泛，费用较低，在大多数情况下，可以得到比较准确的预测结果。特别是在历史数据缺乏情况下，只能使用德尔菲法，如某些无先例事件和突发事件的预测、复杂的社会经济问题等。

缺点：其预测是建立在专家主观判断的基础上的，专家的学识、兴趣和心理状态对预测结果影响较大，从而使预测结论不够稳定；采用函询方式调查，信息交流受到限制，缺少思想交流沟通；在综合整理数据时，容易忽视少数人的意见，而且提供的数据资料存在组织者的主观影响。

主要适用在四个方面：缺乏足够的资料；作长远规划或大趋势预测；影响预测事件的因素太多；主观因素对预测事件的影响较大。

4. 统计处理方法

（1）专家作答情况的统计处理

$$问卷回收率 = \frac{收回问卷的份数}{发出问卷的份数} \times 100\% \tag{3.1}$$

$$问卷有效率 = \frac{对该问题有效回答的份数}{收回问卷的份数} \times 100\% \tag{3.2}$$

（2）对数量和时间答案的统计处理

① 中位数的方法：将各位专家所提供的答数 $x_i(i=1, 2, \cdots, n)$ 从小到大、从左至右进行排序，即

$$x_1 \leqslant x_2 \leqslant x_3 \cdots \leqslant x_{n-1} \leqslant x_n \tag{3.3}$$

中位数的计算公式为：

$$\tilde{x} = \begin{cases} x_{k+1}, & n=2k+1, \ k\text{ 为自然数} \\ \dfrac{x_k + x_{k+1}}{2}, & n=2k, \ k\text{ 为自然数} \end{cases} \tag{3.4}$$

② 求上、下四分位点的方法，其计算公式如下：

$$x_{上四} = \begin{cases} x_{\frac{3k+3}{2}}, & n=2k+1, \ k\text{ 为奇数} \\ \dfrac{x_{\frac{3k}{2}+1} + x_{\frac{3k}{2}+2}}{2}, & n=2k+1, \ k\text{ 为偶数} \\ x_{\frac{3k+1}{2}}, & n=2k, \ k\text{ 为奇数} \\ \dfrac{x_{\frac{3k}{2}} + x_{\frac{3k}{2}+1}}{2}, & 2k, \ k\text{ 为偶数} \end{cases} \tag{3.5}$$

$$x_{下四} = \begin{cases} x_{\frac{k+1}{2}}, & n=2k+1, \quad k \text{ 为奇数} \\ \dfrac{x_{\frac{k}{2}} + x_{\frac{k}{2}+1}}{2}, & n=2k+1, \quad k \text{ 为偶数} \\ x_{\frac{k+1}{2}}, & n=2k, \quad k \text{ 为奇数} \\ \dfrac{x_{\frac{k}{2}} + x_{\frac{k}{2}+1}}{2}, & n=2k, \quad k \text{ 为偶数} \end{cases} \quad (3.6)$$

各专家答数中的最大值与最小值之差称为全距，表示调查结果的最大变动幅度，是各专家之间看法的分散程度的一种度量。如果用四分位点法描述专家们的调查结果，则中位数表示其期望值，下四分位点表示调查期望值区间的下限，上四分位点表示其上限。

> **知识点滴**
>
> 德尔菲法是在 20 世纪 40 年代由 O. 赫尔姆和 N. 达尔克首创，经过 T. J. 戈尔登和兰德公司进一步发展而成的。德尔菲这一名称起源于古希腊有关太阳神阿波罗的神话。传说中阿波罗具有预见未来的能力。因此，这种预测方法被命名为德尔菲法。1946 年，美国兰德公司为避免集体讨论存在的屈从于权威或盲目服从多数的缺陷，首次用这种方法用来进行定性预测，后来该方法被迅速广泛采用。20 世纪中期，当美国政府执意发动朝鲜战争的时候，兰德公司又提交了一份预测报告，预告这场战争必败。政府完全没有采纳，结果一败涂地。从此以后，德尔菲法得到广泛认可。

三、对比类推法

对比类推法是指利用事物之间具有共性的特点，把已发生事物的表现过程类推到后发生或将发生的事物上去，从而对后继事物的前景做出预测的一种方法。对比类推法预测主要分为四类，如表 3.1 所示。

表 3.1 对比类推法预测类型

类型	主要内容
产品类推法	依据产品在功能、构造技术等方面的相似性，对新产品进行开发预测
地区类推法	依据其他地区（或国家）曾经发生过的事件进行类推，即把所要预测的产品同国外同类产品的发展过程，或变动趋向相比较，找出某些共同相类似的变化规律性，来推算目标的未来变化趋势
行业类推法	这种对比类推法往往用于新产品开发预测，以相近行业的相近产品的发展变化情况，来类比某种新产品的发展方向和变化趋势
局部总体类推法	以某一个企业的普查资料或某一地区的抽样调查资料为基础，进行分析判断、预测和类推

> **课后思考**
>
> 定性预测的其他几种表现形式的原理是什么？各个定性预测方法的异同之处在哪里？

第三节 定量预测

定量预测是使用历史数据或因素变量来预测需求的数学模型。它是根据已掌握的比较完备的历史统计数据，运用一定的数学方法进行科学的加工整理，借以揭示有关变量之间的规律性联系，用于预测和推测未来发展变化情况的一类预测方法。

定量预测具有如下优点：偏重于数量方面的分析，重视预测对象的变化程度，能做出变化程度在数量上的准确描述；它主要把历史统计数据和客观实际资料作为预测的依据，运用数学方法进行处理分析，受主观因素的影响较少；它可以利用现代化的计算方法，来进行大量的计算工作和数据处理，求出适应工程进展的最佳数据曲线。

但定量预测也有一定的缺点：比较机械，不易灵活掌握，对信息资料质量要求较高。进行定量预测，通常需要积累和掌握历史统计数据。

定量预测具体可分为两类：因果分析法和时间序列法。

一、因果分析法

因果分析法是从一个指标与其他指标的历史和现实变化的相互关系中，探索它们之间的规律性联系，作为预测未来的依据，是通过寻找变量之间的因果关系，分析自变量对因变量的影响程度，进而对未来进行预测的方法。包括：一元回归法、多元回归法、消费系数法和弹性系数法等。

回归分析法是分析相关因素相互关系的一种数理统计方法，通过建立一个或一组自变量与相关随机变量的回归分析模型，来预测相关随机变量的未来值。回归分析法按分析自变量的个数分为一元回归和多元回归；按自变量和因变量的关系分为线性回归与非线性回归。不论是一元回归模型还是多元回归模型，预测模型的建立要经过严格的统计检验。

1. 相关系数

两个变量或因素之间是否存在一定的相互关系，需要通过一些数量指标来进行判断和检验。相关系数是描述两个变量之间的线性相关关系的密切程度的数量指标，用 R 表示。

$$R=\frac{\sum(x_i-\overline{x})(y_i-\overline{y})}{\sqrt{\sum(x_i-\overline{x})^2\sum(y_i-\overline{y})^2}} \quad (3.7)$$

式中，x_i，y_i 分别是自变量 x 和因变量 y 的观察值；$\overline{x}$，$\overline{y}$ 分别为 x 和 y 的平均值。

$$\overline{x}=\frac{\sum x_i}{n}, \quad \overline{y}=\frac{\sum y_i}{n} \quad (3.8)$$

R 的取值在 -1 和 1 之间，有以下几种情况：当 $R=1$ 时，变量 x 和 y 完全正相关；当 $R=-1$ 时，变量 x 和 y 完全负相关；当 $0<R<1$ 时，变量 x 和 y 正相关；当 $-1<R<0$ 时，变量 x 和 y 负相关；当 $R=0$ 时，变量 x 和 y 没有线性关系。

R 的绝对值越接近于 1，表明线性关系越好；反之，线性关系越不好。

在计算出 R 值后，可以查相关系数检验表。在自由度为 $n-2$（n 为样本容量）和显著性水平 α 下，若 R 大于临界值，则变量 x 和 y 之间的线性关系成立；否则，两个变量不存在线性关系。

2. 一元线性回归基本公式

如果预测对象与主要影响因素之间存在线性关系，将预测对象作为因变量 y，将主要影响因素作为自变量 x，对于每组可以观察到的变量 x，y 的数值 x_i，y_i，它们之间的关系可以用一元回归模型表示为：

$$y_i=a+bx_i+e \quad (3.9)$$

式中，a，b 是描述 x 和 y 之间关系的系数，a 为回归常数，b 为回归系数；e 是误差项或回归余项。

在实际预测中，e 是无法预测的，回归预测是借助 $a+bx_i$ 得到预测对象的估计值 y_i。为了确定 a 和 b，从而揭示变量 y 和 x 之间的关系，可表示为：

$$y = a + bx \tag{3.10}$$

对于 x 和 y 的拟合曲线，a 和 b 可以利用普通最小二乘法原理求出。

其基本原理是，对于确定的方程，使观察值对估算值偏差的平方和最小。

由此，可以求得回归常数 a 和回归系数 b 分别为：

$$a = \bar{y} - b\bar{x} \tag{3.11}$$

$$b = \frac{\sum(x_i - \bar{x})(y_i - \bar{y})}{\sum(x_i - \bar{x})^2} = \frac{\sum x_i y_i - \bar{x}\sum y_i}{\sum x_i^2 - \bar{x}\sum x_i} \tag{3.12}$$

【例 3.1】 某地区生产镀锌钢板，主要应用于家电业、轻工业和汽车工业等行业。2011—2020 年当地镀锌钢板消费量及同期第二产业产值如表 3.2 所示，该地区第二产业增长速度预计为 12%。请用一元回归方法预测 2025 年当地镀锌钢板的需求量。

表 3.2 2011—2020 年某地镀锌钢板消费量与第二产业产值

年	2011	2012	2013	2014	2015	2016	2017	2018	2019	2020
镀锌钢板消费量/万吨	3.45	3.5	4.2	5.4	7.1	7.5	8.5	11	13.45	15.32
第二产业产值/万亿元	1.003	1.119	1.126	1.45	1.527	1.681	1.886	1.931	2.028	2.274

【解】 (1) 建立回归模型。设镀锌钢板消费量为因变量 y，第二产业产值为自变量 x，建立一元回归模型：$y = ax + b$

(2) 计算相关系数。$R = \dfrac{\sum(x_i - \bar{x})(y_i - \bar{y})}{\sqrt{\sum(x_i - \bar{x})^2 \sum(y_i - \bar{y})^2}} = 0.961$

在 $\alpha = 0.05$ 时，自由度 $= n - 2 = 8$，查相关检验表，得 $R_{0.05} = 0.632$

$R > R_{0.05}$，所以在 $\alpha = 0.05$ 的显著性检验水平下，第二产业产值与镀锌钢板需求量存在线性关系。

(3) 参数计算。$b = \dfrac{\sum x_i y_i - \bar{x}\sum y_i}{\sum x_i^2 - \bar{x}\sum x_i} = 9.59 \quad a = \bar{y} - b\bar{x} = -7.55$

(4) 需求预测。根据地方规划，2025 年地区第二产业产值将达到：

$$x_{2025} = x_{2020}(1 + R)^5 = 2.274 \times (1 + 0.12)^5 = 4.01 \text{（万亿元）}$$

2025 年当地镀锌钢板需求量预测为：

$$y_{2025} = a + bx_{2025} = -7.55 + 9.59 \times 4.01 = 30.88 \text{（万吨）}$$

二、时间序列法

时间序列法是以一个指标本身的历史数据的变化趋势，去寻找市场的演变规律，作为预测的依据，即把未来作为过去历史的延伸。时间序列中每一时期的数值，都是由很多不同因素同时发生作用后的综合反映。总的说来，这些因素可分为三大类。

第一，长期趋势。这是时间序列变量在较长时间内的总势态，即在长时间内连续不断地增长或下降的变动势态。它反映预测对象在长时期内的变动的总趋势，这种变动趋势可能表现为向上发展，如劳动生产率提高；也可能表现为向下发展，如物料消耗的降低；也可能表现为向上发展转为向下发展，如物价变化。长期趋势往往是市场变化情况在数量上的反映，因此它是进行分析和预测的重点。

第二，季节变动。这是指一再发生于每年特定时期内的周期波动。即这种变动上次出现后，每隔一年又再次出现。所以简单地说，每年重复出现的循环变动，就叫季节变动。

第三，不规则变动。又称随机变动，其变化无规则可循，无法预测。这种变动都是由偶然事件引起的，如自然灾害、政治运动、政策改变等影响经济活动的变动。

常用的时间序列法包括：简单移动平均法、加权移动平均法、指数平滑法等。

1. 简单移动平均法

简单移动平均法是在对时间序列数据进行分段的基础上，按照数据点的顺序逐步推移进行计算其平均数，并据此做出预测。移动平均法适用于短期的、产品需求波动不大且不存在季节变动的情况。其计算公式为：

$$F_t = \frac{A_{t-1} + A_{t-2} + A_{t-3} + \cdots + A_{t-n}}{n} \tag{3.13}$$

式中，F_t 为第下一期的预测数据；A_{t-1} 为前期的实际数据；A_{t-2}、A_{t-3} 和 A_{t-n} 分别表示前两期、前三期直至前几期的实际值；n 为移动平均的时期个数。

其中，$n<t$。n 的大小取决于数据分布，如果较长时期内的数据仍然对预测值有显著的影响，n 就取大一些，反之，则取小一些。

2. 加权移动平均法

在求移动平均数时，为表示不同时期数据对预测期数据所造成的影响，可对各时期时序数据赋予不同的权重。一般地，近期的数据权重大，较远期数据的权重小，考虑权重的移动平均法即加权移动平均法。其公式为：

$$F_t = \frac{w_1 A_{t-1} + w_2 A_{t-2} + w_3 A_{t-3} + \cdots + w_i A_{t-i} + \cdots + w_n A_{t-n}}{n} \tag{3.14}$$

式中，w_i 是第 $t-i$ 期的权重，其余符号与前相同。

并且满足条件：

$$w_i > w_j, \quad i > j, \quad \sum_{i=1}^{n} w_i = 1 \tag{3.15}$$

3. 指数平滑法

指数平滑法是根据本期的实际值和过去对本期的预测值，预测下一期数值，它反映了最近时期的数值对预测值的影响。这是在简单移动平均法和加权移动平均法基础上发展起来的特殊的加权平均法，考虑了所有的历史数据，并且赋予近期数据更大的权重。其计算公式为：

$$F_t = F_{t-1} + \alpha(A_{t-1} - F_{t-1}) \tag{3.16}$$

式中，α 是平滑系数；其余符号与前相同。

α 的取值原则是：当需要敏感地反映最近时期的数据变动时，取较大的值；当用指数平滑值代表该时间序列的长期趋势时，取较小的值；当观察值的变动较大，或呈现明显的季节性变动时，取 $0.6 \sim 0.9$。当利用式进行预测时，通常使用相对时间，并且规定初值 $F_1 = A_1$，其余各期平滑值按公式计算。

~~~ 知识积累 ~~~

定量预测新技术：贝叶斯预测模型

贝叶斯预测模型是运用贝叶斯统计进行的一种预测，其不仅利用模型信息和数据信息，而且充分利用先验信息，是一种以动态模型为研究对象的时间序列预测方法。在做统计推断时，一般模式是：先验信息＋总体分布信息＋样本信息，然后再后验分布信息。贝叶斯不仅利用了前期的数据信息，还加入了决策者的经验和判断等信息，并将客观因素和主观因素结合起来，对异常情况的应对具有较多的灵活性。

BP（逆传播）神经网络预测是基于 BP 神经网络模型的一种预测，BP 网络是 1986 年由 Rumelhart 和 McCelland 为首的科学家小组提出，是一种按误差逆传播算法训练的多层前馈网络，是目前应用最广泛的神经网络模型之一。BP 网络能学习和贮存大量的"输入—输出"

模式映射关系,而无须事前揭示描述这种映射关系的数学方程。它的学习规则是使用最快速下降法,通过反向传播来不断调整网络的权值和阈值,使网络的误差平方和最小。BP神经网络模型拓扑结构包括输入层、隐层和输出层。

随着科研成果的创新,新的定量预测方法层出不穷,同学们在学习本章内容的同时,可以查些相关领域最新资料,以更好地掌握这部分知识。

三、预测误差监控及预测方法选择

由于受许多不确定因素的影响,不可避免地会存在预测误差。所谓预测误差,是指预测值与实际值之间的差异。当预测值大于实际值时,误差为正;反之,误差为负。预测误差反映了预测的精度。同时,为了更准确地做出预测,需要监控预测的有效性。

1. 预测精度

评价预测精度的指标有:平均绝对误差、平均平方误差、平均预测误差和平均绝对误差。以下介绍最常用的平均绝对误差、平均平方误差。

(1) 平均绝对误差

平均绝对误差(mean absolute deviation,MAD),即预测值与实际值的绝对偏差的平均值。这一指标与标准差相似,但比标准差计算简单,能较好地反映预测的精度,但无法衡量无偏性。平均绝对误差计算公式为:

$$\text{MAD} = \frac{\sum_{t=1}^{n} |A_t - F_t|}{n} \tag{3.17}$$

式中,A_t 是第 t 期的预测数据;F_t 是第 t 期的实际数据;n 是预测次数。

(2) 平均平方误差

平均平方误差(mean square deviation,MSD),即预测值与实际值的平方偏差的平均值,计算公式为:

$$\text{MSD} = \frac{\sum_{t=1}^{n} (A_t - F_t)^2}{n} \tag{3.18}$$

式中,A_t、F_t、n 的意义与前相同。

2. 预测监控与预测方法的选择

一定形式的需求模式在过去、现在和将来起着基本相同的作用。根据这一原理,可以通过两种方法对预测效果进行监控:将实际值与预测值进行比较,看偏差是否可以在接受的范围以内,应用跟踪信号(tracking signal,TS)进行监控。跟踪信号是指预测误差之和与平均绝对误差的比值,计算公式为:

$$\text{TS} = \frac{\sum_{t=1}^{n} (A_t - F_t)^2}{\text{MAD}} \tag{3.19}$$

式中,各参数意义同前。

每当实际需求发生时,就计算 TS,只有当 TS 在一定范围内时,才认为预测模型可以继续使用,否则,就该重新选择预测方法。

本 章 小 结

本章进行了以下方面的研究。首先,介绍了需求管理,明确了独立需求和相关需求的概念。预测是任何计划努力的基础,介绍了预测的概念。从短期来看,预测可以指出对需求变量相关资源的需求,以进行生产加工活动。从长期来看,预测是战略变革的基础。

其次,介绍了常用的预测方法定性预测和定量预测,二者各有利弊,在实践中可以结合使用。

定性预测特点:着重对事物发展的性质进行预测,主要凭借人的经验以及分析判断能力;着重对事物发展的趋势、方向和重大转折点进行预测。定性预测方法的具体形式主要有专家会议法、德尔菲法、价值链分析法、波士顿矩阵法、因素分析法、标杆管理法和对比类推法等。

定量预测偏重于数量方面的分析,重视预测对象的变化程度,能做出变化程度在数量上的准确描述;缺点是比较机械,不易灵活掌握,对信息资料质量要求较高。进行定量预测,通常需要积累和掌握历史统计数据。

最后,介绍了预测误差监控,及在实际运用中如何选择恰当的预测方法,从而减少预测过程中可能产生的各种偏差,以达到最大限度地接近于实际需求。

一、名词解释
1. 需求管理 2. 独立需求 3. 相关需求 4. 定性预测 5. 定量预测
6. 因果分析法 7. 平均绝对误差 8. 平均平方误差 9. 相关系数
10. 指数平滑法

二、简答题
1. 简述定量预测的基本原理以及它的局限性。
2. 经济变量的时间序列包含哪些因素?
3. 简述误差项的种类,并解释其含义。
4. 简述移动平均法和加权移动平均法的异同点。
5. 试述各种指数平滑法的特点。
6. 简述预测误差监控及预测方法选择。

第四章

产品和服务设计及能力规划

【学习目标】

1. 了解产品和服务设计的构思的来源;
2. 列举产品和服务设计的内容及关键问题;
3. 掌握新产品研发的基本方法,了解新产品开发步骤;
4. 掌握能力、设计能力、有效能力、能力规划的基本含义;
5. 了解能力规划的步骤和测评标准;
6. 了解生产运作能力的评价指标;
7. 综合本章所学内容并能够解决实际问题。

案例一

新的产品来自哪里?

麦片有很多好处,富含营养,有益健康。希洛公司(Hero)生产各种食物,但在早餐麦片市场占有的份额却不高。公司如何在麦片市场提高占有率?麦片市场早已饱和了,希洛公司不打算在这个市场里碰运气,而是重新定义麦片的使用价值。它们选择了把麦片当作任何时候都能食用的健康点心,而不是当作通常的早餐。如果把当点心的麦片用袋装,顾客也许只能用手吃了。它们采用一种顾客熟悉的产品形状——巧克力条状。麦片加上巧克力条就出现了新的类别——麦条。

这种现在看来平常的产品,在当时却是一个突破。它是一种真正的新事物,并由此创造了新的消费场合。如今该公司是欧洲市场麦条类产品的领头羊之一。

启发思考:

(1) 这个创意的来源是哪里?
(2) 这个创意究竟是怎么产生的呢?

产品和服务设计应该与一个企业的发展战略密切相关,并决定成本、质量、推向市场的速度、顾客的满意程度及企业的竞争力。产品或服务设计对企业的能力规划有重要的影响,能力规划包含许多关乎企业组织长期成果的基本决策。

本章旨在分析产品与服务设计的目的、开发流程和设计方法;介绍能力规划的几个基本问题,分析有效能力的决定因素和生产运作能力方案的评价方法。

第一节
产品和服务设计

产品和服务设计来源于设计创意，本节介绍它们的相关概念和相关的问题，并主要介绍服务设计。产品和服务设计是指企业根据自身特点和运营目标，对生产与运作管理做出的规划和设计，其核心是完整的产品与服务传递系统的设计。

一、设计创意构思的来源

设计创意是把简单的内容或想法不断延伸，并给出的一种表现方式，包括：工业设计、建筑设计、包装设计、平面设计、服装设计、个人创意特区等内容。设计创意构思的来源包括：顾客、供应链、竞争者的产品、研究和开发。

顾客方面的信息来自顾客调查、焦点小组、顾客抱怨、顾客提出的改进意见等。

供应链是构思的丰富来源，通过访谈的形式，获取供应商、分销商、雇员等方面的信息，信息形式一般有直接或间接的建议、抱怨等。

竞争者的产品是最能激发新设计和对现有产品和服务进行改进构思的来源之一。通过研究竞争对手的产品和服务以及他们的运营（定价、退货、定位、担保等），一个组织可以得到许多构想。比如拆卸和检查竞争对手的产品以寻求改进产品的方法。

研究和开发（research and development，R&D）是指为提高科学知识水平和产品革新而进行的有组织的活动。在研究和开发的过程中，企业的设计师和员工获得创作的灵感，获得好的设计创意构思。成功研发的效益是巨大的，通过申请专利的方法或率先向市场推出新产品或服务都可以赶在竞争对手之前获利。比如，通信、生物制药、高分子材料等技术的发展都来源于高校、研究基金、政府机构以及私人企业的研发工作。

> **问与答**
> 问：设计创意构思的来源有哪些？
> 答：顾客、供应链、竞争者的产品、研究和开发。

二、产品和服务设计的内容和相关问题

任何一个组织的本质在于它所提供的产品或服务。那些产品或服务的设计与组织的成功之间有明显联系。产品或服务设计良好的组织比产品或服务设计粗劣的组织更能实现它们的目标。因此，实现良好的产品或服务设计对组织有至关重要的作用。想要做好产品或服务的设计的就是要熟悉产品和服务设计的内容、原因，明确目标。

1. 产品和服务设计的内容

产品和服务设计包括许多活动内容，几乎涉及和影响到企业组织的每个职能部门。在具体活动中，生产与运作管理部门需要与不同的职能部门合作，以完成以下几方面的工作：
① 将顾客的愿望和需要转化为产品和服务的要求（营销部门）；
② 改进现有的产品和服务（营销部门、工程部门）；
③ 开发、改造和试制新产品和服务（营销部门、财务部门、工程部门）；
④ 制定产品和服务的质量、成本目标（营销部门、财务部门）；
⑤ 制定产品和服务的规范，把产品和服务的规范转化为企业的流程规范（营销部门、财务部门、工程部门）。

2. 产品和服务设计要回答的关键问题

从购买者的角度看,多数购买决定都是基于两个方面:一是成本,二是质量或者性能。从企业组织的角度看,要回答的关键问题包括以下几方面。

一是必要性。如潜在的市场份额是多少;从长期和短期的方面,要进行产品和服务的需求情况预测,判定需求的增长情况。

二是企业组织的能力。包括:知识储备、员工技能、设备、供应链情况。对于产品,主要考虑可制造性;对于服务,主要考虑可服务性。同时考虑产品和服务部分或全部外包的可能性。

三是质量要求。如顾客的预期是什么,竞争对手提供相似产品的质量水平如何,我们企业能够提供的产品质量水平如何。

四是经济性。对于企业要考虑的问题:可能的产品责任、道德问题、可持续性问题、成本、利润等。对于非营利性组织,需要考虑成本是否在预算范围之内。

3. 产品和服务设计的原因和目标

产品或服务设计对一个组织的成功具有战略意义并会影响到未来的活动。因而,有关这方面的决策是经理们必须做出的一些基本决策。

各个组织关注产品或服务设计的原因不同,一个明显原因是为了通过提供新产品或服务加强竞争力,另一个原因是为了增加营业额和提高利润。此外,有些产品或服务设计实际是再设计。这种情况的出现也有多种原因,如顾客抱怨、产品缺陷导致的安全隐患或伤害事故、产品需求率低、降低劳动力或材料成本的愿望等。

企业进行产品或服务设计(或再设计)的原因较多,但均可以归纳为五个主要因素。

一是经济方面的因素。设计人员会思考能否用更低廉的零件或材料,某个功能是否必要,零件是否可以简单一些,报废产品里的一些零件是否还有使用价值,废旧品是否可以循环利用等。基于节约成本,设计人员往往从三方面进行考虑:通过价值分析进而减少原材料的消耗,回收可再次利用的零件以及重新加工不能使用的产品。

二是社会和人口方面的因素。为应对不同地区或国家的社会文化、人口数量、受教育程度等诸多变化的因素,设计者们常常思考这个产品的操作设计是否符合该地区人们的使用习惯,这项服务是否违背当地的习俗。因此,社会和人口方面的因素也是激发产品设计的原因之一。

三是政治、责任或法律方面的因素。相关法律的制定会提高设计者的产品责任,进而刺激设计的提高。比如,设计人员会思考如何设计某款玩具才能避免对儿童安全的威胁,为了使得食物看起来让人有食欲是否可以利用天然色素,为了保证驾驶员的安全是否可以在车内安装安全设备等。

四是竞争方面的因素。竞争对手的产品是刺激设计的重要原因之一。为了让自己的产品更具竞争力,无论是从产品设计还是广告设计都会使设计者们产生新的灵感。比如福特公司在检查了竞争对手的汽车之后,用最好的零配件改善自己的设计,从而使T型车获得成功。

五是技术方面的因素。在产品生产、组装的过程中,生产人员会逐渐掌握生产规律,发现生产过程中的问题。设计者通过综合生产人员意见改进工艺流程,进而提高产品质量。

产品和服务设计的目标,在某种程度上,主要关注点是在创造合理利润的同时,让顾客满意。因此,设计人员必须了解顾客的需要,并以此设计。

应当尤其注意的是,尽管利润通常是衡量设计有效性的总体标准,但由于设计阶段和利润实现之间的时间间隔通常很长,因而需要有更多的短期衡量标准。这些标准包括:产品开发时间和费用、产品或服务的费用以及相应的产品或服务的质量。

产品和设计中另外值得关注的是性能、成本和潜在利润(对以营利为目的的组织而言)、质量、外观、预计产量、生产的难易、安装的难易以及维修或服务的难易。设计人员考虑运营能力并确保设计与之相适应至关重要，这一点有时被称为运营设计。设计时考虑不到这一点会造成生产率和产品质量的下降，生产成本增加。基于这些原因，设计部门在整个设计过程中邀请运营人员参加是一个明智的做法。

总体说来，设计、生产运作以及营销各部门必须紧密协作，以确保相互之间能及时沟通，在创造合理利润的同时使顾客的需要和需求得到充分考虑。

4. 产品设计和服务设计的区别

产品设计和服务设计的区别，见表 4.1。

表 4.1　产品设计和服务设计的区别

指标	服务设计	产品设计
注重因素	注重于不可触摸因素，如氛围、环境舒适度、情绪等	注重感官和适用
创造和传递	服务的创造和传递常常是同时进行的，服务设计中员工培训、流程设计和顾客关系就显得特别重要	产品的创造和流通一般情况下是不同步的
存货	不能有存货	可以有存货，并进行批量生产
额外性要求	服务对顾客是高度可见的，产品设计一般是顾客不可见。这会给服务业的流程设计增加额外性要求	没有额外性要求，按照设计，规范生产产品
进入和退出	有些服务业的进入和退出都较容易，设计者需要考虑创新性和成本问题	进入和退出都不容易，需要付出成本
选址	选址很重要	选址范围很广
顾客接触	服务系统从顾客接触程度角度看，差异很大。有的服务系统很少或根本不与顾客接触，有的与顾客高度接触	基本不与顾客接触

三、服务设计

产品设计和服务设计之间有许多相似之处。然而，由于服务的本质，二者之间也有一些重大差别。一个主要的差别是，制造业中的生产与供货通常在时间上是分开的，而服务的形成与提供常常是同时进行的。

1. 服务设计纵览

服务设计起始于服务战略的选择，服务战略决定服务的性质和重点及其目标市场。这就要求管理人员评估一种特殊服务的潜在市场和盈利能力（或是需要，如果这是一个非营利组织的话），以及组织提供该服务的能力。一旦组织做出了服务的重点和目标市场的决策，顾客的要求和目标市场的期望就应该确定下来。

服务设计的两个关键点是服务要求的变化程度与顾客接触并介入传递系统的程度。这会影响到服务的标准化或必须定制的程度。顾客接触程度和服务要求的变化度越低，服务能达到的标准化程度就越高。没有接触及很少或没有流程变化的服务设计与产品设计极其类似。相反，高可变性及高顾客接触通常意味着服务必须是高度定制的。服务设计的一个相关考虑因素是销售机会，顾客接触的程度越大，销售的机会就越大。

2. 绘制服务蓝图

服务设计中的一个常用工具是服务蓝图，这是用来描述和分析服务流程的一种方法。服务蓝图的关键要素是将服务流程绘制成服务流程图。服务流程图提供了服务流程的可视模型，有助于理解具体的流程。

海底捞可谓是服务业中服务做得最好的企业之一。海底捞之所以能抓住消费者的心，其原因就在于它极致的服务内容和流程化的服务体系。

从顾客到店到顾客离店，每一个环节前后台都在同时为消费者提供着各项服务，让顾客在消费体验中感受到服务的周到，提升消费者对海底捞的美誉度和忠诚度。由此可见制定合理、完善、周全的服务流程是极其重要的。服务蓝图的主要步骤：划分各道程序的分界线并决定所需细节的程度；识别并确定顾客次序、服务行为和相互关系，流程图在这方面比较有用；对过程的每个阶段进行时间估计；指出可能出现故障的地方，不但要准备应付服务故障，还要提出预防措施。

3. 优秀的服务设计系统特征

优秀的服务设计系统特征包括：与组织的使命保持一致；对用户友好；稳健设计，可适应多变的情况；有可持续性；节约成本；具有在顾客看来明显的价值；后端运营与前端运营衔接顺畅；有简单、统一的主题，具有便利性；有确保服务可靠的检查措施。

4. 服务设计面临的挑战

一方面是变化性。顾客需求呈现出变化性，这种变化可能表现为具体需求，也表现为顾客需求时间的变化。因此，服务不能储存，在平衡供需时面临巨大挑战。有些服务行业的设计者通过预约的方式来应对这种变化性。

另一方面是服务难以准确描述。服务本身就是动态的，这在与顾客有直接接触的行业中表现最明显，比如"一对一"型服务，带来了很大的变化性。

案例二

产品设计与战略的关系

ZARA 是西班牙的一个服装品牌，创始于 1975 年。它隶属于 Inditex 集团，为全球排名第三、西班牙排名第一的服装商，在世界各地 56 个国家内，设立超过两千多家的服装连锁店。ZARA 以"为顾客提供买得起的快速时装"为战略，它能够成功得益于公司出色的服装行业的全程供应链管理，以及支撑供应链快速反应的 IT 系统应用。正是由于 ZARA 全程供应链管理以及 IT 系统的应用，使得它在新产品设计过程中，密切关注潮流和消费者的购买行为，收集顾客需求的信息并汇总到西班牙总部的信息库中，为设计师设计新款式提供依据，以快速响应市场需求。

启发思考：
(1) 产品设计与供应链的关系。
(2) 产品设计与企业战略定位。

第二节 新产品的研究和开发

新产品的研究和开发是企业经营的关键部分，是企业经营战略发展的结果，也是影响产品与服务的质量与成本以及顾客满意度的首要因素。

一、新产品的研究

新产品的研究是指为发展新技术、新产品所进行的一系列科学研究和技术工作。它一般包括从应用研究、开发研究开始至新产品试制的全部内容，有的还包括基础研究。试制新产品一般是指获得具有新用途、新性能的产品，有些是运用现有的技术科学，有些则采用新原理、新结构、新工艺和新材料等形成新产品。

1. 新产品的研究分类

新产品的研究类型主要分为基础研究、应用研究、开发研究三类，具体内容如表 4.2 所示。基础研究、应用研究和开发研究是相互关联的三个方面。基础研究和应用研究是开发研究的基础，开发研究是科学技术成果具体地转化为生产力的基本阶段。

表 4.2 新产品的研究分类

研究类型	研究内容
基础研究	是发现新事物、新现象的过程，这一过程能为新技术的应用、新产品的研制提供理论基础，经费花费较少，成果一般表现为论文的形式
应用研究	是探讨如何应用基础研究的成果，它是基础研究和生产实际的桥梁，这一过程探讨了新知识应用的可能性，经费花费较大，成果一般表现形式为：论文、专利
开发研究	以基础研究和应用研究的成果为基础，针对明确的开发目标而进行的科研技术活动，这一过程的使用经费最多，成果一般表现为：专利设计书、图纸、样品等

2. 新产品研究的影响因素

产品设计过程中，会受到诸如生态环境因素、法律与道德问题、文化因素以及全球化因素等的制约和影响。

（1）生态环境因素

新产品的研究应遵循可持续性原则，在产品生命周期的每一环节都考虑其可能带来的环境影响，比如：全球变暖、烟雾的形成、氧气消耗、固体废物的产生等。

因此在产品的研发过程中将生态环境因素考虑进去，可以使产品的环境影响降为最低，最终引导产生一个更具有可持续性的生产和消费系统。关注的热点问题：从"摇篮到坟墓"的评价、减量化、再利用、再循环、再制造、可拆卸设计等。

（2）法律与道德问题

新产品的研发同样要关注产品责任问题。产品责任是指由于产品有缺陷，造成了产品的消费者、使用者或其他第三者的人身伤害或财产损失，依法应由生产者或销售者分别或共同负责赔偿的一种法律责任。此外，新产品的研发也要遵循社会的伦理道德，新产品不能对社会的风气产生不良影响。

任何产品或服务的设计都必须遵守法规和道德准则。大多数组织的活动都在政府机构的调控下进行。这些机构有：国家市场监督管理总局、中华人民共和国生态环境部、中国消费者协会、中国网络安全审查技术与认证中心等。这些相关部门规范了设计者的行为。比如：食品中，三聚氰胺决不允许在奶粉中出现，工业盐严禁添加进食物中；建筑行业中，必须使用无铅油漆，公共建筑必须有残疾人通道等。

法规和道德准则的制定也提高了设计者的产品责任，每个制造商都要为自己加工或设计的产品负责，伪劣产品的制造商一般都会为此付出沉重的代价。因此设计出合理的没有危险的产品极其重要，在危险不可避免的情况下，要提供精准的危险警告标识。

一般来说，企业组织都希望设计人员遵守如下的原则：做出与该组织目标一致的设计；满足顾客的需求；把健康和安全作为主要考虑因素。

（3）文化因素

人们为生存创造、设计了各种物品，而这些物品除了承袭文化内在和外在的相关意义之外，也反映出当时人们的生活需求、社会的情况、技术与生产的方式、思想与观念的改变等。人类寄希望于新产品的研发，试图通过研发来改善目前的生存环境状况。因此人类的文化背景深深影响着产品的研发行为。

研究人员从造型、材料、社会意识等方面着手，跨过时间与空间的差距，把传统的情感与现代的技术联结起来，深入到日常生活中。

（4）全球化因素

全球化（globalization）一词，是一种概念，也是一种人类社会发展的现象过程。全球化目前有诸多定义，通常意义上的全球化是指全球联系不断增强，人类在全球规模的基础上发展及全球意识的觉醒，国与国之间在政治、经济贸易上互相依存。全球化亦可以解释为世界的压缩和视全球为一个整体。二十世纪九十年代后，随着全球化势力对人类社会影响层面的扩张，已逐渐引起各国政治、教育、社会及文化等学科领域的重视，纷纷引起研究热潮。对于"全球化"的观感是好是坏，目前仍是见仁见智。

所谓全球化设计，亦称设计的国际化，是指设计师在掌握不同国度、民族、宗教、哲学、历史、文化背景的同时，有针对地进行个性化设计，以谋求在不同地域得到当地受众的认可。

二、新产品开发步骤

1. 产品的需求分析

产品的需求来源于客户的需求，产品的需求分析是提炼分析用户真实需求，并制定符合产品定位的解决方案的过程。企业要确定目标市场，了解客户的需求和购买力，掌握市场上同类型相关产品的销售情况，根据实际情况做产品的需求分析。

2. 产品构思

产品构思又称产品设想，是在产品的需求分析的基础上进行的。它是根据社会、自然环境、技术发展动向结合顾客的需要提出来的。产品构思开始时可能是一些含糊不清的想法，它可以由企业从事产品开发的技术人员提出来，也可以由企业职工，包括技术管理人员、销售人员、生产工人提出，还可以由顾客直接提出；最后是对新产品形状、功能和特征进行描述。

3. 可行性分析

可行性分析包括市场分析（需求）、经济分析（开发成本、生产成本、利润成本）、技术分析（运营能力、生产能力、技术可得性）。它主要指对所开发产品的市场需求、技术发展等情况进行调研，同时结合本企业的人力资源、设备和工艺水平、生产能力、资金能力的具体情况进行技术经济分析，提出可行性研究报告，必要时需要做一些先行试验。

企业可通过可行性报告评审做出开发与否的决策。此外，还要考虑新产品的开发是否符合组织的使命。可行性分析需要营销、财务、会计、工程、运营等部门合作进行。

4. 产品设计

产品设计是新产品开发的核心步骤，产品设计也称生产技术准备。基本上，产品设计阶段占总开发时间的60%以上。因此，提高创新速度的核心是缩短产品设计时间。产品设计包括系统设计和细节设计。

系统设计阶段包括产品结构的定义，产品子系统和零部件的分解以及生产系统的最终装配图。这一阶段的成果包括产品的平面设计、每个子系统的功能说明以及最终装配过程的初步流程图。

细节设计阶段包括对平面图、原材料、每个产品独特部件的公差进行说明；对于需要从供应商处购买的所有特殊标准零部件，必须给出鉴定；建立流程计划，以及为等待装配的每一零件确定生产设备。这个阶段的成果是一些图表或计算机文档（说明了每个部件的几何图形和生产设备）、采购部件的说明书以及产品制造装配的过程。

三、新产品设计的方法

新产品设计的方法包括：并行工程、计算机辅助设计（CAD）、零件标准化、面向顾客的产品设计、新产品试制等。

1. 并行工程

为达到从产品设计到产品生产的顺畅并减少产品开发时间，许多公司开始采用同时展开或并行工程方法。并行工程是指在设计阶段的早期将设计和制造工程的人员召集起来，同时进行产品和生产产品的流程的开发。

传统上，设计者在没有从制造方面获得任何信息的情况下就开发一种新产品，然后将该设计传达到制造部门，接着制造部门不得不为这种新产品开发生产流程。这种"隔墙"方式给制造方面带来了巨大的挑战，产生了极大的冲突，并大大增加了成功生产一种新产品所需的时间，它也会产生"我们如何，他们如何"这样的狭隘利己思想。由于这些及类似的原因，并行工程的方法具有巨大的吸引力。

（1）并行工程方法的主要优点

① 制造部门人员能够指明生产能力。在设计中，他们经常在选择合适的材料和流程方面有某些深刻的见解，对生产能力的了解能帮助流程的选择。此外，这样也能使设计有效地影响成本和质量因素，生产过程中的矛盾也会因此大大减少。

② 能够给关键工具的设计或采购带来先机，其中某些工具在本行业中处于领先地位。这样主要可以缩短产品开发流程，而这正是一个关键的竞争优势。

③ 能较早考虑一种特殊设计或设计中某些部分的技术可行性，如此能再次避免生产中的严重问题。

④ 可以将重点放在解决问题而不是解决矛盾上。

（2）并行工程方法存在的难点

① 设计和制造之间长期存在的界限很难马上克服，仅仅将一群人召集在一起，就认为他们能够高效合作的想法是不切实际的。

② 要使该流程发挥作用，必须有充分的沟通和灵活性，而这点却很难达到。因此，如果要采用这种方法，管理者就应该予以特别关注。

2. 计算机辅助设计

计算机在产品设计中的应用日益增加，计算机辅助设计（CAD）是运用计算机图表进行产品设计。它的主要优点一是提高了设计者的生产率。他们不再为准备产品或零件的机械图而费神，也不再为修改错误或吸收新观点而重复地修改机械图。据估计，CAD将设计者的生产率提高了3到10倍。二是它所建立的数据库能为制造部门提供如产品几何图形和尺寸、荷载力、材料规格等必要信息，但是，应关注投入产出之间的关系。

3. 零件标准化

公司通常有多种产品或服务提供给顾客。这些产品或服务往往具有很高的相似性。对系列产品来说尤其如此，对许多服务来说也是这样。当一个零件可以用于多种产品时，可为公司带来很大的好处。例如，汽车制造商利用这种方法制造内部配件如水泵、发动机。除了节省设计时间以外，零件标准化还可使公司采取标准的装配培训、节省采购大量供应品的时间以及减少库存量，从而为公司带来很大利益。零件标准化给服务业也会带来类似的好处。例如，对汽车修理业来说，零件标准化意味着需要的培训较少，因为工作的种类减少了。这一点同样适用于家具维修业，在那里，配件的标准化和可替代性是很常见的。

4. 面向顾客的产品设计

随着生活水平的不断提高，顾客的消费水平也在不断提高。卖方市场早已转变为买方市场，越来越多的顾客要求按照自己的需求进行设计、生产，产品设计的导向发生了根本性的转变。因此，真正了解顾客需求十分关键，质量功能展开是帮助企业了解顾客需求的有效方法。下面将详细介绍质量功能展开方法。

公司若想确保用来销售的产品正是顾客所需要的，则取得顾客的反馈信息是必不可少的。质量功能展开（QFD）是将顾客呼声融入产品或服务开发流程的一种结构性方法。它的目的是确保整个流程的每个方面都考虑了顾客的要求。倾听和理解顾客的要求是 QFD 的核心特征。下面是一家汽车制造商改进车门设计的例子：通过顾客调查与访问，公司明确了顾客对车门的两个重要的要求——"在斜坡上依然可维持打开状态"和"容易从外面关上"。确定顾客的需求之后，根据这些需求的重要程度，分别赋予它们权重。接下来，请顾客对公司及其竞争者的产品进行比较与排序。这个过程有助于公司了解顾客所希望的产品特征并衡量自己的产品与其他公司产品的相对关系，这么做的结果是更好地理解与关注了需要改进的产品特征。

顾客的需求信息可以用一个特殊的矩阵表示出来，这个矩阵称为"质量屋"（house of quality）。通过建立一个质量屋矩阵，负责多项职能的 QFD 团队能利用顾客的反馈信息做出项目决策、营销决策和设计决策。这个矩阵能帮助开发团队把顾客的需求转化成具体的运作或工程目标。在质量屋中产品特性与改进目标能有效地结合起来。这一过程鼓励不同部门之间的紧密合作，其结果是各部门能更加了解其他部门的目标和意见。当然，质量屋最重要的优点是帮助企业生产出满足顾客需求的产品。

建立质量屋的第一步是列出顾客对产品的需求，并将这些需求按重要性进行排序，请顾客将本司的产品与竞争者的产品进行比较，最后确定产品的一系列技术特征，这些技术特征必须与顾客需求有直接的联系。评价这些技术特征的标准是是否符合顾客观念，最后根据技术特征评估产品的优势和劣势。

5. 新产品试制

试制阶段是样机（品）试制和小批试制，通过型式试验和用户试用，验证产品图样、设计文件和工艺文件、工装图样的正确性，产品的适用性、可靠性，并完成产品鉴定或用户验收。投产阶段是正式投产的准备阶段，是在小批试制的基础上进行的。它的主要目的是进一步完善产品工艺文件，改进、完善并定型工艺装备，配置必要的生产和试验设备，确保达到正式生产的条件和具备持续稳定生产合格产品的批量生产能力。

作为产品的生产模板，早期的原型通常由几何图形和物理属性相同的部件构成，但实际生产过程中并非完全按照早期模型装配，要测试原型并决定产品是否按其设计要求运行，以及是否满足顾客的要求。

第三节
能力规划的相关问题

能力规划可以为实现企业的长期竞争战略政策提供有力的支持，它所确定的生产能力对企业的市场反应速度、成本结构、库存策略以及企业自身管理和员工制度都将产生重大影响。

一、能力规划

1. 能力规划的概念

能力从根本上限制企业可能的产出率,做好能力规划十分关键。企业的能力包括:设备、空间和雇员技能等。企业的生产能力,是指企业在一定时期内,在合理的、正常的技术组织条件下,所能生产的一定种类产品的最大数量。能力是指一个运作单元所能处理任务的最大负荷量,负荷可以是所生产的有形单元数量,也可以是提供服务的数量,如每小时装配自行车的数量,或每小时升级的计算机数量。运作单元可以是一个工厂、一个部门、一台机器、一家商店或一个工人。

能力规划是生产系统中的关键战略因素之一,关乎企业组织的基本决策,对企业满足产品和服务的未来需求能力具有实实在在的影响。能力战略规划的目标是使组织长期的能力供应与预期需求水平相匹配。一个组织之所以要进行能力规划,原因是多方面的,其重要的原因有需求变化、技术变化、环境变化以及面临的威胁或机会。现有能力与预期能力的差距将导致能力失衡,能力过剩造成成本过高,而能力不足会造成资源吃紧,可能导致失去顾客。能力规划中的基本问题包括:需要何种能力?需要多大能力?何时需要这种能力?

需要何种能力的问题取决于管理者计划生产或提供的产品或服务。需要多大能力以及何时需要这种能力是预测(主要条件)时要考虑的关键因素。相关的问题如下。

① 预算是多少?如何得到这些资金?预期的回报是多少?

② 潜在的收益和风险是什么?包括与需求数量、需求变化的频度、成本、利润和实施能力变更等未来事项有关的不确定性的程度。与预测有关的准确程度是要考虑的重要事项。同时,还要考虑错误决策的可能性和影响。

③ 是否有必要考虑可持续性?

④ 是立即改变全部能力,还是分阶段逐步改变能力?

⑤ 供应链能否应对运营能力的变更?在组织决定提升其输入时,就有必要确信其供应链足可以满足相关的需求。

正是因为诸多不确定性,一些组织倾向于延迟能力投资直到需求成为现实。这种策略通常抑制了对本组织需求的增长,因为能力的增加是需要时间的,而顾客通常不愿意等待。相反,那些根据预期需求增长增加运营能力的组织会发现,新增能力往往能够带动增长。一些公司会采取"留一手"的策略,即通过逐步进行小规模的变更并及时评估实施效果,然后再进行下阶段的变更。

有时候,不需要经常对能力进行决策;而有时候,作为生产过程的一部分,需要定期决策。一般而言,影响能力决策的频率是需求的稳定性、产品设计和设备技术变化速度以及竞争因素。此外还有其他因素,如组织应考虑产品或服务的种类以及款式变化对能力是否有重要影响(如汽车、服装)。无论何种情况,管理者都必须定期审视其产品、服务的选择,从而确保公司为了降低成本、提高竞争效率或改善其他方面,做出相应的能力改变。

2. 有效能力规划的决定因素

在制定产品和服务的能力规划时,有很多因素会影响企业能力规划的制定,这里,我们综合前人的观点,给出了以下七个方面的影响因素。

(1)厂址与设施

厂地的大小、空间、设施的布局以及为以后扩大规模预留的空间是一个重要的影响因素。厂址的选择会影响运输成本、与市场的距离、劳动力的供应、原材料的供应以及能源的供应等。另外，供热、制冷、光线与通信等环境因素，也会对员工的工作效率和士气产生影响，进而对有效能力产生影响。

(2) 产品和服务

产品和服务设计的标准化程度越高，生产这类产品和服务的有效能力也就越大。如果产品和服务的种类较多，那么在生产不同品种的产品和服务时，运营系统就需要不断地进行转换，这就会导致运营能力的降低。一般来讲，系统的产出越一致，其生产模式和材料供应就越容易标准化，也就能达到更高的生产能力。

(3) 工艺和质量

工艺水平是影响系统有效能力的一个直接因素。此外，产品和原材料的质量也会对有效能力产生重要影响。例如，如果原材料的质量偏低，那么频繁的产品检验和返工就会导致产量大幅度下降。

(4) 人力因素

先进的设备也不能完全排除人的参与，因此，员工的技能和经验会对产品和服务的能力产生重要影响。员工的报酬、学习率、主动性、缺勤和跳槽也会对有效能力产生影响。

(5) 管理水平

一个系统是由多个不同种类的设备组成的，不同设备之间的协调、生产计划的执行、作业的排程、调度、原材料的供应、库存策略、质量检测等，都会对产品和服务的能力水平产生影响。

(6) 供应链因素

如果产品和服务的能力水平提高了，但是供应链上的合作伙伴，包括供应商、分销商、零售商等没有做出适当的反应，会降低产品和服务的能力水平。

(7) 外部因素

政策、法律等外部因素也会对企业的有效能力产生影响。例如，国家的环保政策会限制高能耗企业继续扩充其生产能力。此外，产业标准、工作条件、工作时间等都会限制管理者对产品和服务的能力水平做出调整。

二、能力规划的步骤

1. 估计未来的能力需求

在进行产能规划时，企业首要要进行能力需求预测。能力规划决策涉及长期和短期因素，确定长期能力需求需要预测一段时间的需求，然后将这些预测转变为能力需求。由于能力需求的长期计划不仅与未来的市场需求有关，还与技术变化、竞争关系以及生产率提高等多种因素有关，因此必须综合考虑。

还应该注意的是，所预测的时间段越长，预测的误差可能性就越大。在制造业企业中，企业能力经常是以可利用的设备数来表示的，在这种情况下，管理人员必须把市场需求（通常是产品产量）转变为所需的设备数。

在评估能力方案时，需要给定加工产品的能力要求，为得到这一信息，必须要合理估计产品的准确需求，了解每种产品的标准加工时间和每年工作天数、轮班次数。确定能力需求十分关键，如果对能力需求判断错误会造成重大损失。确定能力需求的合理方法是取得对未来需求的预测，将需求转化为能力要求的数量和时间，进而决定需要什么样的能力变化。

【例 4.1】 假如某一部门采取 8 小时单班工作制，每年 250 个工作日，产品需求量及加工时间如表 4.3 所示，计算该部门的机器使用需求。

表 4.3 产品需求量及加工时间

产品	年需求/台	每单位标准加工时间/小时	所需加工时间/小时
A	400	5	2000
B	300	8	2400
C	700	2	1400

【解】 单台机器年生产能力：$8 \times 250 = 2000$（小时）

三种产品加工所需总时间：$2000 + 2400 + 1400 = 5800$（小时）

加工所需机器数：$5800/2000 = 2.9$（台）

【答】 需要 3 台机器来完成所需工作量。

2. 计算需求与现有能力之间的差

当预测需求与现有能力之间的差为正数时，很显然，就需要扩大产能，这里要注意的是，当一个生产运作系统包括多个环节或多个工序时，能力扩大必须考虑到各个工序能力的平衡，能力的计划和选择就需要格外谨慎。例如 20 世纪 70 年代，西方发达国家的航空工业呈供不应求的局面，因此，许多航空公司认为，所拥有的飞机座位数越多，就可以赢得越多的顾客，因而竭力购入大型客机。但事实证明，拥有小飞机的公司反而获得了更好的经营绩效。原因是满足需求的关键因素在于航班次数的增加，而不是每一航班所拥有的座位数。

当企业的生产环节很多，设备多种多样时，各个环节所拥有的生产能力往往不一致，既有富余又有瓶颈的环节。而富余的和瓶颈的环节又随着产品品种和制造工艺的改变而变化。从这个意义上来说，企业的整体生产能力是由瓶颈环节的能力所决定的，这是制订能力计划时必须注意的一个关键问题。否则，就会形成一种恶性循环，即某瓶颈工序能力紧张—增加该工序能力—未增加能力的其他工序又变为瓶颈工序。

3. 制定候选方案

处理能力与需求之差的方法可有多种。最简单的一种是：不考虑能力扩大，任由这部分顾客或订单失去。其他方法包括积极策略、消极策略或中间策略的选择，也包括新设施地点的选择，还包括是否考虑使用加班、外包等临时措施等。这些都是制订能力计划方案所要考虑的内容。所考虑的重点不同，就会形成不同的候选方案。一般来说，至少应给出 3~5 个候选方案。

4. 评价每个方案

评价包括两方面：定量评价和定性评价。定量评价主要是从财务的角度，以所要进行的投资为基准，比较各种方案给企业带来的收益以及投资回收情况。这里，可使用净现值法、盈亏平衡分析法、投资回收率法等不同方法。定性评价主要是考虑是否与企业的整体战略相符、与竞争策略的关系、技术变化因素、人员成本等，有些实际上仍可进行定量计算（如人员成本），有些则需要用直观和经验来判断。

三、产能规划的特点

产能规划是提供一种方法来确定由资本密集型资源如设备、工具、设施和总体劳动力规模等综合因素所形成的总体生产能力的大小，从而为实现企业的长期竞争战略政策提供有力的支持。产能规划所确定的生产能力对企业的市场反应速度、成本结构、库存策略以及企业自身管理和员工制度都将产生重大影响。产能规划具有时间性和层次性。

1. 产能规划的时间性

产能规划按时间的长短可分为三种：长期计划、中期计划和短期计划。

长期计划是指时间在一年以上的产能规划。长期计划中涉及的生产性资源需要一段较长时间才能获得，也将在一段较长的时间内消耗完毕，如对建筑物、设备、物料设施的规划等。长期计划需要高层管理者的参与和批准。长期计划具有很大的风险，需要谨慎处置，周密考虑。长期计划分为扩展与收缩两类。长期计划是基于对企业的长远利益的考虑而制订的产能计划，具有战略性质，对企业的远期利益至关重要。

中期计划是指在半年至 18 个月的时间内制订的月计划或季度计划。如雇员人数的变化（招聘或解雇）、新工具的增加、小型设备购买以及转包合同的签订等，中期产能计划需要相应调整。

短期计划是指小于一个月的生产能力计划。这种类型的生产能力计划关系到每天或每周的生产调度情况，而且为了消除计划产量与实际产量的矛盾，短期计划需做相应调整，这包括超时工作、人员调动或替代性生产程序规划等。

2. 产能规划的层次性

产能规划的层次性是指对于不同层次的经营管理者，生产能力计划的意义不同，可以分为如下三个层面。

公司层面。企业副总经理关心的是企业内部各工厂的总体生产能力的大小，因为他要为实现这些总的生产能力而投入大量的资金，可以通过分析总体生产能力得到所需资金。

工厂层面。工厂的经理则更关心全厂的生产能力状况，他们必须决定如何以最优方式利用工厂的生产能力以满足预期的需求量。由于一年中需求高峰时的短期需求可能会远远大于计划产量，因此经理必须预测可能出现的需求高峰，并且安排好在什么时候储存多少产品以备急需。

车间层面。更低一层的生产一线主管最为关心的是，在本部门的生产水平基础上，机器设备与人力资源结合的情况怎样？生产可达到多大产量？一线主管需做出详尽具体的工作调度计划以满足每天的工作量。

四、能力的测评

1. 能力的定义

到目前为止，我们所用的是一般性的能力定义，它可以被进一步细分成两种能力定义，具体如下。

① 设计能力：所设计的一项作业、一个过程或一个设施的最大产出，是在理想情况下最大的可能产出。

② 有效能力：有效能力是设计能力扣除因个人时间、机器维修以及质量因素等情况下造成的能力减少之后的部分，有效能力小于设计能力。

由于产品组合改变、设备定期维修、午餐或休息、作业计划和作业平衡等情况出现，有效能力通常要小于设计能力。而由于机器故障、员工缺勤、材料短缺、质量以及其他运营管理人员所不能控制的问题，在企业的实际生产过程中实际产出能力通常要小于有效能力。

2. 能力测量方法

能力经常是指产出的上限。尽管看起来似乎很容易理解，但在某些实际情况下，能力很难测量，困难来自对能力的不同解释以及特定情况下如何确定适当的测量方法。在选择能力的测量指标时，需选择不随时间变化的指标。

当某生产单元只生产一种产品或服务时，其能力可以用这种产品或服务来表示。

当生产单元生产多种产品或服务时，用一种基于产出单位的简单度量是错误的。一种可能的解决办法是以每种产品产量表明其能力。

当一个组织有许多种不同的产品或服务生产组合，列出其每一种相关的能力是不现实的，特别是当产出组合经常发生变动时，需要持续改变能力的综合指数，这种情况下，更好的度量方法是投入的可用性。

没有一种能力度量能够适合于所有情况，因此能力的测量应根据不同情况而定，表4.4提供了能力度量的方法。

表4.4 能力度量方法

行业	投入的能力度量方法	产出的能力度量方法
汽车制造	人工小时,机器工作时	每班生产汽车数
钢铁工厂	炉膛尺寸	每天生产钢铁重量
石油精炼	精炼炉尺寸	每天生产燃油体积
农业	农田面积,母牛数量	每年每亩生产谷物数量,每天生产牛奶体积
饭馆	餐桌数、座位数	每天招待的客人数
剧院	座位数	每天演出售出的票数
零售店	店铺面积	每天实现的收入

设计能力和有效能力作为两种测量方式定义了两种系统效益，即效率和利用率。效率是实际产出与有效能力的比值，而利用率是指实际产出与设计能力的比值。

具体公式如下：

$$效率 = 实际产出/有效能力 \tag{4.1}$$

$$利用率 = 实际产出/设计能力 \tag{4.2}$$

有效能力决定了实际产出的可能性，因此，提高能力利用率的关键是通过改进产品质量，保持设备良好运行条件、充分培训雇员和利用平静设备以提高有效能力水平。

提高利用率依赖于提高有效能力的程度，这就需要了解是什么因素限制了有效能力。

需要明确的是，只有当产品存在需求时，企业才能实现高利用率所带来的好处；当不存在产品需求时，仅注意利用率的提高可能会引起相反的作用，因为过量生产所导致的不仅是可变成本的增加，还会造成产品存货成本的增加。另外，高利用率还可能导致出现由运营瓶颈环节引起的等待时间，进而使运营成本增加。

【例4.2】 一个面包店上周生产了148000个卷饼，有效能力是175000个卷饼。该生产线设计每小时可生产1200个夹满坚果、肉桂口味且包有糖衣的高级卷饼。假设该生产线一周工作7天，每天3班，每班工作8小时。

请确定这家工厂在生产这种高级卷饼时的设计能力、利用率和效率。

【解】 产出量=148000个，有效能力=175000个。

该生产线一周工作7天，每天3班，每班工作8小时。

设计能力=7×3×8×1200=201600（个）

利用率=产出量/设计能力=148000/201600=73.4%

效率=产出量/有效能力=148000/175000=84.6%

案例三

斯蒂沃特的沙拉配料产能需求预测

斯蒂沃特公司生产两种口味的沙拉配料：保罗口味和纽曼口味。每种口味的沙拉配料有两种包装样式：瓶装和一次性塑料袋装。公司管理层准备制订一个计划，假定沙拉配料年需求量如表4.5所示，求今后五年的生产设备和劳动力的需求。

表 4.5 沙拉配料年需求量

包装方式	2020	2021	2022	2023	2024
保罗口味					
瓶装/万份	6	10	15	20	25
袋装/万份	10	20	30	40	50
纽曼口味					
瓶装/万份	7.5	8.5	9.5	9.7	9.8
袋装/万份	20	40	60	65	68

现有机器可以提供瓶装业务，每台每年可装瓶 15 万份沙拉配料（且可分别装保罗和纽曼口味）。每台机器需要操作人员 2 名。另有机器可以提供袋包装业务，每台每年可装袋 25 万份沙拉配料（且可分别装保罗和纽曼口味）。每台机器需要操作人员 3 名。计算为满足生产线的需求所需投入的设备和劳动力。

【解】 根据给出的条件，可知沙拉配料的总需求量，见表 4.6。

表 4.6 沙拉配料的总需求量

包装方式	2020	2021	2022	2023	2024
瓶装/万份	13.5	18.5	24.5	29.7	34.8
袋装/万份	30	60	90	105	118

第 2020 年瓶装线产能设置：

设备设置：13.5/15＝0.9（台）

人员设置：2×0.9＝1.8（人）≈2（人）

第 2020 年袋装线产能设置：

设备设置：30/25＝1.2（台）

人员设置：3×1.2＝3.6（人）≈4（人）

第 2021、2022、2023、2024 年以此类推，得出结果，见表 4.7。

表 4.7 沙拉配料的生产设备和劳动力的需求

需求	2020	2021	2022	2023	2024
瓶装生产设备需求	0.9	1.23	1.62	1.98	2.31
瓶装劳动力需求	1.8	2.46	3.24	3.96	4.62
袋装生产设备需求	1.2	2.4	3.6	4.2	4.7
袋装劳动力需求	3.6	7.2	10.8	12.6	14.1

第四节
有效生产能力和生产能力规划的制定

一、有效生产能力

1. 有效生产能力的定义

有效生产能力（简称产能，或称能力）是指在特定的产品组合、排程、安排和质量因素下，企业最大可能产出。包括考虑产品组合、作业安排、固定资产、资源供应、质量标准等发生大的变化后，重新核定的最大可能产出，即能够产生利润的产能。

2. 影响企业有效生产能力的因素

企业生产能力的大小取决于各种因素，如产品的品种、产品结构的复杂程度、质量要求、零件标准化、设备数量、性能及成套性、工艺方法、有效生产面积、工厂的专业化水平、员工积极性及技术与水平等。下面详细介绍影响企业有效生产能力的因素。

企业固定资产的数量。比如：企业在计划期内用于生产的全部机器设备数量有多少；是否处于完好状态；厂房、生产面积和其他生产性建筑物的面积的利用状况如何。

设施的设计、选址和布局。设施的设计包括规模以及今后扩展的余地，是一个关键因素。选址因素包括运输成本、与市场的距离、劳动供应、能源和扩展空间。工作区的布局决定了工作的顺利程度。此外，工作区环境也会对员工是否能有效工作起到很重要的作用，比如光线、温度、潮湿程度、通信环境等。因此必须要尽力克服不利条件带来的影响。

企业固定资产在计划期内的有效工作时间。包括企业按现行工作制度计算的机器设备全部有效工作时间和生产面积的有效利用时间有多少。年内生产面积或设备可以利用工作时间是影响生产能力的重要因素，主要表现为制度工作时间。

企业固定资产的生产效率。加工能力是决定能力的一个明显因素。包括企业单位机器设备和单位生产面积在单位时间内的产量定额或单位产品的台时占用定额是多少。在固定资产数量和固定资产工作时间一定的情况下，固定资产的生产效率对企业的生产能力有决定性的作用。

企业加工对象的技术工艺特征。生产能力是根据各个环节的综合平衡确定的，而对各环节起决定作用的是产品的工艺特征，对应于不同的产品、不同的加工方法，各个生产环节的能力是不同的。

企业生产与劳动组织。包括劳动者的出勤率、技术水平及熟悉程度、劳动态度、工作积极性、定额时间和生产组织方式的合理性等。

外部因素也会对有效生产能力产生影响。比如产品标准中的最低质量标准和性能标准，限制了管理人员增加和利用能力的选择。因此，产品和设备的污染标准经常会减少有效能力。

> **想一想**
> 哪些因素影响企业的有效生产能力？

二、能力规划的制订

能力规划的制订，要考虑以下几个关于生产能力计划的基本问题。
一是企业合理的生产能力规模应该多大？
二是企业是否应该扩大生产能力规模？
三是如何扩大——基于多长的时间跨度？扩大的规模？何时扩大？扩大的形式？
在制订产能规划的时候，主要考虑的三个内容是：时间、需求和生产方式。

1. 生产能力计划的时间范围

从时间上可以将生产能力计划分为以下三种类型。

长期生产能力计划。时间是大于一年。该计划涉及的资源需要企业经过相当长的时间才能获得或安排。长期能力计划具有战略性质，是在考虑长期需求预测、企业长期发展战略和产品开发计划的基础上，对企业生产能力作出的规划。长期生产能力计划具有风险性，需要周密研究，充分论证，谨慎决策。

中期生产能力计划。中期计划指 6～18 个月的月或季度计划。在该计划中往往涉及由员工的招聘、解雇，新工具的使用，设备的购买，外包合同的制定等引起的产能的变化。

短期生产能力计划。一般不超过一个月。该计划与企业的日程安排，或者周进度安排有着密切的关系，主要包括：为了调整计划与实际产出之间的差距而进行的诸如人员调配、加班等引起的产能变化。

2. 确定能力需求

在计算生产能力需求时，我们需要掌握每条生产线上的各产品组的需求、每家工厂的生产能力水平以及整个生产系统中的生产任务分配情况。一般依据以下步骤来进行：

① 预测每条生产线的各产品组的市场需求；
② 计算为了满足这些需求所需投入的设备和劳动力；
③ 在计划期内，合理配置可获得的设备与劳动力。

除此以外，企业还应安排一定的超过预期需求的富余生产能力，即产能缓冲。这样做的目的是降低需求超过预期而导致的缺货风险。

3. 自制和外包

自制是指企业对产品自行制造。自制可以控制零部件质量并保证及时供货、有效防止商业信息的外泄、利用自身的专有技术带来竞争优势。但自制往往也会增加风险，比如资源浪费风险提高、成本增加等，这将阻碍企业核心业务的发展。

外包是指企业根据市场需要评估和利用自身资源，为充分利用企业资源，控制成本，转移风险，将生产管理活动中的某个或几个环节交于企业外的独立方完成。外包可以帮助企业：更多地关注企业核心竞争力；解决内部资源不足；可利用外包商的技术、经验和设备；转移风险；更好地使用资金，降低成本。但外包也存在以下风险：降低企业自身供应和研发能力，对供应商依赖性增强，导致核心信息流失，产品隐性成本增加，协调难度加大。

当企业生产能力需求确定后，企业必须决定自制某种产品和服务，还是外包某种产品或服务。通常需要考虑以下六个因素。

已有生产能力。如果一个企业拥有足够的设备、技术和时间的话，选择自制是明智的。因为自制产品或服务比外购产品或服务成本要低得多。

专业技术。如果一个企业缺乏提供某种产品或服务的专业技术，那么，外购该种产品或服务就不失为一个好的选择。

产品质量。专业厂家生产的产品或服务往往比企业自制的产品质量高，此时，应将加工业务外包给专业厂家。如果企业对产品质量有特殊要求或者希望增强对质量的监控，那么应该选择自制。

需求特性。如果某种产品或服务的需求比较稳定而且有一定的规模，那么自制就是一个正确的选择。然而，如果产品或服务的需求变化很大，批量也很小，那么外包给专业厂家就更合适，因为他们可以通过组合不同客户的订单来形成规模效应。

成本。外购往往会增加运输成本和管理成本。如果通过自制节约的这部分成本不能够弥补作为生产这些产品或服务而增加的固定成本，就应该选择外购。

风险。外包会给企业带来两种风险：失去对运营的控制和失去企业核心技术机密。在决定是否外包的时候，必须充分考虑这两个风险。

企业选择自制的主要因素：①项目规模太小，找不到提供服务的供应商；②项目质量要求极高或用户需求独特，需要特殊商业知识，供应商很难实现；③项目涉及企业的核心商业秘密；④开发风险较低，不需要外包商来分担；⑤企业有能力自主开发且自主开发的成本相对更低；⑥避免已有的人力资源闲置或流失；⑦避免对供应商过度依赖；⑧感情因素，管理者与技术人员追求组织自制以及组织规模壮大的自豪感；⑨政府的限制，法律法规的约束；

⑩外包服务供应商市场和技术市场发展不完善。

企业选择外包的主要因素：①降低固定成本和经常性成本；②使企业专注于自身核心业务；③获得所需要的技术技能；④提高经营的灵活性；⑤提高责任性，分担风险；⑥企业内部资源不足；⑦企业战略的要求；⑧外部环境的要求；⑨服务行为公司化；⑩强大配套能力的便利；⑪定制服务。

判断选择自制或外包的基本步骤为：①评估技术与需求趋势；②评估战略合作与核心能力；③进行自制与外包的全部成本分析；④考虑非成本因素与达成一致意见。

三、服务能力规划

1. 服务能力规划的特点

与制造业相比，服务业的运营能力除了受到市场需求、竞争对手以及规模经济等诸多因素的影响，其对于时间和地点的依赖性更大，服务需求的变化对服务能力的影响也很大。

服务能力规划的几个特点如下。

（1）对时间的依赖

服务业与制造业最大的区别在于服务业的产品是不能储存的。当顾客的需求出现的时候，服务能力必须转换为相应的服务。例如，当今天的航班已经满员的时候，航空公司是不能将上一个航班的空座提供给今天的顾客的。因此，如果服务能力规划得过大，会造成在需求淡季的时候存在大量的闲置，从而加大运营成本；反之，能力规划得过小，又会在需求旺季的时候发生排队拥挤的情况，降低服务质量，丢失大量的顾客和生意机会。

（2）对地点的依赖

绝大多数的服务场所都必须接近顾客，这样做的目的是方便顾客，否则，顾客将有权选择离自己近的服务场所。单一的服务场所的能力都不可能规划得很大。很难想象，一个理发店大到要为整个城市的人口服务；而制造业的工厂可以这样做，一个汽车厂的产品可以销售到全国各地。

（3）需求的不确定性

服务需求的波动性比产品的波动性大。这不仅体现在需求出现的时间上，还体现在顾客对服务的个性化需求上，具体原因如下。

① 服务是不能储存的，所以它不能像制造业一样利用库存来满足顾客超过预期的需求变化。缺少了库存作为缓冲，就会使服务需求的波动性变大。

② 顾客往往需要直接参与到服务的过程当中去。顾客的需求、习惯、体验不同，要求的服务内容也不同，造成了为每位顾客提供服务的时间、项目等都会有很大的不同，这就使得系统的能力非常不稳定。

③ 服务的需求量直接受到顾客行为影响，而影响顾客行为的因素很多，比如天气、政治、文化、心情、家庭等。

因此，服务业的能力规划需要以较短的时间单位制定。

2. 排队论在服务能力规划中的应用

（1）排队论的基本概念

排队是日常生活和运营中经常遇到的现象。排队论又称随机服务系统理论，是一门研究拥挤现象（排队、等待）的科学。具体地说，它是在研究各种排队系统概率规律性的基础上，解决相应排队系统的最优设计和最优控制问题。

（2）排队系统

一个排队系统由顾客源、到达特性、排队规则和服务机构四个部分组成。

① 顾客源分为有限和无限总体两类。有限是指顾客数量有限，它的增减会影响为其他顾客服务。无限总体是指顾客数量足够大，增减基本不影响为其他顾客服务。

② 到达特性。顾客到达是随机的，最常见的随机分布为泊松分布，泊松分布服从平衡性、无后效性、单个性。

③ 排队规则。排队规则是指决定顾客接收服务的次序的准则。比如先到先服务准则、后到先服务准则等。遵守后到先服务准则的情况有：最后进入电梯的乘客一般先出来，刚刚到达的军事情报要优先处理等。

④ 服务机构。描述服务机构指标的有服务时间的分布，服务通道的数量。

(3) 排队系统的指标及关系

① 服务系统利用率（ρ）。服务系统利用率是服务能力利用的百分比，是平均到达率与平均服务率之比。

② 排队长（L_q）和队长（L_s）。排队长是指系统中排队等候服务的顾客数。队长是指服务系统的顾客数，包括正在接受服务的顾客数和排队等候服务的顾客数。

③ 等待时间（W_q）和逗留时间（W_s）。等待时间是从顾客到达服务系统起到他开始接受服务止的时间间隔。逗留时间是从顾客到达服务系统起到他接受服务完成止的时间间隔。

基本关系式如下。

单个服务机构时，λ 为平均到达率，μ 为平均服务率，服务系统利用率：

$$\rho = \frac{\lambda}{\mu} \tag{4.3}$$

多个服务机构时，M 为服务机构数量：

$$\rho = \frac{\lambda}{M\mu} \tag{4.4}$$

平均排队长：

$$L_q = \frac{\lambda^2}{\mu(\mu-\lambda)} \tag{4.5}$$

平均队长：

$$L_s = \frac{\lambda}{\mu-\lambda} \tag{4.6}$$

平均等待时间：

$$W_q = \frac{L_q}{\lambda} = \frac{\lambda}{\mu(\mu-\lambda)} \tag{4.7}$$

平均逗留时间：

$$W_s = W_q + \frac{1}{\mu} = \frac{\lambda}{\mu(\mu-\lambda)} + \frac{1}{\mu} = \frac{1}{\mu-\lambda} \tag{4.8}$$

【例 4.3】 顾客到达只有一个服务员的快餐店的平均时间为每 6 分钟一个，服务员对顾客服务的平均时间为 4 分钟，到达时间和服务时间都服从负指数分布。

求：（1）服务员空闲的概率；（2）排队等待的平均顾客数；（3）顾客在快餐店的逗留时间；（4）服务员每小时为多少顾客服务。

【解】 据已知条件，则平均到达率 $\lambda = 60/6 = 10$（人/小时），平均服务率 $\mu = 60/4 = 15$（人/小时）。

（1）系统利用率：$\rho = \frac{\lambda}{\mu} = \frac{2}{3}$

服务员空闲的概率 $P_0 = 1 - \rho = \frac{1}{3}$

(2) 排队等待的平均顾客数：$L_q = \dfrac{\lambda^2}{\mu(\mu-\lambda)} = \dfrac{4}{3} \approx 1$（人）

(3) 顾客在快餐店的逗留时间：$W_s = \dfrac{1}{\mu-\lambda} = \dfrac{1}{5}$（小时）

(4) 如果服务员一直忙，每小时平均服务 15 人，由（1）可知，服务员忙碌的概率为 $\dfrac{2}{3}$，所以服务员每小时平均服务：$\dfrac{2}{3} \times 15 = 10$（人）。

本 章 小 结

本章介绍了产品和服务设计的起源和新产品的研发，产品和服务设计对一个组织能够实现其目标的程度有战略性作用。它是企业经营的关键部分，是经营战略发展的结果，也是影响产品与服务的质量与成本以及顾客满意度的首要因素。

接下来简述了能力规划的相关内容，能力从根本上限制了可能的产出率，公司拥有满足需求的能力可以带来巨大收益，能力决策对组织满足产品和服务的未来需求能力和决定运营成本具有关键性影响。有效能力往往受许多因素的影响，因此，有效能力一般小于设计能力。厂址与设施、产品和服务、工艺和质量、人力因素、运作管理水平、供应链因素和外部因素都会对能力产生影响。

练习题

一、名词解释
1. 产品和服务设计 2. 新产品 3. 能力规划 4. 有效能力 5. 能力测评

二、简答题
1. 设计创意构思的来源。
2. 简述服务设计与产品设计的主要区别，并说明服务设计的指导原则。
3. 新产品开发的步骤有哪些？
4. 影响有效能力规划的主要因素有哪些？
5. 能力规划的制定。
6. 服务能力规划的特点。

第五章

流程选择与设施布置

【学习目标】
1. 理解流程的概念、流程选择，了解流程类型；
2. 掌握流程绩效衡量、业务流程重构、生产线平衡等基本概念；
3. 理解设施布置，掌握设施布置类型；
4. 能够对简单的生产线进行平衡计算，能运用所学理论解决简单的生产线平衡问题；
5. 理解简单的工艺原则布置并进行设计。

第一节 流程的选择及战略

案例一

惠普与戴尔的区别

在生产过程中，惠普公司产品的型号有限，并且依据预测来安排生产计划，每次投产的批量相对较大，这可以减少设备的调整，同时工人在重复劳动下也会更加熟练。而戴尔按顾客订单安排生产，生产线上的每台产品都可能不同，调整机器设备、工人的熟练程度不高都将产生额外的成本。

在销售过程中，惠普没有事先确定顾客的订单，生产出来的电脑可能要经过较长的时间才能卖给最终的顾客，库存成本增加。同时，电子产品贬值较快，惠普很有可能会因此而遭遇产品贬值损失。惠普还必须给经销商留下一定的利益空间。但是在物流上，惠普更容易对产品进行集中的运输、仓储等处理，能够降低成本。而戴尔尽管不需要为经销商留利润空间，库存成本也较低，但是单独向顾客发货会产生较高的物流成本。特别是在不发达的国家，由于物流比较落后，戴尔的市场占有率往往比较低。

在质量上，惠普在生产前可以做良好的产品定义，并对产品进行测试，同时重复的生产过程也能够保证质量的提升。

在柔性上，显然戴尔更能满足顾客对电脑硬件配置的个性化要求，但惠普依然拥有较高的市场占有率，这说明并非所有的顾客都非常看中这一点。在21世纪初，顾客的个性化要求集中在电脑硬件配置上，戴尔也因此获得了迅速发展。但是近年来，顾客的功能化要求已经从硬件上转移到应用功能方面。

启发思考：

（1）戴尔和惠普的销售策略各有什么特点？主要的优缺点有哪些？

（2）两个厂商的销售生产模式，谁的流程更加便捷一些？其在进行设施布置时应注意哪些问题？

（3）如果你是公司的管理者，你会选择用什么样的方法来对两家公司的流程进行优化？

除此之外本篇案例有推介阅读，详情见《戴尔公司与惠普公司在华营销策略比较研究》（黄曼，2014）一文。

流程（process）是组织的动态组成部分，它将输入转化为输出，并试图创造出比输入更大的价值。流程是一种直接为顾客创造价值的程序和方法，流程包含输入和输出，对流程的选择就是对中间处理程序的选择，通过对输入的资源进行合适的加工得到输出的产品。流程选择和能力规划影响系统设计，见图 5.1。

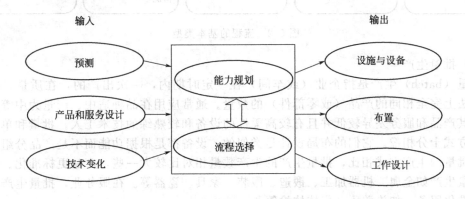

图 5.1　流程选择和能力规划影响系统设计

一、流程的类型和战略

流程是指能够把一定输入（input）变换成一定输出（output）的一系列任务，这些任务由物流和信息流有机地连接在一起。流程是企业运行体制的基本架构，是制度建设的核心内容；流程是系统运行有序性的保证，企业的运行是靠系统运行有序性保证的；流程是组织效率的保证。

1. 流程的类型

流程类型基本分为单件小批量、批量、重复性、连续性、项目，前四种类型通常是持续生产运作的基本过程类型，在特定的持续期，需要选择项目。流程的基本类型，见图 5.2。

（1）单件小批量生产

单件小批量（jobshop）生产指生产单件产品基本上是小批量需求的专用产品的生产。通常应用于规模相对小的运营，其产品和服务差异大且产量低，具有高柔性的设备和熟练的技术工人。在单件小批量生产方式内的每一个工件都按照它特有的路径（或者路线）通过设备。原料移动缺乏有效性以及在制品库存比较多是单件小批量的缺点。

对于制造业来说单件生产如定制鞋、定制服装、船舶、特制设备等。对于服务业来说如一对一服务：诊疗、汽车修理、建筑设计、企业咨询、翻译等。

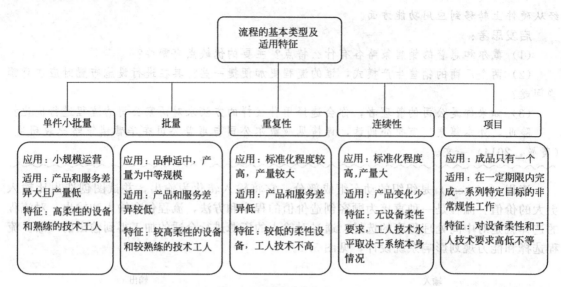

图 5.2 流程的基本类型

（2）批量生产

批量（batch）生产是指企业（或车间）在一定时期内，一次出产的，在质量、结构和制造方法上完全相同的产品（或零部件）的数量。通常应用在品种适中、产量为中等规模的企业，其产品和服务差异较低并且有较高柔性的设备和较熟练的技术工人。批量和单件小批量生产方式十分相像。它们的布局设计是类似的，设备都是根据功能而不是产品分组的。与单件小批量的生产方式相比，批量生产的生产数量相对比较大一些，产品更标准化。

批量生产如金属、机器加工、锻造、服装、家具、瓷器等。在服务业，批量生产指的是提供标准化服务，如旅游团、集体体检等。

（3）重复性生产

重复性（repetitive）生产适用于标准化程度较高、产量较大的生产组织。其产品和服务差异程度低，拥有较低柔性的设备，工人技术一般不高。重复性生产由不同设备组成的具有产品特征的布局，通常要按照一定的顺序进行布置，从而提高效率。产品很容易地从一个作业向另一个作业移动，因此只有很少的在制品库存。

（4）连续性生产

连续性（continuous）生产适用于标准化程度高、产量大的生产组织。其产品变化少，不要求设备具有柔性，工人的技术要求高低取决于系统的复杂程度和对专业人员的要求。连续生产方式最明显的特征是：物料在过程中基本不停，资本投资和自动化程度通常比其他生产过程要高，工厂布局常常是依产品定制的，工人的唯一职责是对过程的监控。

连续性生产的制造业分为：加工装配式连续生产（大量生产），如电视、汽车、电工工具等；流程式连续生产，如啤酒、肥料、石油、纸张、水泥等。对于服务业来说，如咖啡店、快餐店、洗衣店、银行窗口服务、定线定期公共汽车服务、列车运行等。

（5）项目

典型的项目（projects）是指在某一特定的时间内大量地使用某些技能，如协调各类人员和设备，以及分包的技巧和能力，在另外一些时间则很少或者不使用这些技能的具有一定独立性且不可重复的生产过程。项目型制造如桥梁、堤坝、高速公路等大规模工程。项目型服务如导弹开发、可行性调查等。

项目与其他生产类型相比，具有比较典型的特征：生产过程的一次性；制造过程的不可重复性或独特性；生产整体目标的明确性；目标是保证建造的整体性；组织的临时性和开放性；开发与实施的渐进性。

> **边学边练**
>
> 项目生产流程类型与其他几种生产类型特征相差较为明显，你能举出两个产品的生产过程来描述一下项目与其他生产类型的具体差别吗？

2. 流程的战略选择

流程战略主要说的是柔性系统的选择，我们将柔性视为一种竞争性战略，柔性在工艺选择中并不总是最好的选择，而且柔性系统或装备通常是更昂贵且生产率也低的装备。因此，柔性系统的采用必须非常谨慎，其应用必须与明显存在的柔性要求相适应。

在产品处于成熟期，设计变动较少，产量稳定的情况下，更需要考虑的是专业加工设备，可直接进行重复性或连续性的生产。

流程的战略选择，根据发展的需要进行选择，一般情况下，选择后很难再进行改动。流程具有五个类型，企业需要了解每一个流程适用于哪种产品对象及其优缺点，根据自身情况以及产品特点进行选择，企业流程类型的战略选择至关重要。可参照表 5.1 中给出五种生产流程的描述和优缺点，进行比较，在企业制定流程战略时进行选择。

一般决策者选择柔性系统主要因为两个原因：需求多变或者需求存在不确定性。对于这个问题，我们可以通过提高预测的准确性来消除。

表 5.1 流程的描述和优缺点

项目	单件小批量	批量	重复性	连续性	项目
描述	定制的产品和服务	半标准化的产品和服务	标准化的产品和服务	标准化程度高、产量大	定制和标准化相结合，并且具有一定的变化性
优点	能处理差异很大的工作	富于柔性	单位成本低、产量高、有效率	效率极高、产量极高	有针对性，能完成富有技巧的工作，柔性较大
缺点	效率低	单位成本一般、计划和进度安排复杂性一般	柔性低、停工成本很高	高刚性、缺少变化、改变成本高、停工成本极高	效率低、成本高、进度慢且安排复杂

> **思考题**
>
> 在这五个流程计量衡量指标中，你认为哪一个最重要？请举例并说明相关理由。

二、流程绩效衡量

确定了一个企业的生产流程后，如何来判断该生产流程对企业的贡献率呢？这时就涉及如何来对流程绩效进行衡量的问题。衡量一个生产流程的效率一般采用能力、质量、交货速度、柔性、流程周转率等因素，综合判断整个流程的设置是否已经使整个生产系统达到效率最大化。多目标竞争决定了企业取得成功的关键因素是其衡量流程绩效的能力。这些不断反馈给管理层的绩效衡量结果为管理者的决策提供了必要的数据信息，从而可以正确判断出公司是否达到了预期的目标或标准。如果没有适当的方法对流程绩效进行衡量，管理者们就不可能对其公司的运行绩效进行评价，也无从与其他公司进行比较。

1. 能力

能力（capacity）或称生产能力，是指一个流程在一定的时间内所能实现的最大产出量

(output),也就是一个流程的最大产出率(out put rate)。

在制造业中,"能力"这一绩效指标用单位时间内的产出量来表示,例如汽车装配厂每小时所装配的汽车数量;在服务型企业中,"能力"用单位时间内所服务的人数来表示。

2. 质量

衡量流程质量(quality)常常用出错率(defect rate)指标来表示。在制造型企业中即指产品的次品率,次品是指那些质量不符合要求的产品,包括:在产品交付给顾客以前就发现有内部质量问题的产品,由顾客发现的有外部质量问题的产品。

同时,还有相应的辅助方法衡量流程总体质量。例如,随着人与环境和谐相处需求的增加,环境问题越来越被人们所关注,对运营流程中所产生的有毒废物的衡量成为流程质量的一个重要衡量标准。同样,废料和原材料的浪费量也成了一个重要的衡量指标。

> **课堂讨论**
> 你是否还能提出其他可以衡量流程质量的指标,请举例说明。

3. 交货速度

交货速度(delivery rate)是交货时间的可靠性。无论是中间商还是最终用户,几乎所有的客户都希望按期收到货物,所以,交货时间的不稳定性越小越好。

影响交货速度的因素较多,如供应商的稳定性,工人的工作能力,设备支撑的持续性,技术进步的快慢,设备的更新频率、保养水平等都可能会影响交货速度。因此,为了保证交货速度,应该综合管理好各方面工作的运行情况,既要保证成本的合理性,又要保证整个流程的运行水平。

4. 柔性

柔性(flexibility)是用来度量企业为满足不断变化的顾客需求,而对自身业务流程进行调整的有效程度的指标。柔性主要从三个衡量维度进行分析,具体如下。

一是一个流程能够由生产某一种产品向生产另一种产品转换的速度。如有的汽车制造企业每年都至少会暂时关闭几周的时间,来完成不同车型的转换,这表明了转换的柔性程度。

二是一个流程对产量变化所要求的反应速度。那些能更快地适应产量波动的企业更具有好的灵活性。服务型企业具有良好的柔性尤为重要,因为它们不可能将顾客需求存储起来。因此,诸如零售商店、餐馆、康复中心等服务机构必须能及时调整自己的生产能力,使其在短的时间内能够满足顾客的需要。

三是一个流程同时产出一种以上产品的能力。流程能同时生产越多种类产品,其柔性越好。这种类型的柔性在生产定制化产品时显得尤为重要。例如,戴尔公司的生产流程的柔性使其能满足每个顾客不同的需求。

5. 流程周转率

流程周转率(process velocity)是一种相对较新的流程绩效指标,也称为产出效率。流程周转率是指产品或服务通过整个流程的总产出时间,即产出周期(through put time)与完成产品或服务本身的增值时间的比值。注意,增值时间是完成产品本身的生产或服务本身的交付所用的时间。例如,如果一个产品的产出周期为6周,设每周工作5天,每天有效工作时间为8小时,而实际增值时间为4个小时,那么该产品的流程周转率见公式(5.1)。

$$流程周转率 = 产出周期/增值时间 \tag{5.1}$$

$$流程周转率 = (6 \times 5 \times 8)/4 = 60$$

在这里,流程周转率为60,这表示完成整个产品的产出过程所需的时间是用于产品本身的生产时间的60倍。也就是说,流程周转率越低越好。

> **延展阅读**
>
> 全球最大的连锁商场沃尔玛销售产品的毛利率很低,但是凭借着高效的周转取得了相当高的收益率,成了行业中的佼佼者。在判断企业效率方面,往往有一个重要的指标——周转率,以反映企业在周转过程中到底是"脚底生风"还是"举步不前"。
>
> 长安汽车在产品结构调整存货周转率有所提高,其在2012年的时候,存货周转率为5.3次,到了2013年的时候,存货周转率为6.59次,公司将汽车从存货到完成销售的时间从2012年的67.8天缩短到了54.65天。而在这一年,由于产品结构调整见效以及研发能力持续提高等原因,公司的经营业绩提高了,实现营业收入同比提高30.61%,净利润同比提高142.37%。

第二节 业务流程重构

业务流程重构在一些企业中得到了应用,但是也存在着一定的问题,本节阐述业务流程重构的起源、应用程序、方法、特征及反思。

一、业务流程重构的起源及应用

业务流程重构(business process reengineering,BPR),也译为业务流程重组或企业流程再造。20世纪90年代,美国麻省理工学院(MIT)的计算机教授迈克尔·哈默(Michael Hammer)和CSC管理顾问公司董事长詹姆斯·钱皮(James Champy)提出此观点。1993年,在他们联手推出的《企业再造》一书中指出,在近200年来,人们一直遵循亚当·斯密劳动分工的思想来建立和管理业务流程,即注重把工作分解为最简单和最基本的步骤。而目前应围绕这样的概念来建立和管理业务流程,即把工作任务重新组合到首尾一贯的工作流程中去。

他们给BPR下的定义是:"为了呈飞跃性地改善成本、质量、服务、速度等现代企业的主要运营基础,必须对工作流程进行根本性的重新思考并彻底改革。"它的基本思想就是必须彻底改变传统的工作方式,也就是彻底改变传统的自工业革命以来、按照分工原则把一项完整的工作分成不同部分、由各自相对独立的部门依次进行工作的工作方式。

> **视野扩展**
>
> 流程再造在企业界已得到广泛运用,它推动了公司各方面的进步,但也给公司造成了一定的混乱。这是因为,在再造过程中许多公司成功地对它们的核心流程进行了整合,合并了相互关联的活动,砍掉了不能产生价值的活动,但只有少数公司彻底改变了它们管理组织的方式,大多数公司的权力仍然掌握在业务单元手中——它们实行垂直的管理形式,有时以区域为中心,有时以产品为中心,有时以职能为中心。因此,如何利用好业务流程再造来提高企业的运行效率仍是一个至关重要的问题。

1. 业务流程重构的起源

企业再造理论的产生有深刻的时代背景。二十世纪六七十年代以来,信息技术革命使企业的经营环境和运作方式发生了很大的变化，而西方国家经济的长期低增长又使得市场竞争日益激烈，企业面临着严峻挑战。有些管理专家用 3C 理论阐述了这种全新的挑战，具体如下。

顾客（customer）——买卖双方关系中的主导权转到了顾客一方。竞争使顾客对商品有了更大的选择余地；随着生活水平的不断提高，顾客对各种产品和服务也有了更高的要求。

竞争（competition）——技术进步使竞争的方式和手段不断发展，发生了根本性的变化。越来越多的跨国公司越出国界，在逐渐走向一体化的全球市场上展开各种形式的竞争，美国企业面临日本、欧洲企业的竞争威胁。

变化（change）——市场需求日趋多变，产品寿命周期的单位已由"年"趋于"月"，技术进步使企业的生产、服务系统经常变化，这种变化已经成为持续不断的事情。因此在大量生产、大量消费的环境下发展起来的企业经营管理模式已无法适应快速变化的市场。

面对这些挑战，企业只有在更高水平上进行一场根本性的改革与创新，才能在低速增长时代增强自身的竞争力。

2. 传统职能部门的弊端

① 中心错位：关注中心是"领导"，而不是"顾客"；制度导致的"官本位"现象，中间层利益冲突造成内耗，职业发展空间狭小，缺乏学习与创新机制；权力过于集中，使得掌握信息的人不能参与决策。

② 对外多点接触：无人关注横向流程的衔接与控制，导致客户不满意；信息传递层次多，造成信息失真。

③ 协调机制不健全：部门主义严重，互相扯皮推诿；组织机构官僚化：管理机构多、层次重叠，许多工作是为了协调内部关系，管理成本上升，无法适应环境变化。

3. 流程型组织的优势

① 以客户为中心：打破职能边界，简化信息传递过程，快速变化的环境要求组织结构具有灵活性；提高反应速度与运作效率。

② 扁平化：减少组织的管理层级，更快、更灵活地响应市场、技术变化，组织结构向矩阵或网络型过渡；组织包容多样化的观点和方法，如在职业生涯、激励机制、用工制度等方面。

③ 分散决策：通过合理授权和信息共享，鼓励一线员工在授权范围内自主决策。

④ 基于团队：团队人员组成，由跨部门、多专业的人员组成，在团队中创造跨越部门边界的横向信息共享与合作机制。

二、业务流程重构的主要程序

企业"再造"就是重新设计和安排企业的整个生产、服务和经营过程，使之合理化。通过对企业原来生产经营过程的各个方面、每个环节进行全面的调查研究和细致分析，对其中不合理、不必要的环节进行彻底变革。在具体实施过程中，可以按以下程序进行。

1. 对原有流程进行全面的功能和效率分析，发现其中存在的问题

根据企业现行的作业程序，绘制细致、明了的作业流程图。现行作业流程的问题主要表现在以下几方面。

功能障碍：随着技术的发展，技术上具有不可分性的团队工作增多，个人可完成的工作额度会发生变化，这就会使原来的作业流程或者变得"支离破碎"增加管理成本，或者因核算单位太大造成权责利脱节，并会造成组织机构设计得不合理，造成企业发展的瓶颈。

重要性：不同的作业流程环节对企业的影响是不同的。随着市场的发展，顾客对产品、服务需求不断变化，作业流程中的关键环节以及各环节的重要性也在变化。

可行性：根据市场、技术变化的特点及企业的现实情况，分清问题的轻重缓急，找出流程再造的切入点。

为了对上述问题的认识更具有针对性，还必须深入现场，具体观测、分析现存作业流程的功能、制约因素以及表现的关键问题。

2. 设计新的流程改进方案，并进行评估

为了设计更加科学、合理的作业流程，必须群策群力、集思广益、鼓励创新。对于提出的多个流程改进方案，还要从成本、效益、技术条件和风险程度等方面进行评估，选取可行性强的方案。在设计新的流程改进方案时，可以考虑以下内容。

将现在的数项业务或工作组合，合并为一。企业可以把相关工作合并或把整项工作都由一个人或一个工作团队来完成，这样，既提高了效率，又使工人有了工作成就感，从而鼓舞了士气。如果合并后的工作仍需几个人共同担当或工作比较复杂，则成立团队，由团队成员共同负责一项从头到尾的工作。同时，还可以建立数据库、信息交换中心，来对工作进行指导，大家共同拥有信息，一起出谋划策，能够更快更好地做出正确判断。

工作流程的各个步骤按其自然顺序进行。在传统形式的组织中，工作在细分化了的组织单位间流动，一个步骤未完成，下一个步骤开始不了，这种直线化的工作流程使得工作时间大为加长。如果按照工作本身的自然顺序，是可以同时进行或交叉进行的。这种非直线化工作方式可大大加快工作速度。

根据同一业务在不同工作中的地位设置不同工作方式。传统的做法是，对某一业务按同一种工作方式处理，因此要对这项业务设计出在最困难最复杂中的工作中所运用的处理方法，并把这种工作方法运用到所有适用于这一业务的工作过程中。这样做，就会不可避免地收着"学杂费"，针对这一弊端，可以根据不同的工作设置出对这一业务的若干处理方式，这样就可以大大提高效率，也使工作变得简单便捷。

工作应超越组织的界限，在最适当的场所进行，减少检查、控制、调整等管理工作；给予职工参与决策的权力；设置项目负责人（case manager）。

BPR作为一种重新设计工作方式与工作流程的思想，是具有普遍意义的，但在具体做法上，必须根据本企业的实际情况来进行。

3. 制定与流程改进方案相配套的改进规划，形成系统的 BPR 方案

企业业务流程的实施，是以相应组织结构、人力资源配置方式、业务规范、沟通渠道甚至企业文化作为保证的，所以，只有以流程改进为核心形成系统的企业 BPR 方案，才能达到预期的目的。

4. 组织实施与持续改善

实施企业 BPR 方案，必然会触及原有的利益格局。因此，必须精心组织，谨慎推进，既要态度坚定，克服阻力，又要积极宣传，形成共识，以保证企业再造的顺利进行。

企业 BPR 方案的实施并不意味着企业再造的终结。在社会发展日益加快的时代，企业总是不断面临新的挑战，这就需要对企业再造方案不断地进行改进，以适应新形势的需要。

问与答

问：BPR 的基本特征有哪些？

答：关于 BPR 的基本特征，主要有流程、根本性、彻底性和显著性。

三、业务流程重构的特性及反思

1. BPR 的特性

BPR 的特性包括：强调顾客满意；以业绩改进作为量度手段；关注于更大范围的、根本的、全面的业务流程；强调团队合作；对企业的价值观进行改造；高层管理者的推动；降低决策的层级。

2. 对 BPR 的反思

哈默、钱皮等后来承认革命性变化过激，忘记将"人"的因素考虑在内。此外，对 BPR 的反思还包括：理论尚未成熟，BPR 是一种管理改革的思想，还不是成熟理论；提倡的"根本性"和"彻底性"已形成自身无法克服的缺陷；理论得不到实践支持，失败率高达 70%。方法尚不成熟，还没有规范成熟的实施策略和方法。工具不成熟，大部分 BPR 没有使用任何辅助工具。

很多实施 BPR 的企业是有问题的企业，企业经营处于危机阶段。实施 BPR 的理由是一切都需要变革；如果为变革而变革，错误变革的企业成功概率会更小。虽然要求企业的应变能力应进一步加强，但不能割断历史，把过去所有的一切业务流程和职能管理都抛弃。

> **勤于思考**
> 1. 除了以上不足外，BPR 还有哪些你认为可能存在的不足之处？
> 2. BPR 仍存在许多的漏洞，比如缺乏对"人"的关注等，那么你认为可以怎样来进行改进？

第三节 战略资源组织：设施布置

一、设施布置概述

1. 设施布置的概念

布置（layout）是指对业务部门、工作中心和设备进行布局，确保系统中工作流（顾客或材料）运行顺畅。正如系统设计的其他方面一样，布置决策是重要的，因为需要投入大量的资金和精力；且具有长期性，难以改变；同时对运营的费用和效率有很大影响。

设施布置是指在一个给定的设施范围内，对多个经济活动单元进行位置安排。经济活动单元，是指需要占据空间的任何实体，也包括人。例如机器、工作台、通道、桌子、储藏室、工具架等。所谓给定的设施范围，可以是一个工厂、一个车间、一座百货大楼、一个写字楼，或一个餐馆等。设施布置的基本目标是便于工作流、物料和信息顺畅地通过运营系统。

设施布置设计是指根据企业的经营目标和生产纲领，在已确认的空间场所内，按照从原材料的接收、零件和产品的制造、成品的包装、发运等全过程，力争将人员、设备和物料所需要的空间做最适当的分配和最有效的组合，以获得最大的经济效益。

2. 设施布置的设计原则

设施布置的设计原则包括：符合工艺过程的要求；最有效地利用空间；物料搬运费用最

少；保持生产和安排的柔性；保证组织结构的合理化和管理的方便；为职工提供方便、安全、舒适的作业环境。

3. 设施布置的目标

总体目标：在已确定的空间场所内，将企业物流的全过程中人员、设备、物料所需的空间做最适当的分配和最有效的组合。

具体目标有如下六个方面。

① 最好的工艺流程——保证工艺流程畅通，生产时间短，生产连续；
② 最有效地利用空间——使建筑设备和单位制品的占用空间小；
③ 最少的物料搬运费用——运输路线简化，避免往返和交叉；
④ 最好的柔性——设施布置适应产品需求的变化、工艺和设备的更新；
⑤ 最舒适的作业环境——保证安全，满足职工生理、心理要求；
⑥ 最便捷的管理——使有密切关系或性质相近的作业单位布置在一个区域或靠近布置。

4. 设施布置的影响因素

在设施布置中，主要考虑生产组织方式战略和产品加工特性。一个好的设施布置方案，应该能够使设备、人员的效益和效率都达到最大化。为此，应该考虑以下一些因素。

（1）所需投资

设施布置将在很大程度上决定所要占用的空间、所需设备以及库存水平，从而决定投资规模。如果产品的产量不大，设施布置人员可能愿意采用工艺对象专业化布置，这样可节省空间，提高设备的利用率，但可能会带来较高的库存水平，因此这其中有一个平衡的问题。如果是对现有的设施布置进行改造，更要考虑所需投资与可能获得的效益相比是否合算。

（2）物料搬运

在考虑各个经济活动单元之间的相对位置时，物流的合理性是一个主要考虑因素，即应该使需用量较大的物流距离尽可能短，使相互之间搬运量较大的单元尽量靠近，进而减少搬运费用，缩短搬运时间。据统计，一个生产企业，从原材料投入直至产品产出的整个生产周期中，物料只有15%左右的时间在加工工位上，其余的时间都在搬运过程或库存中，搬运成本可达总生产成本的25%~50%。而一个好的设施布置，可使搬运成本大为减少。

（3）柔性

设施布置的柔性一方面是指对生产的变化有一定的适应性，即使变化发生后也仍然能达到令人满意的效果；另一方面是指能够容易地改变设施布置，以适应变化发生时的情况。因此在一开始设计布置方案时，就需要对未来进行充分预测，并考虑到以后的可改造性。

其他还需要考虑的因素有：劳动生产率方面，在进行设施布置时要注意不同单元操作的难易程度悬殊不宜过大；设备维修方面，注意不要使空间太狭小，这样会导致设备之间的相对位置不好；注意工作环境，如温度、噪声水平、安全性等，均受设施布置的影响；人的情绪方面，要考虑到是否可使工作人员相互之间能有所交流，是否给予不同单元的人员相同的责任与机会，使他们感到工作关系相对平等。

> **问与答**
>
> 问：设施布置设计会对系统运转绩效产生影响吗？
> 答：是的。例如，某国际机场通过改进布置解决了一个令顾客烦恼的问题。在改进前，安全检查点设在飞机处。这就意味那些仅仅是换乘飞机的旅客在上飞机前，必须与从此地启程的旅客一样通过这一检查点，这就使两类旅客等待的时间都过多。经改进，安全检查点从乘机处移至售票处附近，这就避免了那些要转乘飞机的旅客须通过检查才能上机这一问题，同时也大大减少了从此地启程的旅客的等待时间。

二、典型设施的布置

设施布置有三种基本类型，分别为产品原则布置、工艺原则布置和固定式布置。随着科学技术的发展，不断有新的布置方式出现，如混合布置、成组制造单元布置、服务布置等。

1. 产品原则布置——重复加工

产品原则布置（product layout）又称产品专业化、流水线布局，是指机器设备、人员及物料按产品的加工或装配的工艺过程顺序布置，形成一定的生产线。产品原则布置适用于标准化极高、可重复加工的产品或服务，旨在使大量产品或顾客顺利且迅速地通过系统。按照对象专业化原则布置机器和设备，常见的如流水生产线。

典型的例子为电影《摩登时代》中标准的流水线布局。如果制造运营中的一部分工序要求按顺序切割、抛光、喷漆，那么就可以照此顺序安排相应的设备。考虑到每一加工对象都是按照同样的加工顺序，所以常常有可能使用固定路线的物料运输设备。

例如，在工作地之间设置运送物料的传送带，这样安排的结果就形成了一条生产线或装配线，其产品原则布置示意图，见图5.3。汽车装配线、电视机生产线、电冰箱生产线等都是按产品对象专业化布置的。汽车制造厂的曲轴产量较大，可以把加工曲轴所需要的车床、铣床、磨床、钻床、热处理设备等按照曲轴加工的工艺顺序布置排列，形成一条曲轴生产线。

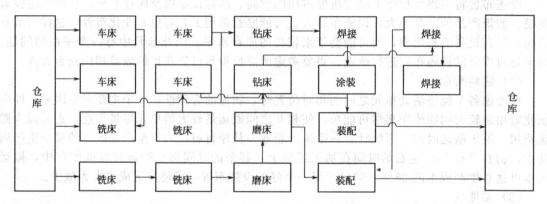

图5.3 产品原则布置示意图

优点：产品布置符合工艺过程，物流畅通；上下工序衔接，存放量少，物料搬运工作量少；生产速度快，资金流转速度快；作业专业化，对工人技能要求不高，需要的培训较少；生产计划简单，易于控制；可使用专用设备和机械化、自动化搬运方法。

缺点：偶尔发生的部分设备故障，会导致整个生产线中断；产品设计变化将引起设施布置的重大调整；生产线的速度取决于最慢的部分；生产线重复作业，易导致工人疲倦；维修和保养费用高；如果生产线的机器负荷配置不合理，会导致部分设备负荷不满，造成投资以及资源的浪费。

2. 工艺原则布置——非重复加工

工艺原则布置（process layout）是根据工艺的性质设置单位，把执行同一类功能的设施和人员组合在一起，安排在同一区域，适合于间歇加工。此时在同一单位当中集中了相同类型的工艺设备和工人，来完成生产运作过程中的某一工艺阶段，实现了对不同产品和零部件的相同或相似工艺的加工，也叫机群式布置。

工艺原则布置用来加工或提供涉及许多工艺要求的产品或服务。加工作业的多样性要求频繁地调整设备，这造成工作流程的不连续性，即所谓的间歇加工。所以工艺原则布置适用于小批量、多品种要求的生产运营环境，工艺原则布置示意图见图 5.4。

图 5.4　工艺原则布置示意图

例如，在制造业方面，机械制造厂下设铸工车间、锻工车间、机加车间等，机加车间把各类机床分别集中组成车床工段、铣床工段、钻床工段、磨床工段等；纺织厂划分为纺纱车间、织布车间、印染车间等。许多服务性企业也根据工艺专业化原则进行布置。例如医院分成内科、外科、五官科、化验室、注射室等。

优点：系统能满足多样的工艺要求；机器利用率高，可减少设备数量，系统受个别设备出故障的影响不大；一般都是通用的设备，维修起来较容易，费用也较低；在管理方法方面，可采用个人激励制；操作人员作业多样化，有利于提高工作兴趣和职业满足感；设备和人员柔性程度高，更改产品和数量方便。

缺点：如果在制造系统中采用批量加工，在制品库存量会很大；要经常进行工艺路线选择及进度安排；设备利用率低，设备利用率不足 50% 的情况并不罕见；物料运输慢、效率低、单位运输费用比产品原则布置的高；工作复杂化常常使监督跨度减小，并导致监督费用较产品原则布置的高；对每一产品或进程都需要特别关注（例如工艺路线选择、进度安排、设备准备），而产量低又导致单位产品费用较高；会计、库存控制及采购比产品原则布置中的要复杂得多。

3. 固定式布置

固定式布置（fix layout）就是加工对象位置固定，生产工人和设备都随加工产品所在的某一位置而转移（如飞机、船舶、重型机床），或是产品由于体积或重量庞大停留在一个地方，从而需要生产设备移到要加工的产品处，如造船、高速公路、桥梁建设、石油钻井等大型建设项目。

优点：加工对象移动少，运输费用低，工作程序易于设计和调整，管理较为简单。

缺点：不适合大量生产，只适合单件生产。

4. 混合布置

混合布置是指将以上三种布局方式结合起来的布局方式。如一些工厂总体上是按产品原则布置（包括加工、部装和总装三阶段），在加工阶段采用工艺原则布置，在部装和总装阶段采用产品原则布置。又如医院基本采用的是工艺原则布置，但患者医疗常采用定位布置法，因为常需要护士、医生、医药品和专门设备到达患者处。

混合布置的目的是：在产品产量不需要使用生产线的情况下，根据产品的一定批量、工艺相似性来使产品生产有一定顺序，物流流向有一定秩序，从而减少中间在制品库存，缩短生产周期。混合布置的方法又包括一人多机、成组技术等具体应用方法。如一人多机布置，其基本原理为如果生产量不足以使一个人看管一台机器就足够忙的话，可以设置一人可看管的小生产线（即指一人同时看管几台机器），即可使操作人员保持满工作量，又可在这种小生产线内使物流流向有一定秩序。

5. 成组制造单元布置

成组制造单元布置（cellular production）是根据一定标准将结构和工艺相似的零件

组成零件组，确定零件组的典型工艺流程，根据典型工艺流程选择设备和工人，组成生产单元。

成组技术（group technology）指按照产品或零件在某种特征上的相似性把它们分组归类，然后在不同的设备群上进行加工的一种方法。所谓"某种特征的相似性"，是指形状的相似性，加工工艺或加工路线的相似性。采用这种方法可以减少作业更换时间，减少中间在制品库存，使物流量减少，缩短生产周期，易于实现自动化。

优点：由于产品成组，设备利用率高；流程通畅，运输距离较短，搬运量少；有利于发挥班组合作精神；有利于扩大员工的作业技能；兼有产品原则布置和工艺布置的优点。

缺点：需要较高的生产控制水平以平衡各单元之间的生产流程；若单元间流程不平衡，需中间储存，则增加了物料搬运；班组成员需掌握所有作业技能；减少了使用专用设备的机会；兼有产品原则布置和工艺原则布置的缺点。

6. 服务布置

许多服务组织根据顾客需要的不同进行布置，服务布置除了满足功能性外，还强调美的愉悦，包括仓库和设施布置、零售布置、办公室布置等。

> **小贴士**
>
> 柔性管理缘起于"牛鞭效应"。1965年，英国Molins公司首次提出柔性生产的概念，有别于大规模生产方式下通过追求生产要素效率来达成经营目的，柔性生产是市场导向型的按需生产的生产方式，以快速适应市场多变需求和激烈的市场竞争而取胜。之后，不断有诸如并行工程、敏捷制造等概念提出。但都没有像2011年汉诺威工业展提出的"工业4.0"那样成为德国这个制造业强国的国家战略。与此同时，美国在金融危机后重新审视其制造业，提出了制造业复兴的计划。随后，中国也先后提出了"智能制造""中国制造2025"以及"互联网+"等概念。

三、设施布置决策的定量分析

1. 从至表法

从至表：用来表示各作业单位之间的物料移动方向和物流量的方阵图表；表中方阵的行表示物料移动的源，称为从；列表示物料移动的目的地，称为至；行列交叉点标明由源头到目的地的物流量。

基本原理：列出不同部门、机器或设施之间的相对位置，以对角线元素为基准计算各工作地之间的相对距离，从而找出整个单位或生产单元物料总运量最小的布置方案。

【例5.1】设有三个产品A、B、C，制造它们涉及的8个作业单位，分别是原料、锯床、车床、钻床、铣床、检验、包装和成品，以1—8代替，其工艺路线和每天运量如表5.2所示，试作出物流分析。

表5.2 工艺路线和每天运量

产品号	工艺路线	每天搬运托盘数
A	1—2—5—6—3—5—4—6—7—8	8
B	1—4—3—5—6—7—8	3
C	1—2—3—4—5—6—7—8	5

【解】 按工艺线路画出产品运量从至表,见表5.3;作业单位距离从至表,见表5.4;产品运量乘以作业单位距离得到物流强度表,见表5.5。

表5.3 产品运量从至表

从\至	1	2	3	4	5	6	7	8
1. 原料			AC13		B3			
2. 锯床			C5		A8			
3. 车床				C5	AB11			
4. 钻床			B3		C5	A8		
5. 铣床				A8		ABC16		
6. 检验			A8				ABC16	
7. 包装								ABC16
8. 成品								

表5.4 作业单位距离从至表

从\至	原料	锯床	车床	钻床	铣床	检验	包装	成品
1. 原料		8	20	36	44	30	18	10
2. 锯床			12	28	36	28	10	18
3. 车床				16	24	10	22	30
4. 钻床					8	18	30	38
5. 铣床						26	38	46
6. 检验							12	20
7. 包装								8
8. 成品								

表5.5 物流强度表

从\至	1	2	3	4	5	6	7	8	合计
1. 原料			104		108				212
2. 锯床			60		288				348
3. 车床				80	264				344
4. 钻床			48		40	144			232
5. 铣床				64		416			580
6. 检验			80				192		272
7. 包装								128	128
8. 成品									0
合计	0	104	188	252	592	560	192	128	2016

对应每一个物流单位,能够判断出其物流线路比例和承担的物流量比例,根据这两个判断因素,可以确定出该物流单位的强度等级,共分为A、E、I、O、U五个等级,具体物流强度等级比例划分见表5.6。

表 5.6 物流强度等级比例划分表

物流强度等级	符号	物流路线比例/%	承担的物流量比例/%
超高物流强度	A	10	40
特高物流强度	E	20	30
较大物流强度	I	30	20
一般物流强度	O	40	10
可忽略搬运	U		

根据物流强度等级比例划分表计算各作业之间的物流强度等级，可以划分出作业单位的物流强度等级划分表，见表 5.7。

表 5.7 物流强度等级划分表

从 \ 至	1.原料	2.锯床	3.车床	4.钻床	5.铣床	6.检验	7.包装	8.成品
1.原料		O	U	I	U	U	U	U
2.锯床	O		O	U	E	U	U	U
3.车床	U	O		I	E	O	U	U
4.钻床	I	U	I		O	I	U	U
5.铣床	U	E	E	O		A	U	U
6.检验	U	U	O	I	A		E	U
7.包装	U	U	U	U	U	E		I
8.成品	U	U	U	U	U	U	I	

2. 作业相关图法

基本原理：根据企业各个部门之间的活动关系密切程度进行布置。A、E、I、O、U、X 分别代表六个不同级别的物流单位密切程度，分数依次从 6 分降至 1 分。物流等级评分见表 5.8。

表 5.8 物流等级评分表

级别	A	E	I	O	U	X
密切程度	绝对重要	特别重要	重要	一般	不重要	不予考虑
评定分	6	5	4	3	2	1

不同的物流单位或者生产单位相互之间具有不同密切程度的关系，其原因具体分为九种类别，具体的关系密切原因分类见表 5.9。

表 5.9 关系密切原因分类表

类别	1	2	3	4	5	6	7	8	9
关系密切原因	使用共同的原始记录	共用人员	共用场地	人员接触频繁	文件交换频繁	工作流程连续	做类似的工作	共用设备	其他

根据物流强度等级划分表，绘制密切程度积分统计表，见表 5.10。

表 5.10 密切程度积分统计表

级别	1.原材料库	2.成品库	3.毛坯车间	4.机加工车间	5.装配车间	6.中间零件库	7.职工食堂	8.厂办公室
密切程度	IOOAIUI	IUOAUUI	OUEAIUI	OOEAIUI	AAAAIUI	IAIIEOI	UUUUOUO	IIIIIOU
得分	26	23	26	27	34	30	16	25

根据方块图中每个单位的积分情况和靠近的必要性（关系密切程度），将各单位在平面上进行排列，得到最终的计算结果，密切程度积分统计方块图见图 5.5。

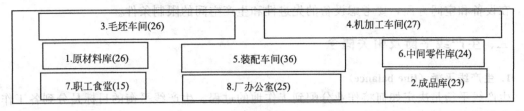

图 5.5　密切程度积分统计方块图

第四节
流水生产线的基本特征及平衡

一、流水生产线的特征及组织条件

1. 流水生产线的特征

流水生产线是指劳动对象按一定的工艺路线和统一的生产速度，连续不断地通过各工作地，依次进行加工并生产产品（零件）的一种生产组织形式。产品布置的目的是安排工人或机器到运营需要执行的顺序中，这个顺序被称为生产线或装配线。装配线长短不一，短的仅有几个操作，长的生产线有许多操作。其特征如下：

① 工作地专业化程度高，即专业性；
② 生产具有明显的节奏性，按节拍进行生产，即节奏性；
③ 劳动对象流水般地在工序间移动，生产过程具有高度的连续性，即连续性；
④ 各工序工作地（设备）数量与各工件单件加工时间的比值相一致，即一致性；
⑤ 工艺过程是封闭的，即封闭性；
⑥ 工作地按工艺顺序排列成链索形式，劳动对象在工序间单向移动，即顺序性。

2. 流水生产的形式及组织流水生产的条件

（1）流水生产的形式

按生产对象是否移动，分为固定流水线和移动流水线。
按生产品种数量的多少，分为单一品种流水线和多品种流水线。
按生产的连续性，分为连续性流水线和间断性流水线。
按实现节奏的方式，分为强制节拍流水线和自由节拍流水线。
按对象的轮换方式，分为不变流水线、可变流水线和混合流水线。
按机械化程度，分为自动流水线、机械化流水线和手工流水线。

（2）组织流水生产的条件

组织流水生产的条件包括：产品结构和工艺要相对稳定；产量要足够大；工艺能同期化；生产面积容纳得下。在现实中，进行生产线平衡通常还要考虑其他因素，具体如下。

在技术方面，要考虑包括不同作业的技术要求。如果作业的技术要求完全不同，将这些作业分到同一个工作地去是行不通的。类似地，如果作业之间不相容（例如，火与易燃液体的使用），即使把它们分配到相距很近的两个工作地上也是不行的。

在人的方面，要考虑人力因素，只要作业有人参与，其完成时间将是个变数。变化的原因有很多，包括疲劳、厌倦及不能集中于手边的作业，缺席率也会影响到生产线平衡。实际中涉及人力作业的生产线很少会完全平衡。

在设备和空间方面，要考虑设备的先进性和生产空间的限制条件。

二、生产线平衡及相关概念

1. 生产线平衡（line balance）

生产线平衡是决定如何将作业分配到工作地的过程。生产线平衡的目标是分到各工作地的作业所需要的时间大致相等，这使得生产线上的闲置时间最少，提高了工人和设备的利用率，消除了作业间不平衡的效率损失以及生产过剩。

生产线平衡的指导原则是，在平衡装配生产线的过程中，应从第一个工作地开始，依次将一个作业分配到生产线上。在对每一个工作地分配开始前，首先检查一下未分配的作业，找出够资格分配的作业。然后在这些够资格分配的作业中找出适合的作业。接着用启发式方法从适合的作业中选出一个作业进行作业分配。直到所有的作业都被分配，这一平衡生产线过程才宣告结束。要达到的目标是在技术及产量上均衡配比，使生产线的闲置时间最少。

2. 节拍（cycle time）

节拍是指连续完成相同的两个产品（或两次服务，或两批产品）之间的间隔时间，即指完成一个产品所需的平均时间。节拍用于定义一个流程中某一具体工序或环节的单位产出时间。如果产品必须是成批制作的，则节拍指两批产品之间的间隔时间。在流程设计中，预先给定一个流程每天（或某单位时间段）必需的产出，首先要考虑的就是流程的节拍。

3. 瓶颈（bottle neck）

瓶颈是指在一个流程中生产节拍最慢的环节。更广义地讲，所谓瓶颈是指整个流程中制约产出的各种因素。例如，在有些情况下，可能利用的人力不足、原材料不能及时到位、某环节设备发生故障、信息流阻滞等，都有可能成为生产的瓶颈。正如瓶颈的字面含义，一个瓶子瓶口大小决定着液体从中流出的速度。

生产线平衡是对生产线的全部工序进行负荷分析，通过调整工序间的负荷分配使各工序达到能力平衡（作业时间尽可能相近）的技术手段与方法，最终消除各种等待浪费现象，提高生产线的整体效率。这种改善工序间的能力使之平衡的方法又称为瓶颈改善。

瓶颈产生的主要原因有两个方面：技术约束、产量约束。

一是技术约束，造成技术约束的原因可能是作业间的先后顺序或次序关系。先后顺序关系决定了一些作业必须先于其他作业完成。造成技术限制的原因也可能是两个操作"不相容"，空间限制或操作的性质使得它们不能分到同一个工作中心。比如，用砂纸抛光和喷漆这两个操作不能分到同一个工作中心，因为抛光时扬起的尘粒会把油漆弄脏。

二是产量约束，指管理者可向每一个工作地分配的最大工作量，而这又决定了一个够资格的作业将是否适合该工作地。预期产量决定节拍，而分配到每一个工作地的所有作业时间之和不能大于节拍。如果一个够资格分配的作业的完成时间不大于该工作地的剩余时间，那么这一作业将适合该工作地。

4. 空闲时间（idle time）

空闲时间是与节拍、瓶颈相关联的另一个概念，空闲时间是指工作时间内没有执行有效工作任务的那段时间，可以指设备或人的时间。当一个流程中各个工序的节拍不一致时，瓶颈工序以外的其他工序就会产生空闲时间。这就需要对生产工艺进行平衡。制造业的生产线多半是在进行了细分之后的多工序流水化的连续作业生产线，此时由于分工作业，简化了作业难度，作业熟练程度容易提高，从而提高了作业效率。

然而，经过了这样的作业细分之后，各工序的作业时间在理论上、现实上都不能完全相同，这就势必存在工序间节拍不一致，从而导致出现瓶颈现象。这样除了造成的无谓的工时损失外，还造成大量的工序堆积，严重的还会造成生产的中止。为了解决以上问题就必须对各工序的作业时间平均化，同时对作业进行标准化，以使生产线能顺畅活动。

三、生产线平衡及计算

1. 生产线工艺平衡

生产线工艺平衡即是对生产的全部工序进行平均化，调整各作业负荷，以使各作业时间尽可能相近，是生产流程设计与作业标准化必须考虑的最重要的问题。生产线工艺平衡的目的是通过平衡生产线使用现场更加容易理解"单件流"的必要性及"小单元生产"（cell production）的编制方法，它是一切新理论新方法的基础。

生产线工艺平衡有以下优点：缩短产品装配时间，增加单位时间的产量，降低生产成本；减少工序间的在制品，减少场地的占用；减少工序之间的准备时间，缩短生产周期；消除员工等待现象，提升员工士气；改变传统小批量作业模式，使其达到一个流程生产；可以稳定和提升产品质量；提升工厂整体生产效率和降低现场的各种浪费现象。

要衡量工艺总平衡状态的好坏，我们必须设定一个定量值来表示，即生产线平衡率或平衡损失率，以百分率表示。首先，要明确一点，虽然各工序的工序时间长短不同，但如前所述，决定生产线的作业周期的工序时间只有一个，即最长工序时间——瓶颈工序时间。同时需要区分瓶颈时间与节拍时间，所谓的节拍时间是按照客户要求设计的，它的计算方法是"工作时间×3600/需求产量"（工作时间单位为小时）。

2. 生产线平衡的一般程序

生产线平衡的一般程序，具体如下。

① 确定节拍，求出最少所需工作地数量。
② 从工作地1开始，按顺序给分配作业，作业的分配按作业先后顺序由左至右进行。
③ 在每一分配前，利用下列标准确定哪些作业够资格分配到一个工作中：
一是所有先行作业都已被分配；二是该作业时间不超过该工作地的剩余时间；三是如果存在没有够资格分配的作业，继续去下一个工作地分配作业。
④ 每当一个作业分配后，计算出该工作地的剩余时间，剩余时间等于节拍减去工作地上总的作业时间。
⑤ 如果出现两个作业情况都一样时，可采用下列方法之一解决：
一是选择分配加工时间最长的作业；二是选择分配后续作业数目最多的作业；三是如果还是一个样，可任意选择一个作业。
⑥ 继续下去直到所有作业都已分配到工作地。
⑦ 计算反映这一系列分配情况的一些指标（例如闲置时间百分比、效率等）。

3. 生产线平衡的计算步骤

① 确定流水线的周期时间 c：

$$c = 每日的生产时间/每日的产量 \tag{5.2}$$

由于生产过程的可重复性，一般流水线生产的周期时间就是单个工序所花费的最长时间。

② 确定最少工作站数量 K_0：

$$K_0 = \lceil t/c \rceil \tag{5.3}$$

式中，t 为完成一件产品全部的时间总和；「 」代表对括号内的数值向上取整。

③ 根据作业的先后次序，分配作业，确定实际工作站数量 m（$m \geqslant K_0$）。

④ 计算流水线效率（也称为平衡率）E：

$$E = t/(mc) \times 100\% \tag{5.4}$$

⑤ 如果效率不能满足要求，则在第三步使用其他规则再平衡。

⑥ 生产线的平衡损失率计算公式：

$$\text{平衡损失率} = 1 - \text{流水线效率} \tag{5.5}$$

生产线平衡是一个与设施规划相牵连的问题。一个工作站要完成的工作总量与分配到该工作站的基本工作单元总数是一致的。生产线平衡问题就是将所有基本工作单元分派各个工作站，以使每个工作站在节拍（即相邻两产品通过装配线尾端的间隔时间）内都处于繁忙状态，完成最多的操作量，从而使各工作站的未工作时间（闲置时间）最少。各基本工作单元的这种关系称为作业先后关系，它决定了装配过程中操作完成的先后次序。

案例二

家具厂的工作安排

某家具厂生产一种仿古的旧式桌子，整个生产过程均由手工制作完成，其中包括准备、装配、抛光与包装四个步骤。该生产小组有四人，其中老王是班组组长，除了需要监管该生产小组的整个操作过程外，老王还负责完成其中的抛光工序，其他三人赵、陈、李三位师傅分别负责准备、装配与包装工作。尽管安排四人做不同的工序，但是其实每位都能单独完成桌子的整个制作过程。老王偶尔也安排某张桌子由某人独立完成，这样可以发现谁能以最快的速度完成整个加工流程。四个人独立完成桌子制作的时间如表 5.11 所示。

表 5.11 每位工人独立完成制作时间表

人员	准备/分钟	装配/分钟	抛光/分钟	包装/分钟	总时间/分钟
老王	85	80	60	15	240
赵师傅	105	60	90	30	285
陈师傅	115	90	80	15	300
李师傅	125	70	100	30	325

从表中可以看出，李师傅制作一张桌子所花费的时间相对较长。他对目前分配的包装工作也很为不满，因为这使他每天大部分的时间用于等待。他向老王申请是否能将他的工作换为装配。老王也在思考怎样能使整体的工作效率提高。在考虑这一问题时，他还必须考虑其他因素的影响，如员工出现请假的情况，原有的工作安排就需要做出改变。为了防止意外变故，老王向厂里提出了申请员工的要求，又来了一位新的员工小张。小张的工作就是做临时工作，如果某位师傅没来上班，或者上班期间有意外事故发生，就由小张来顶替其他工作人员进行工作，以求最大限度地克服意外事故带来的成本损失。老王对小张进行了每道工序的培训，小张学得很快，虽然干活的质量还是赶不上具有丰富工作经验的师傅们，但也达到了整体的中等水平。

启发思考：

(1) 这家工厂流水线属于流水生产形式中的哪一种类？

(2) 该种流水线施工特点（利弊）有哪些？

(3) 老王应该如何安排他们五个人的工作，以提高生产效率？

第五节 单一品种流水线的组织设计

一、单一品种流水线组织设计的一般内容

单一品种流水线组织设计的一般内容包括：
① 确定流水线的生产节拍；
② 组织工序同期化及工作地（设备）需要量；
③ 确定流水线的工人需要量，合理地配备人数；
④ 选择合理的运输工具；
⑤ 流水线生产的平面布置；
⑥ 制定流水线标准计划指示图；
⑦ 对流水线组织的经济效果进行评价。

二、单一品种流水线组织设计的具体方法

1. 计算流水线的节拍

节拍就是流水线（自动化流水线）的顺序，即生产两件相同制品之间的时间间隔，它表明流水线生产率的高低，是流水线最重要的工作参数。节拍的计算公式如下：

$$r = f/n \tag{5.6}$$

式中，r 为流水线的节拍，分钟/件；f 为计划期内有效工作时间，分钟；n 为计划期产品产量，件。

$$f = f_0 k \tag{5.7}$$

式中，f_0 为计划期内制度工作时间，分钟；k 为时间利用系数。

确定系数 k 时要考虑这样几个因素：设备修理、调整、更换模具的时间，工人休息的时间，一般 k 取 $0.9 \sim 0.96$，两班工作时间 k 取 0.95。

【例 5.2】 某化工厂员工两班倒工作，每天工作 8 小时，计划期的产品产量为 n。计算有效的工作时间 f，节拍 r，年制度工作日数为 306 天。

【解】 有效的工作时间为：$f = f_0 k = 306 \times 2 \times 8 \times 0.95 \times 60 = 279072$（分钟）

节拍为：$r = 279072/n$（分钟/件）

除了根据生产大纲规定的产量计算外，还应考虑生产中不可避免的废品和备品的数量。当生产线、生产线制造上加工的零件小，节拍只有几秒或几十秒时，零件就要采用成批运输，此时顺序生产两批同样制品之间的时间间隔称为节奏，它等于节拍与运输批量的乘积。流水线采取按批运输制品时，如果批量较大，虽然可以简化运输工作，但流水线的在制品占用量却要随之增大，所以对劳动量大、制件重量大、价值高的产品应采用较小的运输批量；反之，则应扩大运输的批量。

2. 工序同期化和工作地（设备）需要量的计算

工序同期化就是在流水线的节拍确定以后，要根据节拍来调节工艺过程，使各道工序的时间与流水线的节拍相等或成整数倍比例关系。工序同期化是组织流水线的必要条件，也是提高设备负荷和劳动生产率、缩短生产周期的重要方法。进行工序同期化的措施有：

① 提高设备的生产效率，可以通过改装设备、改变设备型号、同时加工几个制件来提高生产效率；

② 改进工艺装备，采用快速安装卡具、模具，减少工人装夹零部件的辅助时间；
③ 改进工作地布置与操作方法，减少辅助作业时间；
④ 提高工人的工作熟练程度和效率；
⑤ 详细地进行工序的合并与分解，首先将工序分成几部分，然后根据节拍重新组合工序，以达到同期化的要求，这是装配工序同期化的主要方法。工序同期化以后，可以根据新确定的工序时间来计算各道工序的设备需要量。第 i 道工序所需工作地数（设备台数）计算公式：

$$m_i = t_i / r \tag{5.8}$$

式中，m_i 为第 i 道工序所需工作地数（设备台数）；t_i 为第 i 道工序的单件时间定额；r 为流水线的节拍（包括工人在传送带上取放制品的时间）。

一般来说，计算出的设备数不是整数，所取的设备数为大于计算数的邻近整数，若某设备的负荷较大，就应转移部分工序到其他设备上，或增加工作时间来减少设备的负荷。

3. 工人需要量计算

工业流水线的工序数确定以后，就可计算流水线上的工人需要量。
第一种，以手工劳动和使用手工工具为主的流水线工人需要量，可用下式计算：

$$p_i = s_i g w_i \tag{5.9}$$

式中，p_i 为第 i 道工序工人需要量；g 为日工作班次；s_i 为第 i 道工序工作地数；w_i 为每个工作地同时工作人数。

则流水线操作工人总数 p 的计算公式如下：

$$p = m_i p_i = l s_i g w_i \tag{5.10}$$

式中，l 为传送带长度。

第二种，以设备加工为主的流水线工人需要量，可采用下式计算：

$$p_i = (1 + b\%) l s_i g w_i f_i \tag{5.11}$$

式中，b 为后备工人数百分比；f_i 为第 i 道工序每个工人看管的设备数量（按照看管定额设定）。

4. 流水线上传送带的速度与长度

流水线上传送带的速度与长度的计算，传送带运行的速度，可由下式求得：

$$v = s / r \tag{5.12}$$

式中，v 为传送带运行的速度；s 为产品间隔长度；r 为节拍。

由上式可知，当 r 为定值时，s 越大，v 越大；反之，则越小。

产品间隔长度的选取要根据具体情况来确定，其最小限度为 0.7 米，为照顾其他原因，还要给予附加的宽余长度。

流水线传送带的长度，可按下式计算：

$$l = mc + x \tag{5.13}$$

式中，l 为传送带长度；m 为工序数；c 为工序间隔长度；x 为传送带两端附加富余量。

5. 流水线平面布置设计

流水线的平面设计应当保证零件的运输路线最短，生产工人操作方便，辅助服务部门工作便利，最有效地利用生产面积，并考虑流水线之间的相互衔接。为满足这些要求，在流水线平面布置时应考虑流水线的形式、流水线内工作地的排列方法等问题。流水线的形状有直线形、直角形、开口形、环形等。流水线内工作地的排列要符合工艺路线，当工序具有两个以上工作地时，要考虑同一工序工作地的排列方法。

一般当有两个或偶数个同类工作地时，要考虑采用双列布置，将它们分列在运输路线的两侧。但当一个工人看管多台设备时，要考虑使工人移动的距离尽可能短。流水线的位置涉及各条流水线间的相互关系，要根据加工部件装配所要求的顺序排列，整体布置要认真考虑物料流向问题，从而缩短路线，减少运输工作量。总之，要注意合理地、科学地进行流水生产过程空间组织安排。

6. 标准计划指示图表制定和经济效果评价

流水线上每个工作地都按一定的节拍重复地生产，可制定出流水线的标准计划指示图表，表示出流水线生产的期量标准、工作制度和工作程序等，为生产作业计划的编制提供依据。连续流水线的标准计划指示图表比较简单，只要规定整个流水线工作的时间与程序就可以，间断流水线的标准计划指示图表比较复杂，要规定每一工序的各工作地工作的时间与程序。

流水线经济效果评价，主要是根据流水线的经济效果指标进行分析，指标主要有：产品产量增加额及增长率，劳动生产率及增长速度，流动资金占用量的节约额，产品成本降低额及降低率，追加投资回收期，年度综合节约额等。同时，还要考虑一些定性指标，如劳动条件、环境保护等。公司应根据自身的实际情况，进行单一品种流水线设计，所设计的流水线应符合公司的生产要求，能给公司带来良好的经济效益。否则，就必须对流水线进行适当的调整、重新设计或直接淘汰。

本 章 小 结

本章主要为：产品制造过程中的流程选择、业务流程重构、设施布置、流水线平衡以及单一品种流水线的组织设计。

流程选择和生产单位内部的设施布置情况的具体分析，是生产运作管理中的核心问题。在所有工作开始之前，应该先确定产品的流程类型以及从哪些方面来判断该流程整体水平。一个好的生产流程应该是全方位的综合发展，而不是"一家独大"。

与生产流程选择并存的就是设施布置的设计问题，在进行设施布置时，应根据生产产品的特性来进行具体类型的布置，谨慎选择，多次模拟实验，使得生产效率最大化。

良好的流程和设施设计是企业健康蓬勃发展的基础。企业应坚持以合理的方法方案进行选择，一步一步踏实地走好，同时也能够将知识加以灵活运用，如协调好混合布置的资源分配，以取得满意的效果。

一、名词解释

1. 业务流程重组　2. 流水生产　3. 流水线平衡　4. 流水线节拍　5. 批量
6. 生产间隔期　7. 生产提前期

二、简答题

1. 流程的类型有哪几种？
2. 流程绩效衡量的主要内容有哪些？
3. 业务流程重构（BPR）的主要程序是什么？
4. 企业内部设施布置的基本类型有哪几种？
5. 什么是流水生产方式？它有什么特点？
6. 简述单一流水线组织设计的具体步骤。

第六章
工作设计与作业测定

【学习目标】
1. 理解报酬、激励等基本概念的含义；
2. 能够明晰工作设计的基本内容和基础理论；
3. 掌握工作条件及测定；
4. 了解工作测定的内容，能够运用相应公式进行计算；
5. 了解动作研究的概念和工作程序。

案例一

索尼公司的内部管理制度

有一天索尼董事长盛田昭夫按照惯例走进职工餐厅与职工一起就餐、聊天。他长期保持着这个习惯，以培养员工的合作意识和与他们的良好关系。这天，盛田昭夫忽然发现一位年轻职工郁郁寡欢，满腹心事，闷头吃饭，谁也不理。于是，盛田昭夫就主动坐在这名员工对面，与他攀谈。几杯酒下肚之后，这个员工终于开口了："我毕业于东京大学，有一份待遇十分优厚的工作。但是，进入索尼之前，对索尼公司崇拜得发狂。当时，我认为进入索尼，是我一生的最佳选择。但是，现在才发现，我不是在为索尼工作，而是为课长干活。坦率地说，我这位课长是个无能之辈，更可悲的是，索尼公司内部的管理制度是无论做什么事情，都需要向上级审批，我所有的行动与建议都得课长批准。我自己的一些小发明与改进，课长不但不支持，不解释，还挖苦我癞蛤蟆想吃天鹅肉，有野心。"

美国西南航空员工激励

美国西南航空的内部杂志经常以"我们的排名如何"这个部分让西南航空的员工知道他们的表现如何。在这里，员工可以看到运务处针对准时、行李处置、旅客投诉案等三项工作的每月例行报告和统计数字；并将当月和前一个月的评估结果做比较，制订出西南航空公司整体表现在业界中的排名；还列出业界的平均数值，以利于员工掌握趋势，同时比较公司和平均水准的距离。西南航空的员工对这些数据具有十足的信心，因为他们知道，公司的成就和他们的工作表现息息相关。当某一家同行的排名连续高于西南航空几个月时，公司内部会在短短几天内散布这个消息。到最后，员工会加倍努力，期待赶上人家。西南航空第一线员工的消息之灵通是许多同行无法相比的。

启发思考：
（1）索尼公司的内部人员管理制度存在哪些问题？
（2）你是否赞成美国西南航空的员工激励制度？

（3）你认为还有哪些额外的因素可以完善员工的激励制度。

第一节 报酬的基本概述

在进行生产管理时，要对所管理的对象进行设计，进行设计的生产要素是指生产活动中所投入的各种经济资源，包括劳动（人力）、资本、土地与企业家才能。

一、报酬概述

1. 报酬的定义

报酬是工作系统设计中一个重要的问题，对一个企业来说，为他们的员工实施合理的工资报酬计划是非常重要的。对于员工而言，工资水平是他们在企业工作的首要考虑因素之一。如果工资太低，组织会发现很难吸引和留住能干的工人和经理人员；如果工资过高，过高的费用会导致利润的下降，或者可能促使企业产品提价，会对公司的产品或服务的需求带来不利的影响。

2. 员工报酬方式

企业员工报酬方式基本有三种，基于时间的、基于产出的、基于知识的报酬方法。

（1）基于时间的报酬方法

基于时间的报酬方法就是众所周知的按时或按日计酬方法，即按照工人在带薪期间工作的时间来补偿员工。基于时间的报酬方法比基于产出的报酬方法更为广泛使用，尤其是在办公室、行政部门、经理层雇员中。

采用基于时间的报酬方法的原因：①这种工资计算方式很直接，能很容易地预计某一时期的劳工费用；②雇员也可能不满以产出为基础的报酬方法带来的压力；③许多工作不适于使用激励计划，在有些情况下，产量计算很可能很困难甚至是不可能，如有创造性或脑力劳动的工作；④质量因素可能同数量因素一样重要，如卫生保健中通常同时强调病人护理的质量和数量。

（2）基于产出的报酬方法（效率工资）

基于产出的报酬方法指根据工人在有偿期间产出的数量来补偿员工的方法，是一种直接根据工作绩效的报酬方式。采用原因：对于工人来说，更喜欢这种方式，因为能提供他们挣取更多金钱的机会。

为了从工资报酬计划中获得最大的收益，计划应做到：①准确；②易于应用；③一致性；④易于理解；⑤公平。

企业的基于时间的报酬方法和基于产出的报酬方法两种方式优缺点比较见表6.1。此外，劳动和报酬之间应有明显的联系，而且无收入上的限制。报酬激励机制应集中于每个人或者集体的产出上。

（3）基于知识的报酬方法

知识报酬又称为知识工资，是指按照职工掌握的与工作有关的知识和技术来确定其工资的一种工资制度。在企业中的比较具有代表性的例子有：对刚参加工作的职工，先设定一个基础工资作为起点工资，而随着职工所掌握的知识和技术的增多其工资也会逐渐增多。

表 6.1 基于时间报酬和基于产出报酬的优缺点比较

优缺点比较		管理层	工人
基于时间的报酬方式	优点	1. 劳动费用稳定 2. 易于管理 3. 简化报酬的计算 4. 产出稳定	1. 报酬稳定 2. 生产的压力少于定产机制下的压力
	缺点	没有让工人提高产出的激励	对于额外的付出无报酬
基于产出的报酬方式	优点	1. 低单位成本 2. 更高产出	1. 报酬与付出相关 2. 有挣更多钱的机会
	缺点	1. 工资计算复杂 2. 需要计算产出 3. 质量可能受影响 4. 难以考虑工资的上涨因素 5. 与进度安排有关的问题增多	1. 报酬波动 2. 工人因为不可控因素（例如机器故障）被罚款

职工学习和掌握知识、新技术的顺序不受限制，所学习和掌握的知识和技术也不一定是目前岗位所需要的。实行知识工资制后，因为大部分的职工都有各方面的业务知识和技术，因而在企业内部对人员的调度有较大的灵活性，有利于消除企业在生产经营不均衡时的人浮于事的现象。同时，由于能够较灵活地分派职工从事不同岗位的工作，因而可以减少临时性职工或部分职工加班，从而减少对职工的需求总量。

随着公司向精益生产的转换，一些变化对工作环境产生了直接影响：其一，企业以前存在的许多缓冲器消失了；其二，现在的管理人员更少了；其三，对质量、生产率、柔性的强调提高了。因此，能够执行多种工作的工人变得特别有用武之地，公司也日益认识到这一点，因此制定了付酬方式来奖励那些通过参加培训以提高技术水平的工人，这就是基于知识的报酬的根本发生原因。

基于知识的付酬具体可体现在以下三方面：工人能从事不同工作任务的水平技能；工人能从事生产管理任务的垂直技能；反映了质量和生产效果的深层技能。

许多传统上以产出为基础来激励经理和高层管理者的公司现在开始重新严肃地审视这种方法。随着对顾客服务和质量的不断重视，公司正重新设置报酬方法来反映绩效的新度量。许多公司决策者的报酬越来越与公司或者所负责部门的成功密切相关。

案例二

快递业有句行话叫"收一派二"，就是一个快递员在收一个快件的同时，应该派两个快件。我们所说的送快递，实际上更多是指派件，真正挣钱的也是在这个部分。在顺丰公司，送得越多，挣得越多，而且上不封顶。据测算，顺丰速运员工 2016 年的平均工资是 4867 元/月，最低工资 2000 元/月，最高工资 24500 元/月。事实上，顺丰公司发展到今天的独有秘诀之一就是它的计件工资。

顺丰公司收派员流失率相对较低的重要原因就是采用计件工资。顺丰的每一个快递员每一个月的收入都是可以预期的，并且非常稳定，可以随着他的个人努力不断增长。这样的制度保证了一线员工的高收入，高收入支撑着顺丰以快为核心的高服务质量。2016 年顺丰收派员的基本工资并不高：试用期一个月 1800 元；过了试用期就是 1500 元保底，派一个快件提成 1.5 元，收一件快件最低 2 元。在顺丰公司，每个快递员都是自己的老板，因为他们的报酬全系于勤奋以及客户的认同，而月薪上万的收派员在顺丰早已不是特例。是不是听起来有点像出租车司机？其实还不一样，出租车司机犯懒的时候可以不拉活，但是如果一个快递员的片区来件了快递员却不动，只要一打投诉电话，这个快递员职位就不保了。而且在承包制下，每个快递员都会非常积极地去拓展客户，去服务好客户，这个片区越好，他自己挣得越多。

启发思考：
(1) 顺丰公司的员工工作报酬是否属于基于产出报酬？请说明理由。
(2) 你认为计件工资的主要优点有哪些？

二、员工激励

1. 员工激励的定义、目的及要素

激励是指持续地激发人的动机和内在动力，使其心理过程始终保持在激奋的状态中，鼓励人朝着企业所期望的目标采取行动的心理过程。工作设计直接决定了人在其所从事的工作中干什么、怎么干，有无机动性，能否发挥其主动性、创造性，有没有可能形成良好的人际关系等。优良的工作设计能保证员工从工作本身寻得意义与价值，可以使员工体验到工作的重要性和自己所负的责任，及时了解工作的结果，从而产生高度的内在激励作用，形成高质量的工作绩效及对工作高度的满足感，达到最佳激励水平。只有为充分发挥员工的主动性和积极性创造条件，组织才能形成具有持续发展的竞争力。

激励的目的是调动组织成员工作的积极性、主动性和创造性，以提高组织的效率。激励机制是指通过特定的方法与管理体系，使员工对组织及工作的承诺最大化的过程，也就是指激励可实现的具体方法。激励的要素：激励主体，指施加激励的组织或个人；激励客体，指激励的对象；激励目标，指激励主体期望激励客体的行为所实现的成果；激励因素，又称激励手段，或激励诱导物，指那些能导致激励客体去进行工作的东西，可以是物质的，也可以是精神的；激励环境，指激励过程所处的环境因素，它会影响激励的效果。

管理学基本原理表明，人的工作绩效取决于他们的能力和激励水平的高低，不管一个人的能力有多高，如果他的积极性不高，激励水平低，就始终做不出好的工作绩效来。所以人的能力和激励水平是取得高工作绩效的两个关键因素。

> **实践案例**
> 日本丰田公司采取激励措施鼓励员工提建议，结果仅 1983 年一年，员工就提了 165 万条建议，平均每人 31 条，为公司带来了 900 亿日元的利润，相当于当年总利润的 18%。

2. 激励的作用

激励是实现企业目标的需要。企业的目标，是靠人的行为实现的，而人的行为是由积极性推动的。实现企业的目标，要有人的积极性、人的士气。当然，实现企业的目标，还需要其他多种因素，但不能因此而否定、忽视人的因素。不能因其他的因素重要，而否定人的积极性这种关键因素。

激励能充分发挥企业各种生产要素的效用。企业的生产经营活动是人有意识、有目的的活动。人、劳动对象、劳动手段是企业的生产要素，在这些要素中，人是最活跃、最根本的因素，其他因素只有同人这个生产要素相结合，才会成为现实的生产力，才会发挥各自的效用。因此没有人的积极性，或者人的积极性不高，再好的装备和技术、再好的原料都难以发挥应有的作用。

激励可以提高员工的工作效率和业绩。激发人的积极性，是古今中外政治家、军事家、思想家、管理学家们都十分重视的问题。通过激励可以激发员工的创造性与革新精神，提高员工努力程度，取得更好的业绩。

激励有利于员工素质的提高。提高员工素质，不仅可以通过培训的方法来实现，也可以运用激励的手段达到。企业可以采取措施，对坚持学习科技与业务知识的员工给予表扬，对不思进取的员工给予适当的批评，并在物质待遇、晋升等方面区别考虑。这些措施将有助于形成良好的学习风气，促使员工提高自身的知识素养。员工在激励措施的鼓舞下，为了能取得更好的工作绩效，必定会主动熟悉业务，钻研技巧，从而提高自身的业务能力。

> **抛砖引玉**
>
> 西门子冰箱部门在激励员工努力工作方面，有独特的方式，使得他们能够识别与招募优秀的人才，用其所长，避其所短，进行有效的激励，帮助人才不断成长并最终取得成功。
>
> 领导者们注重管理的领导艺术，是调动西门子冰箱员工积极性、激励员工、留住人才的重要因素。他们认为，出色运用领导艺术的领导者应该达到知识、经验、能力三方面的要求。严谨的西门子人重视领导艺术，在西门子冰箱部门，领导者非常重视向员工授权，充分信任自己的员工，并千方百计为员工实现目标排忧解难。西门子冰箱领导者认为，授权的前提是信任；信任的前提是员工能够做；要让员工能够做，经理就必须是教练；要教授员工就必须与员工对话、沟通；对话的目的是承诺，给员工值得憧憬的目标和实实在在的发展空间。西门子冰箱领导者的领导艺术，强调的是授权、对话、承诺。他们深知，对话与承诺都是双向的，但这一切都建立在"信任"的基础之上，"信任"就像是部门的血液一样，支持着庞大的机体，每一个业务部门、每一个职能部门、上下级之间被信任的血液滋润。因此西门子冰箱领导者和员工之间这样充满信任的上下级关系，就像是亲密无间的战友。
>
> 西门子公司的激励机制更偏向采用给予下属更多关怀的政策。放眼于国内个别企业，相对于员工效率低下、工作无动力等情况，采用西门子的激励方法是否适合？请说明理由。如果不适合，那么应该采取哪些方法？

三、激励方法

当前有多种强调与雇员进行增产收益分红的群体激励计划正广为使用。有些仅仅集中在产出上，而有一些根据产出和材料成本费用的减少相结合来奖励工人。下面的方案（计划）反映了目前正实施的大多数群体激励计划的主要特点。

1. 斯坎伦计划

斯坎伦计划（Scanlon plan）主要特点是通过允许工人分享从劳动成本减少带来的收益以鼓励劳工成本的减少。这项计划包括建立工人委员会来积极挖掘可改进的领域，其主要包括合作理念、认知、技能、融合系统和分享利润构成等五个基本要素，其核心是设计一个促进合作、参与和利润分享的新型的劳资关系和企业管理系统。

斯坎伦计划的原则如下。

① 一致性。这意味着组织要将目标或任务明确地阐述给员工，使员工的参与和组织的目标紧密联系。

② 能力组织。实施斯坎伦计划是对员工的能力有较高层次的期望，他们认为员工在计划的驱使下会产生变革的需要，并具备改善工作过程的愿望和基本能力。

③ 参与制。为让员工更好地了解建议的流程，组织要设立专门的建议委员会，员工提出改进的建议上交到这些建议委员会中，再由委员会挑选合适的建议提交管理高层决策，其功能主要是把握建议计划的实际运行和评估活动。

④ 公平性。组织的成功并不是某一个人或某一个群体的功劳，而是建立在员工、客户

和投资者三方共同努力的基础上，他们会共同分享这一计划的成果。

斯坎伦计划的特征如下。

强调参与性的管理，管理人员和员工应该不分彼此，给员工一种公司属于自己的感觉，让每个人都明白个人薪酬的增加是建立在彼此坦诚合作的基础上的，并将公司的薪酬激励和员工的建议系统结合在一起。公司的每个部门都有一个由管理人员和员工代表组成的员工委员会，并为员工提供提出改进建议的机会，鼓励员工向公司提出提高生产力的建议。员工委员会负责执行激励计划，包括对改进建议价值评估、应用奖金计算公式和重新设计奖金计算公式等。应用斯坎伦计划的公司，都采用适应本公司的奖励分配计算公式。

2. 自引导团队方案

企业组织为了变得更加富有生产力、竞争力等，重新开始思考工作是如何完成的。一些工作环境上的结构变化，特别是精益生产，提高了工作团队的应用和改变了工人工作的付酬方式。过去对于处理顾客抱怨或改进工作过程等非日常性工作安排，通常做法是分派给由统一负责的一个人或几个人。目前更多非日常性工作安排被分派给从事开发和实施问题解决方案的团队。

自引导团队有时也叫自我管理团队，它是为提高工作协同水平和达到更多员工参与的目的而设计的，尽管这些团队并未赋予制定所有决策的绝对权力，但他们通常被授以对其控制之下的工作过程进行必要改变的权力。它所强调的概念是：最接近工作流程，对流程最了解的工人，要比管理人员更适合做出最有效的改变以提高流程的效率。并且，由于流程改变与他们切身利益挂钩，且亲自参与，因此他们会比管理人员更加努力，以确保达到预期结果。为使团队良好运作，团队成员必须在质量、流程改进和协同工作上接受培训。

自引导团队方案的好处有：更好的产品质量、更高的劳动生产率及更多的员工满足感。而且，由于高水平的员工满足使得员工跳槽和缺勤现象减少，从而减少了培训新员工和替补缺勤的费用。团队生产需要的管理人员少，一个经理可以领导几个团队。另外，子领导团队可以提高对问题的反应速度，因为他们在流程中有其个人的利益，因而进行流程改进的时间更短。

然而，所有这些并不意味着组织在应用团队生产理念时毫无困难，当团队承担了某些管理人员，特别是那些中层管理人员的大多数传统职能时，这些管理人员可能感到其权力受到侵犯。

> **理论与实践**
>
> 企业应深入了解具有不同个性特征的知识型员工的激励因素偏好，准确掌握知识型员工的激励因素，比如工作成就、能力发挥和职位晋升等与个人成长相关的因素，以此促使知识型员工对于个人能力和事业成就有着孜孜不倦的追求，从而为吸引、留住、激励知识型员工提供依据。

第二节

工作设计

工作设计是一个根据组织及员工个人需要，规定某个岗位的任务、责任、权力以及在组织中工作的关系的过程。提到工作设计，就要先思考几个问题：为什么要进行工作设计，即确定设计目标；如何进行工作设计，即设计参数选择及取值，如何达到设计目标，即设计策略及设计内容的提出。

一、工作设计基础

1. 工作计划及其内容

计划包括：订立计划单位或团体的名称和计划期限两个要素，如：××市××年工作计划。

计划的具体要求。一般包括：工作的目的和要求，工作的项目和指标，实施的步骤和措施等。也就是为什么做、做什么、怎么做、做到什么程度这些内容，都要明确。

工作再设计。工作设计不是一次性的行为，它是一个动态的过程。管理人员需要根据实际情况的变化，对工作的任务、条件及完成方式不断做出调整，这个过程也称工作再设计。

工作计划的内容，包括：情况分析，工作任务和要求，工作的方法、步骤和措施。

情况分析（制订计划的根据）：制订计划前，要分析研究工作现状，充分了解下一步工作是在什么基础上进行的，是依据什么来制订这个计划的。

工作任务和要求（做什么）：根据需要与可能，规定出一定时期内所应完成的任务和应达到的工作指标。

工作的方法、步骤和措施（怎样做）：在明确了工作任务以后，还需要根据主客观条件，确定工作的方法和步骤，采取必要的措施，以保证工作任务的完成。

2. 制订好工作计划须经过的步骤

任何计划工作都要遵循一定的程序或步骤。虽然小型计划比较简单，大型计划复杂些，但是，管理人员在编制计划时，其工作步骤都是相似的，依次包括以下内容。

（1）认识机会

认识机会是在实际的计划工作开始以前，是计划工作的一个真正起点。认识机会指预测未来可能出现的变化，清晰而完整地认识到组织发展的机会，理清了组织的优势劣势及所处的地位，认识到组织利用机会的能力，意识到不确定因素对组织可能发生的影响等。

一位运营专家说过："认识机会是战胜风险求得生存与发展的诀窍。"诸葛亮"草船借箭"的故事流传百世，其高明之处就在于他准确预测到了三天后江上会起雾，而曹军又不习水性不敢迎战，他借此机会，神奇般地实现了自己的战略目标。

（2）确定目标

确定目标指为整个组织及其所属的下级单位确定目标，将组织目标进行层层分解，以便落实到各个部门、各个活动环节，形成组织的目标结构，包括目标的时间结构和空间结构。目标是指期望达到的成果，它为组织整体、各部门和各成员指明了方向，描绘了组织未来的状况，并且可作为标准，用来衡量企业组织和下级单位实际的绩效。

（3）确定前提条件

前提条件指计划实施时的预期环境，企业负责计划工作的人员对计划前提了解得越细越透彻，并能始终如一地运用它，则计划工作也将做得越协调。

可以将计划工作的前提条件分为外部前提条件和内部前提条件，或按可控程度分为不可控的、部分可控的和可控的三种前提条件。外部前提条件大多为不可控的和部分可控的，而内部前提条件大多数是可控的。不可控的前提条件越多，不确定性越大，就越需要通过预测工作确定其发生的概率和影响程度的大小。

（4）拟定可供选择的可行方案

寻求、拟定、选择可行的行动方案。"条条道路通罗马"，描述了实现某一目标的方案途径是多条的。通常，最显眼的方案不一定就是最好的方案，对过去方案稍加修改和略加推演也不会得到最好的方案，一个不引人注目的方案或通常人员提不出的方案，效果却往往是最佳的，这里体现了方案创新性的重要。

此外，方案也不是越多越好。编制计划时没有可供选择的合理方案的情况是不多见的，更加常见的不是寻找更多的可供选择的方案，而是减少可供选择方案的数量，以便可以分析最有希望的方案。可使用数学方法和计算机模拟仿真，对可供选择方案的数量加以限制，以便把主要精力集中在对少数最有希望方案的分析方面。

（5）评价可供选择的方案

在找出了各种可供选择的方案和分析了它们的优缺点后，就是根据前提条件和目标，权衡它们的轻重优劣，对可供选择的方案进行评估。评估实质上是一种价值判断，它一方面取决于评价者所采用的评价标准；另一方面取决于评价者对各个标准所赋予的权重。

比如：第一个方案看起来可能是最有利可图的，但是需要投入大量现金，而回收资金很慢；第二个方案看起来可能获利较少，但是风险较小；第三个方案目前看没有多大的利益，但可能更适合公司的长远目标。应该用运筹学中较为成熟的矩阵评价法、层次分析法、多目标评价法，进行评价和比较，从而做出选择。

如果唯一的目标是要在某项业务里取得最大限度的当前利润，且将来是确定的，现金和资本的可用性充足，则方案的评估将是相对容易的。但是，大多数情况是计划工作者面对着很多不确定因素，如资本短缺问题以及各种各样无形因素，评估工作通常很困难，甚至对于比较简单的问题的评估也是这样。例如：一家公司主要为了声誉，而想生产一种新产品，而预测结果表明，这样做可能造成财务损失，但声誉的收获是否能抵消这种损失，仍然是一个没有解决的问题。因为在多数情况下，存在很多可供选择的方案，而且有很多应考虑的可变因素和限制条件，评估会极其困难。

评估可供选择的方案，要注意以下几个方面：第一，认真考察每一个计划的制约因素和隐患；第二，要用总体的效益观点来衡量计划；第三，既要考虑到每一个计划的有形的、可以用数量表示出来的因素，又要考虑到无形的、不能用数量表示出来的因素；第四，要动态地考察计划的效果，不仅要考虑计划执行所带来的利益，还要考虑计划执行所带来的损失，特别注意那些潜在的、间接的损失。

在以上工作的基础上，选择方案。这是关键的一步，也是决策的实质性阶段——抉择阶段。可能遇到的情况是，有时会发现同时有两个以上可取方案。在这种情况下，必须确定出将要采取哪个方案。同时，要将其他方案也进行细化和完善，以作为后备方案。

（6）制定派生计划

基本计划还需要派生计划的支持。例如：一家公司年初制订了"当年销售额比上年增长15%"的销售计划，与这一计划相连的有许多计划，如生产计划、促销计划等。再如：当一家公司决定开拓一项新的业务时，这个决策需要制订很多派生计划作为支撑，如雇佣和培训各种人员的计划、筹集资金计划、广告计划等。

（7）编制预算

计划工作的最后一步就是把计划转变成预算，使计划数字化。编制预算，一方面，是为了计划的指标体系更加明确；另一方面，是使企业更易于对计划执行进行控制。定性的计划往往在可比性、可控性和进行奖惩方面比较困难，而定量的计划具有较硬的约束。

3. 工作设计及工作环境的内容

工作设计（job design）是指为了有效地达到组织目标与满足个人需要而进行的工作内容、工作职能和工作关系的设计。也就是说，工作设计是一个根据组织及员工个人需要，规定某个岗位的任务、责任、权力以及在组织中工作的关系的过程。

工作设计是指将各种任务组合起来构成全部工作的方法，它是确定职工工作活动的范畴、责任和工作关系的管理活动，是对工作完成的方式以及某种特定工作所要求完成的任务进行界定的过程。毫无疑问，工作设计是否合理，不仅影响工作者的个人感觉，而且影响其工作行为的外部表现——工作业绩，从而影响整个组织的业绩。

(1) 工作设计的主要内容

工作设计的主要内容有以下几个方面。

工作任务，要考虑工作是简单重复的，还是复杂多样的，工作要求的自主性程度怎样，以及工作的整体性如何。

工作职能，指每项工作的基本要求和方法，包括工作责任、工作权限、工作方法以及协作要求。

工作关系，指个人在工作中所发生的人与人之间的联系，谁是他的上级，谁是他的下级，他应与哪些人进行信息沟通等。

工作结果，主要指工作的成绩与效果，包括工作绩效和工作者的反应。

对工作结果的反馈，主要指工作本身的直接反馈（如能否在工作中体验到自己的工作成果）和来自别人对所做工作的间接反馈（如能否及时得到同级、上级、下属人员的反馈意见）。

任职者的行为反应，这主要是指任职者对工作本身以及组织对工作结果奖惩的态度，包括工作满意度、出勤率和离职率等。

计划人员特性，主要包括对人员的需要、兴趣、能力、个性方面的了解，以及相应工作对人的特性要求等。

(2) 工作环境的主要内容

工作环境主要包括：工作活动所处的环境特点、最佳环境条件及环境安排等。一个好的工作设计可以减少单调重复性工作的不良效应，充分调动劳动者的工作积极性，也有利于建设整体性的工作系统。

小贴士

工作设计的起源：工作设计起源于泰勒（Taylor）的管理理论。泰勒强调工作的专业化，在其后的相关研究中，提高劳动效率、增强激励水平成为工作设计研究的核心目标。虽然现代工作设计方法很多，但现代实践中应用得比较多的经典方法是雷蒙德·A·诺伊等人归类的四类方法。他们基于 Campion 和 Thayer1985 年提出的工作设计的"跨学科方法"，将流行广泛的工作设计方法归类为机械型方法、激励型方法、知觉运动型方法和生物型方法等四种。这四种方法由于关注的系统仅限于工作系统本身，所以均是微观层面的工作设计方法，与此不同的社会技术理论则将整个组织作为设计对象，所以形成了宏观设计理论的代表。

4. 工作设计的综合程序

为了提高工作设计的效果，在进行工作设计时应按以下几个步骤来进行。

(1) 必要性分析

工作设计的第一步就是对原有工作状况进行调查诊断，以决定是否应进行工作设计，应着重在哪些方面进行改进。一般来说，出现员工工作满意度下降、积极性较低、工作情绪消沉等情况，都是需要进行工作设计的现象。

(2) 可行性分析

在确认要工作设计之后，还应进行可行性分析。首先应考虑该项工作是否能够通过工作设计改善工作特征；从经济效益、社会效益上看，是否值得投资。其次应该考虑员工是否具备从事新工作的心理与技能准备，如有必要，可先进行相应的培训学习。

（3）评估工作特征

在可行性分析的基础上，正式成立工作设计小组负责工作设计，小组成员应包括工作设计专家、管理人员和一线员工，由工作设计小组负责调查、诊断和评估原有工作的基本特征，分析比较，提出需要改进的方面。

（4）制定工作设计方案

根据工作调查和评估的结果，由工作设计小组提出可供选择的工作设计方案，工作设计方案中包括工作特征的改进对策以及新工作体系的工作职责、工作规程与工作方式等方面的内容。在方案确定后，可选择适当部门与人员进行试点，检验效果。

（5）评价与推广

根据试点情况对研究工作设计的效果进行评价。评价主要集中于三个方面：员工的态度和反应、员工的工作绩效、企业的投资成本和效益。如果工作设计效果良好，应及时在同类型工作中进行推广应用，在更大范围内进行工作设计。

虽然糟糕的工作设计并不会总是导致危及员工身体甚至生命安全的后果；但是，在一个利润不断下降，并且在全球竞争越来越激烈的情况下，公司如果不能不断地对产品和工作过程进行改进，后果将不堪设想。工作设计和再设计可以使公司的资源利用率提升，从而促进企业可持续发展。

二、工作设计的模式

一般说来，工作设计有四种模型或方式，他们分别是机械模型、生物学模型、感知-动力模型和激励模型。其中激励模型涉及五种方式，包括：工作轮换、工作扩大化、工作丰富化、工作特征模型以及团队工作。

目前，工作设计中的激励模型在构建和谐工作环境的过程中得到了更广泛的应用。不同工作设计激励模型起源及在企业和谐工作环境构建中所关注的重点、目的和结果如表6.2所示。

表6.2 不同工作设计激励模型起源及在企业和谐工作环境构建中所关注的重点、目的和结果

工作设计激励模型		起源	工作环境构建中关注的重点	目的	结果
机械模型		工业工程 泰勒科学管理	人与物以及事与物的匹配	产量最大或效率最高	易让人产生倦怠感和厌烦感，导致离职率升高，最终降低组织效率
生物学模型		生物力学 工作生理学 职业医学	人与物的和谐	最大程度减少工作给员工带来的心理压力	改善工作环境，促进人与物的和谐
感知-动力模型		工作生理学 组织心理学	人与事的和谐	让工作不超出员工的智力能力	提高可靠性、安全性和反应性，促进人与事、人与物的和谐
激励模型	工作轮换	组织心理学 管理学	人与事、人与物的和谐	减少个体对工作疲劳感和厌倦感	获得更多的技能和工作体验，扩宽职业生涯,产生激励作用，促进人与事、人与物的和谐
	工作扩大化	组织心理学 管理学	人与事、人与物的和谐	减少个体对工作疲劳感和厌倦感	员工一般能很快适应，因此给员工带来满足感和激励程度有限
	工作丰富化	组织心理学 管理学	人与事、人与物、人与人的和谐	激发员工工作积极性	获取更多、更复杂的技能，产生成就感和满意感，促进多方面的和谐

续表

工作设计激励模型		起源	工作环境构建中关注的重点	目的	结果
激励模型	工作特征模型	组织心理学管理学	人与事、人与物、人与人的和谐，事与物的和谐	通过对工作五个核心纬度进行调整，影响个人和工作的结果，实现组织和个体目标	以个体为核心的设计模型，达到个体激励目的，有助于和谐工作环境的建立
	团队工作	组织心理学管理学工作的社会与技术体系构建理论	人与事、人与物、人与人的和谐，事与物的和谐	形成一个工作团队，提高决策速度、决策质量和工作绩效	以团队工作方式为核心，达到团队激励的目的，促进和谐工作环境的建立

1. 机械模型

机械模型方法，主要来源于工业工程和弗雷德里克·温斯洛·泰勒（Frederick Winslow Taylor）的科学管理原理，在20世纪上半叶长达半个世纪里一直领导着工作设计的思潮。它强调在工作设计中的任务专业化、技能简单化和重复性。在这种模式下，工作设计的任务是将复杂工作拆分成为只需要简单技能就可完成的、很多小而简单的任务，每项任务由专人负责并可方便地重复，依对"标准化"的工作特征分析，按才职相称的匹配原则配备"一流工人"，从而定额出"合理日工作量"和奖惩标准，从而达到产量最大或效率最高。

运用这样的方法进行工作设计，可以使组织生产效率最高，同时由于完成工作所需技能简单而节省了组织的培训费用，员工也因此而成为拥有某项简单技能的专家。但这种工作设计方法对于构建和谐工作环境的负面影响也是显而易见的。长期从事简单重复劳动，容易让人产生倦怠感和厌烦感，从而导致离职率升高，最终降低组织的效率。这种关注寻找从事工作的"一个最优方法"（One best way）的方法，优点是需要更少的培训时间，有更高的利用率、更低的差错，员工精神负担与压力出现的可能性降低；缺点是忽略员工的社会化需求，减少了激励效果，工作满意度低、缺勤率高等。

实践案例

深圳某餐饮连锁企业由于某特色菜品比较畅销，管理人员为了保证该特色菜品的质量稳定，拟安排某些厨师专门生产该特色菜品。这些员工每天的任务就是只做这个特定菜品，不用干别的工作，但却遭到了厨房员工的一致抵制，最后只好作罢。随着人本管理思想不断深入人心，大多数组织对于这种过分强调组织目标，而忽视员工个人发展和需求的工作设计模式，已持越来越谨慎的态度。请给出您的观点。

2. 生物学模型

生物学模型来自生物力学、工作生理学和职业医学等学科的发展，通常又被称为人类工程学模型。这种工作设计模式关注个体生理特点与工作的物质环境之间的关系，其目的是通过改善和调整工作物质环境，最大程度减少工作给员工带来的诸如身体疲劳、健康影响和病痛等生理压力；其主要关注人们如何对工作环境中感受到的物理条件作出反应，其目的是减少工人的生理压力和紧张感，提高员工的舒适度，进而提高员工对组织的满意度。

因此这种工作设计模式强调对工作物质条件的改善，尽可能降低工作对员工生理和体力上的要求，从而使工作变得"轻松"。生物型方法工作设计的策略包括：力量设计、工作位置设计、运动设计、环境设计等。它的积极结果包括更少的体力支出、健康抱怨、医疗事故，更低的身体疲劳度、缺勤率，更高的工作满意度；其消极结果主要是设备或环境的变化会导致更高的财务成本。

比如：酒店采用更省力的行李车降低行李员的劳动强度；餐厅、前厅、客房等部门由于工作的特殊性，需要员工长时间站立或弯腰，配发特殊材料和形状的鞋来减轻肌肉紧张和疲劳，从而促进人与设施、设备、工具、用具等的和谐。

3. 感知-动力模型

与生物学模型相对，感知-动力模型更关注人的智力能力。在进行工作设计时要保证工作不能超出员工的智力能力。这种工作设计模式一般通过降低对工作中信息处理的要求来提高可靠性、安全性和反映性。在工作设计时，管理人员首先关注智力能力水平最低的员工，并以此为标准来设计工作中信息处理的要求，以提高员工与工作任务的和谐程度。知觉运动型方法是主要关注人与机器的适应和匹配。其目的是在保证提高绩效的同时降低从事这项工作的人的疲劳程度和压力。所要设计的是工作对人的注意力和集中注意的程度的要求，以便从事操作的时候不需要工作人员太多的心理能量，使其花费最少的精力。

工作设计策略主要包括：视觉性设计、听觉性设计、心理性设计。这种方法产生的积极结果是降低出现差错、发生事故、出现精神负担与压力的可能性，需要更少的培训时间，达到更高的利用率；其消极结果是较低的工作满意度、激励性。

4. 激励模型

激励模型植根于组织心理学和管理学，它关注具有心理意义和激励潜质的工作特征，并将态度变量（如满意度、内在激励）、工作投入——个体对工作在心理上的认同程度和行为变量（如出勤、工作绩效）看作是工作设计最重要的结果。激励模型主要考虑工作人员的心理状态对工作绩效的影响，与机械法形成鲜明的对比是，机械法仅仅考虑组织效率目标，而激励法却把员工需求、员工满意度作为重要目标。

哈佛大学教授理查德·哈德曼（Richard Hackman）和伊利诺伊大学教授格雷格·奥尔德汉姆（Greg Oldham）提出工作特征模型，就是激励模型方法的一个典型代表。它提出五种主要的工作特征：技能的多样性（skill variety），工作的完整性和任务同一性（task identity），任务的重要性（task significance），任务的自主性（task autonomy），任务的反馈性（task feedback），也称作五因子工作特征理论。工作特征模型同时分析了这些特征之间的关系，以及它们对员工生产率、积极性和满意度的影响。模型选择了员工成长需要特征作为工作各维度与四大效果之间联系的主要影响因子。由此，我们可以得到诸如合并任务、形成自然的工作单元、建立客户关系、纵向拓展工作和开通反馈渠道等一些设计工作的有益建议。

三、工作设计的内容、原则和方法

工作设计是在工作分析的信息基础上，研究和分析工作如何促进组织目标的实现，以及如何使员工在工作中得到满足从而调动员工的工作积极性。

工作设计，是指根据组织需要，并兼顾个人的需求，规定每个岗位的任务、责任、权力以及组织中与其他岗位关系的过程。它是把工作的内容、工作的资格条件和报酬结合起来，目的是满足员工和组织的需要。工作设计问题主要是组织向其员工分配工作任务和职责的方式问题，工作设计是否得当对于激发员工的积极性、增强员工的满意度以及提高工作绩效都有重大影响。

1. 工作设计的主要内容

（1）工作内容

工作内容的设计是工作设计的重点，一般包括工作的广度、工作的深度、工作的自主性、工作的完整性以及工作的反馈性五个方面，具体如下。

工作的广度。即工作的多样性。工作设计得过于单一，员工容易感到枯燥和厌烦，因此设计工作时，尽量使工作多样化，使员工在完成任务的过程中能进行不同的活动，保持工作的兴趣。

工作的深度。设计的工作应具有从易到难的一定层次，对员工工作的技能提出不同程度的要求，从而增加工作的挑战性，激发员工的创造力和克服困难的能力。

工作的完整性。保证工作的完整性能使员工有成就感，即使是流水作业中的一个简单程序，也要是全过程，让员工见到自己的工作成果，感受到自己工作的意义。

工作的自主性。适当的自主权力能增加员工的工作责任感，使员工感到自己受到了信任和重视。认识到自己工作的重要性，可使员工工作的责任心增强，工作的热情提高。

工作的反馈性。工作的反馈包括两方面的信息：一是同事及上级对自己工作意见的反馈，如对自己工作能力、工作态度的评价等；二是工作本身的反馈，如工作的质量、数量、效率等。工作反馈信息使员工对自己的工作效果有个全面的认识，能正确引导和激励员工，有利于工作的精益求精。

（2）工作职责

工作职责设计就是员工在工作中应承担的职责及压力范围的界定，也就是工作负荷的设定。责任的界定要适度，工作负荷过低，无压力，会导致员工行为轻率和低效；工作负荷过高，压力过大又会影响员工的身心健康，会导致员工的抱怨和抵触。工作职责设计时应注意以下内容。

工作权力。就是指人在工作关系中应该得到的价值回报。权力与责任是对应的，责任越大权力范围越广，否则二者脱节，会影响员工的工作积极性。

工作方法。包括领导对下级的工作方法、组织和个人的工作方法的设计等。工作方法的设计具有灵活性和多样性，不同性质的工作根据其工作特点的不同采取的具体方法也不同，不能千篇一律。

相互沟通。沟通是一个信息交流的过程，是整个工作流程顺利进行的信息基础，包括垂直沟通、平行沟通、斜向沟通等形式。

协作。整个组织是有机联系的整体，是由若干个相互联系相互制约的环节构成的，每个环节的变化都会影响其他环节以及整个组织的运行，因此各环节之间必须相互合作、相互制约。

（3）工作关系

组织中的工作关系，表现为协作关系、监督关系等各个方面。工作关系为组织的人力资源管理提供了依据，保证事（岗位）得其人，人尽其才，人事相宜；优化了人力资源配置，为员工创造更加能够发挥自身能力、提高工作效率的工作平台，提供有效管理的环境保障。

2. 工作设计的原则

工作设计的方法有多种，但其中心思想是工作丰富化，而工作丰富化的核心是激励的工作特征模型。

（1）工作专业化

工作专业化是一种传统的工作设计方法，它通过对动作和时间的研究，把工作分解为许多很小的单一化、标准化、专业化的操作内容和程序，并对工人进行培训和激励，使工作保持高效率。这种工作设计方法在流水线生产上应用最广泛。工作专业化是机械法的核心策略，一直是很多企业工作设计的主要目标。

成长需要较弱或是比较循规蹈矩的员工可能满足于这种工作设计，这时工作技能和自主性提高等可能对员工而言意味着负担的加重，而简单化、标准化的工作设计反而能起到激励作用。一旦对工作进行专业化，就要求工人对某一项工作做专做好，加深对某一项工作的深层了解程度，这有助于提升员工的熟练程度，提高员工的工作效率。

(2) 工作扩大化

工作扩大化是指扩展一项工作包括的任务和职责，但是这些工作与员工以前承担的工作内容非常相似，只是一种工作内容在水平方向上的扩展，不需要员工具备新的技能，所以，并没有改变员工工作的枯燥和单调。企业应给员工尽可能多的自主性和控制权，例如：维修部经理允许维修人员自己订购零件和保管存货。工作扩大意味着将总任务中很大一部分分派给工人。这构成了水平负载，即将处于相同技能水平的工作附加给原工作，其目的是通过提高工作所需技能的多样性和给工人的最终产出，来提高工人对工作的兴趣。例如：扩展生产工人的工作使其对一系列活动而不是单一活动负责。

工作扩大化是激励工作设计法的"规定动作"，主要是通过"横向工作装载"，将现有的任务碎块重新组合成更大的工作模块甚至形成一个自然的工作单元，以增加技能多样性和任务完整性及任务重要性，从而增强员工对工作的"拥有感"和意义感以及快乐感。

> **横向比较**
> 工作扩大化和工作专业化是否正好站在了对立面上，如果不是的话，什么区别？

(3) 工作丰富化

工作丰富化是指在工作中赋予员工更多的责任、自主权和控制权。工作丰富化与工作扩大化不同，它不是水平地增加员工工作的内容，而是垂直地增加工作内容。这样员工会承担更重的任务、更大的责任，员工有更大的自主权和更高程度的自我管理，还有对工作绩效的反馈。工种轮换意味着让工人定期交换工作。公司可以采用这种方法来避免让某个或某些雇员"拴"在单调的工作上。这种方法在工人转到更富有兴趣的工作上时，效果最好。如果工人是从一个单调工作转到另一个单调工作岗位上时，其效果就甚微。

工种轮换能够扩大工人的经验知识，使他们能在别人缺勤或生病时替代他人。工作丰富化涉及在计划和协调任务上责任水平的提高。有时也指垂直负载。例如，请超市的货架管理员负责缺货的补充，从而提高他们的责任。增强工作责任方法，集中于提高工人可能的满足感。

这些方法对于作设计者的重要性在于它们有可能通过提高工人生活的质量从而提高工人的满足感来增强工作的动力。现在，许多公司正在慎重考虑和开展计划来提高工作生活的质量。除了上面提及的方法，许多企业也在实验选择厂址（如中等城市、校园式的环境）、采用灵活工作时间以及团队生产等方法来提高工人工作效率。

> **深思熟虑**
> 李毅是一家服装厂的工人，他很早就开始在这个工厂工作，他所分担的工作内容是衣服袖口和衣体部分连接的工作。随着时间的推移，他所做的工作也越来越熟练，工作效率也很高，受到了领导们的认可。但是，他总是对着这一项工作进行操作，难免会感到无聊与疲惫，同时也感觉自己得不到技术。如果你是他，你会怎样做？

3. 工作设计的方法

(1) 工作轮换

工作轮换是工作设计的内容之一，指在组织的不同部门或在某一部门内部调动雇员的工作。目的在于让员工积累更多的工作经验，让员工尽量负责完整的工作。例如，建立项目管理制度，使员工独立负责一个项目从而接触一项工作的全部过程。此外，工作轮换让员工有不断学习的机会。例如，让员工参加各种技能的培训并进行工作轮换，丰富员工所掌握的技能。工作轮换法是基于消减工作专业化枯燥负效应而采取的一种新的工作专业化实施方法，日本的企业广泛实行工作轮换，工作轮换已经成为管理人员培训的重要手段之一。

但在这种设计方式下，员工一直循环在几种常规的简单工作之间，长此以往会最终消减短期的新鲜激励效应，还可能会影响那些聪明且富有进取心的员工的积极性。因为他们更喜欢在自己所喜欢的专业领域内寻找更大、更具体、更有挑战性的责任。此外，工作轮换需要增加相应的培训成本，还会引起生产效率的下降。实践还证明了非自愿地对员工进行工作的轮换，可能引起旷工和事故的增加，所以，工作轮换应与其他调整手段结合使用。

（2）工作特征再设计

工作特征再设计是一种人性化的设计方法，是指针对员工设计工作而非针对工作特征要求员工。它主要表现为充分考虑个人存在的差异性，区别地对待各类人，以不同的要求把员工安排在合适于他们独特需求、技术、能力的环境中去。工作特征再设计评估工作的内容是组织和管理者的重要责任，在评估的基础上，组织对工作特征（job characteristic）做出规定或变更，从而激发员工的内在动机和主观幸福感。

工作特征再设计能调动员工在组织中的主动性，员工受雇于组织后，可以根据自己的能力和偏好等主动地调整自己的工作，而不是完全被动地接受组织规定给他们的工作。

（3）工作设计综合模型

无论是工作轮换、工作扩大化还是工作丰富化，都不是解决员工不满的灵丹妙药，必须在职位设计、人员安排、劳动报酬及其他管理策略方面进行系统考虑，以便使组织要求及个人需求获得最佳组合，从而最大限度地激发员工的积极性，有效实现企业目标。因此，在管理实践中，人们根据组织及员工的具体需要探索了工作设计的综合模型。

工作设计的综合模型包括：工作设计的主要因素、绩效成果目标因素、环境因素、组织内部因素和员工个人因素等。

综合模型的特点是：着重要求企业管理人员，分析和评价在工作设计、规划发展和贯彻过程中许多环境变量可能产生的影响。

案例三

丽晶酒店的新激励体制

丽晶大酒店是泰国曼谷最负盛名的一家宾馆。贝克是美国人，有在美国长达10年的连锁宾馆管理经验，是新任总经理。丽晶大酒店过去15年间一直获利丰厚，员工们对管理层也一向唯命是从，其职责就是确保经理们的指示能得到认真负责的贯彻执行，在这样的管理体制下，改革创新得不到鼓励。贝克笃信工作丰富化的益处，他期望员工们能不受各种规定和标准的约束，设身处地地考虑客户的需要。也就是说，员工在任何时候都要以客户为中心，这样才能提供优质服务。贝克认为工作丰富化可以有效地激励员工，?增加员工的主动性，提高员工的工作绩效。而所有这些反过来又对增强酒店的获利能力和提升客户服务的等级档次有很大的促进作用。

贝克把酒店的经理和部门领导召集起来向他们讲解工作丰富化方面的知识。他告诉这些经理和领导，应当给员工决策权，以便于他们能够发挥主动性和创造性，积极满足客户们的需要。他强调在新的体制下，主管只处理一些重大的问题。他告诉这些经理琐碎的小事情不要跟他说。然而，重要的事情和决策必须得和他磋商。会议结束时他要求大家予以反馈。有几位经理和部门领导表示很赏识这种观点，也有一些人只是点了点头。会后不久，贝克就大刀阔斧地削减一些官僚气十足的规定，这令那些以往对这些事务有决策权的中层主管感到很不自在。

贝克在酒店的 700 名员工中推行工作丰富化的做法，花费时间鼓励员工发挥积极主动性，但是员工们到目前为止还不知道自己到底有多大的自主权。中层主管会以重大问题需要管理层批准为由推翻员工的决定，而那些发挥自己主动性积极满足客户需要的员工也几乎从来就没有得到主管任何正面的反馈。终于，大多数员工对参与决策失去了信心，转回头来依赖主管进行决策，员工的工作压力越来越大。客户服务不仅没有得到改良，酒店的经营情况反而恶化了。旷工和早退的员工越来越多，客户的抱怨也越来越多。

启发思考：
（1）什么是丽晶大酒店的员工激励机制中存在的主要问题？请借助相关的激励理论来分析。
（2）如果你是贝克请来的高级咨询顾问，您会建议贝克采取什么措施来改善丽晶大酒店的管理状况？
（3）你认为工作丰富化安排方式为什么在丽晶大酒店无法实施？

四、工作设计的基础理论

1. 社会技术理论

工作设计中的社会技术理论认为在工作设计中应该把技术因素与人的行为、心理因素结合起来考虑。任何一个生产运作系统都包括两个子系统：技术子系统和社会子系统。如果只强调其中的一个而忽略另一个，就有可能导致整个系统的效率低下，因此应该把生产运作组织看作一个社会技术系统，其中包括：人和设备、物料等。既然人也是投入要素，这个系统就应具有社会性。人与这些物性因素结合得好坏不仅决定着系统的经济效益，还决定着人对工作的满意程度，而后者，对于现代人来说是很重要的一个问题。因此，在工作设计中，着眼点与其说放在个人工作的完成方式上，不如说应该放在整个工作系统的工作方式上。也就是说，工作小组的工作方式应该比个人的工作方式更重要。

如果把生产运作组织方式、新技术的选择应用和工作设计联系起来考虑的话，还应该看到，随着新技术革命和信息时代的到来，以柔性自动化为主的生产模式正在成为主流。但是，这种模式如果没有在工作设计的思想和方法上的深刻变革，是不可能取得成功的。为此，需要把技术引进和工作设计作为一个总体系统来研究，将技术、生产组织和人的工作方式三者相结合，强调在工作设计中注重促进人的个性的发展，注重激发人的积极性和劳动效率。这种理论实际上奠定了"团队工作"方式的基础，充分利用员工的能力，从而使公司保持竞争优势。

2. 双因素理论

使员工对工作感到满意的因素往往与工作性质和内容相关，如成就、认可、责任等。而让员工感到不满意的因素则往往与工作条件和环境相关，如企业的管理政策和方式、人际关系、工资等。赫茨伯格把前者称作激励因素，把后者称作保健因素。他指出，满意的对立面并不是不满意，消除了不满意因素并不一定能够提高员工的满意度。也就是说，保健因素虽然能够防止员工的不满情绪，但不能直接起到激励员工的作用。这是因为员工有心理成长的需求，心理成长取决于成就，而取得成就需要工作。因此，要想激励员工以提高劳动生产率，就必须重视工作设计。

工作丰富化是指通过增加工作深度，使员工对工作拥有更多的自主权、独立性和责任感，比如让员工做一些通常由管理人员完成的计划、考核、检测任务。工作丰富化是一个与工作扩大化不同的概念。后者是指通过扩大工作范围来增加工作任务的横向多样性，因此，它意味着工作项目的增加，能够减少工作任务单调循环的频率，但不一定能够满足员工追求成长的心理需求。而工作丰富化则可以让员工感到成就、赞赏、责任和进步，因此，它需要改革工作设计，最重要的是，要使工作内容摆脱单调而丰富起来。

双因素理论需要改进的地方如下。

第一，激励和保健因素之间的区分比较模糊，给工作丰富化的具体运用带来不确定性。

第二，没有提供测量激励和保健因素的工具。

第三，没有区分人们对激励因素的不同反应。

第四，该理论改革的是属于员工个人的工作，而非员工所属部门，乃至企业整体的工作体系，也就是说，它并未把员工的工作与员工所属部门，乃至企业整体的业务结合起来进行考虑。然而，在现代生产，员工完全独立工作的情况已经不多。更多情况下，员工需要与其他员工协同工作，这就使得工作之间具有了联系，而每一项工作都不可能独立于部门，乃至企业整体的工作体系而存在。因此在进行工作设计时就必须把每一项工作作为部门乃至企业整体工作体系的一个部分。把它们结合起来作为一个完整的体系进行考察。

第五，该理论视技术系统为不变因素。然而在现实中，工作内容工作步骤以及工作组织都是在技术系统规划完毕的基础上开始设计的。工作设计方式的选择在很大程度上要受技术系统的制约。因此撇开技术系统去谈工作设计是不现实的。

第六，把员工排除在工作设计之外。也就是说，该理论认为工作设计是企业一方的事情。而员工一方只需遵从就行。然而从发挥员工的自主性与创造性的角度看，这种做法并不能真正起到有效激励的作用。

3. 工作特征理论

工作特征理论使工作丰富化理论更加具体化，更加有利于实践。工作特征理论认为工作中的一些可测量特征促发人们产生一些有助于提高内在工作激励、工作满足和工作效率的心理状态。比如，如果一项工作要求员工使用多种技能（技能多样性）去完成一组完整的具有同一性的任务，并且这个工作对其他人具有实质性的影响，也就说具有一定的重要性，员工就会认为工作是重要的、有价值的和值得做的，因此就能体验到工作的意义。如果一项工作在安排工作进度和决定工作方法方面向员工提供实质性的自主度，也就是使员工拥有一定程度的自主性。员工就会产生对工作结果的个人责任感。如果工作提供工作结果的反馈，员工就会知道他努力工作的结果。

工作特征理论指出，并不是所有的人都能从具有上述工作特征的工作中产生内在的工作激励、工作满足感和提高工作效率。工作核心特征与上述结果间的关系要受到员工的知识与技能、成长需求强度和对工作关系（工作安全感，工作伙伴、管理者等）满意程度的影响。一般来讲，员工的知识与技能越足够，成长需求越强烈，对工作关系越满意，员工对上述心理状态的体验就越强烈。因此其内在工作动机也越强烈，工作满意度也越大。

工作特征理论提倡实施的工作设计方法如下。

① 合并任务，将现有的过细分割的任务组合起来，形成一项新的内容广泛的工作。这样可以提高技能多样性和任务同一性。

② 形成自然的工作单位，将任务设计成一组完整的、具有同一性的、有意义的工作。这样可以使员工产生任务归属于我的感觉，有利于提高任务同一性和任务重要性。

③ 建立客户联系，有利于提高技能多样性、自主性和反馈。

④ 纵向扩展职务，将部分原来掌握在管理者手中的工作下放给员工，增加员工的个人责任感。

⑤ 开辟反馈渠道，使员工在工作中知道他努力工作的重要性。

4. 跨学科理论

跨学科理论将现有的工作设计方法归纳为四种：机械方法（工业工程方法）、激励方法（双因素理论、工作特征理论）、生物方法和认知/运动方法。生物方法从人类工程学的角度出发，主张通过工作设计最大限度地减少人的体力消耗、疲劳、病痛和疾病。认知/运动方法从试验心理学的角度出发，主张工作设计不能超出人所固有的认知/运动能力范围。机械方法和激励方法关注工作内容的设计，生物方法和认知/运动方法更关注工作设备与工作环境的设计。比如，生物方法关注与力量、耐力、空间、噪声、气候、休息相关的问题，提倡设备与环境的设计要使人在体力上感到舒适。

认知/运动方法关注与记忆、注意力、专心、紧张、精神负担相关的问题，提倡工作内容，特别是工作设备与环境的设计要降低人的精神负担、紧张和疲劳程度。跨学科理论在比较了上述四种工作设计方法的优缺点之后认为，没有一种工作设计方法可以全面解决现实中所遇到的问题，也没有一种方法能够成为工作设计的唯一方法，每一种工作设计方法既有优点又有缺点。比如：机械方法和认知/运动方法能减少培训时间，降低员工的精神紧张程度和出错率，提高劳动力的利用率，但员工工作满意度低，劳动积极性不高。相反，激励方法带来较高的工作激励、工作满意度、工作积极性和工作效率。

> **随堂一问**
> 不同的理论适用于不同的行业，你认为对应不同的理论可以添加哪些行业，请举例说明。

5. ECRS 分析法

ECRS 分析法，代表的是工业工程学中程序分析的四大原则，用于对生产工序进行优化，以减少不必要的工序，达到更高的生产效率。ECRS，即：取消（eliminate）、合并（combine）、重排（rearrange）、简化（simplify）。

取消：首先考虑该项工作有无取消的可能性。如果所研究的工作、工序、操作可以取消而又不影响半成品的质量和组装进度，这便是最有效果的改善。例如：不必要的工序、搬运、检验等，都应予以取消，特别要注意那些工作量大的装配作业；如果不能全部取消，可考虑部分地取消，如由本厂自行制造变为外购，这实际上也是一种取消和改善。

合并：合并就是将两个或两个以上的对象变成一个，如工序或工作的合并、工具的合并等。合并后可以有效地消除重复现象，能取得较大的效果。当工序之间的生产能力不平衡，出现人浮于事和忙闲不均时，就需要对这些工序进行调整和合并。有些相同的工作完全可以分散在不同的部门去进行，也可以考虑能否都合并在一道工序内。

重排：重组也称为替换，就是通过改变工作程序，使工作的先后顺序重新组合，以达到改善工作的目的。例如：前后工序的对换，手的动作改换为脚的动作，生产现场机器设备位置的调整等。

简化：经过取消、合并、重组之后，再对该项工作进一步更深入的分析研究，使现行方法尽量地简化，以最大限度地缩短作业时间，提高工作效率。简化就是一种工序的改善，也是局部范围的省略，整个范围的省略也就是取消。

在进行 ECRS 分析的基础上，添加 I（increase，增加），意为在现有工序的基础上增加新的工序，来提高产品质量、增加产品功能，或者为后续工作做准备等。实际的工作中要重复性的利用 ECRSI，不断"优化—实践—分析—优化"，来达到更高的生产效率；还可以寻找工序流程的改善方向，构思新的工作方法，以取代现行的工作方法。

第三节
工作的条件及测定

工作条件是工作设计中很重要的一方面，其中温度、湿度、通风、照明、噪声和振动等物理因素对工人在生产率、产出品的质量等方面表现出来的工作绩效有重大影响。作业测定是在科学的工作方法基础上对作业时间进行测量，从而制定出合理的标准作业时间。

一、工作条件

1. 温度和湿度

尽管人能在一个相当宽的温度范围内发挥职能，但是如果温度超出了舒适范围，人的工作绩效将受到不利影响。这个舒适范围取决于工作的紧张程度，工作越紧张，舒适范围就越小。相对于办公环境而言，工厂和其他某些工作环境的加热和制冷就是一个很大问题。因为工厂机器运作，温度非常容易升高，并且经常有大卡车和其他移动处理设备进出大门，这些条件使得它很难保持在一个恒定的温度上。解决这一问题的办法是选择合适的衣服，或者安装合适的空间加热或制冷装置。

空气的干湿程度叫做"湿度"，湿度是表示大气干燥程度的物理量。在一定的温度下在一定体积的空气里含有的水蒸气越少，则空气越干燥，越多，则空气越潮湿。在此意义下，常用绝对湿度、相对湿度、比较湿度、等物理量来表示。人体感觉舒适的湿度是：相对湿度为 40%～70%。保持一个舒适的工作环境，湿度也是一个重要的变量。

2. 通风

令人厌恶的气体和有毒的气味可以引起工人的分心，甚至危害工人的身体健康。如果烟灰不定期抽走，空气将会迅速地陈腐，令人不舒服。通常工厂需要采用大风扇和空调装置来转换空气。

3. 照明

所需照明的亮度在很大程度上取决于工作的类型：工作越细致，为确保工作能够正常进行所需的照明强度就越高。另外一个重要考虑就是光的灰度和对比度。从安全角度来看，大厅，楼道以及其他危险地段，良好光照是很重要的。然而因为照明要付出成本，在所有地方都采取同样高的照明度总的来说是不可取的。

有时候，自然光可用来照明，它不但免费还可以给工作人员带来一些心理上的好处。在一个没有窗户的封闭房子里工作的工人，经常感觉与外面世界隔绝，因此可能引发各种心理疾病。采用自然光照的不利方面是，人们没有能力控制自然光（例如阴天），外界因素可能导致光强度的剧烈变化。

4. 噪声和振动

噪声是不受欢迎的声音，它是由机器设备的振动和人造成的。噪声既令人心烦又令人分心，而且容易使人产生错误或导致事故的发生。如果噪声非常大，还可能造成工人听力的损伤。成功的声音控制应从刺耳的声音测量开始。在新的操作中，设备的选择和安放可以消除和减少许多潜在的噪声问题；现存设备的情况下，重新设计或更改设备可能会减少噪声；在有些情况下，可将噪声源与其他区域隔离开来，如果这样做不可行，采用能使声波改变方向的隔音墙、天花板或栅栏也能降低噪声；然而在某些情况下为那些最接近噪声的工人提供保护装置（例如为那些引导喷气飞机着陆的机场地勤人员配备耳塞）可能是唯一的解决方案。

振动也是工作设计中一个重要因素。振动可能来源于工具、机器、交通工具、人的行为，空调装置、水泵及其他设备等。正确的方法是使用包括缓冲器、振动吸收器、填塞材料、垫圈、橡皮承载物等在内的消除震动的材料设备。

5. 工作间歇

工作间歇的频率、长度和时间对于工人的生产率和产出质量都有重大影响。随着一天工作时间的延长，工人的工作效率逐渐降低。同时，它也说明了午餐和休息如何使得效率回升。

影响工作效率下降的速率和工作间歇潜在影响的一个重要变量是：工作中的脑力和体力消耗量。比如：钢铁工人由于他们工作的紧张性质，需要每小时 15 分钟的休息间歇；学生也需要学习的休息。

6. 安全性

工人的安全是工作设计中最基本的问题，在任何情况下，经理层、工人和工作设计者都不可以掉以轻心。如果工人自身感到身处危险中，他们是不可能被有效激励的。

一个有效的安全和事故控制的行动计划，需要工人和管理层的共同协作。工人必须以正确的工作程序和态度接受培训；同时工人应能在安全事故发生前，向管理人员指出危害所在，从而为减少损失而做出贡献。管理层必须努力贯彻实施安全工作程序，使用安全设备。

如果管理层的监督人员，看到工人违反安全条例而无动于衷，允许工人忽视安全程序，那么工人就不可能采取谨慎的工作态度。一个非常偶然的事故，就有可能严重影响工人士气甚至可能引起附加事故。有些公司通过开展部门间安全比赛和推行安全意识来减少事故发生，然而即使如此，也不能完全消除事故。采用安全告示可以有效地减少事故，特别是在告示中用明确的语句告诉人们如何避免事故就更为有效。例如，使用"泛泛警告小心，远不如戴安全帽"，"走，别跑""抓住栏杆"等语句。

1970 年，美国职业安全与健康法案（Occupational Safety and Health Act，OSHA）颁发实施，同时基于该法案诞生了美国职业安全与健康管理局（OSHA）和美国职业安全与健康研究所（NIOSH），前者隶属于美国劳工部，后者隶属于美国卫生及公共服务部。

法案中发布和推行的工作场所安全和健康标准，阻止和减少了因工作造成的生病、受伤和死亡，为雇员提供了一个安全卫生的工作环境，其丰富的安全健康文化内容、严谨的安全管理哲学和科学经济的安全管理办法不仅得到了美国社会各行业的高度认可，也得到了世界的广泛推崇，特别是国际工程建筑设领域。

二、工作测定

1. 测定概述

测定是指运用各种技术来确定合格工人按规定的作业标准，完成某项工作所需要的时间。在生产与运作管理这一学科中，测定是指作业测定，即对实际完成的工作所需时间的测量。作业测定是工作研究的一项主要内容，是通过一定的方法，用于确定合格工人按规定的作业标准，完成某项作业所需要的时间。作业测定最早由科学管理创始人泰勒提出，后来发展成以时间为单位对作业进行测定和评估的方法。

国际劳工组织对作业测定的定义：作业测定是运用各种技术确定合格的作业员按照规定的作业标准完成某项作业所需的时间。作业测定还用来衡量运用的方法，研究改善作业后的测定工作。

（1）测定的目的

测定的目的是安排作业进度，为改进工作、激励员工以及测定他们的表现提供一种客观标准。在选择作业测定对象时其操作技术必须达到最基本的要求，即达到合格工人的标准；将实际工作情况与标准作业时间进行对比，寻找改善的方向；测定工人的空闲时间、等待物料时间等非创造附加价值的时间占整个工作时间的百分比，以决定对策等。

(2) 测定的主要作用

测定的主要作用包括：为在多种作业方法中选择最好的作业方法提供依据；用于改善流水线平衡问题；提供企业制订生产计划的产能依据；提供人员、物料需求信息；作为评估作业标准时间的方法；提供工作改善的依据；提供一个公平公正的作业平台。作业测定通常可以分为两种，直接测定法和合成法。

2. 标准时间

标准时间是指在适宜的条件下，用最合适的操作方法，以普通熟练工人正常速度完成标准作业所需要的劳动时间。或者说标准时间是指在一定生产环境下，一个熟练工人按规定作业标准生产一个单位合格产品所消耗的时间。

制定合理的标准时间是科学管理的最基本工作，也是测定工作所得到的最终成果。有标准时间是管理的第一步。通过标准时间的应用能够使参与工作的全体人员都可以客观准确地计划、实施并评价工作结果。需要注意的是，标准时间不是一成不变的，随着作业方法及产品工艺的改进，标准时间也在不断更新与提高。标准时间特性包括：客观性、可测性、适用性。

(1) 标准时间五大要素

① 正常的操作条件：工具及环境条件都符合作业内容要求并且不易于引起疲劳。

② 熟练程度：大多数中等偏上水平作业者的熟练度，作业者要了解流程，懂得机器和工具的操作与使用。

③ 作业方法：按照作业标准规定的方法操作。

④ 劳动强度与速度：适合大多数普通作业者的强度与速度。

⑤ 质量标准：是产品质量检验合格的产品。

(2) 标准时间应用

标准时间应用于以下的几个方面：①制订生产计划；②人工工时计划及人员计划；③作为评价不同作业者的表现、不同供货商的效率成本、不同的作业方法的优劣的依据；④用于产品的人工成本控制与管理，包括计件工资的基准；⑤对客户的估价与报价；⑥设备与工装的需求计划；⑦革新与改善的成绩评价。

(3) 标准时间的计算公式：

$$\text{标准时间} = \text{观察时间} \times \text{评比系数} \times (1 + \text{放宽率}) \tag{6.1}$$

决定放宽率的因素较多，比如：私事放宽、疲劳放宽、程序放宽等。

以因连续工作而造成的疲劳度为例：

$$F = \frac{T-t}{T} \times 100\% \tag{6.2}$$

式中，F 为疲劳放宽系数；T 为连续工作结束时单个零件的工作时间；t 为连续工作开始时单个零件的工作时间。

3. 标准时间计算

(1) 制定标准时间程序

制定标准时间程序包括：①作业标准化；②测定准备；③选定测定方案；④实施观测；⑤评定；⑥宽放；⑦标准时间修正。

(2) 时间研究实施步骤

第一步，搜集材料。收集的具体材料包括：标准操作方法、材料规格和标准、设备和工艺、被测者素质、工作者环境。

第二步，划分操作单元。其划分依据为：有明显的起点和终点，单元时间越短越好（最短单元时间不小于 0.04 分钟），基本动作，区分手动和机动，区分可变和不变单元，区分规则、间歇和外来单元。

第三步，决定观测次数。确定观测次数 N 有具体的公式，采用的方法是误差界限（误差 $\pm 5\%$，可靠度 95%）。

$$N = \left[40 \sqrt{n \sum_{i=1}^{n} X_i^2 - (\sum_{i=1}^{n} X_i)^2} \Big/ \sum_{i=1}^{n} X_i \right]^2 \tag{6.3}$$

式中，X_i 为每一次秒表读数；n 为试行先观测的次数。

第四步，实施观测。实施观测的主要目的是剔除异常值，一般采用三倍标准差法。具体操作如下：设观测 n 次，所得时间分别为 X_1，X_2，…，X_n。

则均值为：
$$\overline{X} = \frac{\sum_{i=1}^{n} X_i}{n} \tag{6.4}$$

标准偏差为：
$$\sigma = \sqrt{\frac{\sum_{i=1}^{n}(X_i - \overline{X})^2}{n}} \tag{6.5}$$

正常值为：
$$X = \overline{X} \pm 3\sigma \tag{6.6}$$

记录下来的数据在计算值范围内的数值为正常值，超出这个范围的值为异常值。如果出现异常值，则要剔除异常值，重新计算。

【例 6.1】 某一单元观测 20 次，漏记一次，结果如下：20，20，21，20，22，20，19，24，20，22，19，21，20，28，21，20，20，22，M，20，请问是否有异常值？

【解】 均值为 $\overline{X} = 399/19 = 21$，标准偏差为 $\sigma = 2.02 \approx 2$。

观测上限为 $21 + 3 \times 2 = 27$，观测下限为 $21 - 3 \times 2 = 15$。因此 28 为异常值，应剔除。

第五步，对观测时间评比。

评比指研究人员将所观测到的操作者速度与自己所认为的理想速度（正常速度）做比较。评比要求使用具体的数字表示其快慢。

计算观测时间：剔除异常值的每一个单元所有时间值的算术平均值，即为该单元的操作时间。

$$单元操作时间 = \Sigma(观测时间)/观测次数 \tag{6.7}$$

评比尺度可分为三种：60 分法、100 分法、75 分法。

$$评比因数 = 实际评比值/正常评比值 \tag{6.8}$$

$$正常时间 = 观测时间 \times 评比因数 \tag{6.9}$$

（3）工时消耗的构成

工时消耗的构成分为两个部分：定额时间——正常情况下完成工作的时间；非定额时间——停工或者非生产性工作所消耗的时间。

① 定额时间，包括：准备与结束时间 $T_{准}$；作业时间 $T_{作}$；休息与生理需要时间 $T_{休}$；布置施工场地时间 $T_{布}$。

② 非定额时间，包括：非生产时间 $T_{非}$、非操作者原因停工时间 $T_{非操}$，操作者原因停工时间 $T_{操}$。

③ 工时计算，按照生产产品产量的不同，进行工时的计算。

大量生产的工时计算：

$$单位产品工时 = T_{作} + T_{布} + T_{休} \tag{6.10}$$

成批或单件生产条件下：

$$单位产品工时 = (T_{作} + T_{布} + T_{休} + T_{准})/每批生产的数量 \tag{6.11}$$

> **知识拓展**
>
> 以哨子插入孔为例，国际公认的正常速度：将 30 只哨子插入 30 个孔，用时 0.41 分钟。
>
> 英国时间研究专家指出，在有刺激的情况下比无刺激的情况下速度快 1/3。

三、工作测定的主要方法

工作测定的主要方法：秒表时间研究、工作抽样、预定时间标准法（PTS）、标准资料法等。

直接测量法分为：秒表法、密集抽样法和工作抽样法。秒表法，就是指研究人员利用秒表直接对作业人员的作业情况进行观测和记录，参照组织规定的非作业时间制定的政策，对相关数据进行处理，来确定操作者完成某项作业的时间的方法。秒表法测试的方法有四种，分别为：连续测时法、归零测时法、累计测时法、周期测试法。归零测时法，是指在观测过程中，每逢一个作业单元结束便停止秒表，记录数据，在下一单元开始时重新开启秒表。合成法包括：预定时间标准法（PTS）和标准资料法。各种工作测定的主要方法及优缺点比较，见表 6.3。

表 6.3 工作测定的主要方法及优缺点比较

方法	优点	缺点
秒表时间研究	相对经济性较高	要确保抽样次数，保证最低限度
工作抽样	①允许有时间中断，不会影响其结果，并可以减少每天之间的差异影响 ②具有经济、省时的优点	①由于无法将作业细分，只适用于第三、第四阶次的工作 ②对于分布较远的机器要很好地安排观测路线，不然花在走路的时间太多也不经济
预定时间标准法（PTS）	①可利用预先为各种动作制定的时间标准来确定进行各种操作所需的时间，不需对操作者进行速度的评价 ②尤其有利于流水线平准化	要有使用经验
标准资料法	①可利用其他方法获得的资料或经验数据综合预先制定各种作业所需的时间，尤其适用于编制新的作业计划 ②依据大量资料可排除偶然性误差，可靠性、可信度高	建立在其他测定方法的基础上，只能用相似的作业，不能从根本上取代其他测定方法

工作设计时常从总体操作工作测定的方法分析开始，然后从总体到工作的具体细节，最后集中在工作位置的安排和原材料、员工的移动上。方法分析是提高生产率的一种好办法，它针对现存工作，也针对新工作。对于现存的工作，一般的程序是当工作目前还执行时，让分析员进行观察，然后进行改进设计。对于新工作，分析员必须依赖工作描述和对操作的想象能力。采用方法分析的原因主要有下面五个方面：工具设备的改变；产品设计的改变或新产品的出现；材料、加工程序的改变；政府条令或合同协议；其他因素，例如意外事故、质量问题等。

1. 工作测定的主要方法分析基本步骤

① 确认所要研究的操作，收集所有有关工具、设备、材料等的相关因素。

② 对于现存工作，同操作工人和监督技术人员进行讨论，得到他们的信息输入。

③ 利用流程图研究并将现存工作的既有方法文档化，对于新工作，基于涉及协作的有

关信息设计流程图表。
④ 分析工作。
⑤ 提出新方案。
⑥ 实施新方案。
⑦ 重复检查方案的实施，确保改进的实现。

2. 主要步骤分析

(1) 选择要研究的操作

有时对某一操作进行研究是应工头或监督人员的要求而进行的，然而多数的时候，防范分析是作为提高生产率、降低成本和费用的总计划的一部分。进行工作研究，所选择工作的总体原则是：工作具有高劳动量；工作为经常性进行的；工作危险，令人疲劳、不舒适、工作环境吵闹；被明确为问题的工作，例如有质量问题的工作，加工瓶颈的作业。

(2) 将现存方法存档

利用图、表和文字，记录原有工作实施中所采用的方法，这有助于对工作的理解，并可作为工作改进评估的基础。

(3) 分析工作，并提出新方法

方法分析要求对工作的内容（what）、原因（why）、时间（when）、地点（where）、工作涉及人员（who）进行仔细分析。通常，只要对以上这几个问题简单过一遍，并鼓励分析人员对现有和将要采用的方法采取一种"唱反调"的态度，便能使工作分析过程简明化。

第四节
动作研究

动作研究是指分析研究劳动者在劳动过程中的各种动作，为取消无用的多余动作，使所有的动作都成为必要的、良好的、标准的动作而进行的一系列活动。

一、动作研究的概念

1. 动作研究的起源

动作研究，又被称为工作研究、工作设计或是方法工程。公认的动作研究的创始人是弗兰克·吉尔布雷斯（Frank Gilbreth），其研究的对象是在工作中，找出相对最简单和最优的方法。其目的是以最少的动作最终达到节约人力、提高效率、充分降低时间成本，从而提高经济效益。其主要内容是通过各种分析手段发现、寻求最经济有效的工作方法。

它涉及三个方面的关系：即动作与时间的关系，动作与人体的关系，动作与产品的关系。当前动作研究的惯例，大多源自20世纪初在砌砖过程中提出这个概念的吉尔布雷斯所做的一些工作。通过运用动作研究技术，吉尔布雷斯把每小时砌砖的平均数提高了1000倍，从而享有盛名。他开发了许多"动作研究"的工具，这些工具成为系统地研究方法工程的组成部分。在寻求"最好的工作方法"中，他使用了工艺流程图、左右手操作图、微动作研究、动作基素、循环计时器等方法。

1912年，吉尔布雷斯夫妇在美国机械工程师学会会议上，首次发表了题为《细微动作研究》的论文，将人的作业动作分解成三大类，共17种基本动作，命名为"动素（therbligs）"。这些基本动作是：伸手、握取、移物、装配、应用、拆卸、放手、检验、寻找、选择、计划、对准、预对、持住、休息、延迟（不可避免）和故延（不可避免）。其中：前 8 种动作称之为"必需动作"，中间 5 种动作称之为"辅助动作"，最后 4 种动作称之为"无效动作"。他们指出，要提高动作效率必须尽可能地删减第二、三类动作。

> **追根溯源**
>
> 吉尔布雷斯 1868 年出生在美国缅因州费尔菲尔德，在安得福学院和波士顿学院学习时，成绩优异。1885 年，他通过了麻省理工学院的入学考试，却因家庭困难没有入学，而是进入建筑行业，并以一个砌砖学徒工的身份开始了职业生涯。这样，年仅 17 岁的他就开始在一个建筑承包公司那里做学徒工。在以后的 10 年时间里，吉尔布雷斯刻苦钻研，努力工作，终于设计出一种新的脚手架，发明了建造防水地窖的新方法，不仅如此，他在混凝土建造方面也有许多革新。因为在技术上的杰出成就，他成为公司的总监督。
>
> 1895 年吉尔布雷斯在波士顿注册登记了自己的建筑承包公司。由于技术发明专利权的保护，以及吉尔布雷斯在业务管理方面的诸多改进，他的公司办得十分红火，以后逐渐从建筑承包业扩展到建筑咨询业，在美国的纽约和英国的伦敦都设有办事处。他根据自己的丰富经验著书立说，在这个过程中，吉尔布雷斯对一般管理科学产生了浓厚的兴趣。1910 年，吉尔布雷斯对东方铁路运费案极感兴趣，并参加了倡导科学管理的集团。
>
> 1912 在泰勒与甘特的影响下，吉尔布雷斯放弃了收入颇丰的建筑业务，改行从事"管理工程"的研究。他在体力劳动的操作方法上很有造诣。他的妻子莉莲对他的研究做出了很大的贡献。
>
> 1912—1917 年的 5 年时间内，他把美国普罗维登斯巾的新英格兰巴特公司作为自己的试验基地。由于他的出色的研究成果，很快他就赢得了管理专家的荣誉。
>
> 1924 年 6 月 14 日，过度疲劳给他带来不幸，在他准备参加布拉格国际管理大会的前三天，弗兰克给莉莲打电话，在说到关于利弗兄弟公司包装肥皂片节省动作的想法时，由于心脏病，突然去世于电话亭中，当时他才 56 岁。
>
> 思考一下：吉尔布雷斯取得成绩根源是什么。

2. 动作研究的应用范围

动作研究的应用范围很广，从设计新工厂、新工艺到改进现有工艺和现有工作地，在生产及各项活动中，通过动作研究和改进，获得较高的生产率，进而降低成本，减轻作业者的负担。在动作改进的例子中，最著名的是美国的动作研究专家吉尔布雷思夫妇对砌砖动作进行的分析研究，这是一个具有现实意义的典型的例子。通过对砌砖工在各种标准情况下砌砖动作的细致研究，吉尔布雷斯把每砌一块砖的 18 个动作减少到只要 5 个，而在特殊情况下只需要 2 个。

吉尔布雷斯又独创性地发明了"灯光示迹摄影"和"设计灯光示迹摄影"两种摄影方法，首创用电影摄影机和计时器将作业动作拍摄成影片，并进行分析的方法——微动作研究，使动作分析的准确性和有效性有了很大的提高。为了缓和、消除工人对早期动作研究的抵触和不满，吉尔布雷斯又逐渐地将动作研究范围扩大到工作疲劳与单调、动机及工作态度等方面。

此后，微动作研究不仅应用于工业领域中，在人类某些行为例如运动和健康护理等方面也得到了广泛运用。照相机和慢动作的运用，使得分析人员能对那些很快，但是看不清的动作进行研究。同时，动作研究的胶卷，不仅为正在培训的工人和动作研究的分析人员提供了可以参照的永久性记录，并且也为解决涉及工作方法的争执提供了手段。

日本在动作研究方面做得比较精细，他们不放过任何一个多余的动作和可以节省的机会。他们认为即使一个循环的动作距离能节约 10 厘米，则在 100 人的大量生产工厂中，一天就可以节约折合 1 万日元以上的成本。

总之，方法设计普遍地适用于各种类型的需要，而其正确使用可以带来巨大的利益。由坚持方法改进所带来的节约，很久以来工业界把它看成是降低成本和提高生产率的一个最好途径。

3. 动作研究的原则和技巧

吉尔布雷斯的工作奠定了动作研究原则的基础，这些原则是设计高效的工作动作程序的指导。动作研究原则分为三部分：身体利用原则、工作位置安排原则、工具设备的设计原则。

在开发工作方法使得动作有效时，分析人员应尽力做到：减少不必要的动作；合并相关动作；减少工作的疲劳程度；改善工作位置的布置；改善工具、设备的设计。

动作研究的工作种类和所应用的技巧，如表 6.4 所示：

表 6.4　工作种类和所应用的技巧

工作种类	内容	分析技巧
制造的全过程	从原材料到制成品，最后出厂	工序分析 按流程分析 计划评审技术(PERT)
工厂布置	在工厂之间或在工厂之内的物或人的活动	按流水线图进行分析 按模型进行分析 按鱼刺图(树形)进行分析
作业区布置	小型产品装配作业操作人员周围物件的安放与操作人员的位置	按要素动作单位的动作分析 按代号图分析 预定时间标准(PST) 动作经济原则,作业简化原理
协同作业或自动设备作业	裁板工作与自动裁板机工作时，人与机器的配合	工作抽样 记录动作 多位式作业分析 按人-机图进行分析 作业简化原理
作业时操作人员的动作	在周期短、重复频率高时,操作人员的动作	录像分析 按照最小动作单位进行动作分析 预定时间标准(PST),动作经济原则,人体工程学

二、动作研究的工作程序

动作研究的着眼点在于有效、合理地运用现有的设备、技术、材料以及操作人员。其工作程序有如下五方面的具体内容。

1. 选择要改良的工作

以家具企业生产为例，通过对各个方面的观察，可从以下五点对生产进行分析，找出切入点。

① 最浪费成本、最消耗人力与机器时间的工作，如：热压工序。
② 生产工序过多、能源与时间耗用较多的工作，如：生产带挡水的台面板。
③ 质量不稳定、易出次品的工作，如：生产贴防火板的鸭嘴型台面。
④ 生产效率低、易发生积压，经常需加班才能做完的工作，如：异型封边。

⑤ 生产活动中的薄弱环节。

2. 记录工作细节

动作研究的效果如何取决于记录的准确性和精细程度，根据不同研究对象的各自特点来选择不同的记录方法，是动作研究中的一条基本原则。方法有各种图表和模型，选用何种图表进行工作设计取决于任务的活动范围。

3. 对记录资料进行分析

在具体的分析过程中，可就五个方面（目的、地点、次序、人员、方法等）分为四个层次提出疑问。通过分层次的提问来深入探索改进的途径，如表 6.5 所示。

表 6.5 分层次提问

层次	目的	地点	次序	人员	方法
第一层次	要达到什么目标	放在哪儿做	在何时做	由谁来做	用什么方法做
第二层次	为何要到达它	为何在那儿做	为何此时做	为何由他做	为何用此方法做
第三层次	能否改为其他目标	能否换个地方做	能否换个时间做	能否换别人来做	能否换个方法做
第四层次	选什么目标更好	在哪做更好	何时做更好	谁来做更合适	何种方法做更简便

4. 提出改进的方法或开发新方法

这一阶段的工作主要是改进现行方法的不合理部分，这也是动作研究的核心部分。因此要千方百计地寻找出更为有效、简便、合理、节约、经济的方法来。先考虑"目标"，能换则换；如果不能换，则从第二部分开始考虑，看动作是否能合并，工序和布局是否需要重新安排；等结论令人满意，最后考虑"方法"，即如何改进，使它尽量简化、方便、省时。

5. 制定改进方法或新方法的执行标准

在提出改进的方法或开发新方法步骤完成后，就要根据结果重新制定实行的办法。在该步骤前的所有步骤都是为了更好地进行工作动作设计，只有把改进的方法运用到实际当中来，才是动作研究的根本意义所在。在制定相关的新行的执行标准后，工人就可以按照新推出的方案执行，从而能提升工作的效率并且在得到反馈后继续进行调整，由此可以使工人的工作动作体系更加完善，生产力不断提升。

在实际工作中，执行标准的制定常被忽视。贯彻新方法必须要制定标准，并且要强制执行，为标准的执行创造优良的环境。在推广中，要让工人参与并教给他们新方法，最终让他们掌握要领并从中受益。

三、动作研究的工具

1. 工艺流程图

在分析产品、人员的运动中，工艺流程图对一步步的顺序提供了有价值的图解。典型的流程图中包括的资料有数量、移动距离、所做工作的类别以及所用的设备，也可以包括工时。为了便于列出工艺流程图，一般均采用国际通用的记录图形符号来代表生产实际中的各种活动和动作，如表 6.6 所示。

表 6.6 动作分析符号（操作图用符号）

动作名称	国际通用符号	所代表的活动
操作加工	○	过程中使材料或产品发生改变以增加价值的步骤
运输	→	改变物体位置，从一处到另一处

续表

动作名称	国际通用符号	所代表的活动
检验	□	检验物件的质量和数量特性
延迟	D	物件停留在一个位置,等待下一个活动,不需获准就可以进入下一个活动
贮存	▽	物体停在一个位置,未获准不能离开

2. 左右手操作图

当工人基本上站在一个固定地点操作时,左右手操作图提供了分析工人活动的合适方法。在完成了某项活动的左右手操作图之后,可以用一系列问题对现行方法提问:

某个细分操作可以取消或合并吗?

某项运输能够取消或缩短吗?

动作顺序能否改变使操作简化?

某些延迟能够消灭吗?

通过使用模具或夹具能消灭"用手握住"吗?

3. 复合活动图

在一人一机、一人多机或其他人机组合的操作中,延迟经常会发生。复合活动图对分析组合活动提供了方便的技术。这种分析经常用以达到机器的最大利用率、人机关系的最优配合或集体协作生产的最佳平衡等目的。由于时间是个重要考虑因素,必须使用包括时间因素的图表。复合活动图也叫"人-机操作图"。动作研究主要通过对"人-机操作图"的分析,来确定工人和机器设备的最为经济的组合。当设备的空闲时间和工人空闲时间的综合费用最小时,即为所求的最佳点。

4. 模特法

模特法(modular arrangement of predetermined time standard,MOD)是一种人类工学,是当今世界上四十多种预定动作时间标准方法中最容易掌握的方法之一,是"工作研究"中衡量劳动测定的一种技术。模特法的原理是根据操作时人体动作的部位、动作距离、工作物的重量,然后通过分析计算,确定标准的操作方法,并预测完成标准动作所需要的时间。

首先,运用模特法,无须经过现场测时,只要根据工作物蓝图、工作地布置图和操作方法,就能迅速、准确地预先计算出完成某一操作或工作所需的正确时间。由于"模特法"的速度是根据能量消耗最低速度确定的,因此,用"模特法"制定的劳动定额不仅先进合理,而且劳动紧张程度适度。

其次,运用模特法可以评价工作方法,改善操作方法和工作地布置,减轻操作者的劳动强度,改进工艺流程和工装夹具,使劳动者与劳动工具和劳动对象达到最佳的结合,为寻求最为经济、最有效、最省力的工作方法提供了一个简便易行的科学标准。

最后,运用模特法可研究人体各种动作,其中主要是发现操作人员的无效动作或者浪费现象,简化操作方法,减少工作疲劳,降低劳动强度,以寻求省力、省时、安全和最为经济的动作。在此基础上制定出标准的操作方法,为制定动作时间标准做技术准备。

模特法的特点是易懂、易学、易记,其他的特点如下。

一是所有人力操作均包含一些基本动作,同时不同的人做同一动作(在相同的操作条件下)的时间基本相等。这里不同的人在做同一动作所需的时间相同,是对大多数人而言,对于少数特别快或特别慢的人不包括在内。

二是对于同一工作岗位,男性操作工和女性操作工,在工时定额中应该留有一定的差别。男性、女性操作工人数差不多相同，分布在不同的工作岗位。对于一些体力消耗较大的工作岗位，应多安排男性工人。女性操作工应多安排在一些要求手脚麻利，眼疾手快的岗位。

三是运用模特法研究动作时，还应结合人机工程学的有关原理，得出更加精确的工时标准。因为操作人员在不同的操作环境，会有不同的操作效率，所以在应用模特法时，还应根据现有的情况，结合人机工程学的有关原理，合理制定出工时标准、岗位工作量定额。

本 章 小 结

利用报酬和员工激励的方法对员工进行引导。在生产管理的因素当中，大多数涉及的因素变动性都较大，其中占领最高位置的因素是对员工的管理。由于员工具有主观能动性，受方法、环境影响较明显，所具有的机动性也较强，因此应该利用好其优点，规避由人员的波动所带来的风险。

工作设计和测量工作是进行生产管理的必不可少的环节之一，它关系着生产计划的制订，在一定程度上决定着生产的效率，因此在进行生产作业之前应积极把握好设计和测量工作的实施。

而生产设计和测定工作也同样有着密不可分的关系，在生产测定工作中得到的标准时间是工作设计的基石，有了准确的数据，就可以对工人的工作时间、工作周期以及相关的机动性进行测定。也就可以在一定程度上规避风险，组织稳定、高效的生产过程。

工作设计和测量的基础是动作研究，本章介绍了动作研究的起源和应用范围，给出动作研究的工作程序，并介绍了动作研究的工具。

练习题

一、名词解释
1. 报酬 2. 员工激励 3. 工作设计 4. 工作条件 5. 工作测定 6. 动作研究
7. 工作丰富化 8. 工作轮换 9. 标准时间 10. ECRS 分析法 11. 动作研究

二、简答题
1. 基于时间的、基于产出的两种基本的员工报酬方式是什么？采用原因分别是什么？
2. 什么是工作设计？它的重要意义是什么？
3. 试叙述工作扩大化和工作丰富化的区别。
4. 工作扩大化、职务轮换、工作丰富化的内涵是什么？
5. 你认为应该如何定义一个良好的工作条件。
6. 工作测定及其主要的方法。
7. 动作研究的工作程序。

第七章

选址规划与评估

【学习目标】
1. 了解企业选址工作的重要性；
2. 明晰全球选址的重点评价因素；
2. 理解商圈选址的具体流程以及相关概念；
4. 判断出不同类型企业选址时关注点的不同；
5. 掌握企业选址的定量分析计算方法。

案例一

宝马莱比锡建厂过程分析

2001年，经过竞争激烈的选址过程，宝马舍弃捷克而选择在莱比锡设厂，该决定令许多业内分析师震惊。宝马莱比锡工厂于2005年正式投产，这座占地面积0.81平方公里的工厂与中国的铁西工厂和美版斯帕坦堡工厂是宝马集团最具可持续性的3个工厂。2013年工厂开始生产宝马i3车型，2014年，又生产宝马i8车型。其他欧洲和亚洲汽车生产商都在把生产转移到东欧的低成本国家，因此，让莱比锡车厂生产宝马最畅销的3系车型，看起来像个巨大赌注。但是后续发展证明宝马公司做出的这个决定十分正确，它不仅保障了公司自身的发展，同时也给同行业的发展提供借鉴。

宝马首席执行官赫穆特·庞特（Helmut Panke）认为，莱比锡工厂是有关德国制造业生存之道的蓝图。他坦言，即使把欧盟为支持在莱比锡投资所提供的3.63亿欧元补贴考虑在内，在捷克设厂也要比在莱比锡设厂更加便宜。但，区别意义在于"质的因素"。比起宝马现有的那些工厂，莱比锡工厂具有更高的劳动力弹性，而且既靠近现有工厂，又靠近宝马的供应商。莱比锡工厂有个很大的优势在于如下简单的事实，即所有工人都讲德语，省却了棘手且成本高昂的翻译。长期以来，高工资令德国汽车业在竞争中处于很大的劣势。尽管莱比锡工厂位于德国偏东部地区，但该厂工人的报酬接近行业正常水平。戴姆勒公司表示："如果你把一切都考虑在内——大量合格工人、良好的基础设施、灵活的劳动力等，那么德国就会胜出，表明它可以具有国际竞争力。"后来宝马选址的案例成为经典成功案例后，学者对其优越性做出总结：经济性运作和灵活性；理想的地理位置和相关条件，以利于未来工厂建设；拥有高素质和受过良好培训的专业雇员；现有资源的利用，如工厂、供应商及后勤保障；交通运输基础设施，供给及废弃物管理；与宝马集团销售及配给网络的便利联系；快捷、通畅的实施程序。

启发思考：

赫穆特·庞特顶着巨大的压力做出了最适合宝马的选址决策，他一定考虑了很多的因素，平衡了综合环境，才做出了正确的选择。选址是每一个企业都应重视的任务，怎样才能做出最优的选址规划呢？

第一节 选址决策

厂址选择是企业建设和发展的首要环节，是企业总体布局规划与设计的基础和前提，同时也是国家行业规划和区域规划的具体体现。厂址选择决定了企业建设、生产和发展的外部条件，进而影响了企业的发展模式及发展方向。

一、选址条件及战略

1. 选址阶段

如何合理地进行企业选址，为企业发展创造有利的外部条件，使其健康、高效地发展，已经成为企业工程选址理论研究需要迫切需要解决的关键问题。工业企业厂址的选择，通常情况下可以分为两个阶段——规划选址和工程选址，二者有着紧密联系。从地域范围看，它们由大到小，首先是规划选址，其考虑的空间范围在数万平方公里以及更大的区域；其次是工程选址，是在规划选址报告所推荐的建厂地区内进行，其考虑的空间范围在数千平方公里以及更小的区域。通过这样由大到小，将厂址选择的范围逐步缩小，最后确定出最佳厂址的具体位置。

（1）规划选址

规划选址是厂址选择的第一阶段，其主要任务是确定工业企业厂址的建设地区，即经济地理位置，主要考虑资源条件和社会经济发展的需要。在国内选址，这一阶段的工作主要由国家发改委、工信部或其他主管机关根据全国资源的分布、储量和战略要求，国民经济规划，工业部门的布局，经济区域的生产力配置和工业区域规划，技术经济依据和一般地质勘察的调查资料，确定工业企业厂址的地理位置。

规划选址，即在广阔的地理区域内选择建厂地区，应根据工业企业及其设施的性质、规模，对各地区的建厂条件进行全面调查；并重点研究当地地质、原料和燃料供应、供水供电、交通运输及环境保护等条件，论证各地区可供考虑的厂址方案；然后通过分析比较提出候选的建厂地区或几个可建厂地区的优劣顺序，得出可能的建厂地区及建厂规模，并征得所在省、市、自治区的同意。

（2）工程选址

工程选址紧接着规划选址之后进行，是厂址选择的第二阶段，其主要任务是在已批准的规划选址报告所推荐的建厂地区内，确定工业企业建设的地点和厂址的具体位置，主要考虑建设条件和生产条件。

这个阶段的工作主要是由拟建企业所属的工业部门和主管机关与所在地区的铁道、交通、环保、城建、电力、土地等有关部门共同进行勘察、设计，在第一阶段所确定的地区范围内进一步落实建厂的具体地点。

进行工程选址，必须详细地调查水文地质、工程地质、交通运输、动力供应和资源的情况，并取得有关方面的书面协议或文件。对企业在不同场地各种情况下的建设费用和经济条件进行技术经济分析和论证，通过政治、经济、技术等多方面的综合分析和多方案比较，给出拟建工业企业厂址的具体位置及其规模，并写出选址报告，提交上级机关审批确定。

2. 选址条件

新企业的产生、企业生产能力的扩大、企业外部条件的变化、社会制度或经济政策的变动等都可能使企业面临选址问题。其中常见的有以下几点。

一是需求增加。产品或服务的需求增加，而企业不能通过扩大现有位置满足需求时，为增加新设施位置势必进行选址规划。

二是资源条件变化。企业为解决原材料、能源和人力缺乏的问题，会考虑将现有的设施位置向着资源充足的地方转移，尤其是企业原所在地所需资源被耗尽的情况，比如某些受资源限制的行业。

三是市场条件变化。企业所服务的市场发生转移时，为充分接近市场、降低运输费用、及时提供产品或服务、提高市场反应速度等，企业会随着市场而转移。

3. 选址战略

选址常与组织战略联系在一起，不同的组织战略对应不同的选址策略，选址决策是一个长期责任范畴，会影响投资需要、运作成本、税收以及运作。例如：低成本战略，是指企业通过有效的途径降低经营过程中的成本，使企业以较低的总成本赢得竞争优势的战略；集中化战略，是指主攻某一特殊的客户群、或某一产品线的细分区段、某一地区市场等。企业选址决策是为不失时机地抓住获利及继续获利的机会，与企业的长期发展关系重大。选址是关于成本和收益的最重要的决策之一，也是一项长期性、整体性的决策。设施选址的重要性可以从投资、运行成本两方面分析。

一是投资。建新厂需要大量的投资，土地的价格、基建工作与区域的选择有着直接的联系。城市中心地段的土地价格，显然远远高于远离中心地段的土地价格，即使是租用土地也是如此。通水、通电、通气及土地平整等费用也是建新厂的一项重要投资，需要纳入选址的考虑范围内。

二是运行成本。选址不仅对初期的设施投资有着重要的影响，同时对企业今后的运行成本也有着极为重要的影响。设施一旦定址，必将在今后较长时期内影响企业的生产经营活动。不好的选址将会导致成本过高、劳动力缺乏、丧失竞争优势、原材料供应不足或与此类似不利于运作的情况。选址的目的：营利组织以潜在的利润为依据进行选址，非营利组织追求服务费用与服务水平的平衡。对于营利组织选址决策的目标一般是使得潜在利润最大，但对于制造型企业，大都是使成本最小；而对于服务型企业，往往要求靠近消费者以使得收益最大。

二、设施选址方式及供应链

设施位置选择是指选定企业或工厂、仓库、服务点等设施的适宜地理位置，也即为进行运作活动选择一个良好的内外部环境。它不仅关系到设施建设的投资和建设的速度，而且在很大程度上决定了所提供的产品和服务的成本，从而影响到企业的生产管理活动和经济效益。特别是服务设施选址，其选址的结果直接关系到营业额的多少。

1. 设施选址选择

选址决策会影响到投资需求、运作成本和税收。设施位置决策中管理人员可有四种选择，具体如下。

(1) 扩建现有的设施

如果有充分的扩展余地，尤其是在其他地方不可得到满意的设施位置时，就可以采用这种选择。扩建费用通常要低于其他方式。

(2) 在保留现有设施基础上，在其他地点增加新的设施

许多制造企业和零售企业通过不断建立新的分厂和分店来满足增加设施的需求，但要考虑这将对整个系统产生的有利影响和不利影响，新的分厂或分店的加入可能会影响原有的原材料供应和产品服务市场，从而影响原有系统的生产和营销活动。企业应以整个系统的总体效果来决定某个新设施位置的加入。此外，新增加设施位置可能是一种用以维持一定市场份额或防止竞争者进入某市场的防御性策略。

(3) 放弃现有设施，迁到新的地点

市场的移动、原材料的耗尽以及作业费用增加等常使得企业认真考虑此种选择。企业必须权衡保留原有设施位置与迁到新址的费用和益处。

(4) 维持现状

企业有不做任何改变的选择。如果对潜在设施位置的详尽分析表明以上三种选择都无任何益处，企业就会做出维持现状的决定。

设施选址对一个企业至关重要，直接关系到以后企业的生产运作的盈利程度，但对于不同的行业，设施选址的作用大小并不相同。比如，对于游乐场这种娱乐行业，设施布置的精准程度直接决定了游乐场运转效率，进而影响了游客的体验感受，也就决定了游乐场的盈利水准，具体如上海迪士尼选址。

小资料

某公司是卡车生产企业，以生产承载能力从0.5吨到3吨的轻型卡车为主，同时生产厢式车、工程自卸车、特种车、皮卡以及客车等。随着企业发展逐渐遭遇瓶颈，以及竞争对手实力的不断增强，公司必须着眼于重新调整生产结构，并完善配套加工生产线设备，以增强公司实力，从而在行业竞争中立于不败之地。但是，公司现有厂区面积拥挤，已经无法实现合资合作、新产品扩充改造和产品开发试验的要求。此外，城市总体规划确定公司现厂址为商业住宅区。目前，公司周边已经被万科等高档住宅包围，工厂生产对居民生活造成影响。因此，公司依托现有厂址进行改革和扩建的可能性十分渺茫，要想继续生存和发展，公司必须进行搬迁。设施选址影响企业的运营成本和竞争优势，设施选址与企业的经营战略密切相关。选址是一项巨大的永久性投资，一旦在工厂或服务设施建成后才发现选址错误，则为时已晚，难以补救。公司将理论联系实际，对公司搬迁选址的需求进行充分分析，根据公司的实际发展情况确定相关备选方案并进行评价。最后，公司确定最终选址方案，对其进行经济性和社会性影响分析，并为搬迁提出建设性意见。

2. 设施选址与供应链

设施选址并不是一个企业选址的孤立问题，而是企业在其所处的供应链中的定位问题，必须以系统观点考虑。每个企业都有自己的供应商和顾客，企业只是某个供应链上的一个环节。

供应链是围绕核心企业，通过对商流、信息流、物流、资金流的控制，从采购原材料开始，制成中间产品以及最终产品，最后由销售网络把产品送到消费者手中的将供应商、制造商、分销商、零售商，以及最终用户连成一个整体的功能网链结构。

在理想条件下，一个企业的选址决策原则应当使整个生产和分销过程的成本最小，至少应当在本企业控制下的那部分供应链的成本最小。比如，供应链开始端的企业，如果是提供

原材料的企业往往靠近原材料产地。然而多数企业只占供应链中极小部分，对于其他部分影响力有限，因而新设施必须根据供应链中已经存在的各个环节选址，形成了供应链企业集中分布与分散分布两种类型。其中，集中分布是指一个完整的生产线所涉及的作业工厂相对位置较为密集，分散分布则与之相对。集中分布型比分散分布型更容易产生规模经济和进行紧密控制。

三、选址的宏观和微观影响因素

1. 选址的宏观影响因素

选址的宏观影响因素包括：经济、政治和政策、自然和社区因素等。

（1）经济因素

从供应链的角度来看，一个企业原材料的获取、运输以及成品的销售都跟运输息息相关。并且在生产经营活动的全过程中产生的运输费用是企业产品总成本的组成部分。而交通的便利程度、交通工具的运用以及企业与供应商和经销商与消费者之间距离的远近是决定运输条件和费用的主要因素。

选址时候要接近原材料的供应地。对于原材料依赖性较强的企业在选址的时候首先要考虑的因素便是尽可能接近原料的供应地，如火电站希望能够靠近煤炭基地。

选址要接近消费市场。选址要接近消费市场是为了节约运费并且能够及时提供服务。对于服务性行业来说，潜在的决定因素与市场有关，包括交通方式及其便利性、竞争者所处的位置以及市场的临近程度。

劳动力资源以及费用。不同地区的劳动力资源都不一样，工资水平也不相同。文化教育水平往往决定当地的劳动力资源水平。

（2）政治和政策因素

政治因素包括政治局面是否稳定，法制是否健全，赋税水平的高低等。特别对于跨国企业来说，政治因素在它们的国际选址上就显得尤为重要。如果投资建厂或者是成立建设分公司所在的国家政局很不稳定，这对于企业来说无疑是巨大的风险。再加上如果法制和税制不稳定性，会导致投资者的权益得不到充分的保证，这些都是影响一个企业考虑在哪里选址建厂的重要因素。

政策因素是指国家和地方政府的经济政策、税收政策以及鼓励或限制产业发展的政策等。如：高新技术园区对高新技术企业所采取的优惠政策，地方政府对鼓励发展的产业有明显的税收政策等。

（3）自然因素

自然因素主要包括：气候、水资源情况以及地段情况。这些条件往往会影响一个企业的运行，如造纸厂、化纤厂以及水力发电厂等，对用水量以及水资源的要求较高。而有些重型机械产品生产企业，对地面的承重要求较高，因此要选择地质条件较好的区域建厂。

（4）社区因素

许多地区通过提供财政上或其他方面的激励来积极吸引新公司，因为它们被视为未来税收和就业机会的潜在源泉。但是一般而言，每个地区都不希望新公司会带来环境污染问题，特别是容易造成严重危害的企业也会受到整个社会的反对，许多化工厂也面临搬迁，远离居民居住地。2015年，天津滨海新区爆炸事故震惊全国，也促使各地危化品企业搬迁改造大大提速。

2. 选址的微观影响因素

选址的微观影响因素包括：成本、设施条件、人力资源、环评和安评因素等。

(1) 成本因素

彼得·德鲁克在《管理的实践》一书中提到：企业的本质，即决定企业的最重要原则是经济绩效，在制定任何决策、采取任何行动时，必须把经济绩效放在首位，而经济绩效又和成本息息相关。成本因素包括：工厂建设成本，人力资源成本，公用事业成本，物流成本等。满意的"成本因素"目标是在满足该项目的条件下能使工厂建设成本最低、人力资源成本最低、公用事业成本最低和物流成本最低，从而使将来的日常运作成本为最低。

(2) 设施条件因素

设施条件指标主要包括：土地地理位置和面积、港口设施、公用设施和生活设施状况等。评价分数高代表条件好，反之代表条件差，任何一个制造企业都对当地基础设施具有强烈的依赖度。

① 土地地理位置和面积。土地的地理位置、面积、地质条件、地价等都是十分重要的因素。

② 港口设施。港口设施将直接影响到原材料的供应和运输，也直接影响企业日常运营的效率。

③ 公用设施。企业生产在日常运作过程中需要所选地址提供水、电、天然气等生产所需要的公用设施，同时企业需要工业区内设置中央污水处理厂以及提供废物处理等服务；为了保证和其他生产基地及其他分销中心有良好的信息沟通，则需要该选址的区域提供可靠的内部和外部的通信设施。

④ 生活设施。所选厂址要能提供员工宿舍、高管公寓、子弟学校、医疗和急救、文娱体育等相关生活设施，这样不仅能给员工提供良好的生活环境，而且能加强员工的归属感，从而大大提高员工的满意度和稳定性，使企业日常的运作更加高效，从而更好地为自身及社会创造财富。

因此，满意的厂址选址"设施条件"的目标是土地地理位置和面积、港口设施、公用设施和生活设施方面都能满足将来的日常运作的需求。

活学活用

以 H 公司的铸造行业为例，压铸设备的自重多达上百吨，并且在生产过程中会产生振动。因此，其生产厂房对于土壤的承载力有较高的要求。

(3) 人力资源因素

人力资源是工厂运行必不可少的重要因素，人力资源的可获得性、人员素质以及稳定性对新建工厂的持续运行有着十分重要的影响。在进行工厂选址时需要根据工厂的运营计划预先制订出完善的人力资源计划，要确定准备建设的工厂人力资源结构需求，即需要确定人员的素质、人数以及类型等，同时还需要确定不同素质的人员比例以确定企业对人员素质的依赖程度。同时，需要了解和分析备选厂址的人力资源供给情况以确定后续的行动计划。一般来讲，新建工厂的人力资源来源于以下渠道：由投资企业派遣、从学校招聘、本集群内的其他企业调派、集群所在地的集群外人员招聘、外地招募等。在获取新建工厂拟备选厂址区域的人力资源状况时，应从上述五个渠道进行了解，以便全面评价当地的人力资源供给状况。人力资源条件指标主要包括人力资源素质、技术和管理人员的可得性和一般劳动力的可得性，评价分数高代表条件好，反之代表条件差。

① 人力资源素质。人力资源是最重要的生产资源，除了数量上的要求外，更重要的是质量方面的要求，如文化水平、技术技能等。

② 技术和管理人员的可得性。如果工厂设备都采用自动化程度很高的控制系统，则需要一大批具有大专文化程度以上的操作员、专业技术和管理人才。

③ 一般劳动力的可得性。工人需要轮班工作，工人的工作态度、积极性对于保证生产率和产品质量是非常重要的。

（4）环评和安评因素

环评和安评因素指标主要包括该项目与自然环境的适宜度、对自然和人文环境的影响度以及劳动安全和消防，评价分数高代表条件好，反之代表条件差。

① 与自然环境的适宜度。企业选址总体上应符合当地的总体发展规划，在气象条件、水文条件及地形条件方面适宜。气象条件主要针对选址的气温、风力、降雨量等一系列气象指标；水文条件主要是要查核近年的水文资料以避免选址在洪泛区等区域；地形条件方面应选择在完全平坦的地方。

② 对自然和人文环境的影响度。企业在当地是否受到公众的欢迎，对企业的日常经营活动存在着影响，严重时会使企业无法进行正常的生产活动。企业在产出产品的同时也产出废物，有可能对环境造成危害。因此在选址时应考虑尽可能选在对自然和人文环境影响较小的地方，否则会受到公众的谴责和抵制，有时甚至会引发居民的阻挠行动及政府部门的强制停产。

③ 劳动安全和消防。对于新建项目，国家有一系列的规定，主要有关各方面许可证的签发与获得。例如，新建厂房会涉及安评、环评、规划报建与许可、消防报建与许可、施工报建与许可等一些相关的许可证的申请和批准，而其中的消防、安评是相当关键的一个评价指标。

第二节
全球性选址

企业生产运作全球化主要表现在以下两大方面：企业在全球范围内建立生产基地；企业在全球范围内组织供应链的各个环节，包括原材料的全球采购、零部件的全球外协加工等，以便于产品的全球销售。

案例二

Spansion是全球最大的专门提供闪存解决方案的公司。几乎所有电子设备中都会用到闪存产品，如手机、汽车、打印机、网络设备、机顶盒、高清电视、游戏机及其他电子消费品。目前，包括消费电子和汽车领域在内的全球前十大原始设备制造商都在其产品中使用了Spansion的解决方案。该公司选址的地域及主要考虑的选址因素如下。

1. 得克萨斯州奥斯汀：是Spansion的旗舰制造基地之——Fab 25工厂的所在地，该中心致力于驱动程序、平台软件，以及MirrorBit闪存和逻辑器件相集成解决方案的开发。

2. 北京：鉴于很多全球大型手机制造商都在北京设有研发机构，Spansion的中国设计团队致力于帮助其合作伙伴开发系统级参考设计，该中心现已为系统级闪存验证开发了多个演示和测试平台。

3. 慕尼黑：该设计中心毗邻众多全球领先的汽车制造商和电子OEM（原厂委托制造）厂商，是Spansion汽车解决方案的全球中心。

4. 巴黎：欧洲总部所在地，也是Spansion在安全标准和技术开发方面一个卓越的全球中心。

5. 首尔：领先的移动系统开发中心，也是Spansion公司在韩国的分支机构所在。该中心的设计团队与 OEM 厂商和 ODM（原厂委托设计）厂商密切合作，利用 Spansion 闪存来优化子系统性能。

6. 桑尼维尔：Spansion 总部，拥有一个致力于对硬件和软件进行系统级验证的团队。

7. 川崎：进行系统级的工程设计，为平台设计人员开发定制的硬件和软件。

未来 Spansion 将通过与当地一些其他的硬件、软件供应商以及最终客户开展密切合作，开发先进的、系统级的解决方案，从而降低成本、加快产品上市速度并降低设计的复杂性，相信此举将有助于加强最终产品的创新性和个性化程度，提升 Spansion 为市场所带来的价值。

启发思考：

Spansion 公司在考虑全球选址问题上运用了哪些技巧？其选址结果有哪些优缺点？

一、全球性选址概述

美国的波音 747 飞机，其中 450 万个零部件是由 6 个国家的 1.1 万家大企业和 1.5 万家中小企业协作生产的。以福特汽车公司为例，它在比利时生产传动装置，在英国生产发动机和液压装置，在美国生产变速齿轮系统，然后相互提供部件，装配成汽车销往世界各地。

1. 全球性选址的促进因素

全球化对商业组织更具吸引力和可行性，其中两个关键的因素是贸易协定和技术进步。

① 贸易协定。随着《北美自由贸易协定》《关贸总协定》等贸易法案的签署，国际贸易的障碍如关税或者限额已经减少或者消失。而且，欧盟也已经减少了很多贸易障碍，世界贸易组织也有助于促进自由贸易。

② 技术进步。在交流和信息共享方面的技术进步也是非常有益的，这些技术包括：传真、电子邮件、手机、电视会议和互联网等。其中自动化对厂址的选取有很大影响。国外的低劳动力成本一直以来就是境外建厂的主要考虑因素，但是，在一些发展中国家所呈现出来的劳动力成本增加和不良的安全记录，让人们把注意力更多地集中在本土建厂所带来的运输时间短以及自动化应用上。

促使生产运作全球化的原因，主要有五个方面。第一，发达国家的国内劳动力成本不断上升，其不得不向外转移劳动密集型产品的生产。第二，环境保护意识越来越深入人心，有条件的企业主动转移造成环境污染的产品。第三，世界金融体制的开放和资本市场的全球化，使全球资本可以方便地、低成本地快速流动，使企业可以在全球范围内投资建厂。第四，交通设施和通信工具的快速发展，为生产运作全球化提供了交通运输的条件。全球性的运输成本变得低廉、可靠和安全。第五，伴随着现代化工业而来的大型项目，如航天器、核能电站等，当代任何一个国家的资源、技术和资金都无法由一国独立承担。生产运作全球化是社会分工超越国界的必然结果。全球化意味着增加了制造业和服务业的扩散范围，为企业开辟了新市场。

2. 全球性选址的优势

公司在全球化运作过程中发现了大量的优势。但是值得注意的是，并非所有优势在每种情况下都会发生，意识到这一点很重要。全球性选址的优势主要体现在以下几方面。

① 市场。公司经常为其产品和服务寻求扩展市场的机会，以及结合当地需求提高现有顾客的服务水平，加快出现问题时的响应速度。

② 成本节约。潜在的成本节约包括运输成本、劳动力成本、原材料成本和税收。在德国，高额生产成本使得许多公司将工厂设在低成本国家，其中包括工业产品巨头西门子公司（在英国设有半成品工厂）、贝尔制药公司（在美国得克萨斯设厂）、赫希斯特股份公司（在

中国设厂)、梅赛德斯汽车公司（在西班牙、法国和美国设厂）和宝马公司（在美国南卡罗来纳州的斯帕坦堡设厂）。

③ 法律和法规方面。可能会有更多对公司有利的责任和劳动法以及更少限制的环境和其他法规。

④ 金融方面。当产品在某一国家生产，而在其他国家销售时经常会出现货币兑换问题，公司就可以避免该问题带来的冲击，而且，国家、地方或当地政府都会提供一系列激励措施来吸引商机，这些商机可以提供就业机会和促进当地经济的发展。例如，美国政府的激励措施、劳动力、土地可用性、成本等促进了日产汽车公司在密西西比建立了大型装配工厂。梅赛德斯在亚拉巴马州建立了大型装配厂。一个附加的优势是这些工厂的供应商也在这些地区建厂。

其他方面的优势，包括产品和服务的新构想，运作和解决问题的新视角等。

3. 全球性选址的劣势

① 运输成本。基础设施的不完备或远距离运输所造成的高运输成本，抵消了在劳动力和原材料上节约的成本。

② 安全成本。安全风险和偷窃行为增加了成本。而且，国际边界的安全措施减缓了运载速度。

③ 不熟练的劳动力。不熟练的劳动技巧会影响质量和生产率，工作的行为准则也会有所不同，因此需要附加的雇员培训。

④ 进口限制。一些国家限制了制成品的进口，拥有当地供应商可以避免这些问题。

⑤ 文化冲突和质疑。主要指文化冲突所带来的交流不畅的问题，同时还有相关的质疑。相关人士认为成本节约是由不公平的行为造成的，例如"血汗工厂"，雇员工资低并且要在恶劣的工作环境下工作。

⑥ 生产率。如果不能保持产品的生产率，造成生产率低下，有可能会抵消低劳动力成本或其他方面的优势。

4. 全球性选址的风险

全球化运作的同时，伴随而来的是一系列的风险，例如政治、经济、法律、文化等。

政治的不稳定和动荡给个人安全和财产安全带来了风险，而且，政府可能将其国有化并进行接管。经济的不稳定可能会产生通货膨胀或通货紧缩，这两者都会影响收益率。法律和法规可能会减少或消除主要收益。文化上的差异更加明显，如沃尔玛进驻日本时便发现了这个问题。虽然沃尔玛在很多国家以其低成本声誉做得非常成功，但是日本的消费者将低成本和劣质联系在了一起，因此沃尔玛不得不重新考虑其日本市场战略。

同时还有质量方面的风险，如果质量控制不严格，企业可能会面临产品召回和产品责任问题。在有的地区还有恐怖主义问题，恐怖主义在世界上很多地方仍然是个威胁，使个人和财产安全都处于危险之中，并且减少了国民旅游或去某国工作的机会。

5. 管理全球化运作

虽然全球化运作有很多优点，但是这些运作经常会产生一些新的管理问题。例如语言和文化上的差异增加了错误传达信息的风险，还可能会影响商业关系中很重要的信任。管理类型也可能千差万别，在某一国家运作良好的策略可能在其他国家没有效果。增加的成本会导致面对面会议机会和到公司视察机会的减少，而且长距离的协调更加困难。技术水平可能较低，技术创新的阻力可能会比预想的要大，整合新技术更加困难。国内员工可能会抵制迁移，即使这种迁移是暂时的。

二、影响全球性选址决策的因素

1. 影响全球性选址决策的重要因素

对于企业和公司,影响选址决策的主要因素就是经济因素,之后,才是社会、政治、自然等因素。

（1）经济因素

经济因素包括：①运输条件与费用（主要是原材料位置）；②厂址条件和费用（市场位置）：制造业、服务业、政府机构；③劳动力的可获性和费用,如劳动力的年龄、工作态度、素质、薪资水平和有关法律法规等。

例如,产品型工厂大批量集中生产一种或者一系列产品,其选址时关注的是接近原材料产地或供应商,或是尽可能争取使产品的外运成本达到较低水平。生产过程型工厂,如最常见的石化厂,负责制造流程的几个阶段,其选址时应把几个分厂之间的联系作为重点考虑对象。

（2）社会因素

社会因素包括：当地的发展情况、社区基本情况、公共基础设施、居民生活习惯。

（3）政治因素

政治因素包括：政府政策、税赋政策。

（4）自然因素

自然因素包括：气候条件、水资源状况、环保法规。

勤学勤练

有一家大型的车床制造商,由于考虑到天气、物流等综合条件的平衡,老板决定将公司厂址定在一个战争频发的国家,但遭到了大部分公司高层领导的反对,如果你也是其中一名,你将用哪些理由来说服你的老板？

2. 影响全球性选址的决定性因素

在选址因素的决定方面,所选取的因素一定是更为具体也更为可量化的因素,从综合角度出发,我们主要从外国政府、文化差异、顾客偏好、劳动力、资源、金融、技术以及市场等方面,进行指标的分析和选取,得到全球性选址的决定性因素表,具体见表7.1。

表 7.1　全球性选址的决定性因素表

决定性因素	具体内容
外国政府	A：政策层面
	当地要求
	进口限制
	货币限制
	环保规则
	产品标准
	责任法
	B：稳定性
文化差异	外国工人与家属的居住环境
	宗教节日和传统
顾客偏好	当地的审美观点

续表

决定性因素	具体内容
劳动力	工人的教育与培训水平
	工作实践
	限制外国雇员数量的规定
	语言差别
资源	原材料、能源和交通质量与可得性
金融	金融激励、税率、通货膨胀、利率
技术	技术变革速度、创新速度
市场	市场潜能
	竞争力

第三节
选址分析

一个组织进行选址分析，主要取决于其规模、运作性质和经营范围。新组织或小组织往往使用非正式方法选址，例如考虑所有者的居住地。而大型公司特别是跨地区运营的公司通常使用正式方式选址，因为在制造业中所涉及的大多是大型的厂址的确定，因此在本节将重点介绍正式选址的相关内容。

一、制定选址方案的程序

选址方案的程序根据企业是一般企业还是服务业（如商场）进行选址。

1. 一般企业选址方法步骤

决策的初期一般是先进行调查，经过研究，筛选出若干基本适宜的设施位置。影响企业选址的因素有很多，选址范围可能很大，企业应根据自身的特点和要求，优先考虑影响大的关键因素，对比分析，筛选出为数不多的若干备选位置，以缩小决策范围。一般企业选址方法步骤有如下四个方面。

① 明确企业选址的优化目标，列出评价选址地点的优劣标准，如社区服务、税收高低、文化氛围等。

② 识别选址决策所要考虑的重要因素，如市场或原材料的位置。

③ 找出可供选择的选址方案，并列出可供选择的地点，一般先选择一般性地区，再选择具体地区，最后选择具体位置。

④ 选择适宜的评价方法，评估几种选择并作出选址决策，包括因素评分法、重心法，以及线性规划的运输方法等。

在确定了少数几个可行的位置后，对其中每个位置分析其所有的具有一定影响的因素，并进行综合研究、系统比较，最终确定一个或两个满意的位置。对于有形因素，要尽可能精确地进行数量分析：各因素引起的费用是多少，不变成本多少，可变成本多少，对于无形因素要尽力摸清现状与未来趋势，对未来可能出现的态度、反应及新事物要对其可能性的大小、范围、程度进行合理估计或预测。

2. 商场选址程序

（1）目标区域城市总体市场调查

对计划入驻的城市的人口发展概况、初步确定宜开店的主要区域进行调查。

（2）采集店址信息

主要方法有沿街查看法、电话咨询法、网络法、中介法等。

（3）初步商圈调查

了解店址周围500米商圈内的商业、住宅、人口及竞争店情况以及平均租金水平，并与店铺业主进行初步洽谈。

（4）市场调查报告及预选址商圈调查呈报

主要包括预选门面（及商场）基本情况、市场基本情况、保本销售预测、主商圈基本情况、店前人流统计、市场价格调查等。

（5）预选店址综合评估、实地考察

通过对上报的商圈类型、人口特征、面积、租金等资料进行初步筛选并综合评估后，组织对预选店址实地考察。对总部不能现场实地考察的，应将预选店址卖场建筑平面图（需标明我方租赁面积）、所处商圈照片、卖场外立面照片（全景）、广告位位置示意图、内部结构照片、周边商场照片等，以呈报表的形式上报。

（6）预选店址谈判、签约

预选门店获批后，由谈判组人员参考《房屋租赁合同》范本和业主进行复谈，将复谈结果报分管副总复审，复审后就修改部分再次与业主谈判，分管副总审核通过后，由分管副总（拓展部负责人或谈判专员）和业主签订《房屋租赁合同》正稿，签订后的合同原件由公司存档。

二、商场选址作业规范

1. 商场选址原则

（1）方便消费者购物的原则

① 交通便利。车站附近是过往乘客的集中地段，人群流动性强，流动量大。几个车站交汇点的地段商业价值更高。

② 靠近人群聚集的场所，可方便顾客随机购物。如商业街、娱乐城、游乐园、动物园、旅游观光景点等地方，可以使顾客享受到购物、休闲、娱乐、旅游等多种服务的便利，是最佳选择地点。但此种地段属经商的黄金之地，寸土寸金，地价高费用大，竞争性也强。因而虽然商业效益好，但并非适合所有商场经营，一般只适合大型综合商场或有鲜明个性的专业商场。

③ 人口居住稠密区、高档商业居住区或机关单位集中的地区。由于这类地段人口密度大，且距离较近，顾客购物消费省时省力比较方便。地址如选在这类地段，会对顾客有较大吸引力，很容易培养忠实消费者群。

④ 符合客流规律和流向的人群集散地段。这类地段适应顾客的生活习惯，自然形成"市场"，所以能够进入商场购物的顾客人数多，客流量大。

（2）有利于商场的开拓发展的原则

商场选址的最终目的是要保证商场的成功经营和长期的发展，要着重从以下几方面来考虑。

① 提高市场占有率和覆盖率。商场选址时不仅要分析当前的市场形势，而且要从长远

的角度去考虑是否有利于规模的扩大,以保证在有利于提高市场占有率和覆盖率,并在不断增强自身实力的基础上开拓市场。

② 有利于形成综合服务功能。不同行业的商业网点设置,对地域的要求也有所不同。商场在选址时,必须综合考虑行业特点、消费心理及消费者行为等因素,谨慎地确定网点所在地点。尤其是大型百货类综合商场更应综合地全面地考虑该区域和各种商业服务的功能,以求得多功能综合配套,从而创立本企业的特色和优势,更好地树立本企业的形象。

③ 有利于合理组织商品运送。商场选址不仅要注意规模,而且要追求规模效益。发展现代商业,要求集中进货、集中供货、统一运送,这有利于降低采购成本和运输成本,合理规划运输路线。因此在商场位置的选择上应尽可能地靠近运输线,这样既能节约成本,又能及时组织货物的采购与供应,确保经营活动的正常进行。

(3) 有利于获取最大的经济效益的原则

这是商场所有活动的根本原则。衡量商场选址优劣的最重要的标准是企业经营能否取得好的经济效益。因此,网点地理位置的选择一定要有利于经营,这样才能保证最佳经济效益的实现。

① 营业可行性:指此区域内的固定住户和人潮流动量及其消费需求和消费能力,可以维持足够的营业水平。如较大型住宅小区的主要人流通道。

② 集客性:指周围有较大型的商场、超市、农贸市场、医院、车站等吸引客流的地方,并且该店铺位于主要消费通道上,具有较好的互动性。

③ 经济性:指通过成本分析后,发现3~6个月内可达到损益平衡点,从经济学角度可行。

④ 发展性:指通过人口、住宅、商业场所等角度分析发现未来人气有望增加。

⑤ 竞争性:指消费通道上竞争店较少,或新址比竞争店有优势。

⑥ 合法性:出租方提供合法产权证明及租赁许可证;租金、转让费等提供正式发票。

2. 商圈的基本概念及选择标准

商圈定义:指吸引消费者前来购买商品的有效范围。商圈通常分为主商圈、次商圈和辅助商圈。主商圈:指最靠近店铺的区域,顾客在人口中所占的密度最高,约占门店顾客总数的65%,很少同其他商圈发生重叠,是忠诚度最高的顾客群。次商圈:指位于主商圈外围的商圈,约占门店顾客总数的20%。辅助商圈:约占门店顾客总数的15%。

(1) 商圈范围划分及其划分的方法

① 商圈范围一般以马路、单行道、人流走向、铁路、高架桥、通道等为划分点。

② 商圈类型:商业区,70%以上的顾客为流动顾客;住宅区,70%以上的顾客为家庭顾客;商住区,流动顾客及家庭顾客均不高于70%的混合区域。

③ 商圈调查的要素:基本要素(居民人口、户数、就业人口、人员结构、日均人流量)、消费力(收入水平)、竞争对手、其他集客点(大商场、超市、菜市场、医院、学校、公交车站)、发展性(城市规划)。

④ 调查方法及内容:调查人口、户数,采用实地考察法、咨询管理处、咨询居委会或派出所;竞争对手调查,调查距离、面积、品种数、营业额、经营特色;人流量测算,可通过全天统计、以不同时段估算、单双向人流量统计进行测算。

(2) 商圈店址位置选择标准

① 集客性:依托各主要商圈、次要商圈和商场超市销售的区域,重点选择在医院、菜市场、商场超市、汽车站、公交车站、老居民区或社区附近。

② 便利性:选择在交通便利、客流量大、人气旺的核心商圈和商业主干道,离核心位置尽量靠近,不要选择商圈的末端。店址前至少最好要有3条以上公交线路通过并有公交站

点和为出租车提供的上下车站的位置设置。店址周围 100 米内原则上要无阻碍通行的立交桥、高架桥、交通护栏、交通隔离带、施工场地、地面铁路线等。如果有临时停车位会更好。

③ 品牌彰显性：市级城市、省级城市选址尽量在该市的核心商圈内，同时应考虑各区域商圈的布点，特别是市内空白点。

④ 可发展性：通过市政规划了解城市现状及未来的发展和变化，以确认所选店址在未来 10 年内不被拆迁。

⑤ 竞争性：同类商品销售的集中的街区，容易招揽到较多的目标消费群体，同行聚集有助于提高相同目标消费群的关注。在定址之前，应谨慎考察和评估这些同行的管理水平、规模大小及在当地的影响力等因素。

⑥ 店面形态要求：指店铺的形状、门面宽度、高度能见度（形象）、可接近度、面积等。店面形状，以宽长方形和正方形为佳，且内部无柱子或少柱子。外部形象，正面应可独立装修，侧面和楼顶应尽可能争取更多的广告位。此外，以门前无树木、公用设施等阻挡视线为佳，两面均有门面的转角位为最佳；门前台阶少或无栏杆、行人易接近为佳。

小资料

郑州丹尼斯百货（DENNIS）是东裕集团麾下一家集百货、大卖场、便利店与物流中心等业态为一体的零售事业集团。20 多年来丹尼斯不断改进经营方式并扩大连锁规模，以郑州为核心、辐射河南全省，已在郑州、洛阳、安阳、新乡、南阳、商丘、平顶山、焦作、漯河、济源等地开有近百家百货、大卖场、便利店，为当地人民生活品质的提升和商贸建设做出了积极的贡献，同时取得了良好的经济效益和社会效益。位于郑州花园路农业路口的丹尼斯百货分店于 2008 年春天开始试营业。总用地 0.8 万平方米，建筑面积 7.47 万平方米。

（1）企业商圈分析

商场百货消费群体一般集中在半径为 1.5 千米的范围内，在时间距离上，一般要求 30 分钟的心理承受力。考虑到花园路与农业路早晚出行高峰交通拥堵的情况，花园路区域这几大百货的核心商圈范围应不超过 2 千米，次级商圈应在 6 站公交车程范围内（约为 3 千米）。

（2）竞争者商圈比较

设定各百货企业的核心商圈时，认为国贸 360 的核心商圈要大于融元百货，而国贸 360 和丹尼斯的核心商圈大小相仿。由于竞争相斥效应，认为各商场百货的核心商圈半径略长于相邻商场百货距离的一半。

（3）核心商圈分析

处在核心商圈内的消费者购物消费的概率同比大于其他商场。

丹尼斯的核心商圈包括的主要区域有郑州市动物园、省农科院、财富广场、省博物院、正弘蓝堡湾的部分地区，商圈大致呈圆形。从公交线路上看，核心商圈的公交车程不超过 4 站。

（4）次级商圈分析

次级商圈主要根据经验上的 3 千米距离和 6 站的公交车程进行预测。范围是西至丰庆路，东至中州大道，南至紫荆山，北至北三环，商圈大致呈椭圆形。

启发思考：

（1）你认为丹尼斯商场商圈的规划做得最好的是哪个环节？为什么？

（2）请对学校周围的服务型企业（如肯德基）进行实地考察分析，发现两点不足并提出改进措施。

3. 未来店址的位置条件

商圈的选择、适合开商场的地域，应该注意以下内容。

① 人口数和住户数：该区域的人口和住户可以达到未来开店的要求，可以满足基本的客户层。

② 竞争店数量：同类店的数量及未来的开店规划数量。

③ 客流状况：未来店前可能通过的行人流量及各时段的人流状况，高峰和低谷所在的时段。

④ 道路交通状况：人行道和街道是否分开、自行车的流量和方向、公交车辆的流向和数量以及间隔时间；过往车辆的主要走向、数量及类型；道路的宽窄情况，主要人流的走向。

⑤ 竞争店状况：竞争店的建筑规模、商品布局、经营的品种、外部装饰的风格和格调；竞争店的市场定位、商品品牌的进店情况、主力品牌的引进数量和销售情况。

⑥ 场地条件：店铺的建筑规模、面积、层数、形状、地基是否倾斜、标高、方位、日照的条件、周边建筑物的现状、与道路和街道的衔接状况。

⑦ 法律和法规条件：设立店是否符合未来的商业规划，建筑物是否符合城市的规划；是否有限制条件，如对环境、噪声等的特别要求。

三、不同类型企业选址分析

1. 高科技型企业选址

高科技型企业一般是指以科技创新为根本生产力，在发展过程中持续进行研究开发以及技术成果转化，从而形成企业核心自主知识产权，并以此为基础开展生产、经营活动的企业。根据新型工业化道路的发展战略，我国将优先发展高科技型企业，以此带动传统工业进行技术革新和产业升级，调整我国经济结构，推动我国的信息化进程。

高科技型企业一般有以下几个特点：以技术创新及开发为根本生产力；产品科技含量高，重量较小；对地方环境要求较高。基于以上特点，在对高科技型企业进行工程选址时，应该特别遵循以下四个方面。

（1）以地方科研氛围为首要考虑因素

科研氛围主要包括政府政策、科研机构分布、相关高等学校分布及其他科研人才培养机构分布情况。良好的政策导向将有力地促进当地科研事业的发展，从而有利于高科技型企业进行技术开发和创新工作，并为企业技术开发和创新提供良好的发展环境。科研机构及其他人才培育机构的广泛分布，除了为企业发展提供良好的科研环境外，更重要的是可以为当地培养更多科研创新人才，从而为企业提供良好的人力资源环境，有利于企业的进一步发展。

（2）考虑当地人力资源情况

对于高科技型企业，一般更为注重人才的创新能力，其对人才的要求可以说是少而精。我国现阶段正在由粗放式经济向集约式经济转型，由主要依靠加工业向大力发展科技创新企业转型，因此在进行这类企业工程选址时应优先考虑在科技创新人才集中的地方（如高校分布较多地方等）进行选址。

（3）交通运输要求易于满足

由于高科技型企业生产所需原料运输量小，所生产的产品科技含量高、运输量小，因此一般高科技型企业选址不需要考虑铁路及港口等大型运输集散工程设施，有方便的公路运输网络或与机场联系方便的位置，即可满足其运输要求。

（4）考虑周围环境状况

高科技型企业的生产特点决定了它对环境的要求较高，如生产精密仪器一般要求空气中保持一定的清洁度，且应远离有较强振动产生的企业。同时，高科技型企业对周围环境的污染也很小，一般仅会有较小的振动或噪声污染。

2. 劳动密集型企业选址

劳动密集型企业是指以大量的廉价劳动力为生产的根本动力，且劳动量消耗占产品成本的比重较大的企业。在劳动密集型企业，工人劳动效率普遍不高，如食品业、纺织业、日用百货等轻工业以及服务业等。劳动密集型产业是工业化过程中产生最早、最基础的产业类型。劳动密集型产业的发展在任何国家的工业化过程中都起着举足轻重的作用，也是任何国家工业化过程中不能跳过的发展阶段，至今在许多发达国家中仍然存在很多劳动密集型企业。我国正处在工业化的中期阶段，城镇化水平还有待进一步提高，且拥有劳动力资源丰富、劳动工资水平低等人力资源优势，发展劳动密集型产业有利于充分发挥我国劳动力优势，提高就业率，对于我国城镇化及工业化进程都有着非常巨大的推动作用。

我国现阶段劳动密集型企业主要有以下特点：拥有大量廉价劳动力资源，但劳动力素质较低；生产技术水平较低，劳动生产率不高；产品劳动附加值低，科技含量低；部分企业的环境污染较大。为了符合我国新型工业化发展道路的要求，结合我国劳动密集型企业的特点及厂址选择对于企业发展的重要意义，特提出劳动密集型企业工程选址时一般要考虑的五个方面。

（1）满足企业对劳动力的需求

劳动密集型企业最大的特点就是对劳动力的需求大，劳动力工资占企业生产成本的比重大。因此，劳动密集型企业在进行选址时首先要考虑企业对劳动力的要求，在保证劳动力资源能满足企业正常生产条件的情况下，尽量选择劳动力工资水平较低的地区，减少企业的生产成本，提高企业的市场竞争力。同时，也不应该一味追求廉价的劳动力，因为企业要长远、快速地发展，就需要对企业进行高水平的管理，及时进行技术创新，这些都需要高水平的劳动力来完成。因此，在满足企业正常生产对劳动力的需求的条件下，应该同时考虑劳动力的工资水平和劳动力自身的专业水平。

（2）考虑企业产业升级的需求

在特定地区，我国劳动力资源廉价且丰富，这使得我国劳动密集型企业的产品具有成本优势，拥有广泛的市场。然而同发达国家劳动密集型企业的产品相比，我国产品的劳动附加值、科技含量相对偏低，致使我国劳动密集型企业的利润率不高，劳动力生产效率不高，劳动力工资提高空间偏小，这有碍于我国整体劳动力收入的提高，有碍于我国的城镇化进程和新型工业化进程。基于以上考虑，我国劳动密集型企业在进行选址时，除考虑劳动力专业水平外，还应该注重地方产业技术水平、科研实力及政府政策。较高的产业技术水平将提高企业生产技术的基点，直接提高劳动力的生产效率和产品科技含量；强有力的科研水平为企业的技术创新提供良好的技术支持，推动产业升级及产品的深加工，提高产品的科技含量；良好的政府政策将为企业的发展创造良好的社会环境。

（3）处理好与地方就业的关系

劳动密集型企业需要大量劳动力，而我国存在大量富余劳动力资源，为了充分响应新型工业化的号召，在工程选址时，应处理好企业需求与地方就业的关系，在满足企业发展的前提下尽可能多地提高就业率。

（4）考虑环境保护

环境污染较大是劳动密集型企业的一个基本特征。由于劳动密集型企业的正常生产需要大量的劳动力，不可能十分远离居住地。因此，在进行厂址选择时可从两方面来考虑降低环境污染，一是选择有较好的环境吸收能力的地区或有较好的环境污染处理设施的地区，二是从风向、水流方向等各方面进行考虑，尽量减少对居住区的影响。

（5）考虑区域内产业的集聚效应

通过研究，同类产业的集聚可以使集聚地成为该类产品的大型供应地，能够最大程度满足顾客或销售商的需求，提高该产业在地区内的影响力，有利于企业的产品销售。具有上下层产业链关系的企业集聚，可以使企业产品在区域内得到深加工，提高地区内产品的科技含量，为企业提供可靠的原料供应或产品销售渠道。

3. 资源消耗型企业选址

资源消耗型企业是指在正常生产过程需要消耗大量的自然资源的企业，如冶金企业需要消耗大量的自然矿石资源，火力发电厂需要消耗大量的煤等。对于发展中国家来讲，资源消耗型企业所创造的经济总量在国民经济生产总值中一直占有很高的比例，利用资源的消耗来换取经济的发展也是大部分发展中国家经济快速发展的主要方式。在我国提出新型工业化道路，对产业结构进行调整的今天，如何发展资源消耗型企业显得尤为重要。

我国资源消耗型企业一般有以下主要特点：对自然资源的需求量大；企业生产的产品量大；产生的废弃物量大，对周围环境有可能造成污染。

根据以上特点，考虑新型工业化发展战略的要求，资源消耗型企业在进行工程选址时，应特别遵循以下原则。

（1）以最经济的方式满足企业对资源的大量需求

对于资源消耗型企业，保证其资源的良好供应主要有两种方式：一是将企业厂址选择在资源开发地，保证资源供应的同时最大限度地减少运输费用；二是通过最佳的运输设施保证资源供应，大批量货物的运送以铁路和水运最佳，其运输成本最小，因此若采用此方式则应将企业厂址选择在铁路线路或港口附近。

（2）最大可能地降低企业产品的运输成本

大批量的产品其运输成本必然从很大程度上决定了企业的经济效益，因此能否从最大程度上减小这类企业的运输成本成为工程选址的重点问题。类似于降低资源的运输成本，降低产品的运输成本也可以从两个方面考虑：一是将企业厂址选择在产品市场地，最大程度上降低企业的运输成本；二是选择最优的运输方式，如铁路、水运、公路，将厂址选择在运输方便的地区，如铁路接轨站、港口或高速公路附近。

（3）提高资源利用率

提高企业资源利用率一般有两种方式：企业生产技术革新和资源回收利用。企业生产技术的革新不但可以提高资源利用率，还可以减少企业生产对环境的污染，而实现它需要依靠较强的科研实力。在进行企业工程选址时，应考虑当地的生产技术水平、科研实力及政府政策，为企业进行技术创新和产业升级提供良好的技术支持和发展环境。

资源回收利用一般主要依靠有上下级产业链关系的企业组成的循环经济链来实现，该产业链的形成将对某些生产废弃物进行二次利用，提高资源利用率的同时防止了这些废弃物对周围环境的污染，一举两得。在进行工程选址时，应考虑形成地区循环产业链，使地区经济、社会的发展和环境保护工作取得整体最优。

（4）选择对环境保护要求不高的地区

由于资源消耗型企业对环境的污染比较严重，因此，这类企业在进行工程选址时，应尽量选择对环境保护要求不高，距离城市较远的地方。

（5）保证充足的供水、供电

对于资源消耗型企业，其生产过程中所需要的电力供应及生产用水量较大，因此，所选厂址地区必须保证有良好的水源供应点及电力供应站，以满足企业的正常生产。

4. 服务业与制造业选址

(1) 服务业选址因素分析

服务业选址因素更多的是考虑环境因素、地理因素、市场因素和经济成本问题。

1) 环境因素

① 人口与收入水平：大型服务业选址往往首先考虑的就是辐射人口的数量、人均收入、消费水平等因素，并由此来确定商业的经营形式和经营规格。

② 消费习惯：流行时尚和风俗习惯往往能在很大程度上影响消费者对都市中众多服务业的选择。

2) 地理因素

① 区域规划：潜在地点的建筑布局规划、区域发展规划，在确定大型服务业选址之前必须先充分了解。区域规划往往会涉及建筑物的拆迁和重建，如果未经了解，盲目选址，就可能会在成本收回之前就遇到拆迁等问题，使企业蒙受巨大的经济损失，以至于失去原有的地理优势。同时，企业掌握区域规划后，可便于根据不同的区域类型，确定不同的经营形式和经营规格。

② 地理位置：服务业经营区域适合选择在城市核心商业区、旅游中心以及住宅聚集地内，或者至少在顾客10～15分钟步行距离或便捷交通辐射范围之内。

③ 可见度和形象特征：为了能让消费者便利地找到目标商场，特别是对开车的人来说在行驶当中寻找会更加困难，因此使消费者能在远距离、中距离和近距离确认其位置。

④ 交通状况：交通状况往往意味着客源，应获得本地区车辆流动的数据以及行人的分析资料等，以保证服务业建成以后，有充足的客源。关于目标地点的街道交通状况信息可以从公路系统和当地政府机关获得，还可以对人流、车流信息进行采集以得到适量样本数据作为分析参考。

3) 市场因素

① 竞争状况：一个地区服务业的竞争状况可以分成两个部分来评估。一是直接竞争，即提供同样的经营项目（同样规格、档次的服务）可能会导致的竞争。二是非直接竞争，包括：不同的经营内容和种类，或同样品种但不同规格或档次的服务企业之间的竞争。第二类竞争，竞争对手有时起相互补充的作用，对服务企业是有利的。在选择零售商业经营区域时，如果无任何一种形式的竞争，企业将具有垄断地位；如果存在任何一种形式的竞争，也都是值得在投资前认真研究和考虑的。

② 规模和外观：服务业选址的地面形状以长方形、正方形为好，必须要有足够大的空间容纳建筑物、停车场以及展示台等其他必要设施。三角形或多边形的地面除非非常大，否则是不可取的。同时，在对地点的规模和外观进行评估时也需要考虑到未来消费的可能性。

4) 经济成本

① 土地价格或建筑物租金：一般来讲地价和租金是逐年上涨的，服务业在投资时，土地费用或建筑物租金所占的比重也是较大的。城市的不同区域、不同街道、不同地段，其地价或租金也是相差很大的。因此在选址时，应该选择地价或租金合理的，并且具有较大潜在成长优势的位置。

② 货源的供应及价格水平：服务业经营经常须大量商品货物的供应，如果所在地区及周边区域供应不足或物流系统不畅通，是会影响到服务业的发展和声誉的，但如果从远距离地区供应无疑会增加成本，影响企业经营。

③ 劳动力供应状况及工资成本高低：服务业经营需要用到大量各种层次的人员，包括管理人员和具有一定技能的服务人员等。潜在市场上是否具有企业所需要的人员及其工资标准对服务业经营尤为重要，这关系到整个服务业的整个服务水平和经营成本，以及向其他地

区的拓展等问题。

(2) 制造业选址因素分析

1) 市场条件

将选址靠近企业产品和服务的目标市场，这样有利于接近客户并且便于产品迅速投放市场，降低运输成本，减少分销费用，提供便捷服务。由于交货期的提前以及运输费等压力，制造厂通过靠近用户降低成本，还可以将产品尽快送达顾客手中；同时又可以随时听取顾客的反馈意见，并根据用户意见改进产品和服务。

2) 原材料供应条件

制造厂商分布在原材料基地附近，以降低运费得到较低的采购价格。虽然随着科技的进步导致单位产品原料消耗的下降，原材料的精选也将导致单位产品原料用量、运费的减少，但对那些对原材料依赖性较强的企业，还应当尽可能靠近原材料基地。如采掘业、原料用量大或者原料可运性较小的制造业。

3) 交通运输条件

根据产品、原材料和零部件的运量大小以及运输条件，应该尽量选择靠近铁路、高速公路、海港或其他交通运输条件较好的地区。对于绝大多数的制造业来说，运输和物流成本在总成本中占有很大的比重（据统计，运输费至少占产品销售价格的25%左右）。

4) 动力、能源和水的供应条件

对于任何一个工厂来说，选址必须保证水、电、气、冷的供应，同时还包括对"三废"的处理。对于那些能源消耗较大的厂商，动力能源的获得有着举足轻重的影响，其选址关系到能否获得价格相对低廉的能源，从而相对降低生产成本。

5) 气候条件

企业在选址的时候，还要考虑到所选区域的地理、气候等自然条件。温度、湿度、气压、风向等因素也会对某些产品的质量、库存和员工的工作条件带来一定的影响。企业如果在气候适宜的地方建厂，就可以降低通风、采暖的相关费用。

6) 环境保护

生产系统在产出产品的同时也在制造废物，由于有些生产系统的排放物有的可能对环境造成危害，因此，在选址时应考虑尽可能选在对环境影响最小的地方，并且要便于进行排污处理，否则会受到周围居民的排斥和反对，甚而造成被迫关停。这些只是制造业选址时通常考虑的因素，还有一些其他的因素，如地质条件能否满足未来工厂的载重方面的要求、土地成本和建筑成本等。企业应该考虑主要的因素，抓住主要的矛盾，对这些因素进行权衡和取舍，选择合适的地区和位置。

(3) 服务业和制造业主要选址因素对比

服务业和制造业主要选址因素有很多不同之处，具体对比如表7.2所示。

表7.2 服务业与制造业选址因素对比表

制造业/批发商	服务和零售
关注成本	关注收入
运输模式和成本	人口统计数据：年龄、收入、教育
能源可得性和成本	人口/规划区域
劳动力成本/可得性/技能	竞争性
建筑/租赁成本	交通便利性/方式；接近顾客的程度

> **课后实践**
>
> 请分别找一家制造业企业与一家服务业企业，对二者的选址特点进行对比分析，可以分成小组组织完成作业。

第四节 选址的流程和方案评价

特别要强调的是，由于计算机技术以及现代的新方法的使用，许多步骤往往是同步进行的，项目选址成功的关键因素之一就是项目管理和协调。

一、工厂选址流程

新工厂建设项目主要细分为以下阶段和步骤。

1. 前置审批

前置审批主要包括：工厂项目立项备案、用地、选址及环境评审、获取土地使用证及规划审批等这几项内容其中部分是可以同步进行的，大部分地区的具体操作流程基本大同小异，部分地区可能会在具体细节的顺序及操作方式上有所不同。

买地建厂投资需要：签订投资意向或合资合作意向书、工商注册、企业名称预先核准申请表、公司具体名称、股东名称、出资总额、出资比例（如股东是法人，需带营业执照副本复印件）、验资证明、环保证明、房产证明。

项目备案需要：编制项目简介、填写项目申请备案表、项目备案请示、企业法人营业执照正副本复印件、组织机构代码证复印件。

相关手续办理需要：环保评审/审批、选址意见书、建设用地规划许可证、地质灾害评估报告、土地评估、建设用地勘测定界报告、建设用地预审办理土地证等。

2. 工厂选址

在全球范围内对许多制造业企业所做的调查表明，企业认为下列因素是进行设施选址时必须考虑的：①地理位置、当地各项成本及原材料和成品运输成本；②劳动力的获取条件及雇员生活环境质量；③与市场或客户的接近程度及服务的便利程度；④与供应商和生产制造所需资源的接近程度和便利程度；⑤政策优势及当地其他软环境等。

（1）厂房整体及配套设计

设计通常包括设计前期工作、初步设计和施工图设计三个阶段。

① 设计前期工作：包括可行性研究、厂址选择和设计任务书的编制。设计任务书由建设项目的主管部门组织编制，其目的是根据可行性研究报告和厂址选择报告，对建设项目的主要问题，即产品方案、建设规模、建设地区和地点、专业化协作范围、投资限额、资金来源、要求达到的技术水平和经济效益等做出决策。

② 初步设计：根据批准的设计任务书进行编制。初步设计包括：确定主要原材料、燃料、水、动力的来源和用量；规定工艺过程、物料储运、环境保护等设计的主要原则；明确设备、建筑物和公用系统的构成和要求；进行工厂布置，设计全厂和车间的平面布置图；提出生产组织、管理信息系统和生活福利设施的方案；计算主要设备材料的数量、各项技术经济指标和工程概算。批准后的初步设计是建设投资的拨款、成套设备订购和施工图设计的

依据。

③ 施工图设计：绘制各种建筑物的建筑结构详图、设备和管线的安装详图、各项室外工程的施工详图，编制全部设备材料明细表和施工预算。

(2) 消防审批和验收

消防审批和验收需要：

① 已竣工的建筑工程经建筑设计单位组织设计、施工、监理等单位进行初验合格后，由建设单位向公安消防机构提交要求组织消防验收的报告，并填报建筑工程消防验收申报表；

② 建筑消防设施检测报告；

③ 消防给水、消防车道检查报告；

④ 消防工程施工企业的消防施工许可证复印件；

⑤ 建设单位组织设计、施工、监理单位消防安全质量验收合格的报告；

⑥ 公安消防机构的审批文件，包括：施工图设计防火审核意见书、装修工程设计防火审核意见书、其他设计防火审核意见书；

⑦ 消防设计专篇及消防设计变更技术联系单；

⑧ 消防产品生产许可证明复印件、建筑防火材料、构件和消防产品质量检验报告、合格证明，主要消防产品、设备的生产单位对其产品、设备的数量、型号及施工安装质量的确认报告；

⑨ 地下及隐蔽工程验收记录，消防设施系统调试报告，施工单位出具的消防设施联动报告，操作维护管理手册；

⑩ 竣工图一套，包括：建筑、水、电、暖通等各系统竣工图；

⑪ 消防控制室值班人员名单及培训记录；

⑫ 钢结构防火喷涂施工、检验记录。

3. 厂房建设

厂房的整个建设施工项目过程将集中考验企业对于项目运作和管理的整体实力。一般来讲，多数企业会疏忽建设项目的多方协调以及对工程质量和进度的有效管理和监控。由工程进度延期进而造成工厂投产的延期所带来的损失往往是惊人的，因此，越来越多的建设企业在加强对项目整体的专业化监控和管理，以确保项目的可控性。与之配套的专业化的项目咨询管理服务正得到广泛的认可和接受。

施工前建设手续办理需要：施工图审查与批准、建设工程单体审批、建设工程规划许可证、招投标。

办理施工许可证需要：建设用地许可证、工程报建表及号码、建设工程规划许可证、中标通知书、意外伤害保险单、图纸审查批准书等。

施工后验收需要：环保验收、审计验收、规划验收、防雷验收、消防验收、工程验收。

办理产权证需要：登记人的营业执照或身份复印件二份、国有土地使用证、建设工程规划许可证、竣工验收备案证明书、房屋建筑面积测绘成果报告等。

4. 试运行及整改

这里说到的试运行和整改，是指建厂项目管理自身的最终试运行环节，不同于建设项目政府有关方面的试运行验收或工厂项目环保试运行验收，这两项来自政府或主管机构的验收将按照相关方面的试运行和验收程序和要求来进行验收。试运行和整改，将主要集中在软件和硬件两个方面来考查和检验建厂项目的各部分的完成情况及状态评估和整改。

具体在以下几个方面进行逐项检验和考查：①工厂整体物流体系的合理性；②工艺流程

的合理性和生产作业流程完整性；③生产节拍的平衡以及产能评估；④生产设备及工艺装备的运行状态；⑤生产各环节设备及装备的操作和维护规范；⑥设备能耗和动力系统；⑦工厂各部门及生产各环节人员规划和实际合理性；⑧生产运营各主要管理流程运行状况及合理性；⑨厂房及土建各部施工质量评估；⑩环境和安全评估。

在针对以上各部分的试运行及整改进行之前，应制订详细完善的试运行控制计划和各部分相对应的控制表（点检表），在现场考查记录后，针对出现的各种问题制订相应的整改计划并对于该计划进行有效的追踪落实。

二、选址评价

1. 评价原则

（1）经济性原则

经济性原则要求以最小的投入取得最好的效果。

（2）发展原则

发展原则主要考虑发展的前景及适应发展的能力这两个方面。

（3）兼容性原则

兼容性原则要求选址时要考虑与原有经济、技术、环境和社会的兼容性。

（4）相关效果原则

相关效果原则要求考查相关的经济、技术、环境和社会等的双向影响效果。

2. 厂区应避免的地区

厂区应避免建在以下地区：易遭受洪水、泥石流、滑坡等的危险地区；厚度较大的三级自重湿陷性黄土地区；发震断层地区和基本烈度9度以上的地震地区；对机场、电台、国防线路等使用有影响的地区；国家选定的历史文物、生物保护和风景旅游地区；具有开采价值的矿藏地区。

三、设施选址决策评价方法

1. 定性分析方法

（1）优缺点比较法

所谓优缺点比较法是指直接把各个方案的优点、缺点列在一张表上，对各个方案的优缺点进行分析和比较，从而得到最后方案。优缺点比较法适用于非经济因素的比较，是最简单的设施选址方法。

（2）德尔菲分析法

德尔菲分析法又称专家意见法，是指以不记名方式根据专家意见做出销售预测的方法。德尔菲分析法经常用来做预测分析，同时也适用于企业设施选址的定性分析。

2. 定量分析法

（1）加权因素评分法

在进行设施选址时会涉及很多方面的因素，其中的很多因素又是无形的、难以量化的。全面比较不同的选址决策方案，是一个多目标、多准则的决策问题。加权因素评分法就是这样一个适合比较各种非经济性因素的方法。由于各种因素具有不同的重要程度，因此需要进行加权。因素分析法是一项决策技术。该技术应用广泛，从个人做出某一项决定（如购车、决定居住地等）到职业规划（如选择一种职业，在某些职业之间进行选择等），都可使用。这里介绍其在选址规划中的应用。

典型的选址决策包括质和量的输入,这些质和量的输入随每个组织的需要不同而变化。因素评分法是一种普遍的方法,对于给定地点的评估和备选地点的比较非常有用。它的价值在于:通过为每个备选地点建立归纳各种相关因素的综合得分,从而为评估提供合理的基础并便于备选地点的比较。具体的操作结果如表 7.3 所示。

表 7.3 权重评分表

序号	选址影响的因素	权重	得分		衡量值	
			地点 1	地点 2	地点 1	地点 2
1	原材料供应	a	X_1	Y_1	$X_1 \times a$	$Y_1 \times a$
2	水资源条件	b	X_2	Y_2	$X_2 \times b$	$Y_2 \times b$
3	劳动力成本	c	X_3	Y_3	$X_3 \times c$	$Y_3 \times c$
4	运输、交通条件	d	X_4	Y_4	$X_4 \times d$	$Y_4 \times d$
5	土地价格与租金	e	X_5	Y_5	$X_5 \times e$	$Y_5 \times e$
	合计	1			$X_1 \times a + X_2 \times b + X_3 \times c + X_4 \times d + X_5 \times e$	$Y_1 \times a + Y_2 \times b + Y_3 \times c + Y_4 \times d + Y_5 \times e$

定量分析法步骤:
① 选择有关因素(如市场位置、水源供应、停车场、潜在收入等);
② 赋予每个因素一个比重,以此显示它与所有其他因素相比的相对重要性(各因素比重总和一般是 1);
③ 给所有因素确定一个统一的数值范围(如 0—100);
④ 给每一备选地点打分;
⑤ 把每一因素的得分与它所占的比重值相乘,再把各因素乘积值相加就得到备选地点的总分;
⑥ 选择其中综合得分最高的地点。

最后比较地点 1 和地点 2 衡量值的总计大小,选择加权得分较大的地址。综合得分高的,对企业来说是最好的选择。

(2) 量本利分析法

量本利分析也叫成本-利润-产量分析,此方法通过对成本和销量的分析,来对备选方案进行经济上的对比分析,并进行比较选择,常用图表法求解,步骤如下。

第一,确定每一备选地点的固定成本和可变成本。

第二,在同一张图表上绘出各地点的总成本线。

第三,确定在某一预期的产量水平上,哪一地点的总成本最少或者哪一地点的利润最高。

这种方法需要建立以下几点假设:
① 产出在一定范围时,固定成本不变;
② 可变成本与一定范围内的产出呈线性关系;
③ 所需的产出水平能近似估计;
④ 只包括一种产品。

在成本分析中,要计算每一地点的总成本:

$$总成本 = FC + VC \times Q \tag{7.1}$$

式中,FC 为固定成本;VC 为单位可变成本;Q 为产品的数量或体积。

【例 7.1】 表 7.4 列出了四个可能成为工厂所在地的地点的固定成本和可变成本。

表 7.4 固定成本与可变成本表

地址	每年的固定成本/美元	每单位的可变成本/美元
A	250000	11
B	100000	30
C	150000	20
D	200000	35

要求解决的问题是：在一张图上绘出各地点的总成本线；指出每个备选地点产出最优的区间（即总成本最低），如果要选择的地点预期每年产量为 8000 个单位，哪一地的总成本最低？

【解】① 绘出各地点的总成本线，选择最接近预期产量的产出（如每年 10000 个单位）。计算在这个水平上每个地点总成本线。首先计算出工厂所在地各个地点的总成本，见表 7.5。

表 7.5 总成本表

地址	固定成本/美元	可变成本/美元	总成本/美元
A	250000	11	360000
B	100000	30	400000
C	150000	20	350000
D	200000	35	550000

绘出每一地址的固定成本（在产出为 0 时）及产出为 10000 个单位时的总成本，并用一条直线把两点连起来，见图 7.1。

② 图中显示出了各个供选择地点的总成本最低时的区间。请注意 D 地几乎从未优于其他任何一地。因此可以从 B 线和 C 线的交点以及 A 线和 C 线交点所得到的产出水平求出确切的区间。为了得到这点，使他们的总成本公式相等，求 Q，即得到他们最优产出水平的界限。

对于 B 和 C 来说：

$$100000+30Q=150000+20Q$$

解之，$Q=5000$。

对于 C 和 A 来说：

$$150000+20Q=250000+11Q$$

解之，$Q=11111$。

③ 从图 7.1 中你可看出，每年产出 8000 个单位，地点 C 的成本总额最低。

(3) 重心法

重心法致力于将企业运输费用最小化，综合考虑产品数量、运输成本、市场情况等因素，来确定企业的最佳选址，适用于单个分销中心或工厂的选址。重心法的思想是：在确定的二维坐标中，各个原材料供应点坐标位置与其相应供应量、运输费率之积的总和等于设施场所位置坐标与各供应点供应量、运输费率之积的总和。因此，这种方法适用于运输费率相同的产品，即运输每个单位产品所花费的金额相同。

需要说明的是，重心法虽然能够找到最优解，但是在现实问题中，往往会遇到无法选择该点做设施位置的情况。所以，中心点的附近位置有的时候也应充分考虑进去。这样有的重心法所求得的位置就并非最优点，但是它至少是寻找最佳结果的良好出发点。

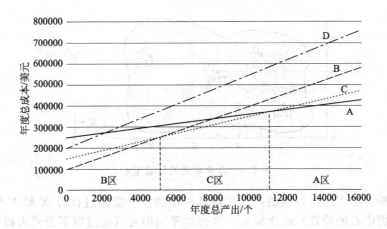

图 7.1 年度总成本趋势图

这是一种选择销售中心的位置，从而使销售成本降至最低的方法。例如，社区规划者应用重心法来确定火警和其他公共安全中心、学校、社区服务中心的位置，以及医院的位置、老年活动中心、公路、机场和零售商的位置等。公安机关和消费机构选址的目标通常是确保在最短的时间内应对突发事件。重心选址规划目标是使销售成本最低。它把销售成本看作距离和运输数量的线性函数。运输到每个目的地的商品数量被假设成固定的（即不会随时间而改变）、可以接受的变化的商品的数量，只要它们的相对数目保持不变（如季节性变化）。

这种方案包括利用地图显示目的地的位置。地图必须精确并且满足比例尺。将一个坐标系重叠在地图上来确定各点的相应位置。一旦坐标系确定，你就能看出每个目的地的坐标点。其步骤如下。

① 画出显示目的地的地图，见图7.2。

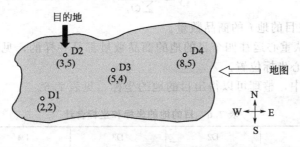

图 7.2 企业配送的位置

② 在地图上加上坐标系，见图7.3。

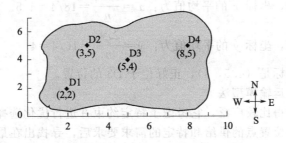

图 7.3 企业配送的位置坐标

③ 标出重心，见图7.4。

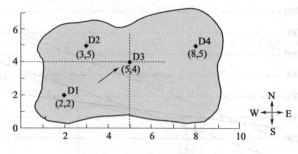

图 7.4 企业配送的位置重心

情况一分析：如果运往各地的产品数量是一样的，就能通过计算 X 轴 Y 轴的平均值得到重心（即销售中心的位置）的坐标值，坐标的平均值可以通过以下公式求得：

$$\bar{x}=\frac{\sum x_i}{n} \tag{7.2}$$

$$\bar{y}=\frac{\sum y_i}{n} \tag{7.3}$$

式中，x_i 为目的地 i 在 X 轴上的位置；y_i 为目的地 i 在 Y 轴上的位置；n 为目的地的数目。

情况二分析：当运往各地的商品数量不一样时，必须以运往各地的商品数量作为权重，用加权平均法来求重心，公式为：

$$\bar{x}=\frac{\sum x_i Q_i}{\sum Q_i} \tag{7.4}$$

$$\bar{y}=\frac{\sum y_i Q_i}{\sum Q_i} \tag{7.5}$$

式中，Q_i 为运往目的地 i 的商品数量。

【例 7.2】 假定从重心运往四个目的地的商品数量都是一样的，见图 7.3 企业配送的位置坐标，求图中的重心坐标位置。

【解】 从图 7.3 中，整理可以得出目的地的坐标，见表 7.6。

表 7.6 目的地的坐标和坐标合计

目的地	D1	D2	D3	D4	坐标合计
(x,y)	(2,2)	(3,5)	(5,4)	(8,5)	(18,16)

由公式(7.2) 可知，坐标 x 的平均值为：$\bar{x}=\dfrac{\sum x_i}{n}=18/4=4.5$

由公式(7.3) 可知，坐标 y 的平均值为：$\bar{y}=\dfrac{\sum y_i}{n}=16/4=4$

因此，中心位置坐标是（4.5，4），正好位于 D3 的位置。

（4）线性规划——运输模型法

线性规划方法运用得比较广泛，它考虑了特定约束并进行优化选择。运输模型法的分析目标是在给定有限原料位置点的供给和特定的需求要求后，寻找出在最低可能运输成本下满足所有的需要位置点。当预期产出水平接近某一备选地最优产出区间的中间时，这时的选择就很简单了。当预期产出水平靠近某一区间的边缘时，就意味着两种不同的选择的年成本相似。因此，管理者就不会以总成本作为选择依据。然而，认识到这一点很重要，那就是在很多情况下，成本以外的其他因素也应考虑在内。

我们在选址决策中经常要考虑的因素就是运输成本。这是因为在原料运输或成品运输中产生运输成本。如果一个工厂是一项运输的唯一起始地或终点，那么公司可以通过将每单位的运输成本合并到每单位的可变成本中，把运输成本算进成本-利润选址分析中（如果已包含原材料，那么运输成本必须换算为每单位产出的成本，以便与其他可变成本相对应）。

如果商品从不同的发出点运输到不同的接收点，并且在整个体系中增加了新地点（发出点或接收点）时，公司应该对运输做独立分析。在这种情况下，运输线性规划模型非常有用。如果有一个新地点增加到现有体系中时，就必须用特别的算法来测定最小的运输成本。如果增加了许多新工厂或整个新体系要发展时，也可以用这种特别的算法。这种模型被用来分析各种配置方案，它能显示各个方案的最小成本。这些信息可以用于选址方案的评估。为了方便讲解，下面用一个案例来具体展示该方法。

某企业有 n 个可供选择的厂址，需供应 m 个目标市场，设：

X_i：i 工厂的产量，$(i=1,\cdots,n)$。

R_j：j 目标市场需求量，$(j=1,\cdots,m)$。

X_{ij}：i 工厂运往 j 目标市场的产品数量。

C_i：i 工厂的单位产品成本。

D_{ij}：i 工厂向 j 目标市场运输单位产品的费用。

设目标函数取值最小，则：

$$\sum C_i X_i + \sum_{i=1}^{n}\sum_{j=1}^{m} D_{ij} X_{xj} = \min \tag{7.6}$$

约束条件为：

$$\sum_{i=1}^{n} X_{ij} = R_j \tag{7.7}$$

$$\sum_{j=1}^{m} X_{ij} = X_i \tag{7.8}$$

$$\sum_{j=1}^{m} R_j = \sum_{i=1}^{n} X_i \tag{7.9}$$

优化的目标是使总的物料搬运成本最低。这是一个多重分配问题，在运筹学当中该类问题已被详细讲解，有需要的读者可以进行查阅。

随堂资料

X 酒厂的销售点在烟台市共有 10 个，销售点的分布较为分散，未能形成一个统一的配送系统，而这 10 个销售点服务于烟台市的 4 区 7 市 1 县。公司对葡萄酒厂配送中心选址的原则和影响因素进行了分析，结合 X 酒厂实际，对现有的配送中心现状进行分析，得出其配送中心最大储存容量已经无法满足客户的需求，市内销售点分布不合理，配送中心采用的选址方案非最优，存在运输成本偏高等问题。针对 X 酒厂配送中心遍布全国三十多个省市的问题，考虑在烟台市内建立几个交通便利的配送中心来服务于全国市场。针对 X 酒厂在烟台市区域目标市场进行配送中心选址的情况，利用重心法建立了基于服务水平的单一配送中心选址模型，得出结论：X 酒厂在烟台市内无需建立新的配送中心，而直接将 X 酒厂本身作为集生产、销售、配送为一体的综合性企业，实现在烟台市内的酒类生产与配送。针对 X 酒厂面向全国市场进行配送中心选址的情况，有研究者利用 0-1 规划模型法建立了 X 酒厂多选址配送中心模型，并运用 Lingo8.0 对模型进行计算求解，得出结论：面向全国开展业务时，需要在烟台市建设三个配送中心。

本 章 小 结

选址决策问题是现有组织共同面临的问题。组织发展、市场转换、原料消耗、新产品和服务的引进等都是影响组织选址决策的因素。这些决策的重要性通过它们包含的长期责任和它们对运作系统的潜在影响而得到强化。本章总结如下。

首先,介绍选址决策,涉及选址的条件和战略,设施选址方式及供应链,选址的宏观和微观影响因素。

其次,介绍全球性选址的因素,影响选址决策的因素。

再次,介绍选址分析,企业选址方案的方法步骤,不同类型企业的选址决策分析。

最后,进行选址的流程和方案评价,使组织能掌握正确的选址方法,综合选址环境,从而做出最适合的选址决策。

练习题

一、名词解释
1. 选址战略 2. 全球化选址 3. 量本利分析 4. 重心法

二、简答题
1. 选址的目的对于不同企业有什么不同。
2. 影响选址决策的宏观和围观因素有哪些。
3. 简述厂址选择的原则。
4. 试简述全球化选址存在的风险。
5. 试简述不同类型企业选址时关注点的不同。

第八章

库存管理

【学习目标】
1. 理解库存及库存管理的含义，了解其发展过程和主要解决的问题；
2. 掌握两种典型的库存补给系统：固定量系统和固定间隔期系统；
3. 了解库存订货策略，掌握定量订货法、批量折扣购货的订货批量、分批连续进货的进货批量的计算方法；
4. 掌握单周期库存控制，能够熟练运用期望损失最小法、期望利润最大法和边际分析法；
5. 熟悉多周期库存控制的三种基本模型：经济订货批量模型、经济生产批量模型、价格折扣模型。

第一节　库存管理的含义和发展过程

案例一

戴尔公司库存模式的启示

戴尔计算机公司于1984年由迈克尔·戴尔创立。戴尔公司目前已成为全球领先的计算机系统直销商，跻身业内主要制造商之列，成为全球增长最快的计算机公司之一。戴尔公司在全球34个国家设有销售办事处，其产品和服务遍及180余个国家和地区。戴尔公司总部位于得克萨斯州，还在以下地方设立地区总部：中国香港，负责亚太地区；日本川崎，负责日本市场业务；英国布莱克内尔，负责欧洲、中东和非洲的业务。另外，戴尔在中国厦门（中国市场）设有生产全线计算机系统的企业。自2001年取代康柏成为全球最大的个人电脑制造商以来，在PC行业寒潮乍起的萧条时期，戴尔仍扮演了让人刮目相看的角色，一枝独秀的业绩表现使其在众多竞争对手中显得格外靓丽。在美国，戴尔是商业用户、政府部门、教育机构和个人消费者市场名列第一的计算机供应商。

在竞争日趋激烈的计算机制造行业，戴尔何以取得如此骄人的业绩呢？可以说是零库存管理模式立下了汗马功劳。下面来探索一下戴尔公司的零库存模式。

库存问题的实质有两个方面：其一是库存管理的能力，其二是与零件供应商的协作关系。与供应商协调的重点就是精准迅速的信息。戴尔不断地寻求减少库存,并进一步缩短生产线与顾客家门口的时空距离。按单生产还可以使戴尔实现"零库存"的目标。零库存不仅意味着减少资金占用,还意味着减少作为 PC 行业所面临的巨大降价风险。特别是计算机产品更新迅速、价格波动频繁,更使库存成本体现得淋漓尽致。戴尔工厂在接到订单后的 4 个小时,产品就能装车发货。需要注意的是,当为戴尔"物料的低库存与成品的零库存"给予喝彩和掌声的同时,应该看到:戴尔没有仓库,但是供应商在它周围有仓库。事实上,戴尔的工厂外边有很多配套厂家。戴尔在网上或电话里接到订单,收了钱之后会告诉你要多长时间货可以到。在这段时间里他就有时间去对订单进行整合,对既有的原材料进行分拣,需要什么原材料就下订单给供应商,货到了生产线才进行产权交易,之前的库存都是供应商的。毋庸讳言,戴尔把库存的压力转移给了供应商。这是供应商加入戴尔供应链的代价,也是一件两相情愿的事情。因为,戴尔需要的货物量很大,加入戴尔的供应链就意味着拥有不断增长的市场和随之而来的利润。

启发思考:
(1) 戴尔的库存模式有怎样的特点?
(2) 什么是零库存,这种库存模式的优点是什么?
(3) 这种库存模式是所有商家都能做到吗?如果不是,需要什么样的条件?

一、库存管理概述

1. 库存的含义

库存(inventory)是指暂时闲置的用于将来目的的资源,包括:库存中的、加工中的和在途的各种原材料、燃料、包装物、产成品以及发出商品等。库存的分类有不同的形式,从不同的角度可以对库存进行多种不同的分类,可归纳为图 8.1 所示。

为了满足某种物品的需求,组织、个人或家庭通常需要自己生产或从外部订购(即采购)物品,这些物品并非立即满足需求从而需要存放,或者满足即时需求之外有多余的物品需要存放,这种存放就是库存。资源的闲置就是库存,与这种资源是否存放在仓库中没有关系,与资源是否处于运动状态也没有关系,它的存在占用大量的流动资金。一般情况下,库存占企业总资产的 30% 左右。所以,其管理、利用情况如何,直接关系到企业的资金占用水平和资产运作效率,在不同的库存管理水平下,企业的平均资金占用水平差别是很大的。

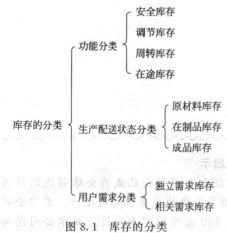

图 8.1 库存的分类

2. 库存产生原因和弊端

(1) 库存产生原因

一是营销管理问题。包括:市场预测错误;市场变化超出营销预测能力;订单管理和客户管理衔接失误。

二是生产管理问题。包括:生产批量与计划吻合不严密;安全库存量的基准设定太高;生产流程产能不均衡;各道生产工序的合格率不均衡;产品加工过程较长。

三是物料供应来源问题。包括:供应商供应货物不及时;供应商产能不稳定;担心供应商的供应能力,增大库存以规避风险。

（2）库存的弊端

库存的作用是相对的，无论是原材料、在制品还是产成品，企业都在想方设法降低其库存量。持有库存不仅要发生一定的费用，还会带来其他一些管理上的问题。库存给企业带来的不利影响主要有以下几个方面。

一是占用企业大量资金。通常情况下，库存占企业总资产的 20%～40%，库存管理不当，会形成大量的资金沉淀。

二是增加了企业的商品成本与管理成本。库存材料的成本增加直接增加了商品成本，而相关库存设备、管理人员的增加也加大了企业的管理成本。

三是掩盖了企业众多管理问题。企业库存量过大会掩盖企业管理中的诸多问题，如商品质量不稳定、计划不周、采购不力、生产不均衡、市场销售不力及工人不熟练等情况。

3. 库存的作用和管理成本

（1）库存的作用

库存的作用在不同情况下、不同企业内可能各有不同、各有侧重。但一般来说，持有库存的作用主要有五个方面。

一是预防不确定性随机需求的变动。库存可以预防需求与供应的波动，提高用户服务水平。持有一定量的库存有利于调节供需平衡，保证企业按时交货和快速交货，能够避免或减少由于库存缺货延迟带来的损失，这些对于企业改善客户服务质量都具有重要作用。

二是保持生产的连续性、稳定性。当供应商的供应不确定时，原材料安全库存可以使生产过程正常进行。

三是为了以经济批量订货。这也是库存具有的优点，大批量的采购可以获得价格折扣，降低采购次数，避免价格上涨。原材料合理的库存数量基于经济订货批量，可以降低总费用。

四是可以满足季节性需求、促销活动、节假日等的需求变化。利用产成品的预期库存可以满足如季节性需求、促销活动、节假日等的需求变化，避免打乱正常生产秩序。

五是满足预期的顾客需求。在途库存是根据产成品从生产者到中间商及最终消费者手中所需要的时间及数量而确定的库存。由于生产者、中间商及最终消费者常常不在同一地理位置，因此需要有在途库存来消除生产者、中间商及最终消费者的位置上差异。从生产的角度来看，持有库存还可以节省作业交换的费用和提高人员与设备的利用率。

（2）库存的管理成本

库存管理的最终目标是使库存和需求相匹配，降低库存成本和提高客户服务水平是库存管理的两个目标。库存在以下四个方面产生成本。

一是固定订购费，即补充一次物品所需要的固定花费（如手续费、采购人员的差旅费、机器开工时的启动费、一次订购需要用汽车运输所需要的费用等），它与补充的数量无关。

二是变动订购费，如订购时物品的单价、生产物品时的单位产生费用，它是物品本身的费用，是补充数量的函数。

三是存储费，包括存储货物的库存费用、资金占用所产生的费用（利息等）、货物保险的费用以及货物贬值、货物的损坏变质等费用。

四是缺货费，指由供不应求造成的缺货所带来的损失费用（如惩罚费）。它也可能是为了让缺货的顾客等待而提供给顾客的折扣费用，或者是缺货时的机会成本、损失顾客所带来的成本，这时其计算可能较为困难。

在一般情况下，有两种属于无法满足需求的情况：第一种，缺货等待（back order），缺货时顾客等待，直到补充的货物到达时，顾客的需求才得到满足。第二种，销售损失，无法满足需求的顾客会离开，或者寻找其他需求，或者取消需求。

> **边学边练**
>
> 库存管理对企业发展的意义重大，请举一些企业因为库存管理而成功或者失败的案例。

二、库存管理的发展过程

库存管理是根据外界对库存的要求，企业订购的特点，预测、计划和执行一种补充库存的行为，并对这种行为进行控制。重点在于确定如何订货、订购多少合适、订货仓库管理。

库存管理经历了五个发展阶段：传统库存管理阶段、自觉控制库存阶段、科学库存管理阶段、运用数学管理阶段、现代库存管理阶段。

（1）传统库存管理阶段

企业商品库存是由于经营需要而产生的。在需求大于供应量时，企业家认为，有了库存就有了一切，把库存商品视为发财的保证，且把库存定得很高。这种把货物堆积如山看作企业富有的象征的观念，实际上掩盖了其较差的经营效果。这种情况一直持续到19世纪末。

（2）自觉控制库存阶段

由于生产力的飞速发展，出现产品过剩，商品找不到销路，库存大量积压，资本周转不好，大批企业倒闭。在此情况下，企业家进一步意识到与其储存商品，不如储存现金，只有从库存管理入手，才能提高企业的经营能力。这样，就导致了自觉地控制库存的阶段。

（3）科学库存管理阶段

企业家对库存商品数量进行研究，通过库存量的增加或减少，使企业商品库存成本也相应地增加或减少。管理人员发现有一个最佳的库存数量，它可使库存成本达到最小。哈里斯于1915年给出了使进货费和存储费达到最小的控制数学模型，即经济进货批量法。自此以后，库存管理开始走上了科学管理阶段。

（4）运用数学管理阶段

第二次世界大战期间，对军事活动采用数学方法进行运筹。在作战中，遇到了步兵带多少子弹，飞机携带多少炸弹、发射器、燃料等问题。为此，引进了不确定量，运用了微分学、概率论、数理统计，运筹学在经济活动领域得到了广泛应用。

（5）现代库存管理阶段

这一阶段的标志是近十年来数学和电子计算机运用于库存管理。通过数学模型确定库存最佳效果，借助电子计算机建立超库存管理信息系统，使商品库存数量处于最佳状态。如采用库存的保本分析法、ABC分析法等，从而使库存管理工作能够正确、迅速地进行，减少库存费用，降低库存成本，取得较好的经济效益。

三、库存管理的目标和主要解决的问题

1. 库存管理目标和有效库存管理的条件

（1）库存管理目标

库存管理有两个目标：一是降低库存成本，二是提高客户服务水平。这两个目标像其他物流活动一样也存在着背反关系，库存控制就是要在这两个目标之间寻求平衡，使得企业效益最大化。传统的库存控制方法往往更注重成本目标的实现，而随着买方市场的形成和竞争的日趋激烈，越来越多的企业开始重视客户服务水平的提高。

（2）有效库存管理的基本条件和必要条件

库存管理的基本条件：一是建立系统，记录库存的每一项；二是进行订货数量和时间决策。

为了进行有效库存管理，必须具有以下的必要条件。一是一个系统，用于记录持有的库存量、预计订购的库存量、各个库存细项；二是需求预测，有可靠的市场需求预测，并对可能出现的预测误差给出说明；三是准确的提前期，知道产品的提前期和提前期变化的幅度；四是明确各种成本，并有合理的评价。

2. 库存管理解决的问题

企业管理要解决三个基本问题：向谁订购、何时订购、订购量。第一个问题属于供应商管理范畴，企业库存管理主要解决的是后两个问题：何时订购、订购量。

具体来讲，库存管理主要需解决问题如下。

（1）存货中不应该包括哪些物品

由于存货的代价很高，因此，企业要在客户服务水平保持在可以接受的水平的基础上，使存货水平实现最小化。即：现有物品的存货控制在合理水平上，杜绝向库存中加入不必要的产品，把那些不再使用的物品从库存中清除出去。

（2）下订单的时间

什么时候对供应商下订单，有三种不同方法。

一是进行阶段性回顾，在固定的时间间隔，发布批量规模不一的订单。改变订单批量，企业就可以应对任何需求的变化。

二是采取固定订单批量的方法。企业对存货水平进行持续监控，一旦存货下降到一定水平，企业立即实施固定数量的订货。需求的变化可以通过改变发布订单的间隔时间来应付。

三是直接把供给与需求相联系，进行较大量的订货，以满足一定时间段内的已知需求。

（3）订购多少

每一次的订货，都会产生相应的管理成本和送货成本。订购数量的确定原则是实现总成本最小化。

视野扩展

库存管理的新视角：供应商管理库存、客户管理库存、联合库存管理等。

（一）供应商管理库存

近几年，供应商管理库存（vendor managed inventory，VMI）在商品分销系统中使用越来越广泛，有学者认为这种库存管理方式是未来发展的趋势，甚至认为这会导致整个配送管理系统的革命。支撑这种理念的理论非常简单：通过集中管理库存和各个零售商的销售信息，生产商或分销商补货系统就能建立在真实的销售市场变化基础上，能够提高零售商预测销售的准确性，缩短生产商和分销商的生产和订货提前期，在链接供应和消费的基础上优化补货频率和批量。

（二）客户管理库存

相对于 VMI，客户管理库存（customer managed inventory，CMI）是另外一种和它相对的库存控制方式。配送系统中很多人认为，按照和消费市场的接近程度，零售商在配送系统中由于最接近消费者，在了解消费者的消费习惯方面最有发言权，因此应该是最核心的一环，库存自然应归零售商管理。持这种观点的人认为，配送系统中离消费市场越远的成员就越不能准确地预测消费者需求的变化。

（三）联合库存管理

联合库存管理（joint managed inventory，JMI）是介于供应商管理库存和客户管理之间的一种库存管理方式。顾名思义，就是由供应商与客户共同管理库存，进行库存决策。它结合了对产品的制造更为熟悉的生产或供应商以及掌握消费市场信息能对消费者消费习惯做出更快更准反应的零售商的优点，因此能更准确地对供应和销售做出判断。在配送系统的上游，通过销售点提供的信息和零售商提供的库存状况，供应商能够更加灵敏地掌握消费市场变化，销售点汇总信息使整个系统都能灵活应对市场趋势；在系统另一端，销售点通过整个系统的可视性可以更加准确地控制资金的投入和库存水平。通过在配送系统成员中减少系统库存，增加系统的灵敏度。由于减少了需求的不确定性和应对突发事件所产生的高成本，整个系统都可以从中获益。在JMI环境下，零售商可以从供应商那里得到最新的商品信息以及相关库存控制各种参数的指导或建议，但是由于是独立的组织，零售商同样需要制定自己的库存决策。

请给出你所了解的库存管理方式。

第二节
库存控制的策略和方法

任何库存控制系统都必须回答三个问题：一是隔多长时间检查一次库存量；二是何时提出补充订货；三是每次订多少。按照对问题的回答方式的不同，可以分成两种典型的库存补给系统，一种为固定量系统，一种为固定间隔期系统。从字面意义上不难理解，固定量系统是基于"事件动机"的，即当库存量下降到某一个固定控制值时，企业将采取措施进行采购，而且每次采购的数量是固定的，只有在库存量再次下降到控制值时，采购才会再次发生。而固定间隔期系统则是基于"时间动机"的，即采购是固定周期的。

一、库存订货量系统及订货策略

库存控制系统包括输入、输出、约束条件和运作机制四个方面。与其他系统有差异的地方在于库存控制系统中输入和输出的物品和资源都是相同的，与生产系统不同，在库存补给系统中没有资源形态的转化。输入是为了保证系统的输出（对用户的供给）。约束条件包括库存资金的约束、空间约束等。运行机制包括控制哪些参数以及如何控制。在一般情况下，在输出端，独立需求不可控制；在输入端，库存系统向外发出订货的提前期也不可控，它们都是随机变量。可以控制的一般是何时发出订货（订货点）和一次订多少（订货量）两个参数。库存控制系统正是通过控制订货点和订货量来满足外界需求并使总库存费用最低。

1. 固定量系统

固定量系统就是订货点和订货量都为固定量的库存控制系统，学术界又将其称为Q模型。当库存控制系统的现有库存量降到订货点及以下时，库存控制系统就向供应厂家发出订货，每次订货量均为一个固定的量Q。订货发生后必须经过一段时间货品才能够到达。这其中包括：货物的生产时间、运输时间等。程序包括：订货准备、发出订单、供方接受订货、供方生产、产品发运、产品到达、提货、验收、入库等过程。我们将从订货时间到货物到达之间的时间间隔称之为提前期（LT）。在货物到达后，库存量将增加Q（假设在运输途中货物没有任何毁损）。显然，提前期一般为随机变量。以上的订货过程可以用图8.2来进行描述。

对于固定量库存控制系统来说，关键点是对库存数量的考虑，如果库存数量到达某一点，企业就开始发出订货指令，因而对库存数量的随时监控就显得尤为必要，此时对库存的盘货采取的是永续盘存制度。要发现现有库存量是否达到订货点RP，必须随时检查库

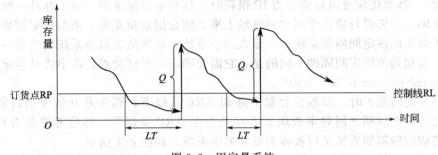

图 8.2　固定量系统

存量。

因此，对于固定量系统来说需要随时检查库存量，并随时发出订货，这无形中增加了库管人员的工作量，从另外一个侧面也增加了库存控制。由此看来，固定量系统适用于对重要物资或关键物资的库存控制，从而确保库存不出任何纰漏。

当然，永续盘存带来的庞大工作量可以通过其他方法对其进行部分化解，现实生活中通常采用双堆法或两仓系统（two-bin system）。两仓系统是指将同一种物资分放两仓（或两个容器），当一个仓使用完后，系统就发出订货。订货发出后，企业则开始使用另一仓的货物。当订货到达后，再进行物资的两仓分放。

2. 固定间隔期系统

固定量系统需要随时监视库存变化，对于物资种类很多且订货费用较高的情况，是很不经济的。固定间隔期系统可以弥补固定量系统的不足。学术界将这一系统称为 P 模型（P models）。固定间隔期系统就是每经过一个相同的时间间隔，发出一次订货，订货量能将现有库存补充到最高水平 M（Maximum）的量，如图 8.3 所示。

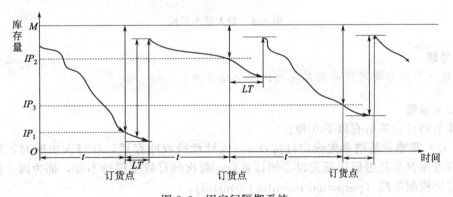

图 8.3　固定间隔期系统

从图 8.3 中可以看出，当经过固定间隔时间 t 之后，发出订货，这时库存量降到 IP_1（inventory position 1，库存水平 1），需要的订货量为 $M-IP_1$；经过一段时间（LT）到货，库存量增加 $M-IP_1$；再经过固定间隔期 t 之后，又发出订货，这时库存量降到 IP_2，订货量为 $M-IP_2$，经过一段时间（LT）到货，库存量增加 $M-IP_2$，如此反复进行下去。在这一系统内，库存的订货点在横轴（时间轴）上。

与固定量系统相比，固定间隔期系统无须随时检查库存量，到了固定的间隔期，才对不同物资进行盘点，此时采用的是定期盘存系统。根据库存状态、库存与最高物资水平间的差距（不同的货品最高物资水平可以有差异），同时订货。因而简化了管理、节省了费用。

固定间隔期系统的缺点是不论库存水平降得多还是少（即便企业消耗的库存量极小，无须发出订货），都要按期发出订货，当 IP 很高时，订货量是很少的。为了弥补一般固定间隔期系统的缺陷，需要将订货点重新放回纵轴上来，结合固定量系统，重新确定订货时间。此时就出现了修正的固定间隔期系统——最大最小系统。显然最大最小系统仍然是一种固定间隔期系统，与初始的固定间隔期不同的是，它需要确定一个订货点，本书将其界定为补充订货点（adjusted reorder point，ARP）。

当经过时间间隔 t 时，如果库存量下降到 ARP 及以下，则企业开始发出订货；否则，企业会再经历一个周期并同时审查现有库存是否在 ARP 及以下，然后考虑是否发出订货。经过修正的固定间隔期系统又可被称为最大最小系统，如图 8.4 所示。

按照图 8.4，在经过时间间隔 t 之后，库存量降到 IP_1，显然 IP_1 小于 ARP，此时企业开始下达订货指令，订货量为 $M-IP_1$，在经过时间间隔 LT 后到货，此时库存量将增加 $M-IP_1$。再经过同样的时间 t 之后库存量将降到 IP_2，从图中可以看出 IP_2 大于 ARP，此时由于库存量在补充订货点以上，企业决定暂不订货，因而此时库存量随着时间的推移将继续下降。又经历另一个时间间隔 t 之后，库存量下降到 IP_3 水平，IP_3 小于 ARP，企业又开始发出订货，订货量为 $S-IP_3$，经过一段时间 LT 到货，库存量增加 $M-IP_3$，如此反复下去。

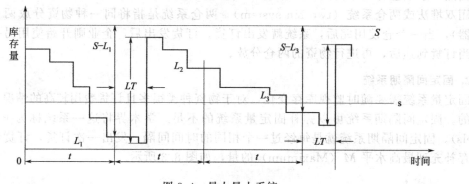

图 8.4　最大最小系统

> **思考题**
> 固定量系统与固定间隔期系统相比哪个库存大？

3. 订货策略

具体策略订货策略有以下几种。

(s, Q) 策略：是指事先设定订货点 s，连续性检查库存量，在每次出库时，均盘点剩余量，检查库存是否低于预先设定的订货点，每次的订货量保持不变，都为固定值 Q。这是定量订货控制策略（perpetual inventory control）。

(t, S) 策略：是指补充过程是每隔一定时间 t 补充一次，每次补充到目标库存水平 S。这是定期库存控制策略（periodic inventory control）。

(s, S) 策略：是指事先设定最低（订货点 s）和最高（目标库存水平 S）库存标准，随时检查库存量。这是最大最小系统。

(t, s, S) 策略：是 (t, S) 策略和 (s, S) 策略的结合，即每隔时间 t 检查库存量一次，当库存量小于等于订货点 s 时就发出订货，每次补充到目标库存水平 S。

二、订货方法

1. 定量订货法

定量订货法是指当库存量下降到预定的最低库存量（订货点）时，按规定数量（一般以经济批量为标准)进行订货补充的一种库存控制方法,如下图 8.5 所示。订货量的确定依据条件不同,可以有多种计算的方法。

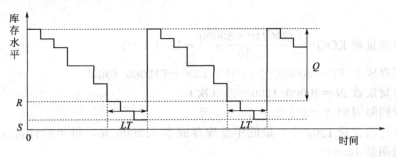

图 8.5 定量订货法

(1) 定量订货法的基本原理

当库存量下降到订货点 R 时,按预先确定的订购量 Q 发出订单,经过交货周期,就是从发出订单至该批货物入库间隔的时间 LT,库存量继续下降,到达安全库存量 S 时,收到订货量 Q,库存水平上升。该方法主要靠控制订货点的库存量 R 和订货批量 Q 两个参数来控制订货,达到既能最好地满足库存需求,又能使总费用最低的目的。在需要为固定、均匀和订货交纳周期不变的条件下,订货点的库存量 R 由下式确定:

$$R = LT \cdot D/365 + S \tag{8.1}$$

式中,R 是订货点的库存量;LT 是交货周期;D 是每年的需要量;S 是安全库存量。

(2) 定量订货法的内容

基本经济订货批量,是简单、理想状态的一种。通常订货点的确定主要取决于需要量和订货交纳周期这两个因素。在固定均匀、订货交纳周期不变的情况下,不需要设安全库存,这时订货点:

$$R = LT \cdot D/365 \tag{8.2}$$

订货批量 Q 依据经济批量(EOQ)的方法来确定,即总库存成本最小时的每次订货数量。通常,年总库存成本的计算公式为:

年总库存成本=年购置成本+年订货成本+年保管成本+缺货成本 (8.3)

假设不允许缺货的条件下,

年总库存成本=年购置成本+年订货成本+年保管成本 (8.4)

即:

$$TC = DP + DC/Q + QH/2 \tag{8.5}$$

式中,TC 是年总库存成本;D 是年需求总量;P 是单位商品的购置成本;C 是每次订货成本;Q 是批量或订货量;H 是单位商品年保管成本。

其中,$H = PF$,F 为年仓储保管费用率。

经济订货批量(EOQ)就是使库存总成本达到最低的订货数量,它是通过平衡订货成本和保管成本两方面达到的。其计算公式为:

$$\text{EOQ} = \sqrt{\frac{2CD}{H}} = \sqrt{\frac{2CD}{PF}} \tag{8.6}$$

此时的最低年总库存成本 $\quad TC = DP + H \cdot \text{EOQ}$ (8.7)

年订货次数 $\quad N = D/\text{EOQ} = \sqrt{\dfrac{DH}{2C}}$ (8.8)

平均订货间隔周期 $\quad T = 365/N = 365\text{EOQ}/D$ (8.9)

【例 8.1】 甲仓库 A 商品年需求量为 30000 个,单位商品的购买价格为 20 元,每次订货成本为 240 元，单位商品的年保管费为 10 元。

求：该商品的经济订购批量，最低年总库存成本，每年的订货次数及平均订货间隔周期。

【解】 经济批量 $EOQ = \sqrt{\dfrac{2 \times 240 \times 30000}{10}} = 1200$（个）

每年总库存成本 $TC = 30000 \times 20 + 10 \times 1200 = 612000$（元）

每年的订货次数 $N = 30000/1200 = 25$（次）

平均订货间隔周期 $T = 365/25 = 14.6$（天）

答：经济订购批量 1200 个，最低年总库存成本 612000 元，每年的订货次数 25 次，平均订货间隔周期是 14.6 天。

2. 批量折扣购货的订货批量

供应商为了吸引顾客一次购买更多的商品，往往会采用批量折扣购货的方法，即对于一次购买数量达到或超过某一数量标准时给予价格上的优惠。这个事先规定的数量标准，称为折扣点。在批量折扣的条件下，由于折扣之前购买的价格与折扣之后购买的价格不同，因此，需要对原经济批量模型做必要的修正。

在多重折扣点的情况下，先依据确定条件下的经济批量模型，计算最佳订货批量（Q^*），而后分析并找出多重折扣点条件下的经济批量，多重折扣价格表如表 8.1 所示。

表 8.1 多重折扣价格表

折扣区间	0	1	…	t	…	n
折扣点	Q_0	Q_1	…	Q_t	…	Q_n
折扣价格	P_0	P_1	…	P_t	…	P_n

其计算步骤如下：

① 用确定型经济批量的方法，计算出最后折扣区间（第 n 个折扣点）的经济批量 Q_n^* 与第 n 个折扣点的 Q_n 比较，如果 $Q_n^* \geqslant Q_n$，则取最佳订购量 Q_n^*；如果 $Q_n^* < Q_n$，就转入下一步。

② 计算第 t 个折扣区间的经济批量 Q_t^*。

若 $Q_t \leqslant Q_t^* < Q_{t+1}$ 时，则计算经济批量 Q_t^* 和折扣点 Q_{t+1} 对应的总库存成本 TC_t^* 和 TC_{t+1}，并比较它们的大小，若 $TC_t^* \geqslant TC_{t+1}$，则令 $Q_t^* = Q_{t+1}$，否则就令 $Q_t^* = Q_t$。

如果 $Q_t^* < Q_t$，则令 $t = t+1$ 再重复步骤②，直到 $t = 0$，其中 $Q_0 = 0$。

【例 8.2】 商品 A 的供应商为了促销，采取以下折扣策略：一次购买 1000 个以上打 9 折；一次购买 1500 个以上打 8 折。多重折扣价格表如表 8.2 所示。若单位商品的仓储保管成本为单价的一半，求在这样的批量折扣条件下，甲仓库的最佳经济订货批量应为多少？已知：$D = 30000$ 个，$P = 20$ 元，$C = 240$ 元，$H = 10$ 元，$F = H/P = 10/20 = 0.5$。

表 8.2 商品 A 的多重折扣价格表

折扣区间	0	1	2
折扣点/个	0	1000	1500
折扣价格/(元/个)	20	18	16

【解】 根据题意列出：

（1）计算折扣区间 2 的经济批量：

经济批量 $$Q_2^* = \sqrt{\frac{2CD}{PF}} = \sqrt{\frac{2\times240\times30000}{16\times0.5}} = 1342 \text{（个）}$$

因 1342<1500

（2）计算折扣区间1的经济批量：

经济批量 $$Q_1^* = \sqrt{\frac{2CD}{PF}} = \sqrt{\frac{2\times240\times30000}{18\times0.5}} = 1265 \text{（个）}$$

因 1000<1265<1500

故还需计算 TC_1^* 和 TC_2 对应的年总库存成本：

$$TC_1^* = DP_1 + HQ_1^*$$
$$= 30000\times18 + 20\times1265 = 565300 \text{（元）}$$
$$TC_2 = DP_2 + DC/Q_2 + Q_2PF/2$$
$$= 30000\times16 + 30000\times240/1500 + 1500\times16\times0.5/2 = 496800 \text{（元）}$$

由 $TC_2 < TC_1^*$，所以在批量折扣的条件下，最佳订购批量 Q^* 为 1500 个。

3. 分批连续进货的进货批量

在连续补充库存的过程中，有时不可能在瞬间就完成大量进货，而是分批、连续进货，甚至是边补充库存边供货，直到库存量最高。这时不再继续进货，而只是向需求者供货，直到库存量降至安全库存量，又开始新一轮的库存周期循环。分批连续进货的经济批量，仍然是使存货总成本最低的经济订购批量。如图8.6所示。

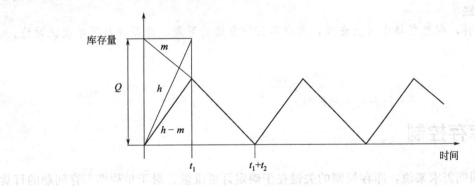

图 8.6 分批连续进货

设一次订购量为 Q，商品分批进货率为 h（千克/天），库存商品耗用率为 m（千克/天），并且 $h>m$。一次连续补充库存直至最高库存量需要的时间为 t_1；该次停止进货并不断耗用量直至最低库存的时间为 t_2。由此可以计算出以下指标：$t_1=Q/h$；在 t_1 时间内的最高库存量为 $(h-m)t_1$；在一个库存周期 (t_1+t_2) 内的平均库存量为 $(h-m)t_1/2$；仓库的平均保管费用为 $[(h-m)/2](Q/H)PF$。

经济批量：

$$Q^* = \sqrt{\frac{2CD}{PF\left(1-\frac{m}{h}\right)}} \tag{8.10}$$

在按经济批量 Q^* 进行订货的情况下，每年最小总库存成本 TC^* 为：

$$TC^* = DP + \sqrt{2CDPF\left(1-\frac{m}{h}\right)} \tag{8.11}$$

每年订购次数为： $$N = D/Q^* \tag{8.12}$$

订货间隔周期为：
$$T = 365/N = 365Q^*/D \tag{8.13}$$

【例 8.3】 甲仓库 B 种商品年需要量为 5000 千克，一次订购成本为 100 元，B 商品的单位价格为 25 元，年单位商品的保管费率为单价的 20%，每天进货量 h 为 100 千克，每天耗用量 m 为 20 千克。请给出在商品分批连续进货条件下的经济批量、每年的库存总成本、每年订货的次数和订货间隔周期。

【解】 经济批量：
$$Q^* = \sqrt{\frac{2CD}{PF\left(1-\frac{m}{h}\right)}} = \sqrt{\frac{2 \times 5000 \times 100}{0.2 \times 25 \times \left(1-\frac{20}{100}\right)}} = 500 \text{（千克）}$$

每年的库存总成本：
$$TC^* = DP + \sqrt{2DCPF\left(1-\frac{m}{h}\right)}$$
$$= 5000 \times 25 + \sqrt{2 \times 5000 \times 100 \times 0.2 \times 25 \times \left(1-\frac{20}{100}\right)} = 27000 \text{（元）}$$

每年订货次数：$N = D/Q^* = 5000/500 = 10$（次）

订货间隔周期：$T = 365/N = 365/10 = 36.5$（天）

答：经济批量是 500 千克，每年的库存总成本 27000 元，每年订货 10 次，订货间隔周期 36.5 天。

> **课后实践**
> 查阅资料，利用书籍或网上资源，查找各订货方法的习题，练习并与同学交流讨论。

第三节
单周期库存控制

对于单周期需求来说，库存控制的关键在于确定订货批量。对于单周期库存问题的订货量就等于预测的需求量。

由于预测误差的存在，根据预测确定的订货量和实际需求量不可能一致。如果需求量大于订货量，就会失去潜在的销售机会，导致机会损失——订货的机会（欠储）成本。另一方面，假如需求量小于订货量，所有未销售出去的物品将可能以低于成本的价格出售，甚至可能还要另外支付一笔报废处理费。这种由供过于求导致的费用称为陈旧（超储）成本。显然，最理想的情况是订货量恰恰等于需求量。

为了确定最佳订货量，需要考虑各种由订货引起的费用。由于只发出一次订货和只发生一次订货费用，所以订货费用为一种沉没成本，它与决策无关。库存费用也可视为一种沉没成本，因为单周期物品的现实需求无法准确预计，而且只通过一次订货满足。所以即使有库存，其费用的变化也不会很大。因此，只有机会成本和陈旧成本对最佳订货量的确定起决定性作用。确定最佳订货量可采用期望损失最小法、期望利润最大法或边际分析法。

一、期望损失最小法

期望损失最小法就是比较不同订货量下的期望损失，取期望损失最小的订货量作为最佳订货量。已知：单位成本为 C 元/件，单位售价为 P 元/件，降价处理为 S 元/件，则：单位机会损失，$C_u = P - C$；单位超储损失，$C_o = C - S$。

当订货量为 Q 时，期望损失为：

$$E_L(Q) = \sum_{d>Q} C_u(d-Q)P(d) + \sum_{d<Q} C_o(Q-d)P(d) \tag{8.14}$$

式中，$P(d)$ 为实际需求量为 d 时的概率。

二、期望利润最大法

期望利润最大法就是比较不同订货量下的期望利润，取期望利润最大的订货量为最佳订货量。已知：单位成本为 C 元/件，单位售价为 P 元/件，降价处理为 S 元/件。

当 $Q < d$ 时，所有的货物可以全部卖完，单位利润为：$U = P - C$。

当 $Q > d$ 时，货物会有部分剩余，其中有 d 的单位利润 $U = P - C$，有 $(Q - d)$ 的剩余量，此时单位利润 $V = S - C$；

当订货量为 Q 时，期望利润为：

$$E_P(Q) = \sum_{d<Q} [Ud - V(Q-d)]P(d) + \sum_{d>Q} UQP(d) \tag{8.15}$$

式中，$P(d)$ 为实际需求量为 d 时的概率。

三、边际分析法

原理：如果增加一个产品订货能够使期望收益大于期望成本，那么就应该在原订货量的基础上追加一个产品的订货。

随着订货量的不断增加，最终会达到一个 D^* 值，此时的订货量 Q 正好等于需求量 D，$P(D^*)$ 可使得公式 $P^*(D) \cdot C_u = [1 - P^*(D)]C_o$，即两边的期望值相等，此时的 D^* 就是最佳的订货量，$P(D)$ 记为 $P^*(D)$，称之为临界概率。

已知：单位成本为 C 元/件，单位售价为 P 元/件，降价处理为 S 元/件，则单位机会成本 $C_u = P - C$，单位超储成本 $C_o = C - S$。

$$P^*(D) \cdot C_u = [1 - P^*(D)] \cdot C_o$$
$$P^*(D) = C_o / (C_u + C_o)$$

即：
$$P(D \geq D^*) = C_o / (C_u + C_o) \tag{8.16}$$

【例 8.4】 一名报童以每份 0.20 元的价格从发行人那里订购报纸，然后再以 0.50 元的零售价格出售。但是，他在订购第二天的报纸时不能确定实际的需求量，而只是根据以前的经验，知道需求量服从均值为 50、标准偏差为 12 的正态分布。那么他应当订购多少份报纸呢？

【解】 单位机会成本：$C_u = P - C = 0.5 - 0.2 = 0.3$（元）

单位超储成本：$C_o = C - S = 0.2 - 0 = 0.2$（元）

$$P(D \geq D^*) = C_o / (C_u + C_o) = 0.2 / (0.3 + 0.2) = 0.4$$

查标准正态分布表得：$z = 0.25$。

由于 $z = (D^* - \mu) / \sigma$，所以令 $\mu = 50$，$\sigma = 12$。

可求得：$D^* = 50 + 0.25 \times 12 = 53$（份）。

案例二

小米的零库存启示

小米手机提倡了零库存理念。零库存并不是指以仓库储存形式的某种或某些物品的储存数量真正为零，而是通过实施特定的库存控制策略，实现库存量的最小化。

所以"零库存"管理的内涵是以仓库储存形式的某种物品数量尽可能的小,即不保存经常性库存,它是在物资有充分社会储备保证的前提下,所采取的一种特殊供给方式。所有企业的生产目标均是追求生产能力和市场需求的相互配合。

启发思考:

小米采用"零库存"管理的方式,进行"饥饿营销",相当于让自己的企业处于一个供不应求的局面,这样企业怎么会达到利润的最大化呢?

本 章 小 结

本章主要包括:库存管理中的库存的含义、库存的发展史、库存主要解决的问题和目标以及库存控制的基本问题、库存订货策略、单周期库存控制。库存管理主要解决存货中包含哪些物品、什么时候对供应商下订单和订购多少的问题。其目标是降低库存成本和提高客户服务水平,一个好的库存管理就是寻求两者间的平衡,达到企业利益最大化。在库存控制系统中,订货点和订货量的控制是重点,对于单周期需求来说,库存控制的关键在于确定订货批量,其模型的适用性各不相同,运用时应根据情况的不同合理选择。一个好的库存管理是企业取得成功的关键,因此掌握管理方案的制定方法,根据企业情况运用适当的方法方案制定管理程序尤为重要。最后,灵活运用所学知识,把知识与实践相结合才能学有所得,学有所用。

练习题

一、名词解释

1. 库存 2. 库存管理 3. 固定量系统 4. 固定间隔期系统 5. 定量订货法
6. 期望损失最小法 7. 期望利润最大法

二、简答题

1. 简述库存的利弊。
2. 库存管理的发展过程。
3. 库存管理的目标。
4. 订货方法有哪几种,各有什么特点?
5. 单周期库存控制的方法有哪几类,各有什么特点?

第九章

综合计划与主生产计划

【学习目标】
1. 了解综合计划和主生产计划的定义；
2. 理解并掌握本章相关基础概念，如平准策略；
3. 能够区分综合计划和主生产计划与其他计划的区别，掌握两种计划的适用范围；
4. 能够编制简单的综合计划；
5. 描述主生产计划过程，并说明其重要意义。

第一节 生产计划

案例一

小米的生产计划

哈佛大学商学院著名教授迈克尔·波特曾说过："一个企业要在市场竞争中取得优胜地位，有三种战略可供选择：最低成本、差异化营销、市场集中。"小米公司正式成立于2010年4月，是一家专注于智能手机自主研发的移动互联网公司，定位于"高性能发烧手机"。小米的成就是有目共睹的，这是因为其详尽的计划和敏锐的市场嗅觉以及决不放弃的毅力，具体有三个方面：一是成本领先战略；二是采用创新的销售模式；三是学习戴尔式的供应链管理，实现零库存。一个企业的良好运行离不开在生产开始之前的精密的计划，因此做好一个企业的计划工作对企业未来的发展起着至关重要的作用。

大多数人了解到"饥饿营销"这个词语应该都是源自小米。饥饿营销是指商品提供者有意调低产量，以期达到调节供求关系、制造供不应求"假象"，维持商品较高售价和利润的目的。小米的饥饿营销运行始终贯穿着"品牌"这个因素。各环节紧扣网络销售资源，通过这种循环保持着极高的关注度与曝光率，以极低的代价换取了最大的广告效应。采用这种创新的营销方式的小米在短时间内大大提高了知名度。

所有企业的生产目标均是追求生产能力和市场需求的相互配合，但小米的营销方式是相当于让自己的企业处于一个供不应求的局面，这样企业怎么会达到利润的最大化呢？其实，只要掌握了计划的规律，了解需求与生产能力配合的重要性，结合自己的企业制订良好的企业计划，便可以发现小米的真实目的所在了。

启发思考：
(1) 通过联系文章内容表述什么是需求，其影响因素是什么。
(2) 小米的最终目的是什么？为了达到这些目的小米做了怎样的计划？

一、生产计划概述

企业计划是保证生产顺利实施的必要措施，一个好的计划应该具有以下特性。一是针对性，一个合适的计划应该只是针对某一产品的生产而定制的，根据产品所具有的特性来制订计划才能够使计划具有意义。二是预见性，计划的根本就是根据未来生产发展的走势来决定企业生产安排，能够精准地预测出企业的将来进行时的情况，对企业的兴衰有着决定性的作用。三是目的性，无论制订的计划有多精细，可实施性有多强，只要计划偏离了目标，那么一切就都是白费功夫。因此，在计划的每一步都要时刻牢记该计划所服务的对象，才能保证计划的存在意义。四是明确性，一个指向明确的计划对企业生产有着强大的指引作用，将计划内容精确到在某一阶段某一车间生产多少产品的数量，这样在生产过程中将会免去很多不必要的作业。五是效率性，计划只有在生产开始之前才是具有效用的，一个计划的效率是对于企业顺利生产必不可少的因素。

1. 生产计划的层次

企业生产计划的层次按照其涉及内容的具体程度可分为：战略层、战术层、作业层，各有其特征。

第一层，战略层：也被称为长期计划，涉及产品发展方向，生产发展规模，技术发展水平，新生产设备的建造等。特点是计划期相对较长，与企业同时期的销售计划、市场预测和财务计划相协同，一般为5年或更长时间，且每年进行滚动修订。在整体上把握企业的未来发展方向，确定企业的发展核心，实质上为战术层提供生产能力的限制。

第二层，战术层：也被称为中期计划或企业综合计划，是确定在现有资源条件下，企业所从事的生产经营活动应该达到的目标，如产量、品种、产值和利润。相比于战略层所讨论的计划内容更加详细，计划期一般为1年，计划时间也更短。

第三层，作业层：也被称为短期计划，计划则更加详尽，其主要内容是确定日常的生产经营活动的安排。作业层的计划主要包括：各工组人员、机械、物料分配等细节问题。主生产计划就归属于该层次。

通过观察可以得出，不同的计划层次所涉及的计划期等均有所区别，不同层次的计划所做的具体计划工作也有很大的差别，为此，可以根据各自的不同，做出不同层次的计划特点的对比分析表，见表9.1。

表9.1 不同计划层次特征

对比内容	战略层（长期计划）	战术层（中期计划）	作业层（短期计划）
计划期	长（≥5年）	中（1年）	短（月、旬、周）
计划的时间单位	粗（年）	中（月、季）	细（工作日、班次、小时、分）
空间范围	企业、公司	工厂	车间、工段、班组
详细程度	高度综合	综合	详细
不确定性	高	中	低
管理层次	企业高层领导	中层，部门领导	低层，车间领导
特点	资源获取	资源利用	日常活动处理

2. 生产计划的分类

(1) 长期计划

企业的长期计划是企业发展的纲领性指标，主要包括：生产过程经营预测、经营计划、战略能力规划。它涉及企业在市场竞争中地位的变化、产品和服务的发展方向、生产的发展规模、技术的发展水平、新产品设施布置和选址等。企业未来的发展情况在很大程度上取决于企业生产伊始时期战略计划的制订，因此管理者做好企业的战略计划，以保证生产的总体前进方向的正确性。长期计划的内容主要包括：新产品开发种类、工厂选择、企业文化的定制等。长期计划在一定程度上为中期计划的制订奠定了制定基础，但同时也限定了中期计划的制订范围。

(2) 中期计划

企业的中期计划是在确定现有资源条件下，所从事的生产经营活动应该达到的目标，而此时资源的限制多来自在制订战略层计划时所产生的闲置条件，如产量、品种、产值、库存、员工和利润。同样地，中期计划为短期计划的具体数据给出了界限范围。

综合计划（生产计划大纲）是连接企业长期经营计划与短期生产计划之间的纽带。综合计划可以总结为用最小的成本，最大地满足需求。综合生产计划是指导生产的纲领。综合生产计划的优劣决定了生产绩效的高低，研究生产计划优化方法具有重要意义。综合计划的具体内容将会在后面的章节当中介绍。

分解综合计划的结果是生成总进度计划（时间进度总表）。总进度计划显示了各个产品而不是总的产品的计划产出以及生产时间安排。总进度计划是综合计划的细分结果，它将需求量与时间相结合，在限定的时间节点内达到固定的生产量。总进度计划包括具体的产品需求量与时间安排，但它并没有说明计划出产量的多少。主生产计划是根据总进度计划的需求量与时间的要求，为具体各项产品的生产数量与时间做安排，它同时考虑了预测需求量、需求时间和现有库存等因素。它显示了各种产品需要组织生产的时间和数量。

(3) 短期计划

短期计划又被称为作业层计划，相比于中期计划，短期计划定制过程更为精细，涉及的生产内容也更为细碎和复杂，短期计划确定日常企业生产活动的安排，它确定了具体任务的分配情况，安排了作业的生产顺序，规划了生产产品的数量，并对生产进度有了一定量的控制。短期计划是在中期计划的基础上制订完成的，它比中期计划的计划期更短，覆盖范围更小，计划内容越来越详尽，更重要的是，其计划期内的不确定性越来越小。短期计划主要包括主生产计划、物料需求计划、生产作业计划等。

主生产计划（master production schedule，MPS）：将综合计划的系列产品分解为每一具体时间段的最终产品的生产数量。

物料需求计划：物料需求计划就是根据主生产计划来导出运作转化流程中各物料的相关需求的需求量和需求时间。

生产作业计划：生产作业计划是指企业生产计划的具体执行计划。它把企业的年度、季度生产计划具体为各个车间、工段、班组，每个工作地和个人的以月、周、班以至小时计的计划，是组织日常生产活动、建立正常生产秩序的重要手段。

> **课堂案例**
>
> 一家生产 24 种不同型号电视机的制造商，为了制订综合计划，他们可能把产品分为平板、液晶、背投、等离子电视几个大类，分别拟定大类的生产量。

二、计划的制订和编制

1. 计划制订的一般步骤

计划阶段的充分准备是企业进行生产的良好开端，在现代社会的生产方式下，只有计划得合理详尽，企业才会有盈利的可能。计划工作完成后，整个生产就进入了执行阶段，涉及具体的材料准备、设备零件的投入等工作，从而为后面的操作层打下基础。

计划制订的一般步骤如下。

确定目标。在上期目标计划执行的基础上，新的目标要尽可能具体，如利润指标、市场占有率等。

评估当前条件。认真分析现状与目标的差距，包括外部环境与内部环境。外部环境主要包括：市场情况、原料、燃料、工具等资源供应情况，以及彼此的协作关系。内部条件包括：设备状况、工人状况、劳动状况、新产品研制以及在制品占用量等。

预测未来环境。根据国内外各种政治因素、经济因素、社会因素和技术因素综合作用的结果，预测未来，找出达成目标的有利因素及不利因素。

确定计划方案。设计多个实现目标的可行计划方案，并从中选择一个最优方案实施。

实施计划。评价结果是检查目标是否达到，如未达到是什么原因，需要采取什么措施，是否需修改计划等。

2. 计划的编制形式

（1）一般计划编制形式

按照正常的计划运行企业的生产流水线，最初的计划如何设定，就按照最初的设定进行运行。如：某公司年初时做了年度主生产计划，要求二号工厂每月生产40万台生化设备仪器，那么，在接下来的运行阶段内，二号工厂只需按照企业所规定的生产目标进行生产。

优点：简化了编制过程，缩短了计划的周期，减少了计划过程的后续工作，便于整个生产流程的进行，对资源设备人工的变动性减少，生产线保持稳定状态。

缺点：计划一直是一成不变的，所以就会导致计划无法根据市场需求的变动做出及时的调整，可能会给企业带来各方面的损失，企业应根据实际需要设置一种新的计划编制。

（2）滚动式计划编制

在采用滚动式计划方式的企业，将整个计划分为几个时间段，其中第一个计划时间段为执行计划，后几个时间段的计划为预计计划。一般来讲，执行计划较为具体，预计计划较为粗略。经过一定的时间后原预计计划中的第一个时间段的计划就变成了执行计划。同时执行计划和预计计划的计时单位可以有所不同，如未来三个月的计划时间单位是月，其余九个月的计划时间单位是季，见图9.1。

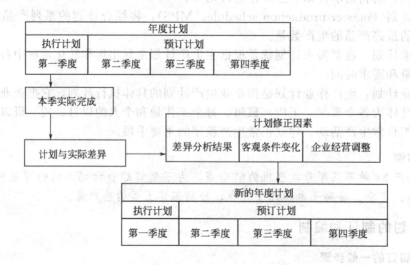

图 9.1 滚动式编制年度计划示意图

滚动式计划的优点：

① 计划是动态的。编制计划的变动性增强，使计划的应变性得到了保证。按照最初的编制计划，如果第一期出现了偏差，而后面的计划不加以修改，那么整个计划就会流于形式。

② 提高了计划的连续性。便于建立正常的生产秩序和组织均衡生产。滚动式计划有助于计划的连续进行，保证企业能够有计划可依，有政策可变。

（3）人员计划编制

综合计划可用几种不同方式来考虑人员安排问题。例如：将人员按照产品系列分成相应的生产运作小组，分别考虑所需人员水平；或者将人员根据产品的工艺特点和人员所需的技能水平分组；等等。综合计划中对人员的安排，要根据需求变化引起的对所需人员数量的变动，决定是否采取加班或者扩大聘用等应对方法来避免损失。

> **课后实践**
>
> 除了制造企业外，滚动计划在现实生活当中的运用也较多，比如可以利用滚动计划为自己接下来一段时间的规划做一个计划，及时调整并反馈到实际行动当中。同学们可以用滚动（式）计划的方法制订一份计划，对接下来的学习生活做一下规划。

三、计划、执行与操作

良好的计划只是生产的开端，一个完整的生产线运营的流程应该是计划层—执行层—操作层，不同阶段的操作所对应的计划内容也有所不同，计划的对象、编制部门等涉及的因素也有所不同。具体划分见表9.2。

表 9.2　不同阶段计划区分表

区分的内容	计划层	执行层	操作层
计划的形式及种类	综合计划、主生产计划	零部件（毛坯）投入出产计划、原材料需求计划等	周生产作业计划、关键机床加工计划等
计划对象	产品（假定、代表、具体产品）工矿配件	零件（自制、外购、外协件）、毛坯、原材料	工序
编制计划的基础数据	产品生产周期、成品库存	产品结构、制造提前期、零件、原材料、毛坯库存	加工路线、加工时间、在制品库存
计划编制部门	经营计划处（科）	生产处（科）	车间计划科（组）
计划期	一年	季、月	周
计划的时间单位	季（细到月）	旬、周、日	工作日、小时、分
计划的空间范围	全厂	车间及有关部门	工段、班组、工作地
采用的优化方法举例	线性规划、运输问题算法、SDR、LDR	MRP、批量算法	各种作业排序方法

> **勤学勤练**
>
> 近期，要举办一场全民健身活动，积极号召全民进行爬山活动，据可靠估计，近期购买登山鞋的人数可能会骤增。如果你是一家登山鞋生产商，你将如何调整你的生产计划，如果发生了需求供应不足或者库存积压现象你会如何应对？

第二节
平稳生产能力策略与追逐需求策略

一、需求的概述

1. 需求的定义

需求反映的是消费者对某一商品或服务在不同的价格之下的需求集合,而需求量是在某一确定价格之下消费者的需求数量。经济学中的需求是在一定的时期,在特定的价格水平下,消费者愿意并且能够购买的商品数量。

2. 需求的影响因素

(1) 产品价格

企业的产品定价在一定程度上会对市场需求有很大的影响,因此,很多行业会通过改变商品价格来避免出现生产能力无法满足需求的情况。在产品需求从高峰期滑向低谷期时,差别定价极为常见。例如,航空公司向夜间旅行的乘客提供低价服务,电影院的日场报价也通常较低,这种定价方法是通过调整价格来改变客流量,使消费时间和消费量尽量均匀分布。

需要特别注意的一个重要因素,即产品和服务弹性价格的大小,弹性越大,则定价策略对需求的影响越有效。

(2) 商品推广

现代社会广告无处不在,电子产品在马路上、在交通工具上等都可以推广各种商品的广告。还有形式多样的促销,如展览和直接营销等,会对需求的改变产生较大的影响,企业因而保证市场需求和产品生产能力相匹配。与定价策略不同,这种方法要求实行者对商品推广方式的选择以及对回应率和回应状况等方面的知识有所了解,并快速做出反应,才有营销成功的可能。同时,企业还要承担企业盈利水平下降的风险等。

(3) 订单策略

通过为顾客提供订单的模式,企业把需求转移到其他生产时期。产品制造单位向购买单位提供产品订单,许诺在未来某一时期交货,这种方法的可行性程度依赖于顾客对等待产品运送时间的意愿程度。使用订单策略,在一定程度上可以缓解需求量大于生产能力的问题。

(4) 新的需求

有些产品或服务的需求分布不均匀,会出现闲置问题,需要进行合理安排和组织。例如,城市公交车的使用大多数集中在早晚出行高峰期的阶段,其他时段使用的频率就相对较小,造成公交车使用资源的浪费。

案例二

沙碧娜航空公司的航线是由北美到比利时首都布鲁塞尔。虽然它做了很多广告来宣传公司航班舒适等优点,但乘客不饱和的现象一直存在。经过后来的策划与研究,他们想出了一个完美的广告,就是宣传比利时的优美景点,并推出了"比利时有五个阿姆斯特丹"的口号,最终改善了经营局面。该案例就属于典型的商品推广,但并不是所有的商品推广都会得到良好的成效,要找准满足顾客需求的"点",才能充分发挥广告的作用。

二、生产能力概述

1. 生产能力定义

生产能力（production capacity，简称产能）是指在计划期内，企业参与生产的全部固定资产，在既定的组织技术条件下，所能生产的产品数量，或者能够处理的原材料的数量。企业生产能力从广义上讲，是指设备能力、人员能力和管理能力的总和。

生产能力计划按计划期长短可分为：长期、中期和短期能力计划。它与企业的经营目标、利润计划、生产计划的相互关系，见图9.2。

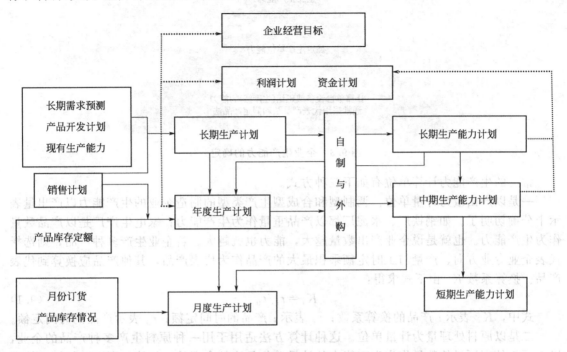

图 9.2 生产能力计划与生产计划及其相互关系

一个企业所关注的核心的问题就是企业的生产能力是否与市场需求相匹配。当市场需求旺盛时，企业需要考虑如何来增加生产能力以满足需求的增长；当需求不足时，企业需要考虑如何缩小规模，以避免能力过剩，尽可能地规避由于产能过剩而带来的风险。

2. 调节因子

按照调节时间的长短，可将影响因素划分为长期因素、中期因素、短期因素三种。一般来讲，只要获得生产能力周期的时间大于一年的工作，都可以称为长期因素，如建设扩建工厂、订购大型设备、技术改造等。中期因素为半年到一年内可以对生产能力产生效果的因素，如添置较易获得的通用设备、增加工人人数等，这些均是在现有基础设施上所进行的局部扩充，属于中层管理决策。短期因素是在半年内至当月内就可以对生产能力产生作用的因素。这类因素有很多，如加班、采取奖惩措施等，均属于作业层的决策。

按照具体实施类型来划分，提高生产能力的因素有：聘用和解聘工人、加班（松弛时间）、兼职工作人员、存货、转包合同。这一部分内容将在稳妥型应变中仔细讲解，不再赘述，此处重点强调转包合同。转包合同能够使计划获得临时性的生产能力，尽管它会使组织对产出的控制能力变弱，并可能引发成本和质量问题，使整个生产线的稳定性降低，但是却使制造整体保持了柔性，避免失去转包商。

3. 计算单位

不同企业的产品和生产过程差别较大，在进行生产能力计算前，必须确定生产能力的计算单位。企业年生产能力的确定，从企业的最基层开始，计算单台设备或班组（生产线）的能力，通常采用代表产品法和假定产品法，确定生产单位能力，最后确定企业的生产能力，见图9.3。

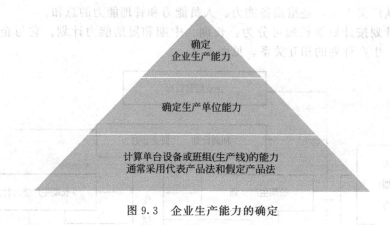

图 9.3 企业生产能力的确定

常见的生产能力计算单位有如下三种方式。

一是以产出量为计量单位。调制型和合成型生产类型的制造企业的生产能力以产出量表示十分确切明了。如钢铁厂、水泥厂都以产品重量作为生产能力；家电生产厂是以产品数量作为生产能力。也就是说企业产出数量越大，能力也就越大。若企业生产多种产品，则选择代表企业专业方向、产量与工时定额乘积最大的产品作为代表产品，其他产品应换算到代表产品。换算系数 K_i 由下式求得：

$$K_i = t_i / t_0 \tag{9.1}$$

式中，K_i 表示 i 产品的换算系数；t_i 表示 i 产品的时间定额；t_0 表示产品的时间定额。

二是以原料处理量为计量单位。这种计算方法适用于用一种原料生产多种产品的企业，以工厂年处理原料的数量作为生产能力的计量单位是比较合理的。如炼油厂以一年加工处理原油的重量作为它的生产能力。这类企业的生产特征往往是分解型的，使用一种主要原料，制造多种产品。

三是以投入量为生产能力计量单位。有些生产能力的特征不属于上述两种情况，那么可以采用以投入量作为计量单位的方法。如发电厂年发电量为几十亿甚至上百亿千瓦时，巨大的数字会让人失去判断能力，这时如果采用装机量计量会更为便捷。又如医院以病床数来衡量医院规模，而不是以诊疗病人的数量来计量。以该种方法进行计量的企业有一个共同的特点，就是能力不能储存。

4. 生产能力余量

了解每条独立生产线的生产情况，每家独立工厂的生产水平以及整个生产系统的生产分配状况。经过综合汇总便可计算出企业的生产能力。生产能力余量是平衡设计生产能力和实际生产能力的缓冲。生产能力余量是指超过预期需求的生产富余能力。

三、生产能力策略

1. 平准策略（平稳生产能力策略）

平稳生产能力策略（level capacity strategy）是运用某种由库存、加班、兼职工人、转包合同和延迟发货等构成的组合应对市场需求变动的方法。平准就是要求生产平稳地、均衡地进行。平准化不仅要达到产量上的均衡,而且还要保证品种、工时和生产负荷的均衡。所以,它实际上是均衡生产的高级阶段。生产能力(劳动力、产出率等)在整个计划期内保持稳定,这种策略最适合于当库存持有成本和延迟交货成本相对较低的产品生产过程。

案例三

在1945年,大野耐一察觉到整个丰田汽车生产计划不合理,之前有太多的批量等待的时间被延误了,造成三大车间彼此之间忙闲不均。他把一个月所需的生产需要分配到25个工作日之内,每一天只要生产20部的卡车。这种概念逐步地被定义成新的管理的理念,叫作平准化的生产。他把月计划变为日计划,大幅度提高了车间生产效率。

2. 追逐策略(追逐需求策略)

追逐需求策略(chase demand strategy),为市场需求匹配相应的生产能力。在这种策略下,每一期计划产出都应该与当期的预期需求相匹配。在计划期内,通过调整生产能力(劳动规模、产出率等)来匹配需求。

追逐需求策略最适合于当库存持有成本高且生产能力改变成本低的情况。追逐需求策略对管理者在调整需求弹性方面要求较高,要有能力和意愿对生产能力灵活调整以适应需求。这种方法的一个主要优点是库存水平相对较低,为企业节约库存成本;缺点是缺乏运营的稳定性。

例如,某糖果生产企业利用追逐策略计划增加生产量,以应对在9月和10月针对圣诞节所预期对糖果需求量的增加情况。该公司改变生产量的方式是要求员工加班,并且雇用临时员工来弥补生产力上的短缺。该公司只保持了数量极少的存货,所负担的成本只有小部分的缓冲存货(buffer stock),目的是为预防当需求超过预期的时候所造成的产品短缺。采用追逐策略的柔性问题对产量高且稳定的公司是不存在的,如炼油厂和汽车组装厂。

平准策略和追逐策略的比较见表9.3。

表9.3 平准策略和追逐策略的比较

策略	比较的具体内容
平准策略	生产能力(劳动水平产出率等)在整个计划期间内保持稳定 优点:稳定的产出率和生产水平 缺点:存货成本较高,加班和空闲时间增多,资源利用率不平衡
追逐策略	在计划期内,通过调整生产能力(劳动水平、产出率等)来匹配需求 优点:与仓储有关的投资低,劳动力利用率可以保持高水平 缺点:调整产出率和生产水平成本高

学以致远

请举例说明哪些产品的生产过程分别适用于平准策略和追逐策略,并说明理由。

3. 混合策略

对一个企业来说,单一地使用一种策略的方法是不明智的,最好的策略应该是在需求淡季时将建立调节库存、人员水平小幅度变动、加班等几种方式结合使用,即采取一种混合策略。通过将平准策略和追逐需求策略相结合,整体协调统筹安排工作的调整,达到相对最优的均衡,这考验的就是管理决策人员的决策与运筹能力。

无论选择什么策略,重要的是计划必须反映它要达到的目标,对有关的各部门具有影响力,反映未来一段时间内企业的经营方向,成为企业有效的管理工具。

四、策略选择

选择策略主要考虑的三个因素是公司政策、柔性和成本。公司政策有可能对可供选择的选项或其使用范围产生约束，工会协议通常总是加强种种限制条款，合同会详细指明使用兼职工人的最小和最大工作小时数。

每种方法所使用的需求方式都是相同的，需求主要分成三种情况：需求同生产能力相同；需求低于生产能力；需求高于生产能力。需求同生产能力相同时，正常生产，当需求同生产能力不同时，有以下办法。

平准策略，当需求低于生产能力时，产出继续以正常生产能力进行，过多的产成品变成库存，以供需求大于生产能力时使用。当需求大于生产能力时，库存就被用来弥补短缺。

追逐策略，当需求低于生产能力时，减少生产能力与需求相匹配。当需求大于正常的生产能力时，追逐需求策略会暂时提高生产能力来匹配需求。

企业可以选择某一单一策略，或者是组合策略，可使管理者更灵活地应付不稳定需求。但是，缺乏明确的侧重点可能导致方法反复无常，在部分员工中引起混乱。

第三节 综合计划

综合计划（aggregate planning）又称年度生产大纲、生产计划、综合生产计划，在产品计划系列中，是一种针对中等生产规模的规划方式，时间在 2~18 个月之间。本部分介绍综合计划的目标和编制。

一、综合计划概述

综合计划是对企业未来较长一段时间内资源和需求之间的平衡所作的概括性设想，是根据企业所拥有的生产能力和需求预测对企业未来较长一段时间内的产出内容、产出量、劳动力水平、库存投资等问题所做的大致性描述。在工厂设施规划、资源规划和长期预测的基础上，综合计划是指导企业各部门生产经营活动的纲领性文件，因此也被称为生产作业大纲。

综合计划的任务是将总需求预测转化为满足预定产出、员工需求及反映产成品库存水平的全面计划。综合计划的结果是形成企业各产品系列具体化，综合计划系统层次见图 9.4。

在综合计划中，管理者关注的是一组类似产品的总量，而不涉及具体某一种型号、规格产品。

（1）产品

按照产品的需求特性、加工特性、所需人员和设备上的相似性等，可以将产品综合为几大系列，以系列为单位来制订综合计划。例如，服装厂根据产品的需求特性分为女装和男装两大系列等。

（2）时间

综合计划的计划期通常是年（有些生产周期较长的产品，如大型机床等，可能是两年、三年或五年），因此有些企业也把综合计划称为年度生产计划或年度生产大纲。在该计划周期内，使用的计划时间单位是月、双月或季。

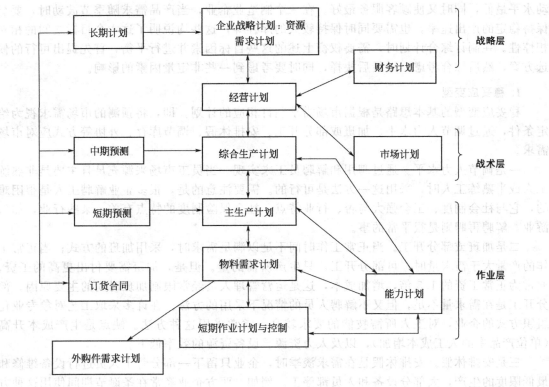

图 9.4 综合计划系统层次

(3) 综合计划的主要指标

综合计划的主要指标有品种、产值、产品出产期、数量和质量等。其中综合计划的数量和质量最为重要，将分别从生产、劳动、物料、成本、财务方面列出指标，见表 9.4。

表 9.4 综合计划的数量和质量主要指标

指标类型	生产指标	劳动指标	物料指标	成本指标	财务指标
数量指标	产品品种 产品产量 产品产值	职工总数 生产人员数 管理人员数 工资总额	物料需求量 物料库存量 物料供应量	生产费用 管理费用 产品成本总额	流动资金总额 利润总额
质量指标	合格率 废品率 履约率 设备利用率	平均工资 劳动生产率 工时利用率 定额完成率	材料定额 材料利用率 废料回收率	单位成本 可比产品成本降低率	流动资金周转速度 资金利用率

二、综合计划目标

综合计划目标的核心是在给定的计划期内以最少的成本实现企业的资源能力和预期需求之间的平衡，最大限度地满足客户需求，并获取最佳经济效益。综合目标的评价标准有下面六个方面：成本最小/利润最大；最大限度地满足顾客要求；最小的库存费用；生产速率的稳定性；人员水平变动最小；设施、设备的充分利用。

综合计划目标归结为一点，就是用最小的成本，最大限度地满足顾客的需求。例如：最大限度地为顾客提供快速服务并按时交货，但这是可以通过增加库存，而不是减少库存来达到的；在业务量随季节变化的部门，以成本最小为目标的人员计划不可能同时做到使人员变动水平最低，同时又使顾客服务最好。在一个制造业企业，当产品需求随季节波动时，要想保持稳定的产出速率，也需要同时保持较大的库存等，这些均说明了这六个目标之间的相对相悖性。在制订综合计划时，需要权衡上述的这些目标因素并进行平衡，首先提出可行的候选方案，然后综合考虑，做最后抉择，同时要考虑到一些非定量因素的影响。

1. 稳妥应变型

稳妥应变型的基本思路是根据市场需求制订相应的计划。即，将预测的市场需求视为给定条件，通过调节人力水平、加班或部分开工、安排休假、调节库存、外协等方式应对市场需求。

一是调节人力水平。通过聘用和解聘员工来实现。当员工市场来源充足且主要是非熟练工人或半熟练工人时，采用这一方法是可行的。需要注意的是，很多企业解聘工人是很困难的，它与社会制度、工会强大与否、行业特点、社会保险制度的特点有关。某些行业，如旅游业，解聘再聘则是很平常的事。

二是加班或部分开工。当正常工作时间不足以满足需求时，采用加班的方式；当正常工作的产量大于需求量时，可部分开工，只生产所需的量。但是，加班需要付出更高的工资，通常为正常工资的 1.5 倍，增加成本，这是运营管理人员经常限制加班时间的主要原因。部分开工是在需求量不足，但又不解聘人员的情况下采用的方法。在许多采取工艺对象专业化组织方式的企业，对工人所需技能的要求较高，常常采用这种方法。缺点是生产成本升高（单位产品中的人工成本增加），以及人力资源、设备资源的效率低下。

三是安排休假。安排休假是在需求淡季时，企业只留下一部分骨干人员进行设备维修和最低限度的生产，大部分设备和人员都停工。例如：西方企业经常在圣诞节期间使用这种方案，由企业安排工人的休假时间和休假长度（按需求），或企业规定每年的休假长度，由工人自由选择时间，还有带薪休假、无薪休假等方式。

四是调节库存。可在需求淡季储存一些调节库存，在需求旺季时使用。这种方法可以使生产速率和人员水平保持一定。成品的储存是成本较高的一种库存形式，因为它所包含的附加劳动最多。如果有可能的话，可采用储存零部件、半成品等形式。

五是外协。用其他企业提供服务、制作零部件或完成产品，弥补生产能力短期的不足。

总之，稳妥应变型决策最终要决定不同时间段的不同生产速率。无论采用哪一种方法或哪几种方法，都意味着在该时间段内的生产速率被决定了，即生产速率是上述因素的函数。

2. 积极进取型

积极进取型的思路则力图通过调节需求模式，影响或改变需求，调节对资源的不平衡要求来达到有效地、低成本地满足需求的目的。常用的方法有：导入互补产品；调整价格，刺激淡季需求。

一是导入互补产品。使不同产品的需求"峰""谷"错开。找到合适的互补产品，它们既能够充分使用现有资源（人力、设备），又可以使不同需求的峰谷错开，使产出保持均衡。例如，生产拖拉机的企业可同时生产机动雪橇，这样其主要部件——发动机的年需求则可基本保持稳定，在春季、夏季主要装配拖拉机，秋季、冬季主要装配雪橇。

二是调整价格，刺激淡季需求。在需求淡季，可通过各种促销活动、降低价格等方式刺激需求。例如，夏季削价出售冬季服装，冬季降价出售空调，航空货运业在需求淡季出售廉价飞机票等。

> **想一想**
>
> 既然综合计划对企业各单位的生产作业不具有实际指导价值，因为没有明确各个具体产品的计划要求，那么企业是否就可以省略对综合计划的编制？

三、综合计划的编制

1. 综合计划的制订程序

在编制综合计划之前,需要对生产产品的需求进行预测。同时,考虑到由其他不可掌控因素导致的生产能力无法满足需求的问题,在了解了这一情况后,就可以制订具体的综合计划了。具体步骤如下:①确定每个生产阶段的需求,一般以月作为生产单位。②确定每个生产阶段的生产能力,包括:正常工作时间、加班时间、外包时间。③明确企业和部门对于安全库存、职工队伍的流动程度等方面的有关政策,在企业生产任务繁重的情况下可以保证生产正常地进行。④确定正常工作、加班工作、外包、维持库存、推迟交货、雇佣和解雇等方面的单位费用,便于计算由于生产情况变动出现而做出弥补所需要额外花费的成本。⑤提出备选计划并计算每种计划的费用。⑥选择最满意的计划方案。综合计划的制订程序见图9.5。

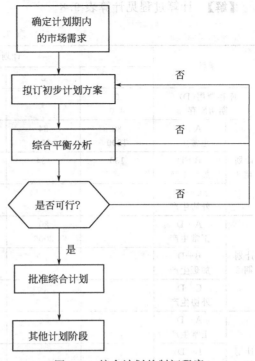

图 9.5 综合计划的制订程序

2. 制订综合计划的方法

制订综合计划的主要方法包括:图表法、盈亏分析和收入利润顺序法、线性规划模型等。制订综合计划的目的就是使生产能力与市场需求的变动相匹配,一般有三种方案来进行处理:改变库存水平、改变职工数量和改变生产速率。而由于改变生产时可以有多种配合形式,因此三种策略可以任意组成混合策略。比如,可以将扩大库存量与减少工人数量综合在一起以达到与需求配合的目的。

(1)图表法

基本假设:①单位计划期内的生产能力、加班能力、外协量有限;②单位计划期的预测需求量已知;③全部成本与产量呈线性关系;④不允许生产任务积压。在以上假设之下,图表法可以制订出能满足生产能力与需求平衡,且又成本最低的计划方案。

【例9.1】 有一个生产厂,生产产品的需求预测见表9.5,成本数据见表9.6,生产能力数据见表9.7。期初库存为400台,所期望的期末库存为300台。按照该厂的经营方针,不允许任务拖期和库存缺货。

请用图表法来制订生产计划,并求出计划期内总成本最低的最优解,并求出总成本。

表 9.5 需求预测

季度	1	2	3	4
需求/台	1600	2400	3000	1500

表 9.6 成本数据

单位产品的正常生产成本(A)/元	80
单位产品的加班生产成本(B)/元	130
单位产品外协成本(C)/元	140
单位产品库存成本/(元/季度)	4

表 9.7 生产能力数据

季度	1	2	3	4
正常生产/台	1600	2000	2100	1800
加班生产/台	250	250	250	250
外协/台	500	500	500	500

【解】 计算过程见计算表 9.8。

表 9.8 计算表

项目		计划期				闲置生产能力/台	总生产能力/台
		1	2	3	4		
库存费用(D) 期初库存		0 400	4	8	12	0	400
计划期 1	A+D 正常生产	80 1200	84 400			0	1600
	B+D 加班生产	130 250	134	138		0	250
	C+D 外协生产					500	500
计划期 2	A+D 正常生产		80 2000			0	2000
	B+D 加班生产			134 250		0	250
	C+D 外协生产					500	500
计划期 3	A+D 正常生产			80 2100		0	2100
	B+D 加班生产			130 250		0	250
	C+D 外协生产			140 150		350	500
计划期 4	A+D 正常生产				80 1800	0	1800
	B+D 加班生产					250	250
	C+D 外协生产					500	500
需求/台		1600	2400	3000	1800	2100	10900

产品主生产计划见表 9.9。1 季度,正常生产 1600 台,加班生产 250 台,外协 0 台,库存 650 台;2 季度,正常生产 2000 台,加班生产 250 台,外协 0 台,库存 500 台;3 季度,正常生产 2100 台,加班生产 250 台,外协 150 台,库存 0 台;4 季度,正常生产 1800 台,加班生产 0 台,外协 0 台,库存 300 台。

表 9.9 产品主生产计划

季度	正常生产/台	加班生产/台	外协/台	库存/台
1	1600	250	0	650
2	2000	250	0	500
3	2100	250	150	0
4	1800	0	0	300

计划总成本是各个单元生产任务乘单元单位成本之和。

1 季度:$400 \times 0 + 1200 \times 80 + 400 \times 84 + 250 \times 138 = 164100$(元)

2 季度:$2000 \times 80 + 250 \times 134 = 193500$(元)

3 季度:$2100 \times 80 + 250 \times 130 + 150 \times 140 = 221500$(元)

4 季度：$1800 \times 80 = 144000$（元）

计划总成本 $= 723100$ 元

(2) 盈亏平衡分析和收入利润顺序法

产品品种的优化一般可以采用盈亏平衡分析和收入利润顺序法。通过盈亏平衡分析，先定出各种产品的盈亏平衡点，再比较不同产品的边际贡献，从而确定产品的生产顺序。对于生产单一产品的情况，通过该方法可以确定产品保本的产值和产量。

收入利润顺序法，是将生产产品按照销售收入和利润排序绘制成图表。产品基本可以分为两种，一种是产品销售收入高、利润较大，在生产能力许可的情况下，这些产品自然是应该生产的。另一种是销售收入低或利润较小的产品，需要进一步地分析再采取政策。如果是新产品，处于导入期、销售收入低，同时是未定型的产品，成本高、利润小，可以通过改进设计和工艺，扩大宣传力度，采取扶持政策，继续生产；如果是处于衰退期的老产品，就可以采取停产或转产措施；若是质量问题等其他可调节问题，但市场状况良好，可以只采用相应改进措施后再适量生产。

(3) 线性规划模型

线性规划模型是解决资源合理利用和资源合理调配的有效方法，以确定生产计划中的产量。它涉及两个方面：一是市场需求已定，如何统筹安排以求在资源最少的前提条件下满足需求；二是资源总量已定，如何安排使用能使企业获得最大利润。

前者涉及系统的投入问题，求极小值，后者涉及系统的产出问题，求极大值。线性规划问题就是求解如何分配资源，使企业利用最少的资源来达到最大的效益。

线性规划模型可处理有大量变量和约束条件的问题，可以决定最优库存水平、任务积压量、外协量、生产量（正常）、加班生产所需的临时聘用或解聘等多个问题。其局限性在于这种模型要求各变量之间的全部关系都必须是线性的。

【例 9.2】 某一产品制订综合计划的基本方针是不积压生产任务。每一工人每月可生产 5000 件产品，外协和加班都是可以选择的，但每月加班量不得超过正常工作量的 15%。设：

D_t：t 月的需求（假定预先已知，不是变量）；

W_t：t 月初可使用的工人人数；

H_t：t 月初聘用的工人人数；

L_t：t 月初解聘的工人人数；

I_t：t 月末的库存量；

S_t：t 月的外协生产量；

O_t：t 月的加班生产量。

这样，每月都可以得到下列的约束关系式：

人员数量关系式：$W_t = W_{t-1} + H_t - L_t$；

库存量关系式：$I_t = I_{t-1} + 5000W_t + O_t + S_t - D_t$；

加班量关系式：$O_t < 0.15 \times (5000 W_t)$。

其中有 6 个变量，3 个基本约束关系式，如果整个计划期长度是 12 个月，单位计划期为月，则有 72 个决策变量和 36 个约束关系式。此外，还需要决定目标函数，或成本最小，或利润最大。例如，设：

C_w：每个工人每月的正常工资；

C_h：一个工人的聘用费用；

C_l：一个工人的解聘费用；

C_i：单件产品的月库存费用；

C_s：单件产品的外协费用；

C_o：单件产品的加班生产费用。

则成本最小的目标函数为：$TC=\sum(C_wW_t+C_hH_t+C_lL_t+C_lI_t+C_sS_t+C_oO_t)$。

可见，即使是个较简单的问题，其中所包括的变量和约束条件也是相当多的。

3. 服务业综合计划特点

服务业跟制造业相比，其需求的变动性更大，其综合计划的编制也不同。

（1）纯服务业不能使用改变库存的策略

服务行业不能用库存调节，服务能力若得不到利用则会浪费，损失是无法挽回的。例如：酒店的空房间、飞机上的空闲座位等。服务行业提升固定的生产能力成本较大，并且在需求不足时更加容易造成亏损。

（2）通过改变需求来匹配自身的生产能力

服务需求变动很大，有的必须提供及时服务，如消防救火、医院急救等。

（3）服务业的服务能力难以评估

因为与顾客直接接触，服务效率会受到不同程度的影响。服务业的测量标准也难以制定。如，银行的出纳员被要求从事多种多样的交易以及涉及的各种信息的处理，为他们的服务建立恰当的测量标准十分困难。

（4）服务业的劳动力柔性比制造业大

服务业中，一个人往往能够从事多种多样的服务。劳动力具有柔性是一种优势，在这方面服务业的可替代性也相对要强于制造业。因此在做服务业的计划时，应该针对该优势，充分发挥劳动力柔性的优势，最大限度地实现需求与能力的均衡。

> **勤学勤练**
>
> 你能举出服务行业通过调节需求来适应自身生产能力的情形吗？这种做法是否适用于制造业？为什么？

第四节 主生产计划

> **引言**
>
> 为什么要先有主生产计划（master production schedule，MPS），再根据主生产计划制订物料需求计划？直接根据销售预测和客户订单来制订物料需求计划不行吗？产生这样的疑问和想法的原因在于不了解 MRP 的计划方式。概括地说，MRP 的计划方式就是追踪需求。如果直接根据预测和客户订单的需求来运行 MRP，那么得到的计划将在数量和时间上与预测和订单需求完全匹配。但是，预测和客户订单是不稳定、不均衡的，直接用来安排生产将会出现时而加班加点也不能完成任务，时而又设备闲置，很多人没活干的现象。这将给企业带来灾难性的后果，而且企业的生产能力和其他资源是有限的，这样的安排也不是总能做得到的。

一、主生产计划概述

1. 概念及其作用

主生产计划也称为产品产出计划或主生产进度计划。主生产计划是综合计划的具体化，为可操作性的实施计划，它将综合计划分解为每一具体时间段的最终产品的生产数量，时间段通常为日、周、旬或月。最终产品指企业最终完成要出厂的完成品，可以是直接用于消费的产品，也可以是其他企业的部件或配件。

MPS 是开展物料需求计划的主要依据，起到了从综合生产计划到物料需求计划的衔接作用，属于中短期计划，是协调企业日常生产生活的中心环节。它在生产作业计划系统中起到主要的控制作用。

MPS 可以使产量和需求在一段时间内相匹配，计划企业将生产的最终产品的数量和交货期，从而达到均衡生产。MPS 是一种先期生产计划，它给出了特定的项目或产品在每个计划周期的生产数量，通过人工干预、均衡安排，使得在一段时间内主生产计划量和预测及客户订单在时间上相匹配，而不追求在每个具体时刻均与需求相匹配，从而得到一份稳定、均衡的计划。

MPS 的输入是预测、订单和生产大纲，依据能力和产品提前期的限制，来识别生产产品品种，安排生产时间和确定生产数量。短时间看，MPS 可以作为物料需求计划、组件的生产、订单优先计划、短期资源的基础。长时间看，MPS 可以作为各项资源长期计划的基础。

MPS 是生产部门的工具，MPS 又是联系市场销售和生产制造的桥梁，使生产计划和能力计划符合销售计划要求的顺序，并能适应不断变化的市场需求。同时，MPS 又能向销售部门提供生产和库存信息，提供可供销售量的信息，作为同客户洽商的依据，起沟通内外的作用。

MPS 安排的三种策略：恒定生产率、跟踪生产率、变动生产率。

总之，MPS 是一个上下内外交叉的枢纽，地位十分重要。在运行 MPS 时相伴运行粗能力计划，只有经过按时段平衡了供应与需求后的 MPS，才能作为下一个计划层次——物料需求计划的输入信息。MPS 必须是现实可行的，需求量和需求时间都是符实的。MPS 编制和控制是否得当，在相当大的程度上关系到计划系统的成败。这也是它被称为"主"生产计划的根本含义，就是因为它在计划系统中起着"主控"的作用。

2. 编制原则

编制原则包括：①最少项目原则；②独立具体原则；③关键项目原则；④全面代表原则；⑤适当充裕量原则；⑥适当稳定原则。

3. 计划的对象

把生产规划中的产品系列具体化后的出厂产品，通称最终项目。所谓"最终项目"通常是独立需求件，对它的需求不依赖于对其他物料的需求而独立存在。但是由于计划范围和销售环境不同，作为计划对象的最终项目其含义也不完全相同。

从满足最少项目数的原则出发，下面对三种制造环境分别考虑 MPS 应选取的计划对象。

在为库存而生产（MTS）的公司，用很多种原材料和部件制造出少量品种的标准产品，则产品、备品备件等独立需求项目成为 MPS 计划对象的最终项目。对产品系列下有多种具体产品的情况，有时要根据市场分析估计产品占系列产品总产量的比例。此时，生产规划的计划对象是系列产品，而 MPS 的计划对象是按预测比例计算的。产品系列同具体产品的比例结构形式，类似一个产品结构图，通常称为计划物料或计划物料清单（BOM）。

在为订单生产（MTO）的公司，产品就是标准定型产品或按订货要求设计的产品，MPS 的计划对象可以放在相当于 T 形或 V 形产品结构的低层，以减少计划物料的数量。如果产品是标准设计或专项，最终项目一般就是产品结构中 0 层的最终产品。

在为订单而装配（ATO）的公司，产品是一个系列，结构相同，表现为模块化产品结构，都是由若干基本组件和一些通用部件组成。每项基本组件又有多种可选件，有多种搭配选择（如轿车等），从而可形成一系列规格的变形产品，可将主生产计划设立在基本组件级。这时主生产计划是基本组件（如发动机、车身等）的生产计划。

二、主生产计划的编制

1. 约束条件

第一，MPS 所确定的生产总量必须等于综合计划确定的生产总量。

第二，在决定产品批量和生产时间时必须考虑资源的约束（设备能力、人员能力、资金总量等），将关键资源用于关键产品。

2. 主生产计划的具体编制

在编制 MPS 时，除了要根据需求的波动性来进行生产数量的安排外，还要对应地安排好产品的出产期。由于不同的生产类型拥有不同的特点，在编制过程中也会有针对性地进行编制。

（1）大批量生产企业

该类企业具有品种数量少、产量大、重复性高等特点，属于典型的备货型生产方式，通过补充成品库存来解决需求波动的问题。它可以通过利用成品库存将市场和生产系统进行隔离，平均生产率，保证生产的稳定性与节奏性。针对这种生产方式，分配月产量可采取以下策略。

第一，均匀分配，将全年的计划生产量平均到每个月，组织生产。这种分配方式适用于需求逐步增加，企业劳动生产率稳步提高，生产自动化程度较高的企业。

第二，均匀递增分配，将全年的计划生产量按照劳动生产率的平均增长率，平均分配到各月进行生产。这时的劳动生产率平均的时间节点可以按照季度也可以按照每个月进行计算。

第三，抛物线递增分配，将全年的计划生产量按照开始快速增长，以缓慢增长的方式安排各月产量。

> **学而思则敏**
> 你认为劳动生产率的平均增长率计算时依据的时间节点应该是季度还是月，依据哪些因素而定？请说明理由。

（2）成批生产企业

其产品种类较多，各种产品差异较大。这时可采用下面四种策略。

第一，对于定有合同的产品，要按照合同规定的数量与交货期安排，以减少库存。

第二，对于产量大、季节性需求变动小的产品，可以按照多次数、少数量的"细水长流"的方法进行生产。

第三，对于产量小的产品，要权衡库存费用与生产准备费用，做到经济合理，再确定企业的投产批量。

第四，同一系列不同规格的产品，当产量较小时，尽可能安排在同一时期生产，有利于集中对通用件的生产。

> **小组讨论**
> 现有一家雨伞制造商 A，通过预测可以知道总体有三种不同类型的厂商委托该制造商进行雨伞的制作工作。第一种是长期大批量要求同一种类型雨伞的合作商家，第二种是根据季节变化要求供应量也进行变化的合作商，第三种是只卖太阳伞要求样式较为多变的合作商。除此之外应注意，第二种合作商在固定时间也会要求进购太阳伞。针对 A 企业，你有哪些好的生产策略能够推介给它，以帮助 A 企业达到成本最低、效益最大？

三、制订主生产计划的程序和方法

1. 主生产计划的制订程序

MPS 的制订程序，是根据已授权的综合计划，制订 MPS 方案。同时，要根据约束条件进行，如果满足约束条件，就批准主生产计划，然后进入物料需求计划阶段；如果没有满足约束条件，就要重新调整主生产计划，最终要满足约束条件才能继续进行，见图 9.6。

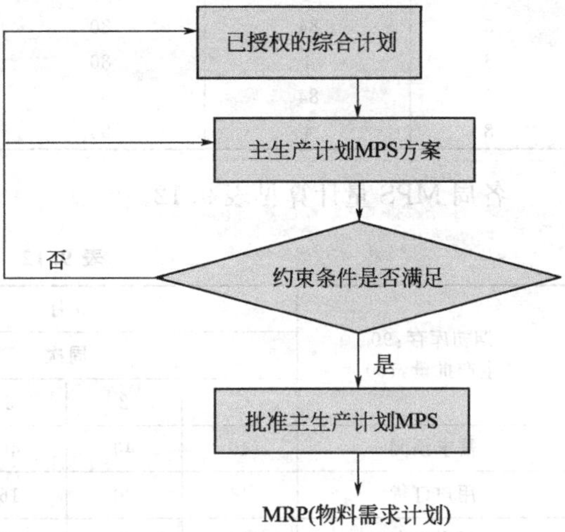

2. 计算方法

（1）计算现有库存量

现有库存量（projected on-hand inventory, POH）是指每周的需求被满足之后仍有的、可利用的库存量。

现有库存量＝上周末库存量＋本周 MPS 生产量－本周的预计需求量或实际订货量（取其中的大数，之所以减去预计需求量和实际订货量之中的大数，是为了最大限度地满足需求）。

可用公式表示：

$$I_t = I_{t-1} + P_t - \max(F_t, CO_t) \quad (9.2)$$

式中，I_t 为 t 周末的现有库存量；P_t 为 t 周的 MPS 生产量；F_t 为 t 周的预计需求；CO_t 为 t 周准备发货的顾客订货量。

以上生产单位均是件、个或是台。

图 9.6 主生产计划的制订程序

【例 9.3】 某公司制订 A 产品的 MPS：综合计划的产量指标是 5 月生产 160 个单位，6 月生产 320 个单位，平均每周预测需求量分别为 40 和 80 个单位，现有库存 90 个单位，生产批量 160 个单位。产品的计划资料如表 9.10 所示，请确定主生产计划的生产量和生产时间。

表 9.10 产品生产的计划资料

期初库存:90 生产批量:160	5月				6月			
	周次				周次			
	1	2	3	4	1	2	3	4
需求预测	40	40	40	40	80	80	80	80
用户订货	46	30	16	8	0	0	0	0
现有库存	44	4	−36					

【解】 ① 计算各周末的现有库存量 POH。

$I_1 = 90 + 0 - \max(40, 46) = 44$

$I_2 = 44 + 0 - \max(40, 30) = 4$

$I_3 = 4 + 0 - \max(40, 16) = -36$

② 第三周 POH 发生 36 个单位的缺货即出现负值，这是要求生产的信号，表示该周至少应该安排 36 个单位的产品生产。

③ MPS 计算。期初库存、需求量、MPS 及期末库存量计算见表 9.11。

表 9.11 期初库存、需求量、MPS 量及期末库存量

周	期初库存	需求量	是否缺货	MPS 量	期末库存
1	90	46	是	0	44
2	44	40	是	0	4
3	4	40	否	160	124
4	124	40	是	0	84
5	84	80	是	0	4
6	4	80	否	160	84
7	84	80	是	0	4
8	4	80	否	160	84

各周 MPS 量计算见表 9.12。

表 9.12 各周的 MPS 量

期初库存:90 生产批量:160	5月				6月			
	周次				周次			
	1	2	3	4	1	2	3	4
需求预测	40	40	40	40	80	80	80	80
用户订货	46	30	16	8	0	0	0	0
现有库存	44	4	124	84	4	84	4	84
MPS 量	0	0	160	0	0	160	0	160

通过计算可知，在 5 月第 3 周和 6 月第 2 周、第 4 周分别生产 160 件产品，就可以满足需求。

(2) 计算待分配库存

待分配库存（available-to-promise inventory，ATP）是指营销部门答应顾客在确切的时间内供货的产品数量，对临时的、新来的订单，营销部门也可利用 ATP 来签订供货合同，确定具体的供货日期。

ATP 计算在第 1 周与以后各周略有不同。

第 1 周的 ATP 量＝期初库存＋本周的 MPS 量－直至下一期（不包括该期）MPS 量到达为止的全部订货量。

对其他周，只在有 MPS 量时才计算，计算方法为：

该周的 ATP 量＝该周的 MPS 量－从该周直至下一期（不包括该期）MPS 量到达为止的全部订货量。

3. 影响因素

由于企业经营的复杂性，影响 MPS 的因素非常多。一般来说，可以把影响 MPS 的因素分为四大类，即生产类型因素、计划类因素、预测因素和订单因素。这些因素各有其特点，且不同的因素对 MPS 的影响程度也不一样。

(1) 生产类型因素

制造企业是多种多样的，为了更好地认识和理解这些企业的特点，通常使用生产类型把制造企业划分成不同的类型。

(2) 计划类因素

计划类因素对 MPS 的影响是全面的，既可能影响到 MPS 的来源，也可能影响到 MPS 的计划对象。计划类因素主要包括经营战略、经营计划和生产计划大纲等内容。

(3) 预测因素

在 ERP 系统中，预测因素是影响 MPS 的一个重要的直接因素。预测不仅仅影响 MPS，它对经营计划和生产计划大纲都有很大的影响。

(4) 订单因素

毋庸置疑，订单因素是影响 MPS 的最主要因素，面向库存生产（make to stock，MTS）、面向订单设计（engineer to order，ETO）、面向订单生产（make to order，MTO）等。对于 MPS 来说，在某种程度上，其他影响因素都可以忽略，唯独不能缺少订单因素。订单因素指的是销售部门签约的产品销售订单信息。销售订单详细描述了产品销售时的相关数据。

本 章 小 结

本章进行的是综合计划和主生产计划的内容，总结如下。

首先，进行了生产计划的概述、层次划分以及分类，并介绍了计划的制订和编制、执行与操作。

其次，介绍了平稳生产能力策略和追逐需求策略内容。

再次，阐述了综合计划的概述、综合计划的目标和编制。

最后，是主生产计划 MPS 概述，主生产计划的编制、程序和方法。

练习题

一、名词解释

1. 综合计划 2. 需求 3. 滚动编制法 4. 平准策略 5. 追逐策略 6. 主生产计划

二、简答题

1. 什么是计划管理？企业计划的层次是如何划分的？计划的指标包括哪些？
2. 追求稳妥应变型的生产计划可以通过哪些方面进行调节？
3. 一个综合计划制订的优劣程度可以从哪些方面进行判断？
4. 什么是滚动计划方法？有什么优点？
5. 平稳生产能力策略和追逐需求策略的异同点。
6. 主生产计划的编制、程序和方法。

第十章

物料需求计划和企业资源计划

【学习目标】
1. 理解 MRP、MRPⅡ、ERP 的概念；
2. 了解 MRP、MRPⅡ、ERP 的信息来源；
3. 掌握 MRP、MRPⅡ、ERP 的工作原理及管理理念；
4. 掌握主生产计划及物料清单的编制方法；
5. 掌握确定提前期，了解其运用行业及分类。

第一节
物料资源需求计划

案例一

SC 公司的跨越

SC 公司是世界上最大的蒸汽制冷机制造商，它的年销售额在过去 15 年间由 500 万美元增长到 2000 万美元。由于电价飞速上涨，传统耗电的制冷机相对于蒸汽机制冷就失去了竞争优势。SC 公司的创始人 Gentry 先生掌管公司长达 30 年，现在他把公司卖给了一个大的电器制造商，新公司派了一批年富力强的经理接管 SC 公司。但他们面对的形势并不乐观，主要问题是库存量过大，每年需要多少原材料就要有相应的库存量，这实在是难以想象；库存占了如此庞大的资金，以至于生产能力大打折扣。在预估下一年的需求量为 3000 万美元以后，新的管理团队决定采用 MRP 来降低库存水平。他们还打算通过减少库存来增加生产用空间，再利用这多余的空间扩建一条生产线。

经过两年的努力，公司的年产值上升为 4000 万美元，而库存量则降为 980 万美元，利润增长了 5 倍，同时公司的生产能力达到了 5000 万美元。更值得一提的是，这些成果的取得只投入了很少的资金，因为有了 MRP 软件系统，在新生产线上设备的资金投入较少。

启发思考：
(1) 什么是物料需求计划及其最适用于什么情况？
(2) MRP 所使用的信息来源于哪？

(3) MRP 具体如何实施？

一、物料资源需求计划的概念及原理

1. MRP 的概念

物料需求计划（material requirement planning，MRP），起源于美国，由生产管理与计算机应用专家 Oliver. W. Wight 和 George. W. Plosh 首先提出。IBM 公司首先在计算机上实现了 MRP 处理，之后，美国生产与库存管理协会（American Production and Inventory Control Society，APICS）倡导，并发展起来。

APICS 对 MRP 的定义：依据主生产计划（MPS）、物料清单（BOM）、库存记录和已订未交订单等资料，经由计算而得到各种相关需求（dependent demand）物料的需求状况，同时提出各种新订单补充的建议，以及修正各种已开出订单的一种实用技术。

最终产品需求主要有两个来源：一是发出具体订单的顾客；二是需求预测。除了最终产品，顾客也会订购特定的零部件。这些需求通常没有作为主生产计划的一部分，而是在适当的水平上直接输入物料计划程序，即把它们加起来作为对零部件的总需求。

> **知识点滴**
>
> **从推动到拉动**
>
> 20 世纪 80 年代，制造业引领美国经济从批量导向的数据处理系统向在线交易处理系统发展。焦点就是 MRP（最初的物料需求计划逐步发展到制造资源计划），后来发展到企业资源计划（ERP）。这是一个长期的过程，经历了这样的一个阶段的人都认为该休息一下了。
>
> 然而，另一个新的范例又在整个制造业刮起旋风。尤其值得一提的是，从存货生产到订单生产模式的转变。存货生产中的薄弱环节是库存管理，由此还可以找出更薄弱的环节，即对销售预测的依赖。订单生产模式的起点是订单，而非预测。协调零部件的采购、产品生产与产品运输的老问题依然存在。
>
> 现在"流水线管理"用于描述新的混合式的生产计划系统，该系统把信息整合与融合了 JIT 看板系统的 MRP 能力计划结合在一起。
>
> 流水线管理就是运用准时供应的一连串零部件生产不断变化的产品组合，该组合是基于目前的订单的。事实上，流水线制造只是集合了 JIT（准时生产）看板逻辑、计划需求的 MRP 逻辑和客户服务商 ERP 系统。

2. MRP 的原理

MRP 是一种以计算机为基础的编制生产与实行控制的系统，它不仅是一种新的计划管理方法，而且也是一种新的组织生产方式。MRP 是根据总生产进度计划中规定的最终产品交货日期，规定必须完成各项作业的时间，编制所有较低层次零部件的生产进度计划，对外计划各种零部件的采购时间与数量，对内确定生产部门应进行加工生产的时间和数量。

一旦作业不能按计划完成时，MRP 系统可以对采购和生产进度的时间和数量加以调整，使各项作业的优先顺序符合实际情况。其主要内容包括：客户需求管理、产品生产计划、原材料计划以及库存记录。其中客户需求管理包括客户订单管理及销售预测。

制造过程中，原材料与零部件库存属于相关需求库存问题：①制造过程的原材料、半成品的库存需求量由产品的装配关系决定。这种需求关系可以从生产制造工艺中清晰反映出来。②最终产品的需求一经确定，其原材料、零部件等相关需求可以按照一定的装配关系与工艺计算出来，不需要进行预测。③采用独立需求库存控制方法处理相关需求库存问题，会导致更大的需求波动。制造工程网络图一，见图 10.1。

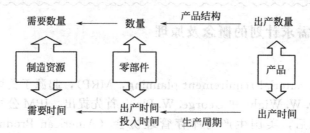

图 10.1 制造工程网络图一

组织生产过程都需要回答四个问题，即制造业基本方程：①要生产什么（产品需求与进度计划）；②要用到什么（产品结构与资源）；③已经有了什么（库存状态）；④什么时候需要，各要多少。其基本思想是围绕物料转化组织制造资源，实现按需要准时生产。按照这样的思想组织生产，即当产品的需求决定以后，生产过程中所需要的任何物料的需求是产品制造工艺和产品结构的函数，可以通过反工艺顺序的方法，按照产品的装配关系确定下来，并且生产过程中所需要的人力、设备、工具等可以围绕物料的转化组织起来，从而形成一整套新的生产方法体系。

制造业基本方程说明制造过程物料的需求和制造的工艺与产品结构有关，反映了制造过程中物料的两种关系：①产品的物料转化关系（产品组成结构）；②产品加工的时间进程（生产提前期）。这两种关系反映了计划的两个基本要素：时间要素与数量要素。制造工程网络图二，见图 10.2。既反映产品上下层物料之间的供需品种与数量的关系，也反映了物料之间的时间优先顺序与时间的构成。有了这两种关系，就可以按照反工艺顺序的方法，确定生产制造过程的物料需求计划。

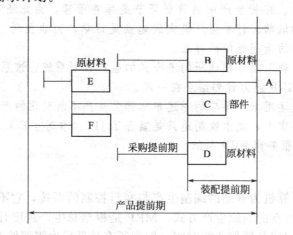

图 10.2 制造工程网络图二

3. MRP 的特点和实现目标

MRP 的特点之一，需求的相关性。在流通企业中，各种需求往往是独立的，而在生产系统中，需求具有相关性。例如，根据订单确定所需产品的数量之后，由新产品结构文件 BOM 可推算出各种零部件和原材料的数量，这种根据逻辑关系推算出来的物料数量称为相关需求。

MRP 的特点之二，需求的确定性。MRP 的需求都是根据主产进度计划、产品结构文件和库存文件精确计算出来的，品种、数量和需求时间都有严格要求，不可改变。

MRP 的特点之三，计划的复杂性。MRP 要根据主产品的生产计划、产品结构文件、库存文件、生产时间和采购时间，把主产品的所有零部件需要数量、时间、先后关系等准确计算出来。当产品结构复杂、零部件数量特别多时，其计算工作量非常庞大，人力根本不能胜任，必须依靠计算机实施这项工程。

MRP 实现的目标：及时取得生产所需的原材料及零部件，保证按时供应用户所需产品；保证尽可能低的库存水平；计划企业的生产活动与采购活动，使各部门生产的零部件、采购的外购件与装配的要求在时间和数量上精确衔接。

MRP 主要用于生产"组装"型产品的制造业。在实施 MRP 时，与市场需求相适应的销售计划是 MRP 成功的最基本的要素。

二、物料资源需求计划在行业中的应用及分类

1. 物质资源需求计划在行业中的应用

在制造业竞争激烈的大市场中，无论是离散式还是流程式的制造业，无论是单件生产小批量多品种生产、还是标准产品大量生产的制造业，其内部管理都可能会遇到诸如原材料供应不及时或不足、在制品积压严重或数量不清、生产率下降无法如期交货、市场多变计划调度难以适应等问题，这些问题产生的主要原因是企业对物料需求和计划控制不力。因此，建立一套现代化企业管理技术是必需的。MRP 在各行业的运用及期望收益，见表 10.1。

表 10.1 MRP 在各行业的运用及期望收益

行业类型	例子	期望收益
面向存货装配	将一个复杂原件组装到最终产品中,然后库存起来以满足顾客需求。如:手表、家电	高
面向库存生产	产品是由机器制造而成而不是零件组装而成。保存这些标准的产品以备预期的顾客需求。例如:活塞环、电子手表	低
面向订单装配	根据顾客选择的标准进行最终的组装。例如:卡车、发动机、马达	高
面向订单制造	根据顾客的订单用机器生产产品。通常是工业订单。例如:轴承、齿轮、闭锁器	低
面向订单生产	产品完全是根据顾客的特定要求进行加工或者组装。如:水轮发电机组、重机械工具	高
加工	各种加工行业，包括:玻璃、香蕉和塑料、特种纸张、化工、油漆、药品、食品加工等	中等

2. 物料资源需求计划在模型的分类

制造业可以 MRP 为核心，把管理的各个模型集成起来，形成一个通过信息流反映物流状况，追踪和控制物流运行的管理模型系统。模型可分为：销售、计划、采购、库存、生产、零件数据、产品结构等，在各个模型中，通过各种模型，输入相关的数据，得到企业需要的相关信息。见表 10.2。

表 10.2 MRP 模型分类及输入数据

MRP 模型分类	输入数据
销售模型	销售合同编号、订货日期、销售数量和折扣数据项
计划模型	计划日期
采购模型	采购日期
库存模型	库存日期、入库数量、出库数量
生产模型	生产日期
零件模型	零件号、名称、规格、重量、标准成本、销售价格、安全库存量
产品结构	构成数量

课堂讨论
各种 MRP 类型有什么联系？是否存在交叉现象？

三、物料资源需求计划系统的结构

在基本的 MRP 处理模型中，有三个基本的输入数据：产品出产计划（主生产计划）、产品结构、库存状态记录。MRP 系统运行如下：使用产品订单生成主生产计划，该计划阐明在特定时期内将要生产的产品数量。物料清单确定生产每一种产品所需要的具体材料及其数量。库存记录文件包含例如现有及已订购的产品数量的数据，一个标准物料需求计划程序的输入与该程序生成的报告，见图 10.3。

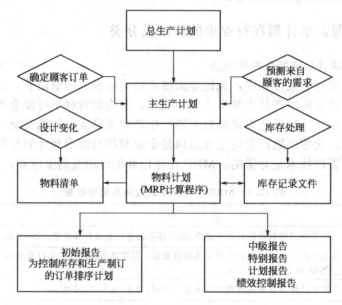

图 10.3　标准物料需求计划程序的输入与该程序生成的报告

1. 主生产计划

主生产计划是确定每一具体的最终产品在每一具体时间段内生产数量的计划；有时也可能先考虑组件，最后再下达最终装配计划。这里的最终产品是指对于企业来说最终完成、要出厂的完成品，它要具体到产品的品种、型号。这里的具体时间段，通常是以周为单位，在有些情况下，也可以是日、旬、月。主生产计划详细规定生产什么、什么时段应该产出，它是独立需求计划。

主生产计划根据客户合同和市场预测，把经营计划或生产大纲中的产品系列具体化，使之成为展开物料需求计划的主要依据，有从综合计划向具体计划过渡的承上启下作用。主生产计划说明在可用资源条件下，企业在一定时间内，生产什么，生产多少，什么时间生产。

例如，一个家具企业的综合计划可能确定它下个月或者下个季度计划生产的床垫总数，MPS 则进一步确定床垫的规格、质量及其型号。企业所有销售的床垫都由 MPS 确定。MPS 也确定一个周期接一个周期（通常每周）所需床垫类型的数量和时间。分解过程的下一步就是 MRP 程序计算，并安排由 MPS 确定的生产床垫所需的原材料、零部件。

主生产计划的时间标准包括计划时间单位（时段）、计划期。计划期或称为计划展望期、计划水平期，它说明主生产计划能够看多远。通常，计划期应不短于最长的产品生产周期。计划期可以取得长一些，可以提高计划的预见性。时段是指 MPS 的时间单位，典型的计划时段是周,也可以是日。时段长度可以由用户任意设定,而且一个主生产计划中允许采用变长时段,如近期的时段细分为日或周,中远期为月或季。

一个主生产计划的柔性取决于几个因素:生产提前期、一个特定的最终产品所需的零部件和配件、顾客与卖方的关系、能力过剩量、管理层愿意做出改变的程度。

管理学上将时界定义为顾客(顾客可以是企业内部的市场营销部门,该部门可能考虑产品促销、增加产品品种之类的)做出改变的特定概率所对应的时间段。每个企业有它自己的时界和操作规则。根据这些规则,冻结时区可以定义为从一个企业完全没有任何改变到另一个企业出现最微弱的变化。适度确认时区可以允许在零部件可获得的情况下一个产品组中某些特定产品的变化。应变时区几乎可以允许产品的任何变化,前提是产能基本保持一致且不包括任何长提前期的产品。时界的目的是在生产系统中保持一个合理可控的物流。除非制定并遵守一定的操作规章,否则系统会很混乱,到处是逾期的订单及不断地赶制。

一些企业在主生产计划的产品中运用可承诺量(available to promise)的概念。该要素将主生产计划中现有的产品数量与确定的顾客订单区别开来。例如,假设主生产计划表明第 7 周将生产 100 张 538 型号的床垫。如果现在确定的顾客订单表明,目前实际上只售出 65 张,那么该销售部门就还剩下 35 张床垫可以承诺发送。这是调节销售和生产的有力工具。

主生产计划的制订程序步骤是:

第一步,初步编制计划。在这一过程中,主要根据销售计划(预测)、订单、库存等信息进行初步的排产。

第二步,在初步编制计划的基础上编制粗能力计划,决定需要的人力、设备与关键的资源。

第三步,平衡生产能力与生产计划,对资源负荷进行平衡,确认后批准并下达最终主生产计划。

2. 物料清单

物料清单(bill of material,BOM):采用计算机辅助企业生产管理,首先要使计算机读出企业所制造的产品构成和所有要涉及的物料,为了便于计算机识别,必须把用图示表达的产品结构转化成某种数据格式,这种以数据格式来描述产品结构的文件就是 BOM。它是定义产品结构的技术文件,因此又称为产品结构表或产品结构树,反映了产品项目的结构层次及制成最终产品的各个阶段的先后顺序。

(1)物料清单结构树

产品项目的每一结构层次表示制造最终产品的一个阶段,例如,最高层为 0 层,代表最终产品项。产品 A 的物料清单,就是产品 A 产品的物料清单结构树,如图 10.4 所示。可见,产品 A 由 2 单位零件 B 和 3 单位 C 组装而成。零件 B 由 1 单位零件 D 和 4 单位零件 E 组装而成。零件 C 由 2 单位零件 F、5 单位零件 G 和 4 单位零件 H 组装而成。

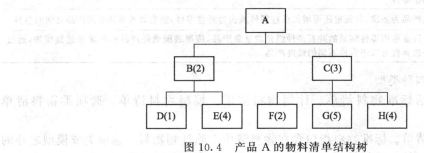

图 10.4 产品 A 的物料清单结构树

例如,三抽屉文件柜组成实物,见图 10.5,由图可以看出它的组成部分,包括:锁、箱体、抽屉等。

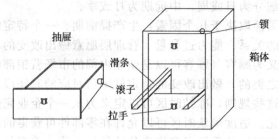

图 10.5 三抽屉文件柜组成

三抽屉文件柜的物料清单结构树，详细地解读了三抽屉文件柜的结构关系，并且给出了每个部件的生产时间，见图 10.6。

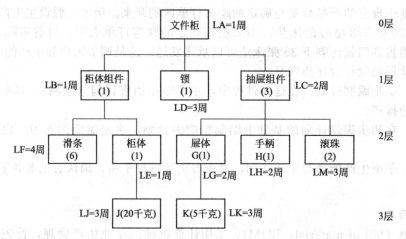

图 10.6 三抽屉文件柜的物料清单结构树

为了便于计算机管理和处理的方便，各种 BOM 清单必须具有某种合理的组织形式，这种 BOM 的图形化显示，我们往往设计成产品结构树形式。而且为了便于在不同的场合下使用产品结构树，产品结构树还应有多种组织形式和格式。产品结构树的形式见表 10.3。

表 10.3 产品结构树的形式

BOM 形式	特点
传统的 BOM	包括单层展开、缩行展开、汇总展开、单层跟踪、缩行跟踪、汇总跟踪等形式
矩阵式 BOM	是对具有大量通用零件的产品系列进行数据合并后得到的一种 BOM,可用来识别和组合一个产品系列中的通用型零件
比较式 BOM	是以标准产品为基准，并规定还可增加哪些零件或去掉哪些零件，能有效地描述不同产品之间的差异
模块化 BOM	可用于由许多通用零件制成的并有多种组合的复杂产品,按照装配最终产品的要求来组建模块,通过不同的模块选择就可以组合成不同的最终产品

（2）物料清单的四种类型

物料清单类型包括标准物料清单、计划物料清单、模型物料清单、选项类物料清单四种。

第一，标准物料清单。标准物料指包含在物料清单上除计划物料、选项类或模型之外的物料，如采购件、自制件、委外件等。标准物料清单是最常用的清单类型，其列有法定的子件、每个子件的需求数量、在制品控制信息、物料计划等功能。

第二，计划物料清单。计划物料代表一个产品系列的物料类型，其物料清单中包含子件物料和子件计划百分比。可以使用计划清单来帮助执行主计划和（或）物料需求计划。

第三，模型物料清单。模型物料是指在订购该物料时，其物料清单会列出可选用的选项和选项类的物料。模型物料清单列出了模型所具有的选项类、选项和标准物料，可以在销售系统中按客户要求订购不同的产品配置。模型清单可以按订单装配（assemble-to-order，ATO）或按订单挑库（pick-to-order，PTO）分类，ATO 与 PTO 模型的区别在于，ATO 需选配后下达生产订单组装完成再出货，PTO 则按选配子件直接出货。

第四，选项类物料清单。包含一系列相关选项的选项类物料的物料清单。选项类就是物料清单上对可选子件的一个分类。选项类作为一个物料，成为模型物料清单中的一层。

(3) 物料清单的编制过程

物料清单的编制过程为：物料分类──→物料号──→物料主文件──→物料清单。

按照各种不同的需求对企业所有物料进行分类，是一项基础的管理工作，是说明每一类物料同什么会计科目有关，也是实现物料信息与资金信息的静态集成的第一步。分类的另一个重要作用是物料查询。物料有不同的来源，最基本的来源有两类，即自制或采购。MRP 系统在展开运算时，按照"来源码"将物料分别归属到车间订单和采购订单，执行加工作业或采购作业。不同特征的物料，系统的处理方法也不同，有不同的处理类型码。同一类物料往往涉及相类似的属性，在建立物料主文件时，只要复制同类型物料的数据，然后更改编码、名称和少量参数就可以形成一个新物料的主文件，带有一种参数化设置的性质。

(4) 物料的编码通常有七点要求

第一，识别物料。计算机识别和检索物料的首要途径是物料的代码，通称物料号（item number 或 part number）。各软件的叫法很不统一，也有叫项目号、物品号、识别码、物件号、零件号等。有的软件也可以通过物料名称的拼音字母顺序来检索物料，但物料号总是检索的第一选择。

第二，唯一性。物料编码最基本的要求是物料号的唯一性和字段长。所谓唯一性就是同一种物料不论出现在什么产品上，只能用同一个代码；而不同的物料，哪怕有极微小的区别也不能用同一个代码。如果一个零件经过修改，就必须更改编码（可以加一个说明版次的后缀），并说明它的有效期，以免造成管理上的混乱。

第三，字段类型。物料号多为字符型，字段长度有一定限制，各个软件规定不一，但一般为 15—20 位（空格也算位数）。物料号的位数过长会增加系统的存储空间，增加录入时间，而且容易出现差错。确定物料号时还要考虑所选软件的其他查询功能，若电子商务软件可以通过其他代码（如分类码、分组码）查询，在物料号中不必考虑过多的标识段，以免重复并增加字段长度。对那些在各类商场销售的产品，编码要遵守中国物品编码中心有关条码设置的规定（如厂商识别）。

第四，应用自动识别技术。在物料编码问题上一定要结合条码技术应用。随着条码技术的发展，二维条码可以包含物料的更多信息（例如批号、工艺记录、作业的指导性信息等），已经在国内一些企业（如汽车制造）得到普遍应用。此外，无线射频识别（RFID）技术在 ERP 系统数据采集应用方面，将随着这些装备设施成本费用的下降，在一些行业会有所应用。

第五，集团统一编码。对一个集团性质的企业，在物料编码问题上，不仅要保证一个分公司、一个工厂物料编码的唯一性，而且要从集团全局的角度，考虑整个集团所有产品和物料编码的唯一性，建立物料编码标准。举例说，一个以家电为主导产品的集团企业，有几家分公司生产不同类型的制冷产品，如电冰箱、空调机、冷柜等，它们之间有共用的物料是很自然的事。这时编码的唯一性就不能仅仅限于一种产品类型，而是要全集团统一考虑。否则，因为不同分公司产品的备件往往是在一个地区仓库里集中管理，而不是按分公司分别设立的，如果没有从集团总体考虑物料编码，很可能在备件仓库出现重号的问题，造成管理上的混乱。另一方面，如果集团对大宗物资采用集中采购，集团所属各企业必须对这类物资使用相同的物料号，以便汇总。

第六，不同图纸的同一性。如果一家企业从不同的国家引进技术图纸（例如分别从日本和德国引进的机床制造技术），来源不同的产品图纸中，极可能有图号不同、但零件完全相同（材质、形状、精度等）的物料，对这种情况需要注意。如果几种产品是经常同时生产的，最好予以重新编号，以便汇总安排加工计划和采购计划，减少不必要的无效作业。

第七，区别零件与毛坯。传统的做法，往往把零部件的毛坯（铸坯或锻坯）上铸上零件的图号，如汽车发动机箱体铸件等。这时，必须把毛坯的编码同加工后的零件编码区别开来。铸件可后缀字母"Z"字或一个数字，因为铸件是要单独订货和储存并单独计算成本和结算的，不能同加工后的零件混为一谈。

必须为每一种物料建立一份文档，称为物料主文件或物料文档，说明物料的各种参数、属性及有关信息，反映物料同各个管理功能之间的联系，通过主文件来体现信息集成。物料主文件中包罗的数据项很多，一般都要用多个屏幕画面分类分页显示，每一页对应一项业务，便于查询和明确维护数据信息的责任人。

物料清单是 ERP 内部集成系统的主导文件，它的准确性直接影响系统的运行结果，必须认真注意维护。只有建立了物料主文件的物料才能用于物料清单。因此，在建立物料清单之前，先要核实物料主文件，确认所有参数都是合理、正确和完整的。前导工序没有做好之前，不要急于进行后续工序；"第一次就把事情作对"（do things right at the first time），这是项目管理的一条原则，是实施 ERP 系统必须遵守的。

(5) 物料清单的建立方法与步骤的三个方面

第一，成立编制小组。物料清单不同于产品图纸上的零件明细表，它包罗的内容超出了设计部门的工作范围。因此，单靠一个设计部门是难以胜任的，除设计人员外，通常还需要有工艺和生产人员，一起组成一个专门小组来完成。小组不一定是常设机构，但应有一批固定人员，可以随时集中工作，并便于积累经验、熟练操作，保证工作的质量和延续性。

第二，确定原则。在建立物料清单之前，有一些原则要在项目经理主持下讨论确定，并记入工作准则与工作流程中。例如"哪些物料应包括在物料清单内""划分产品结构层次的原则""替代物料及替代原则"。

第三，建立物料清单的顺序。企业的产品是由多个结构单元即单层物料单组成的。因此，只要建好所有单层物料单，完整的产品物料清单就会由系统自动建成。在建立时，先定义母件，然后依次录入母件所属的全部子件。要特别注意，子件必须按实际装配的先后顺序录入。在装配线上每个工位是按零部件装配顺序排列的，不能颠倒。也就是说，零部件（子件）装配成组装件（母件）是有一定顺序的。此外，流水线上的工位要同货位对应，便于发送物料和统计消耗量。在大型机械的装配过程中，产品结构同层各个部件的装配时间不一定在同一天进行，像汽轮机、轧钢机、重型机床、高压开关等，各个重大部件（物料清单中的子件）实际装配的时间可以相差几天甚至几周。以汽轮机为例，虽然底座、带叶片的转子和上盖在产品结构上都处于同一层，但实际并不是在同一天装配，就是说需用日期不是同一天。这时，各件之间有一个需用时间差，通常叫作偏置期，必须在建立物料清单时注明，因此，软件应当有设置偏置期的功能。可见，适用于一般制造业的 ERP 软件产品，不一定都能适应重型机械制造行业。

3. 库存状态记录

库存状态记录（inventory status records，ISR）是指有关物料库存水平的详细记录资料。这些资料包括现有的库存水平、在途库存、交纳周期、订货批量、安全库存、物料特性和用途、供应商资料等。某一库存产品的库存状态记录见表 10.4。

表 10.4 某一库存产品的库存状态记录

	零件编号	产品描述	提前期	标准成本	安全库存
产品主要数据部分	订购数量	调试	周期	上年使用量	类别
	允许的残料范围	切割数据	指针	其他	
库存状态部分	位置				
	总需求				
	计划收货				
	现有				
	计划订单发出				
附加数据部分	订单详细情况				
	待处理				
	盘点人员				
	跟踪				

ISR 是动态的记录，即在库存发生变化时，需及时更新库存记录。ISR 保存了每一种物料的有关数据，MRP 系统关于订什么、订多少、何时发出订货等重要信息，都存储在库存状态文件中。产品结构文件是相对稳定的，而 ISR 却处于不断变动之中。MRP 每重新运行一次，它就发生一次大的变化。

下面对库存状态文件中的几个数据进行说明。

总需求量（gross requirements），如果是产品级物料，则总需求由 MPS（master production schedule）决定；如果是零件级物料，则总需求来自上层物料（父项）的计划发出订货量。

预计到货量（scheduled receipts），该项目有的系统称为在途量，即计划在某一时刻入库但尚在生产或采购中，可以作为 MRP 使用。

现有数量（on hand），表示上期末结转到本期初可用的库存量。现有数量之间的关系，如公式(10.1)所示。

$$现有数量 = 上期末现有数 + 本期预计到货量 - 本期总需求量 \qquad (10.1)$$

净需求量（net requirements），当现有数加上预计到货不能满足需求时产生净需求。

$$净需求量 = 现有数 + 预计到货 - 总需求 \qquad (10.2)$$

计划接收订货（planned order receipts），当净需求量为正时，就需要接收一个订货量，以弥补净需求量。计划收货量取决于对订货批量的考虑，如果采用逐批订货的方式，则计划收货量就是净需求量。

计划发出订货量（planned order release），计划发出订货量与计划接收订货量相等，但是时间上提前一个时间段，即订货提前期。订货日期是计划接收订货日期减去订货提前期。

另外，有的系统设计的库存状态数据可能还包括一些辅助数据项，如订货情况、盘点记录、尚未解决的订货、需求的变化等。

4. 提前期

提前期是产品或零件在各工艺阶段投入的时间，比最后完工出产的时间所提前的周期或时间段，是 MRP 系统中的计划提前期，与实际提前期有所不同。前者是假定情况顺利时由计划下达至计划完成的时间；后者是完成计划实际花费的时间，这个时间往往由于实际情况的变化是在事后才掌握的。

提前期是确定由 MRP 计算出来的计划下达时间的一个重要因素。对一个产品来说有一个交货期，而对这个产品的下一级部件来说，完工日期必须先于产品交货期，而对于部件的下一级零件来说，完工日期又先于部件的提前期，如此逐级地往下传递。在产品结构树梢上的零件或原材料必然交货期最早。从以上过程可以看出，产品交付日期一旦排定，就可以按照提前期推算出零部件的计划交付日期。

（1）提前期一般分为四个层次

第一层，从签订销售订单到完成交货的时间，称为"总提前期"；

第二层，从开始采购到产品生产完工入库的时间，称为"累计提前期"；

第三层，从开始投料生产到产品生产完工入库的时间，称为"加工提前期"；

第四层，从采购订单下达开始到外购件完成检验入库手续，称为"采购提前期"。

（2）提前期可以分为六种情况

第一，固定提前期。固定提前期是不论批量大小，都以一定时间为提前期，它适合于用作采购零部件和原材料的提前期。变动提前期是提前时间的长短随着每批加工量大小而变动的，它适合于用作自制件的提前期。

第二，变动提前期。变动提前期是调换工具时间、运输时间、每批加工量大小乘以每个单位加工时间的代数和，每批加工量大小乘以每个单位加工时间包括传递时间及等待时间。

变动提前期 LT 的计算公式：

$$LT = 调换工具时间 + 运输时间 + 每批加工量大小 \times 每个单位加工时间 \quad (10.3)$$

或者通过经验方法估算变动提前期，计算机自动地产生各种物料零件生产计划和外购件、原材料的订购计划。凡是未来各种物料的一切净需求量和时间都可以有计划地进行运筹。在确定了批量计算方法和提前期的前提下，可由计算机下达零部件生产计划和外购件、原材料的订购计划。这些计划正确地展示了零部件和外购件、原材料的需求数量和需求时间，为未来的预测打下了基础，使管理者对未来的库存量、订购量以及生产能力需求都做到心中有数。

第三，订货提前期。供应链中供应商和零售商两级间的订货提前期的决策问题，考虑现实中常见而研究较少的供应商决定交货时间和零售商决定订货量的订货过程，提前期管理成本可以由上下游分担。在服务水平的研究中，考虑顾客面临缺货时的选择行为，引入顾客忍耐值，并度量了与顾客等待时间相关的损失，使建立的服务水平模型较传统模型更能真实地反映现实的购买行为。

库存系统常见的资源约束形式是线性资源约束，但应用于多品种库存系统时会带来较高的运作成本。为解决该问题，在概率资源约束下，多品种库存系统的最优运作策略的目标是使长期运作下的系统平均成本最小。

第四，生产提前期。生产提前期是指毛坯、零件或部件在各个工艺阶段出产的日期比产品出产的日期应提前的时间长度。生产提前期分为投入提前期和出产提前期，计算提前期的一般公式为：

$$某车间出产提前期 = 后续车间投入提前期 + 保险期 \quad (10.4)$$

$$某车间投入提前期 = 该车间出产提前期 + 该车间生产周期 \quad (10.5)$$

当不同的工艺阶段的批量不同时，公式为：

$$某车间出产提前期 = 后续车间投入提前期 + 保险期 + (本车间$$
$$生产间隔期 - 后车间生产间隔期) \qquad (10.6)$$

第五，交货提前期。交货提前期和价格折扣的延迟交货和库存策略，其中的价格折扣是基于提前期的价格折扣，即当出现缺货而不能在既定的提前期内交货时，企业就会提供一个价格折扣，这时会有一部分顾客愿意等待，直到订单被满足，即延迟交货。其中，愿意等待延迟交货的比例跟提前期成反比关系，提前期的各部分都可以通过增加成本来实现压缩。

第六，安全提前期。为了确保某项订货在实际需求日期之前完成，而在通常提前期的基础上再增加一段提前时间作为安全提前期。如果采用安全提前期，MRP 系统将按安全提前期把订单的下达日期和完成日期设置得比采用安全提前期的相应日期更早。

四、物料资源需求计划系统的运算逻辑

1. MRP 系统的基本运算程序

MRP 的运算逻辑基本上遵循如下过程：按照产品结构进行分解，确定不同层次物料的总需求量；根据产品最终交货期和生产工艺关系，反推各零部件的投入出产日期；根据库存状态，确定各物料的净需求量；根据订货批量与提前期来最终确定订货日期与数量。MRP 有两种运行方式，即重新生成方式和净改变方式。

（1）重新生成方式

重新生成方式是每隔一定时期，从主生产计划开始，重新计算 MRP。这种方式适合于计划比较稳定、需求变化不大的 MTS（面向库存生产）的生产方式。

（2）净改变方式

净改变方式是当需求方式变化，只对发生变化的数据进行处理，计算那些受影响的零件的需求变化部分。净改变方式可以随时处理，或者每天结束后进行一次处理。MRP 处理逻辑流程如图 10.7 所示。

2. MRP 的计算步骤

第一，计算物料的毛需求量。即根据主生产计划、物料清单得到第一层级物料品目的毛需求量，再通过第一层级物料品目计算出下一层级物料品目的毛需求量，依次一直往下展开计算，直到最低层级原材料毛坯或采购件为止。其计算公式如下：

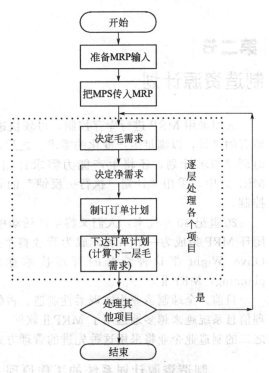

图 10.7 MRP 处理逻辑流程图

$$G_i(t) = \sum_{j \in J_i} R_j(t) q_{ji} \qquad (10.7)$$

式中，$G_i(t)$ 为物料 i 在 t 时期的总需求量；$R_j(t)$ 为物料 i 的父项 j 在时段 t 的计划发出订货量；q_{ji} 为物品 j 对物料 i 的单位需求量（产品结构比例因子）；J_i 为物品 i 的所有父项的集合。

第二，净需求量计算。即根据毛需求量、可用库存量、已分配量等计算出每种物料的净需求量。其计算公式如下：

$$H_i(t) = H_i(t-l) + S_i(t) - G_i(t) \qquad (10.8)$$

式中，$H_i(t)$ 为物料 i 在时期 t 的期末现有数；$H_i(t-l)$ 为物料 i 在 $t-l$ 期的期末现有数；$S_i(t)$ 为物料 i 在时期 t 的预计到货量。

$$N_i(t)=G_i(t)-S_i(t)-H_i(t-l) \tag{10.9}$$

式中，$N_i(t)$ 为物料 i 在时期 t 的毛需求量。

第三，批量计算。即由相关计划人员对物料生产作出批量策略决定，不管采用何种批量规则或不采用批量规则，净需求量计算后都应该表明有无批量要求。

第四，安全库存量、废品率和损耗率等的计算。即由相关计划人员来规划是否要对每个物料的净需求量作这三项计算。

第五，下达计划订单。即指通过以上计算后，根据提前期生成计划订单。物料需求计划所生成的计划订单，要通过能力资源平衡确认后，才能开始正式下达计划订单。

第六，再一次计算。物料需求计划大致有两种方式，第一种方式会对库存信息重新计算，同时覆盖原来计算的数据，生成的是全新的物料需求计划；第二种方式则只是在制订、生成物料需求计划的条件发生变化时，才相应地更新物料需求计划有关部分的记录。这两种生成方式都有实际应用的案例，至于选择哪一种要看企业实际的条件和状况。

第二节 制造资源计划

人们采用 MRP 进行库存控制，可较快速地拟定零件需求的详细报告，补充订货及调整原有的订货，以满足生产变化的需求。之后，反馈功能的闭环 MRP（close MRP），可以及时调整需求计划，还将生产能力需求计划、车间作业计划和采购作业计划也全部纳入 MRP 之中，采用"计划—执行—反馈"的管理逻辑，有效地对生产各项资源进行规划和控制。

20 世纪 80 年代末，人们又将生产活动中的主要环节销售、财务、成本、工程技术等与闭环 MRP 集成为一个系统，成为管理整个企业的一种综合性的制订计划的工具。美国的 Oliver Wight 把这种综合的管理技术称之为制造资源计划（manufacturing resource planning，MRPⅡ）。

目前，全球制造业为实现柔性制造、占领世界市场，取得高回报率所建立的计算机化管理信息系统越来越多地选用了 MRPⅡ软件。根据调查预测到二十一世纪末，世界上有三分之二的制造业企业将采用这种先进的管理方式。

一、制造资源计划系统的工作原理及编制过程

MRPⅡ以物料需求计划 MRP 为核心，覆盖企业生产活动所有领域、有效利用资源的生产管理思想和方法的人-机应用系统。它可在周密的计划下有效地利用各种制造资源，控制资金占用，缩短生产周期，降低成本，实现企业整体资源优化，生产出最佳的产品和服务。

MRPⅡ能提供一个完整而详尽的计划，可使企业内各部门（销售、生产、财务、供应、设备、技术等部门）的活动协调一致，形成一个整体。各个部门享用共同的数据，消除重复和不一致的工作，也使得各部门的关系更加密切，提高整体的效率。与 MRP 不同，到了 MRPⅡ阶段，该系统处理逻辑的起点不再是 MPS，而是企业的经营计划，将企业中与生产有关的人、财、物、方法、信息等资源整合在一个系统中。MRPⅡ工作逻辑流程见图 10.8。

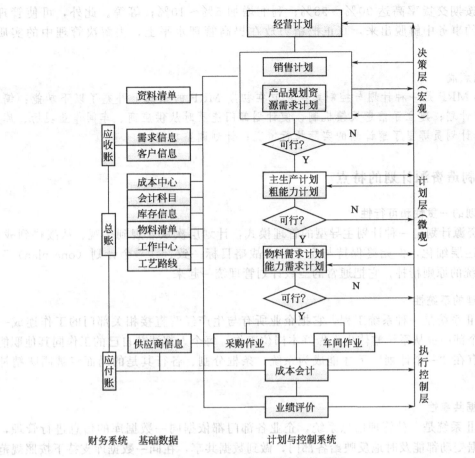

图 10.8　MRPⅡ工作逻辑流程图

在 MRPⅡ逻辑流程图中，右侧是计划与控制的流程，它包括：宏观决策层、计划层和执行控制层。从战略到战术，逐层优化，这些功能系统构成了企业的经营计划管理流程。左侧是财务管理系统，有总账管理、应收账款管理和应付账款管理等。最下面的一个框图是业绩评价，即对 MRPⅡ系统的成绩和效果进行评议，以便进一步改进和提高。MRPⅡ系统已经集成了包括企业主要的生产职能和管理职能，成为一个完整的企业生产经营计划管理系统。

该图的中间部分是基础数据，包括：物料清单、库存信息、工艺路线、工作中心、会计科目和成本中心的数据。其中，工作中心是各种生产或加工能力单元和成本单元的统称，它可以是一台功能独特的设备、一组功能相同的设备、一条生产线、成组生产中的单元、由若干工人组成的班组等，是平衡符合能力的单元，是车间作用计划完成情况的采集点，是计算加工成本的基本单元。工艺路线（routing）是对物料清单中自制物料所需要的加工步骤、移动顺序的一种描述，可用来计算物料的生产提前期和每道工序的加工成本，编制能力需求计划时，它可以提供工作中心和计算负荷需要的数据，也是车间管理人员赖以监控生产过程的基础。这些基础数据以数据库的形式储存在计算机数据库管理系统中，以便各部门沟通共享，达到信息的集成。

据统计，多数企业采用 MRPⅡ取得明显的效果：库存资金降低 15%～40%；库存盘点误差率降低到 1%～2%；短缺件减少 60%～80%；加班工作量减少 10%～30%；成本下降 7%～12%；采购费用降低 5% 左右；资金周转次数提高 50%～200%；劳动生产率提高 5%

~15%；按期交货率高达90%~98%；利润增加5%~10%；等等。此外，可使管理人员从复杂的事务中解脱出来，真正把精力放在提高管理水平上，去解决管理中的实质性问题。

> **知识点滴**
>
> 闭环MRP是一种计划与控制系统。它在初期MRP的基础上补充了以下功能：编制能力需求计划；建立了信息反馈机制，使计划部门能及时从供应商、车间作业现场、库房管理员、计划员那里了解计划的实际执行情况；计划调整功能。

二、制造资源计划的特点

1. 计划的一贯性和可行性

制造资源计划是一种计划主导型的管理模式，计划层次从宏观到微观、从战略到战术、由粗到细逐层细化，但始终保持与企业经营战略目标一致。"一个计划（one plan）"是MRPⅡ系统的原则精神，它把通常的三级计划管理统一起来。

2. 管理的系统性

MRPⅡ系统是一种系统工程，它把企业所有与生产经营直接相关部门的工作连成一个整体，每个部门都从系统整体出发做好本岗位工作，每个人都清楚自己的工作同其他职能的关系。只有在"一个计划"下才能成为系统，条框分割、各行其是的局面将被团队精神所取代。

3. 数据共享性

MRPⅡ系统是一种管理信息系统，企业各部门都依据同一数据库的信息进行管理，任何一种数据变动都能及时地反映给各部门，做到数据共享，在同一数据库支持下按照规范化处理程序进行管理和决策，改变过去那种信息不同、情况不明、盲目决策、相互矛盾的现象。

4. 动态应变性

MRPⅡ系统是一个闭环系统，它要求跟踪、控制和反馈瞬息万变的实际情况，管理人员可随时根据企业内外部环境条件的变化迅速做出响应，及时调整决策，保证生产计划正常进行。它可以保持较低的库存水平，缩短生产周期，及时掌握各种动态信息，因而具有较强的应变能力。

5. 模拟预见性

MRPⅡ系统是生产管理客观规律的反映，按照规律建立的信息逻辑必然具有模拟功能。它可以解决"如果怎样，将会怎样"的问题，可以预见相当长的计划期内可能发生的问题，事先采取措施消除隐患，而不是等问题已经发生了再花几倍的精力去处理。

6. 物流与资金流的统一

MRPⅡ系统包罗了成本会计和财务功能，可以由生产经营活动直接产生财务数字，把实物形态的物料流动转换为价值形态的资金流动，保证生产和财会数据一致。财会部门及时得到资金信息用来控制成本，通过资金流动状况反映物流和生产作业情况，随时分析企业的经济效益，参与决策，指导经营和生产活动，真正起到会计师和经济师的作用，同时也要求企业全体员工牢牢树立成本意识，把降低成本作为一项经常性的任务。

第三节 能力需求计划

本节介绍能力需求计划（CRP），粗能力计划及详细能力计划，阐述能力需求计划的工作原理及其平衡与输出。

案例二

国民经济和社会发展

2015年国民经济和社会发展统计公报初步核算，全年国内生产总值676708亿元，比上年增长6.9%。其中，第一产业增加值60863亿元，增长3.9%；第二产业增加值274278亿元，增长6.0%；第三产业增加值341567亿元，增长8.3%。第一产业增加值占国内生产总值的比重为9.0%，第二产业增加值比重为40.5%，第三产业增加值比重为50.5%，首次突破50%。全年人均国内生产总值49351元，比上年增长6.3%。全年国民总收入673021亿元。

启发思考：
（1）一个国家的能力清单和能力需求计划应该包含哪些内容？
（2）根据以上内容能否编制能力需求计划？为什么？

一、能力需求计划和粗能力计划及详细能力计划

能力需求计划（capacity requirement planning，CRP）制订的过程就是一个平衡企业各工作中心所要承担的资源负荷和实际具有的可用能力的过程。能力需求计划子系统能帮助企业平衡需求和能力之间的关系，制订出切实可行的生产计划，并能尽早发现生产活动的瓶颈所在，提出合理的解决方案，实现均衡生产与快捷生产。

1. 能力需求计划

能力需求计划是帮助企业在分析物料需求计划后产生出一个切实可行的能力执行计划的功能模块。该模块帮助企业在生产能力的基础上，及早发现能力的瓶颈所在，提出切实可行的解决方案，从而为企业实现生产任务提供能力方面的保证。能力需求计划根据各个工作中心的物料需求计划和各物料的工艺路线，对各生产工序和各工作中心所需的各种资源进行精确计算，得出人力负荷、设备负荷等资源负荷情况，然后根据工作中心各个时段的可用能力，对各工作中心的能力与负荷进行平衡，以便实现企业的生产计划。

能力需求计划解决的问题包括：各个物料经过哪些工作中心加工，各工作中心的可用能力和负荷是多少，工作中心的各个时段的可用能力和负荷是多少。

2. 粗能力计划和详细能力计划

广义的能力需求计划又可分为粗能力计划（rough-cut capacity planning，RCCP，又被称为产能负荷分析）和详细能力计划（CRP，又被称为能力需求计划）。

粗能力计划（RCCP）用来检查主生产计划（MPS）的可行性，它将主生产计划转换成对关键工作中心的能力需求。详细能力计划用来检查物料需求计划可行性，它根据物料需求计划、工厂生产能力进行能力模拟，并根据各工作中心能力负荷状况判断计划可行性。二者的区别见表10.5。

表 10.5 粗能力计划与详细能力计划的区别

项目	粗能力计划	详细能力计划
计划阶段	MRP 制订阶段	MRP 与 SPC(统计过程控制)制订阶段
能力计划对象	关键工作中心	MRP 物料涉及的所有工作中心
负荷计算对象	最终产品和独立需求物料	相关需求物料
计划的订单类型	计划及确认的订单(不含已下达的计划)	所有订单(含已下达的计划订单)
使用的工作日历	工厂工作日历或工作中心日历	工作中心日历
计划提前期考虑	以计划周期为最小单位	物料的开始与完工时间,精确到天或小时

二、能力需求计划的工作原理及其编制

1. CRP 的工作原理

能力需求计划(CRP)是 MRPⅡ系统中的重要部分,是一个将生产计划和各种生产资源连接起来管理和计划的功能。能力需求计划是在物料需求计划下达到车间之前,用来检查车间执行生产作业计划的可行性的。

利用工作中心定义的能力,将物料需求计划和车间控制的生产需求分配到各个资源上,在检查了物料和能力可行的基础上可以调整生产计划或将生产计划下达给车间,车间就此计划进行生产。能力需求计划将所有订单按照确定的工艺路线展开,将工序的开始日期、完工日期及数量来审核时间和能力资源。其运行流程如图 10.9 所示。

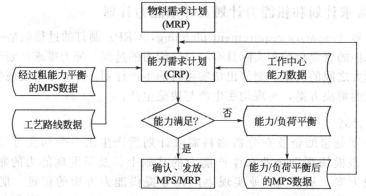

图 10.9 CRP 运行流程

2. CRP 的编制过程

编制能力需求计划的方式有无限能力负荷计划和有限能力负荷计划两种。无限能力负荷计算是指在不限制能力负荷情况下进行能力计算。即从订单交货期开始,采用倒排的方式根据各自的工艺路线中的工作中心安排及工时定额进行计算。这种计算只是暂时不考虑生产能力的限制,在实际执行计划过程中不管由于什么原因,如果企业不能按时完成订单,就必须采用顺排生产计划、加班、外协加工、替代工序等方式来保证交货期。

有限能力负荷计算就是假定工作中心的能力是不变的,把拖期订单的当期日期剩下的工序作为首序,向前顺排,对后续工序在能力允许下采取连续顺排不断地实现计划,以挽回订单交货期。

(1) 编制能力需求计划的思路

首先,将 MRP 计划的各时间段内需要加工的所有制造件通过工艺路线文件进行编制,得到所需要的各工作中心的负荷。

其次，同各工作中心的额定能力进行比较，提出按时间段划分各工作中心的负荷报告。

最后，由企业根据报告提供的负荷情况及订单的优先级因素加以调整和平衡，其计算进程见图 10.10。

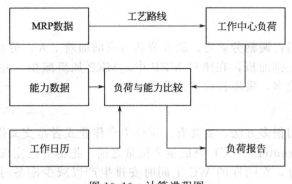

图 10.10　计算进程图

（2）编制流程图的六个步骤

第一，收集数据。能力需求计划计算的数据量相当大。通常，能力需求计划在具体计算时，可根据 MRP 下达的计划订单中的数量及需求时间段，乘以各自的工艺路线中的定额工时时间，转换为需求资源清单，加上车间中尚未完成的订单中的工作中心工时，成为总需求资源，再根据实际能力建立起工作中心可用能力清单。有了这些数据，才能进行能力需求计划的计算与平衡，即已下达的生产订单、MRP 计划订单、工作中心数据、工艺路线数据、工厂生产日历。

任务单数据：任务单是下达生产制造指令的有关单据。内容是针对 MRP 运算后，或虽未经 MRP 运算但需要有企业自行制造的物料而下达的加工任务。

工作中心数据：与能力有关的每天班次、每班小时数、每班设备数、效率及利用率等。

工艺路线数据：表达 BOM 中制造物料的加工与传递顺序的资料。主要提供物料加工的工序、工作中心和加工时间等数据。

工厂生产日历：生产日历一般将不工作的日期排除（星期天、法定节假日及其他非生产日期）。

第二，计算负荷。将所有的任务单分派到有关的工作中心上，然后确定有关工作中心的负荷，并从任务单的工艺路线记录中计算出每个有关工作中心的负荷。

第三，分析负荷情况。能力需求计划指出了工作中心的负荷情况（负荷不足、负荷刚好或超负荷）并存在问题的时间和问题的程度。问题是多种多样的，有主生产计划阶段的问题，有 MRP 存在的问题，也有工作中心和工艺路线方面的问题。对每个工作中心都要进行具体的分析和检查，确认导致各种具体问题的原因以便正确地解决问题。

第四，分析结果并反馈调整。超负荷和负荷不足都是应解决的问题。如果超负荷，则必须采取措施解决能力问题，否则不能实现能力计划；如果负荷不足，则作业费用增大。对于流程式工业来说，设备不易关闭，负荷不足则问题显得更严重。因此，必须对负荷报告进行分析并反馈信息调整计划。

第五，确认能力需求计划。要经过分析和调整后将已确定的调整措施中有关的修改数据重新输入到相关的文件记录中。通过反复地平衡和调整，在能力和负荷达到平衡时即可确认能力需求计划，正式下达任务单。

第六，能力控制。控制能力是为了发现现存的问题并预见潜在的问题，以便采取措施。为了能保证能力计划的执行，必须做好日常的能力检查。

三、能力需求计划平衡与输出

能力需求计划平衡与输出，就是要达到负荷与能力的平衡。调整的主要措施有调整能力和调整负荷。

1. 调整能力

调整能力方面包括：调整劳动力，缺少劳动力应增加新工人，劳动力超出当前需要，剩余时间可安排培训；安排加班，在闭环 MRP 中，MRP 加班减少，并且加班是预先计划安排的；改善利用率和效率，采用替代工艺路线。

2. 调整负荷

调整负荷可以采用很多方法，主要有：重叠生产作业或者是交叉作业；分批作业，在上一个工作中心（work center，WC）完成整个批量之前，把部分已完成的先传给下一个 WC；将一份订单的批量细分，在同样的 WC 上同时安排生产以减少准备时间；可以在机器运行的同时，尽可能多做准备工作，以减少准备时间，从而使负荷下降；订单的提前或拖后安排、修改订单数据或取消订单；购买代替自制、转包合同。

第四节　企业资源计划

本节介绍企业资源计划（enterprise resource planning，ERP，又称企业资源规划）的起源和发展，简述 ERP 系统的功能模块，介绍其实施和运用。

案例三

ERP 助力安徽金诚锻造"精诚"企业

目前，得益于整车市场的强力支撑以及国家对整个行业的大力推进，我国汽车零部件行业企业总体发展呈现增长趋势。国内汽车零部件企业通过技术引进、合资合作、自主发展、多元化投资等相关措施，在装备水平、制造技术、产品质量、管理水平等方面均得到了一定的提升，但仍面临着种种挑战。在面对激烈的市场竞争时，我国汽车零部件企业往往存在产品创新能力不足、智能制造程度较低、缺乏信息化应用、管理水平低下等问题，对企业的快速发展造成了一定的阻碍。作为一家典型的汽车零部件制造企业，安徽金诚复合材料有限公司却在激烈的市场竞争中脱颖而出，保持了领先的态势，造就了行业龙头的地位。

其后，金诚公司提前完成年度目标，实现了 15% 的增长，这其中，信息化的应用功不可没。金诚公司最初选择了一家国内软件商的 ERP 系统，系统上线后，囊括了人力资源管理、进销存管理、生产管理等功能，帮助企业形成了用系统来管理的习惯，提升了工作效率，解决了财务核算、库存管理等问题，在一段时间内，给金诚公司带来了一定的改善。随着公司的不断发展，在新的经济形势下，现代企业的管理需要更加细致、快捷、方便，原有的 ERP 系统已不能满足公司发展的需要，2015 年下半年，金诚公司重新对公司的信息化进行了规划，根据规划，第一阶段为金诚信息化建设的跟随补差期，通过建立最佳实践及关键系统（ERP），实现产品研、产、销、财务各板块的基础能力搭建。2016 年 3 月开始，是金诚信息化建设的突破期，以销售为先导，通过分类运营模式的构建实现以规范化流程和利润化为线索的核心能力布局，并深化落实集团效能优化与业务整合。2016 年 10 月起，将是金诚信息化建设的深化应用期，着力关注挖掘计划稳定性、物流整合及产业链延伸等新兴利润领域，实现自身差异化战略布局。

启发思考：
(1) 企业资源计划（ERP）是什么？
(2) 企业资源计划（ERP）包含哪些模块？

一、企业资源计划概述

ERP 是由美国著名管理咨询公司 Gartner Group 于 1990 年提出来的，最初被定义为应用软件，之后迅速为全世界商业企业所接受，现已经发展成为现代企业管理理论之一。企业资源计划系统，是指建立在资讯技术基础上，以系统化的管理思想，为企业决策层及员工提供决策运行手段的管理平台。企业资源计划也是实施企业流程再造的重要工具之一，属于大型制造业所使用的公司资源管理系统。世界 500 强企业中有 80% 的企业都在用 ERP 软件作为其决策的工具和管理日常工作流程，其功效可见一斑。

信息技术最初在管理上的运用是十分简单的，主要是记录一些数据，方便查询和汇总，而后发展到建立在全球互联网基础上的跨国家、跨企业的运行体系。

1. 发展阶段

管理信息系统阶段（management information system，MIS），企业的管理信息系统主要是记录大量原始数据、支持查询、汇总等方面的工作。

物料需求计划阶段（material require planning，MRP），企业的信息管理系统对产品构成进行管理，借助计算机的运算能力及系统对客户订单、在库物料、产品构成的管理能力，实现依据客户订单，按照产品结构清单展开并计算物料需求计划，实现减少库存、优化库存的管理目标。

制造资源计划阶段（manufacture resource planning，MRPⅡ），在 MRP 管理系统的基础上，系统增加了对企业生产中心、加工工时、生产能力等方面的管理，以实现计算机进行生产排程的功能。同时也将财务的功能囊括进来，在企业资源计划中形成以计算机为核心的闭环管理系统，这种管理系统已能动态监察到产、供、销的全部生产过程。

企业资源计划阶段（enterprise resource planning，ERP），以计算机为核心的企业级的管理系统更为成熟，系统增加了包括财务预测、生产能力、调整资源调度等方面的功能。配合企业实现 JIT 全面管理、质量管理和生产资源调度管理及辅助决策的功能。成为企业进行生产管理及决策的平台工具。

电子商务时代的 ERP，互联网技术的成熟为企业信息管理系统增加了与客户或供应商实现信息共享和直接的数据交换的能力，从而强化了企业间的联系，形成共同发展的生存链，体现企业为达到生存竞争的供应链管理思想。ERP 系统相应实现了这方面的功能，使决策者及业务部门实现跨企业的联合作战，及时、准确地掌握客户订单信息，经过对数据的加工处理和分析，对市场前景和产品需求做出预测。同时，把产品需求结果反馈给生产部门，并及时收集用户反馈，整合整条生产链的数据，真正实现零库存，极大减少资金占用。企业参与电子商务热情的高涨，势必影响电子商务与 ERP 的融合。

流程化的管理，即利用流程规范去控制人，避免人为不遵守流程而犯错。数据记录详细，便于查询、统计、分析。简单的电子商务 ERP 起到分析基础数据的作用，最简单地，把财务、销售、仓储的信息集成在同一个软件里，可以实现数据化管理。

2. ERP 管理思想

ERP 管理体现了对整个供应链资料进行有效管理的思想，实现了对整个企业供应链上的人、财、物等所有资源及其流程的管理。它也体现了精益生产、同步工程和敏捷制造的思想。面对激烈的竞争,企业需要运用同步工程组织生产和敏捷制造,保持产品高质量、多样化、灵活性,实现精益生产。同时,ERP 管理体现了事先计划与事中控制的思想。ERP 系统中的计划体系主要包括生产计划、物料需求计划、能力需求计划等。另外,ERP 管理体现业务流程管理的思想,为提高企业供应链的竞争优势,必然带来企业业务流程的改革,而系统应用程序的使用也必须随业务流程的变化而相应调整。

> **问与答**
>
> 问:ERP 与 MRPⅡ 的差异点有哪些?
> 答:区别如表 10.6 所示。

表 10.6 ERP 与 MRPⅡ 的差异

项目	ERP	MRPⅡ
在资源管理范围方面的差异	整个供应链上的资源	侧重企业内部的人、财、物
生产管理方式方面的差异	支持和管理混合型制造环境	支持几种典型的生产方式:批量生产、按订单生产、按订单装配、按库存生产
在管理功能方面的差异	供应链上产、供、销各个环节的管理	企业内部的制造、分销、财务管理
事务处理控制方面的差异	强调事前控制,联机分析处理,实时性较好;有良好的财务计划与控制	通过计划执行信息实施控制,实时性较差
跨国(或跨地区)经营事务处理方面的差异	应用完善的组织架构,支持跨国经营的多国家、多地区、多工厂、多语种、多币制的应用需求	处理较弱
信息处理技术方面的差异	使用 C/S 结构、图形用户界面、分布式数据处理、Internet/Intranet/Extranet 等	平台较传统

二、企业资源计划系统的功能模块

ERP 是将企业所有资源进行整合集成管理,简单地说是将企业的三大流:物流、资金流、信息流进行全面一体化管理的管理信息系统。它的功能模块不同于以往的 MRP 或 MRPⅡ 的模块,它不仅可用于生产企业的管理,而且在许多其他类型的企业如一些非生产、公益事业的企业也可导入 ERP 系统进行资源计划和管理。由于各个 ERP 厂商的产品风格与侧重点不尽相同,因而其 ERP 产品的模块结构也相差较大。这里将仍然以典型的生产企业为例子来介绍 ERP 的功能模块。

在企业中,一般的管理主要包括三方面的内容:生产控制(计划、制造)、物流管理(分销、采购、库存管理)和人力资源管理(会计核算、财务管理)。这三大系统本身就是集成体,它们之间互相有相应的接口,能够很好地整合在一起来对企业进行管理。另外,要特别一提的是,随着企业对人力资源管理重视的加强,已经有越来越多的 ERP 厂商将人力资源管理纳入了 ERP 系统。

1. 生产控制管理模块

这一部分是 ERP 系统的核心所在,它将企业的整个生产过程有机地结合在一起,使得企业能够有效地降低库存,提高效率。同时,各个原本分散的生产流程的自动连接,也使得生产流程能够前后连贯地进行,而不会出现生产脱节,耽误生产交货时间。生产控制管理是一个以计划为导向的先进的生产、管理方法。首先,企业确定它的一个总生产计划,再经过系统层层细分后,下达到各部门去执行。即生产部门以此生产,采购部门按此采购等。

(1) 主生产计划

它是根据生产计划、预测和客户订单的输入来安排将来的各周期中提供的产品种类和数量,将生产计划转为产品计划,在平衡了物料和能力的需要后,精确到时间、数量的详细的进度计划。它是企业在一段时期内的总活动的安排,是一个稳定的计划,是以生产计划、实际订单和对历史销售分析得来的预测产生的。

(2) 物料需求计划

在主生产计划决定生产多少最终产品后,再根据物料清单,把整个企业要生产的产品的数量转变为所需生产的零部件的数量,并对照现有的库存量,得到还需加工多少、采购多少的最终数量。这才是整个部门真正依照的计划。

(3) 能力需求计划

它是在得出初步的物料需求计划之后,将所有工作中心的总工作负荷,在与工作中心的能力平衡后产生的详细工作计划,用以确定生成的物料需求计划是否是企业生产能力上可行的需求计划。能力需求计划是一种短期的、当前实际应用的计划。

(4) 车间控制

这是随时间变化的动态作业计划,是将作业分配到具体各个车间,再进行作业排序、作业管理、作业监控。

(5) 制造标准

在编制计划中需要许多生产基本信息,这些基本信息就是制造标准,包括零件、产品结构、工序和工作中心,都用唯一的代码在计算机中识别。零件代码,对物料资源的管理,对每种物料给予唯一的代码识别。物料清单,定义产品结构的技术文件,用来编制各种计划。工序,描述加工步骤及制造和装配产品的操作顺序,它包含加工工序顺序,指明各道工序的加工设备及所需要的额定工时和工资等级等。工作中心,使用相同或相似工序的设备和劳动力组成的,从事生产进度安排、核算能力、计算成本的基本单位。

2. 物流管理模块

(1) 分销管理

销售的管理是从产品的销售计划开始,对其销售产品、销售地区、销售客户各种信息的管理和统计,并可对销售数量、金额、利润、绩效、客户服务做出全面的分析。这样在分销管理模块中大致有客户信息的管理和服务、销售订单的管理、销售的统计与分析三方面。

① 对于客户信息的管理和服务,它能建立一个客户信息档案,对其进行分类管理,进而对其进行针对性的客户服务,以达到最高效率地保留老客户、争取新客户。在这里,要特别提到的是 CRM 软件,即客户关系管理,ERP 与它的结合必将大大增加企业的效益。

② 对于销售订单的管理,销售订单是 ERP 的入口,所有的生产计划都是根据它下达并进行排产的。而销售订单的管理是贯穿了产品生产的整个流程。它包括:客户信用审核及查询,可以看到客户信用分级,审核订单交易等;产品库存查询,决定是否要延期交货、分批发货或用代用品发货等;产品报价,为客户作不同产品的报价;订单输入、变更及跟踪,当订单输入后,进行变更的修正及订单的跟踪分析;交货期的确认及交货处理,决定交货期和发货事务安排。

③ 对于销售的统计与分析,系统根据销售订单的完成情况,依据各种指标做出统计,比如客户分类统计、销售代理分类统计等,再就这些统计结果来对企业实际销售效果进行评价。销售统计,根据销售形式、产品、代理商、地区、销售人员、金额、数量来分别进行统计。销售分析包括:对比目标、同期比较和订货发货分析,从数量、金额、利润及绩效等方面作相应的分析。客户服务,为客户的投诉做记录,并分析原因。

(2) 库存控制

库存控制用来控制存储物料的数量,以保证稳定的物流支持正常的生产,但又最小限度地占用资本。它是一种相关的、动态的及真实的库存控制系统。它能够结合、满足相关部门的需求，随时间变化动态地调整库存，精确地反映库存现状。

这一系统的功能又涉及：为所有的物料建立库存，决定何时订货采购，同时作为交与采购部门采购、生产部门作生产计划的依据；收到订购物料，经过质量检验入库，生产的产品也同样要经过检验入库；收发料的日常业务处理工作。

（3）采购管理

采购管理确定合理的定货量、优秀的供应商和保持最佳的安全储备；能够随时提供定购、验收的信息，跟踪和催促对外购或委外加工的物料，保证货物及时到达；建立供应商的档案，用最新的成本信息来调整库存的成本。

具体有：供应商信息查询，包括查询供应商的能力、信誉等；催货，对外购或委外加工的物料进行跟催；采购与委外加工统计、建立档案，计算成本；进行价格分析，对原料价格分析，同时调整库存成本。

知识点滴

ERP 的演进过程如图 10.11 所示。

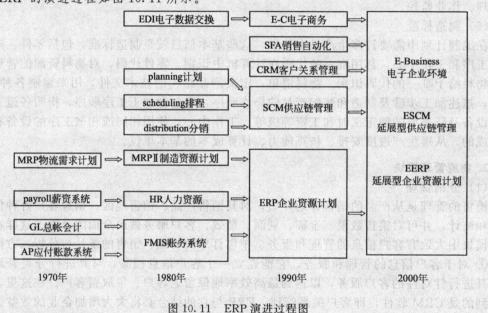

图 10.11 ERP 演进过程图

3. 人力资源管理模块

以往的 ERP 系统基本上都是以生产制造及销售过程（供应链）为中心的。因此，长期以来一直把与制造资源有关的资源作为企业的核心资源来进行管理。但近年来，企业内部的人力资源开始越来越受到企业的关注，被视为企业的资源之本。在这种情况下，人力资源管理作为一个独立的模块，被加入 ERP 的系统中来，和 ERP 中的财务、生产系统组成了一个高效的、具有高度集成性的企业资源系统。它与传统方式下的人事管理有着根本的不同。

（1）人力资源规划的辅助决策

对于企业人员、组织结构编制的多种方案，进行模拟比较和运行分析，并辅之以图形的直观评估，辅助管理者做出最终决策。

制定职务模型，包括职位要求、升迁路径和培训计划。根据担任该职位员工的资格和条件，系统会提出针对本员工的一系列培训建议，一旦机构改组或职位变动，系统会提出一系列的职位变动或升迁建议。

进行人员成本分析，可以对过去、现在、将来的人员成本作出分析及预测，并通过

ERP 集成环境，为企业成本分析提供依据。

(2) 招聘管理

人才是企业最重要的资源。优秀的人才才能保证企业持久的竞争力。招聘系统一般从以下几个方面提供支持：进行招聘过程的管理，优化招聘过程，减少业务工作量；对招聘的成本进行科学管理，从而降低招聘成本；为选择聘用人员的岗位提供辅助信息，并有效地帮助企业进行人才资源的挖掘。

(3) 工资核算

工资核算方面，能根据公司跨地区、跨部门、跨工种的不同薪资结构及处理流程制定与之相适应的薪资核算方法；与时间管理直接集成，能够及时更新，对员工的薪资核算动态化；回算功能，通过和其他模块的集成，自动根据要求调整薪资结构及数据。

(4) 工时管理

工时管理方面，根据本国或当地的日历，安排企业的运作时间以及劳动力的作息时间表；运用远端考勤系统，可以将员工的实际出勤状况记录到主系统中，并把与员工薪资、奖金有关的时间数据导入薪资系统和成本核算中。

(5) 差旅核算

系统能够自动控制从差旅申请、差旅批准到差旅报销整个流程，并且通过集成环境将核算数据导进财务成本核算模块中去。

三、企业资源计划系统的实施运用

ERP 系统成功实施有两个基本条件，一个是合适的软件，另一个是有效的实施方法。其中，有效的实施方法大致上可归纳为十个方面的内容。

第一，高级管理层的支持和承诺；第二，有一支既懂管理又精通软件的实施和咨询队伍；第三，管理信息系统项目范围的重申和监督；第四，管理信息系统项目小组的组成；第五，管理信息系统项目工作的深入程度；第六，详细可行的项目计划；第七，详细可行的项目持续性计划；第八，项目必须有适当的资源；第九，"经验总结"，所有有关部门的质量管理评估；第十，项目从建模、测试、试运行到正式投入运行的转换管理。

补充阅读

德国 SAP 公司的 ERP 软件产品——R/3 系统

国外著名的 MRPⅡ/ERP 厂商，已大都进入了中国市场，主要的厂商及其产品包括：SAP 的 R/3，Oracle 的 Oracle Application，J. D. Edwards 的 OneWorld，Baan 的 Baan ERP，SSA 的 BPCS，PeopleSoft 的 PeopleSoft Applications，Symix 的 Syteline。国内也有不少厂商从事 MRPⅡ、ERP 软件的开发，主要的有：北京利玛的 CAPMS/95、北京开思 ERP、上海启明 MRPⅡ、北京金航联 AEPCS 生产管理系统、山西经纬 JW-MIS、北京和利时 HS2000ERP 等。

其中，德国 SAP 公司的 ERP 软件产品——R/3 系统包括以下模块：

(1) 财务会计模块，它可提供应收、应付、总账、合并、投资、基金、现金管理等功能。

(2) 管理会计模块，它包括利润及成本中心、产品成本、项目会计、获利分析等功能。

(3) 资产管理模块，具有固定资产、技术资产、投资控制等管理功能。

(4) 销售与分销模块，其中包括销售计划、询价报价、订单管理、运输发货、发票等的管理，同时可对分销网络进行有效的管理。

(5) 物料管理模块，主要有采购、库房与库存管理、供应商评价等管理功能。

（6）生产计划模块，可实现对工厂数据、生产计划、MRP、能力计划、成本核算等功能。

本 章 小 结

本章主要介绍了 MRP、MRP Ⅱ 和 ERP。

阐述了 MRP 的概念和原理，以及 MRP 的特点和实现的目标，介绍了 MRP 的九种模型，MRP 的系统结构，涉及 MPS、BOM、ISR、提前期等内容，并给出了 MRP 系统的运算逻辑。

还介绍了 MRP Ⅱ 系统的工作原理及编制过程，以及和 MRP 的不同之处，列出了 MRP Ⅱ 的特点。

对能力需求计划和粗能力计划，能力需求计划的工作原理及编制过程也作了阐述。

最后，介绍了 ERP 系统的概念及运作逻辑，ERP 系统的功能模块。MRP Ⅱ 系统、ERP 系统是在 MRP 的基础上发展起来的，因此，掌握 MRP 系统具有重要意义。

练习题

一、名词解释

1. 物料需求计划 MRP　　2. 主生产计划 MPS　　3. 物料清单 BOM
4. 制造资源计划 MRP Ⅱ　　5. 能力需求计划 CRP　　6. 企业资源计划 ERP

二、简答题

1. 安全库存在 MRP 系统中担当什么角色？
2. 讨论 MRP 系统中主生产计划的重要性。
3. 试述 MRP Ⅱ 实施的前提条件和实施环境。
4. 简述 MRP Ⅱ 的逻辑流程。
5. 简述能力需求计划与 MRP Ⅱ 的关系。
6. 简述 ERP 系统的发展演进过程及发展趋势。
7. 简述 ERP 系统所运用的管理理念。

第十一章

生产作业计划与控制

【学习目标】
1. 掌握作业计划标准、制造业生产作业计划、作业排序的内容;
2. 掌握构建单件小批生产的生产管理系统的关键点,并掌握 QCDES 管理的指标及策略;
3. 了解服务业作业计划的相关内容,掌握排队系统的绘制方法;
4. 学习人员班次计划的计算方法并归纳服务业的作业计划的特点;
5. 了解生产控制的模块、控制方式及基本程序;
6. 掌握现场管理的相关内容,能够运用所学理论分析简单的生产作业计划案例。

第一节
生产作业计划及作业计划标准

作业计划标准有利于保证各个生产环节之间的衔接,从而保证按期生产产品和准时交货;有利于建立企业正常的生产秩序和工作秩序,克服前松后紧现象;有利于合理利用人力、物力、财力资源,提高企业的生产效率和经济效益。

一、生产作业计划特点及主要研究内容

生产作业计划是将主生产计划(MPS)细化为每周、每个工作日、甚至每小时的具体作业的安排。编制作业计划要解决两个基本问题。一是任务分配问题,编制作业计划实质上是要将资源分配给不同的任务,按照既定的优化目标,确定各种资源利用的时间问题;二是任务排序问题,由于每台机器都可能被分配了多项任务,而这些任务受到加工路线的约束,就带来了零件在机器上加工的顺序问题。

1. 生产作业计划及其特点

生产作业计划是指企业生产计划的具体执行计划。它把企业的年度、季度生产计划具体规定为各个车间、工段、班组、每个工作地和个人的以月、周、班以至小时计的计划。它是组织日常生产活动、建立正常生产秩序的重要手段。

生产作业计划是通过一系列的计划安排和生产调度工作,充分利用企业的人力、物力,

保证企业每个生产环节在品种、数量和时间上相互协调和衔接,组织有节奏的均衡生产,以取得良好的经济效果。其主要特点有以下三个方面:计划期短,详细规定月、旬、日、小时的工作任务;计划内容具体,把生产任务落实到车间、工段、班组、工人;计划单位小,详细规定各零部件,甚至工序的进度安排。

2. 相关的名词术语

编制作业计划或日程安排（scheduling）:包括确定零件的加工顺序,也包括加工任务的分配和确定加工每个零件的开始时间、完成时间。

排序（sequencing）:确定零件在机器上加工的顺序。

派工（dispatching）:作业计划确定之后,将具体生产作业任务通过派工单形式下发到具体的设备与作业人员。

控制（controlling）:作业计划编制之后为生产控制所采取的一切活动。

赶工（expediting）:在实际进度落后于计划进度所采取的行动,即控制的范围。

"调度"是作业计划编制后实施生产控制所采取的一切行动,"编制作业计划"是加工制造发生之前的活动。

"机器"可以是工厂里的各种机床,也可以是维修工人;可以是轮船要停靠的码头,也可以是电子的计算机中央处理单元、存储器和输入、输出单元。综上,表示"服务者"。

"工件"代表"服务对象"。工件可以是单个零件,也可以是一批相同的零件。

"加工路线"是工件加工的工艺过程决定的,它是工件加工在技术上的约束。

"加工顺序"则表示每台机器加工 n 个工件的先后顺序,是排序和编制作业计划要解决的问题。

3. 生产作业计划的作用

生产作业计划是建立企业正常生产秩序和管理秩序,提高经济效益的一项重要手段。工人心中有数,干部的日常管理有了秩序;保证了各部门和车间之间的衔接配合;及时检查和解决生产中遇到的问题,保证了生产任务的完成。

生产作业计划起着具体落实生产计划的作用。生产作业计划在空间上实现,在时间上继起,在计划单位上细分生产任务。

它使平衡试算更细致,有利于充分地利用生产能力。它是企业计划管理的重要环节,确保了企业年度经营计划的顺利实现;是规定全体职工奋斗目标、调动职工积极性的重要手段,有利于实现企业的均衡生产。

4. 生产作业计划的主要内容

生产作业计划的主要内容包括:生产作业计划编制和生产作业计划的实施控制。生产作业计划编制的内容包括:编制企业各层次的生产作业计划,编制生产准备计划,设备和生产面积的负荷率核算和平衡,制定或修改作业计划标准。生产作业计划的实施控制的内容包括:日常生产派工,通过生产调度和生产作业统计,检查和控制生产任务计划进度完成情况。

生产作业计划编制工作的主要内容包括:收集为编制计划所需要的各项资料,核算、平衡生产能力,制定作业计划标准和编制生产作业计划。

(1) 收集编制计划所需要的各项资料

生产任务方面的资料,包括:企业的年度、季度生产计划,各项订货合同,新产品试制计划等。技术方面的资料,包括:产品图纸、工艺文件、产品技术检验规范、外协零件清单、按车间编制的零件明细表等。生产能力方面的资料,包括:各工种生产工人情况、生产设备负荷情况、生产面积利用情况、工作定额和生产能力查定情况。生产准备工作方面的资料，包括：工艺装备准备情况和原材料、外协件、配套库存及供应情况等。此外还包括各种相关的作业计划标准和生产资金定额，前期预计生产完成情况和在制品结存及分布情况等。

(2) 编制生产作业计划的形式和注意事项

从纵向方面来分：根据企业的具体情况，生产作业计划有厂部、车间和工段（班、组）三级作业计划形式。厂部级生产作业计划由企业生产科负责编制，确定各车间的月度生产任务和进度计划；车间级生产作业计划由车间计划调度室负责编制；工段级生产作业计划由工段计划调度员负责编制，分别确定工段（班、组）或工作地月度、旬（或周）以及昼夜轮班的生产作业计划。

生产作业计划编制的三个层次：厂级生产作业计划、车间内部生产作业计划、日常生产派工。

从其他方面来分：生产作业计划又可分为流水线加工生产作业计划、周期性生产类型的生产作业计划和适应需求变动的生产计划。

在编制生产作业计划时要注意以下几点：深入实际调查，充分掌握资料；尽量减少车间同期生产的品种，并保持设备和工种的负荷均衡；结合实际编制生产作业计划；为下一个计划期的均衡生产创造有利条件。

案例一

重型汽车 A 公司的难题

某重型汽车 A 公司是 20 世纪 80 年代后期建立的国有股份制企业，现已成为我国三大重车生产基地之一。A 公司占地面积约 25 万平方米，建筑面积近 8 万平方米；拥有职工 1300 多名，各类专业技术人员 600 多名，其中高级职称 50 多名，中级职称 180 多名；有各类设备 1500 台，技术雄厚，设备先进。A 公司累计投资 15 亿元人民币，建成具有世界先进水平的汽车总装、车桥加工、分动箱加工、联动大型驾驶室覆盖件和车架成型冲压、艾森曼喷漆等大型生产线。A 公司已开发 90 种改装专用车底盘，具有年产 6000 辆整车的能力等，同时，成为我国技术水平最高、最具发展潜力的重型汽车生产基地之一。

以国家出台的相关政策和油价为背景，国内重车市场发展非常迅速，重型汽车 A 公司的产品和产量进一步扩大，产量由初期 2000 辆增加至 15000 辆，品种更是增加到 300 多种。

A 公司的生产单位主要包括：车桥厂（生产车桥）、冲压厂（生产冲压件）、总装厂（整车装配）。A 公司生产计划流程大致如下：销售公司根据分销商和业务员预测制订月度销售计划，制造部根据月度销售计划制订整车生产计划，同时制订大部件计划。该计划下发到各个生产单位和物料供给部门，各单位将计划分解成各自各级物料计划。

但是整车规格型号太多而导致产品预测难度大（产品预测精度仅为 30%），而且销售公司针对客户需求提出的特殊车型要求没有统一的规范，导致订单混乱。由于难以准确预测销量和型号，生产计划调整频繁，加之重车的本身具有制造个性化的特点，因此计划和工艺更改指令有时一个月多达 300 条。一线人员疲惫不堪，导致质量问题时有发生，经常延期交付，由预测失效导致成本难以控制，生产已经到了捉襟见肘的地步。

公司决定改变这种情况，首先要求销售部门加强与客户和分销商的联系，强化预测，由每月报预测计划改为每周报预测计划，同时强化订单审核。建立了由销售牵头包括财务、供应和生产单位会审制度以确保订单的合理性。然而，实施下来情况仍然不容乐观，一方面预测精度始终难以提高，另一方面订单会审过程中部门之间难以协调。

启发思考：

(1) 你认为造成 A 公司问题的原因在哪里？

(2) A 公司生产制造环境的特点是什么？

(3) 公司的生产计划与控制体系应该如何设计?

二、作业计划标准的定义及其分类

作业计划标准又称为期量标准,是指为制造对象(零件、部件、产品等)在生产期限和生产数量方面所规定的标准数据,它是编制生产作业计划的重要依据。时间包括:生产周期、生产提前期、生产间隔期等。数量包括:生产批量、在制品数量等。作业计划标准基本可以分成三种类型:大量流水生产、批量生产和单件小批生产。不同生产类型的作业计划标准见表 11.1。

表 11.1 不同生产类型的作业计划标准

生产类型	作业计划标准
大量流水生产	节拍、流水线工作指示图表、在制品定额
批量生产	批量、生产间隔期、生产周期、在制品定额、提前期、交接期
单件小批生产	生产周期、提前期

1. 大量流水生产

产品数量大、品种变化小、专业化程度高的产品,适合采用大量流水生产。大量流水生产作业计划标准有:节拍、标准指示图表、在制品占用量定额等。

(1) 节拍

每一产品或零部件在各道工序上投入或产出所规定的时间间隔为节拍。按节拍要求组织各工作地、流水生产线和车间的生产,就可保持各工序和产品生产的节奏性,为实现均衡生产创造条件。节拍的大小取决于计划期内生产的数量和有效工作时间。

(2) 标准指示图表

为便于组织大量生产,应对流水线的工作制度、设备数量、工人人数和工序间在制品流动情况进行统筹安排,把它们之间的相互关系用坐标指示图表的形式固定下来,作为组织生产的依据。

(3) 在制品占用量定额

在制品定额就是在一定时间、地点和具体生产技术组织条件下,为保证生产连续进行所必需的在制品数量。在制品定额分为车间内(或流水线内)和车间之间(或流水线间)的在制品定额两种。车间内的在制品定额包括:工艺占用量、运输占用量、工序间占用量和保险占用量。工艺占用量是指处于加工、装配和检验中的在制品数量。运输占用量是指处于工序之间或流水线之间运输状态中的在制品数量。工序间占用量是指间断流水线各工序生产效率不一,为保持工序间的工作衔接而形成的在制品数量,这个数量呈现周期性有规律的变化。保险占用量是为在发生意外事故时能保证流水线生产正常进行而规定的在制品数量。

车间之间的在制品定额通常保存在中间仓库内,因此又称为库存在制品定额。库存在制品定额包括:流动占用量、运输占用量和保险占用量三部分。流动占用量是因相邻两车间的供求在数量和时间上的差异而形成的。运输占用量是车间之间在运输过程中所需要准备的在制品数量。保险占用量是为应付突然需要,如发生废品、脱期交货、暂时追加生产任务等,以防影响正常生产而储存的在制品数量。在制品数量构成见图 11.1。

2. 批量生产

批量生产是指企业(或车间)在一定时期内,一次出产的、在质量、结构和制造方法上完全相同产品(或零部件)的数量。

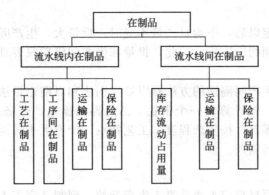

图 11.1　在制品数量构成

企业生产几种产品，但不是同时生产这几种产品，而是一次一种分批次批量生产的一种企业生产组织方式。具有多品种加工能力，成批轮番加工制造产品的生产类型，其批量大小不一，一般同时采用专用设备及通用设备进行生产，按每种产品每次投入生产的数量，分为大批量生产、中批量生产和小批量生产三种。

3. 单件小批生产

单件小批生产的特点是品种多、产量少、专业化程度低。其作业计划标准规定直接表示在产品生产周期图表和劳动量日历分配图表上。

生产周期图表：对产品装配、零件加工、毛坯制造等的作业次序和作业日历时间进行总体安排的图表，是编制各工艺阶段作业计划的主要依据。对于结构复杂和零件种类繁多的产品，通常采用简化方法，即以关键件或成套件作为编制生产周期图表的单位。

劳动量日历分配图表：把产品的总劳动量按工种和生产日历进度分配到生产周期的各个阶段而编制的图表，用以平衡各车间的生产能力。

> **学而思则敏**
>
> 请列举大量生产、成批生产和单件小批生产的生产企业，并分别说明它们的作业计划标准。

三、生产作业计划的编制方法

随着科学技术的迅速发展，各种企业生产的品种日益增多，系统分析、运筹学等原理和计算机越来越多地用于企业管理。不同生产类型的企业选择不同的编制方法，主要方法有：批量、生产周期、生产提前期、在制品定额、提前期法、成组技术计划法、网络法等。

1. 批量

批量（n）是一次投入或产出同种产品或零部件的数量，是指工业产品成批生产的数量。生产间隔期（R）是相邻两批产品或零部件投入或产出的时间间隔。公式：

$$批量(n) = 生产间隔期(R) \times 平均日产量 \tag{11.1}$$

影响批量的因素主要有三个方面。

一是设备调整时间的长短和工人熟练程度。批量越大，单位零件所分摊的设备调整费用越少，工人的熟练程度容易提高。

二是零件、部件和产品价值的高低。批量越小，在制品占用量越少，有利于加速资金周转。一般贵重零部件的生产间隔期应短些。

三是组织管理因素。在零部件分类的基础上，为不同零部件规定几种生产间隔，如年、季、月、旬、周等。

在产品生产任务确定以后，平均日产量不变时，批量大，生产间隔期就会相应延长；反之，批量小，生产间隔期相应缩短。因此，批量和生产间隔期只要其中一个确定了，另一个即确定。

常用的确定批量和生产间隔期的方法有以量定期法和以期定量法。以量定期法：根据技术经济效果的综合要求，先计算出一个批量，然后再根据生产任务和批量来确定生产间隔期。以期定量法：先将零部件按复杂程度、工艺特点、价值大小等因素分类，然后主要凭经验确定各类零件的生产间隔期。

2. 生产周期

产品生产周期是从原材料或半成品投入生产开始，到制品完工入库为止所经历的日历时间。产品生产周期结构如图11.2所示。

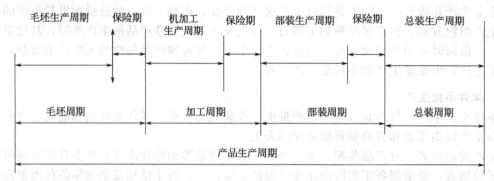

图 11.2　产品生产周期结构示意图

产品生产周期是从毛坯制造开始，经零件加工、部件装配、总装配和试验、喷漆和包装，直至最后出产产品为止的全部日历时间的总和。确定产品生产周期是编制计划的基础，生产周期有：毛坯生产周期、机加工生产周期、部装和总装生产周期。

企业在编制作业计划时，关键问题是使这一种（或一批）产品在各车间出产和投入时间能够相互衔接起来，保证成品的交货期限。具体步骤如下：一是为每一批订货编制一份产品生产周期进度表；二是根据合同规定的交货期限，为每一项订货编制一份订货生产说明书，其中规定该产品以及产品的各成套部件在各车间投入与出产的时间；三是根据订货生产说明书，编制月度作业计划，将计划月份应该投入和产出的部分摘出来按车间归类，并将各批订货的任务汇总起来，这就是计划月份各车间的投入、产出任务。

3. 生产提前期

生产提前期是产品的装配、零件的加工、毛坯的制造等在各工艺阶段的投入和产出时间比成品出产应提前的时间。生产提前期是以成品出产为起点，按反工艺顺序的方向加以确定。提前期的计算是按照工艺过程相反的顺序进行的。计算公式：

$$车间投入提前期=本车间出产提前期+本车间生产周期 \quad (11.2)$$
$$车间产出提前期=后车间投入提前期+保险期 \quad (11.3)$$

4. 在制品定额

大量生产中在制品定额（见图11.3），可分为两种类型，流水线内在制品占用量和流水线间在制品占用量。在大批大量生产的企业中，产品品种比较单一，产量较大，工艺和各车间的分工协作关系比较稳定，因而各个生产环节所占用的在制品保持一个稳定的数量。按照在制品数量经常保持在定额水平上的要求，来计算各生产环节的投入和生产任务，以保证生产过程连续协调进行。

成批生产的在制品定额是分为车间内和车间之间的在制品定额两种。车间之间的在制品包括周转占用量、运输占用量和保险占用量。

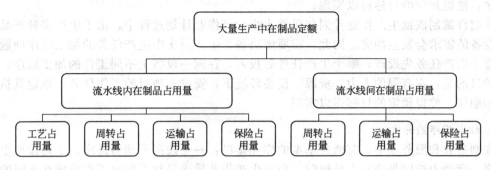

图 11.3　大量生产中在制品定额类型

5. 提前期法

提前期法又称累计编号法，适用于成批轮番生产的企业，特别是生产大型高价产品的企业。具体步骤如下。

① 计算产品在各车间计划期末应达到的累计生产和投入的号数。计算公式如下：

某车间出产累计号数＝成品出产累计号数＋该车间出产提前期×成品的平均日常量

(11.4)

某车间投入累计号数＝成品出产累计号数＋该车间投入提前期×成品的平均日常量

(11.5)

② 进一步计算各车间在计划期内应完成的出产量和投入量。计算公式如下：

计划出产（投入）量＝计划期末出产（投入）累计号数－计划期初已出产（投入）的累计号数

(11.6)

③ 如果是严格按照批量进行生产的话，则计算出的车间出产量和投入量，还应按各种零件的批量进行修正。

采用提前期法安排车间生产任务的优点：一是它可以同时计算各车间任务，故而加快了计划编制速度；二是由于生产任务用累计号数来表示，所以不必预计期初在制品的结存量，可以简化计划的编制工作；三是由于同一产品所有零件都属于同一累计编号，所以只要每个生产环节都能生产（或投入）到计划规定的累计号数，就能有效保证零件的成套性，防止零件不成套或投料过多等不良现象。

> **归纳与总结**
> 生产作业计划的编制方法有哪几种？

第二节　作业排序

任何组织的活动都有作业排序，掌握了它的编制方法，可以保证企业每个生产环节在品种、数量和时间上相互协调和衔接，组织有节奏的均衡生产，取得良好的经济效果。

一、概述

作业排序是指在有限的人力、资源、设备下，安排多项目工作任务，规定其执行的时间和顺序，使得预定的目标得以实现。

在制订编制成批生产作业计划与单件小批生产作业计划过程中，由于生产多种产品，对生产设备的需求会发生冲突。因此，需要解决各个生产层次中生产任务的加工顺序问题，包括：哪个生产任务先投产，哪个生产任务后投入，在同一设备上不同工件的加工顺序。作业排序的目的是：在有限的人力、资源、设备环境下，安排多项目的工作任务，规定其执行的时间和顺序，使得预定的目标得以实现。

1. 作业排序的分类

在制造业和服务业中，有两种基本的作业排序：一是按照劳动力排序，二是按照生产作业排序。劳动力排序是确定人员何时工作；生产作业排序是将不同的工作安排在不同的设备上，或安排不同的人员做不同的工作。作业排序可提高设备或工作中心的效率，减少在制品占用量，缩短生产周期，保证按期交货。

2. 作业排序的标准

在选择作业排序方案时，首先需要明确排序的标准。在实践中，有多种标准用来评价作业排序方案，常用的有如下六个方面。

工件流程时间，是指从工件开始加工，直至完工的时间，包括在各个机器间的移动时间、等待时间、加工时间以及由于机器故障、部件无法得到等问题引起的延迟时间等。

全部完工时间，是指完成一组工作所需要的全部时间，从第一个工件在第一台机器上开始加工时算起，直到最后一个工件在最后一台机器上加工完成时为止所经历的时间。

工件延迟时间，可以用比预定完工时间延迟了的时间部分来表示，也可以用未按预定时间完工的工件数占总工件数的百分比来表示。

在制品库存量，一个工件正从一个工作地转移到另一个工作地，由于一些原因被拖延加工，正在被加工或放置于库存中，都可以被看作在制品库存。这种库存量的度量标准可以用工件数量、其货币价值或者可供应的周数来表示。

总的库存数量，是指计划入库量和现有库存量的总和。

机器的利用率，用一台机器或一个人的有效生产时间占总工作时间的百分比来表示。

3. 作业排序的假设条件标准

为便于将生产实际中的问题用构建数学模型的方法解决，首先就要给定合理的假设条件。作业排序遵循六个假设条件：一个任务不能同时在几台设备上加工；一台设备不能同时加工两个或两个以上任务；每个任务必须按照工艺顺序进行加工；每道工序只在一台设备上完成；工件数量、机器数量和加工时间已知的情况下，加工时间与加工顺序无关；每台设备一次只能加工一个工件。

二、作业排序的优先调度规则

优先调度规则是指在作业排序时使用的规则。下面列出最常用的六种排序规则。

最短作业时间（SPT）规则：优先选择加工时间最短的任务，然后是第二短的，以此类推。

最早交货时间（EDD）规则：优先选择交货期限最早的任务，交货期要求晚一些的任务则排到后面加工。交货期指整个作业的交货期。

每道工序松弛时间（S/O）规则：根据平均松弛时间进行作业处理，就是预定日期的时间减去剩余加工时间，松弛时间除以剩余工序数（包括当前工序）则为平均松弛时间。

随机排序或随机处置（RANDOM）规则：主管或操作人员通常随机选择他们喜欢的任务先执行。

先到先服务（FCFS）规则：按照订单到达的先后顺序加工。

关键比率（CR）规则：用交货日期减去当前日期的差值，在除以剩余的工作日数计算得出。关键比率最小的订单优先执行。

根据排序规则，制定出的作业排序方案并不一定是最优的，所以常用以下作为作业排序的评价标准，进行辅助检查：满足顾客交货日期或下游工序的交货日期；产出周期或产出时间最短；在制品库存量最小；机器空闲时间最短；人员空闲时间最短。

> **想一想**
>
> 这几种作业排序的优先调度规则分别适合哪些类型的生产企业，它们的优缺点有哪些？请举例说明。

三、作业排序方法

作业排序方法基本分为三种情况：n 个作业的单机排序（$n/1$）、n 个作业的双机排序（$n/2$）和 n 个作业的多机排序（n/m）。

1. n 个作业的单机排序（$n/1$）

单机排序是作业排序中最简单、最基本的问题。当 n 个作业在一台设备上加工时，可能有 $n!$ 种排序方案。但不管哪种方案，n 个作业的最大流程时间是固定值，即与作业加工的先后顺序无关。所以单机优化排序评价标准通常是：平均流程时间最小，最大拖期量最小或者为零。一般需要遵守以下三个规则。

① 最短作业时间优先（SOT）规则，所需加工时间最短的作业首先进行，然后是加工时间第二短的，以此类推。

② 最早交货期（EDD）规则，按照交货期从早到晚进行排序，优先安排完工期限最紧的任务。

③ EDD 约束下的 SOT 规则，首先使用 EDD 规则，如果能得到最大拖期量为零，进而用 SOT 规则进行调整。

2. n 个作业的双机排序（$n/2$）

这种情况为两个或更多的作业必须在两台机器上以共同的工序进行加工。这种方法称为约翰逊法。同样，需要遵循以下几个规则：各项作业在各加工中心的作业时间必须已知并固定；作业时间必须独立于作业顺序；所有作业必须遵循同样的两步式工作顺序；没有工作优先级；作业被移送到第二个加工中心之前，在第一个加工中心的所有工作内容必须结束。

3. n 个作业的多机排序（n/m）

n 个工件、m 台设备的排序是一个复杂的排序问题。如果 n 个工件在 m 台设备上进行加工，且每个工件都要经过所有的设备，这样即使是一个小规模的生产车间，其备选的排序方案也会多得惊人，达到 $(n!)^m$ 个。用分支定界法可以保证得到一般这种问题的最优解。由于分支定界法是一种列举法，对于实际生产中规模较大的问题求解，计算量非常大，采用计算机模拟是一种合理的选择，也是唯一的选择。当然在考虑生产排序的过程中，还需要考虑其经济性。

【例 11.1】 作业顺序的合理安排：多种零件由两台机床加工的顺序安排。设有零件甲、乙、丙、丁四种，工作小组由车床、铣床各一台，其中零件的加工顺序都是先车后铣，加工时间条件如表 11.2 所示，试确定最佳加工顺序。

表 11.2 零件加工时间（单位：小时）

零件名称	车加工定额	铣加工定额
甲	15	4
乙	8	10
丙	6	5
丁	12	7

【解】 方法一，直接按照平行移动计算（见图 11.4），加工时间是 48 小时。

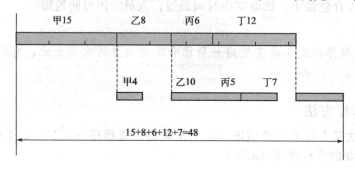

图 11.4 平行移动计算

方法二，按照约翰逊法的方法计算：
① 从加工时间中找出最小值。
② 上述最小值如果属于车床列（先加工的设备列），则该零件应优先安排加工；反之则最后加工。
③ 将已安排加工的零件除去，其余零件在重复①、②步骤，直到全部零件安排完毕。
④ 当遇到车、铣两列的最小值相等时，可以任意取其中之一。

按照上述方法，上例的加工顺序安排应为：乙、丁、丙、甲。按约翰逊法的方法计算绘制成线条图 11.5，加工时间是 45 小时。

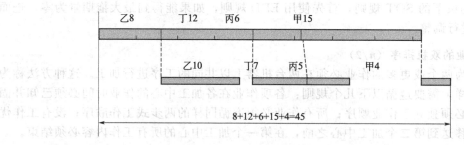

图 11.5 约翰逊法的方法计算

案例二

儿科的一天

在某医院的小儿科办公室里，99%以上是在预约的时间接待患者的。病人经常对医生说"我们真的很感激您的准时接待"。下面是这家医院小儿科的医生所作的介绍。

1. 按实际情况安排预约

通过实际安排许多病人的就诊时间，我发现他们可以分为几大类别。我们可以为一个新的病人安排半小时，给一个健康的婴儿检查或者一个重要病症安排 15 分钟时间，给一个伤病复查、一个免疫就诊或者类似长痱子之类的小病安排 5 分钟或者 10 分钟。当然，你可以根据你自己的实际情况分配你自己的时间。当预约好了以后，每一个病人都会收到一个确定的时间，像 10：30 或者 14：40。

2. 急诊安排

在大多数情况下，急诊是医生未能遵守预约时间的原因。当一个手臂骨折的小孩来就诊或者接到医院电话去参加一个急救手术的时候，我就会很自然地放下手中的其他工作。如果只是中断了一小会儿，那么还可以设法赶上原来的计划。如果要很长的时间，那么接下来的几个病人就可以选择继续等待或者安排新的预约。偶尔，我的助手需要对接下来的一个或者两个小时进行重新安排。不过，通常这种中断都不会超过 10~20 分钟，而且病人通常也会选择继续等待。接下来我会把他们安排到为重症病人额外保留的时间里。

3. 电话处理

来自患者的电话，如果你不能好好处理，会破坏你的预约计划。但是我这里没有这种问题。和其他的小儿科医生不同，我没有规定的电话时间，但是我的助手会在办公时间接听来自患者母亲的电话。如果电话比较简单，如"一个一岁的孩子应该服用多少阿司匹林"等，那么我的助手就会回答。如果这个问题需要我的回答，那么助手就会写在患者来电登记表里，在我给下一个孩子诊治的时候交给我。由我和助手写下答案，然后助手传达给打电话的人。

4. 迟到处理

当超过了为一个病人预约的时间 10 分钟以上，病人还没有出现在办公室，那么助手就会给她打电话，安排晚一些的预约。如果没人应答，并且病人在几分钟后到达办公室，接待员会很有礼貌地说："嗨！我们正在找您呢！医生不得不为其他预约的病人诊治了，但是我们会尽快把您安排进去。"然后在患者登记表上做记录，记下日期、迟到的原因以及他是哪天诊治了还是另外约时间了。

5. 不露面处理

对于预约好了但最终没有出现、电话也找不到的病人怎么处理呢？这些也会被记在患者登记表中。通常有很简单的解释，比如出城了或者忘了预约。如果连续发生三次，病人就会收到一封信，提醒他时间已经留出来，并且会告诉他，将来他会为这些浪费的时间付账的。

启发思考：
(1) 在获得很多"感激的病人"方面，预约计划系统的哪些特征是关键性的？
(2) 应该遵循什么样的程序，才能使预约系统具有充分的灵活性来适应急诊情况，同时又可以与其他病人预约的时间衔接好？

第三节
单件小批生产系统的作业计划

单件小批生产与大量、批量运营系统差异很大。面对全球经贸体系的日益激烈的国家化市场竞争与地球村之形成，传统贸易屏障已被打破，取而代之的是区域整合竞争与自由贸易。企业面临更多来自国际的竞争，必须思索更有效的竞争优势，为了更快掌握市场脉动快速反应市场需求，不得不从产品开发到生产模式做彻底改变。运用良好的管理方法，促进单件小批生产方式提高质量、准时交货，让客户满意，同时提高生产效率、降低库存的相关策略尤为重要。

一、单件小批生产及其特征

1. 单件小批生产

产品按订单生产，订单也因加工要求、所需材料、加工时间、加工顺序的不同而差异很大。因此单件小批量生产系统的作业计划非常复杂，因为企业无法在接到实际工作订单前制定进度安排。

2. 单件小批生产的特征

单件小批生产的特征：产品由以大量生产转为以需求为导向，而生产少量多样化的生产形态；产品开发速度加快，开发周期短，设计与制造存在高度的同步性；由垂直整合变为扩大外包；设计开发团队分散全球各地，具有全球性；跨区域的信息共通与分享。

3. 单件小批生产企业的常见问题

其常见问题有：没有做产能分析；盲目接单；没有生产计划，无序生产；没有交货期的观念，交期达标率低；库存管理松散；采购随意，采购物料无法满足数量及时间的需求，造成库存积压；半成品过多积压等。

二、产能分析及管理系统

1. 产能分析

产能分析是生产顺利的前提。因此，要掌握产品的类别与制造流程，掌握各类设备的成产能力，制定各工序的标准时间，计算各类产品的生产周期时间，掌握人力需求。

2. 单件小批生产管理系统

单件小批生产月生产计划排程，见图 11.6。

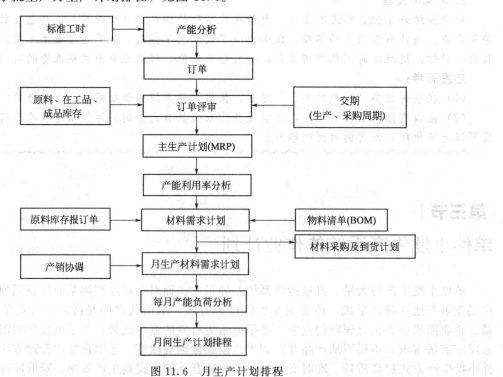

图 11.6　月生产计划排程

三、单件小批生产系统的 QCDES 管理

QCDES 管理是从质量（quality）、成本（cost）、交货期（delivery）、效率（efficiency）、库存（store）几个方面来进行的生产系统的管理。

1. 从管理结构进行生产问题的解决

解决的方法有：建造良好的生产管理体系；做好产销协调；以 QCDES 为核心的指标性管理。

2. 指标管理——生产管理指标

生产管理指标有：产量目标达成率、交期达成率、库存周转率、采购成本降低比率、采购准时率、生产效率、生产成本控制绩效、材料耗用率、生产良品率。

3. 质量管理指标

质量管理指标有：产品良品率，不合格品批退率、不合格批退检率、客户退货率、样品承认率、样品投诉率。

品质不良改善的基本做法：善用 QC（质量控制）七大手法，避免人为操作错误，贯彻现场管理方法，避免用错物料，加强以人机料法为中心的制作流程管理，推行自行检查的品质意识，迅速的信息回馈，迅速采取纠正措施，做好供货商质量的评鉴。

提升质量的策略：提升质量是改善公司体制的重要工具，不断导入质量管理工具及技术，提高员工的质量意识，落实品质流程的管理，建立公司的质量管理系统。

4. 成本管理指标

成本管理指标通常有：直接材料耗用率、直接人工成本降低比率、间接材料及辅助耗用率、制造费用降低比率、管理费用降低比率、采购成本降低比率等。

直接材料：直接材料成本的高低，首先应检查采购价格，在生产过程中，则受产品的良好率的影响较大，良好率高，则材料耗损率低。

直接人工：直接人工若在薪资条件固定的情况下，其成本的高低取决于生产效率，若生产效率高，则人工的使用减少，相对降低生产时间，也直接降低制造费用。

制造费用除了受生产效率的直接影响外，对于其他所需间接物料的使用量的控制，也必须严谨。另外水电气的价格因素则相对影响较小，反而是提高效率对降低制造费用最有效。

企业要进行成本管理，常采用降低成本的策略，进行制程改善与作业改善；寻找代替材料，但质量不能有差异；从产品设计开发阶段即需考虑材料的成本以及制程设计与加工方法等。降低成本有关的办法：外包加工，但需要做好供应链管理；制造外移；分析料工费的成本结构。

第四节
服务业的作业计划

制造业、服务业的运作都需要计划管理。服务业的作业计划与生产作业计划存在许多共同之处，但与制造业相比，服务业有四个方面的特点：无形性、同步性、异质性和易逝性。

一、服务业作业计划及主要问题的解决办法

服务运作管理同样包括三大内容：系统的规划与设计、运行与改进。服务业一般分为实

体产品的服务和劳务的服务。其中实体产品的服务与制造业的作业计划方法相同,劳务的服务与制造业有显著差别。

1. 服务业与制造业的区别
(1) 作业计划的区别
① 制造业:员工劳动→制作产品→顾客服务。
② 服务业:员工劳动→为顾客服务。
(2) 生产计划区别
① 制造业:生产运作系统、产品、机器设备、营销与运作是分离的。
② 服务业:服务交付系统、服务包、服务台、营销和运作难以分离。

2. 顾客参与对组织的影响
(1) 正面影响
正面影响包括:共同创造价值(感知);共同创造知识;提高效率或产能(与需求同步增长,如自助餐);提高服务质量。
(2) 负面影响
负面影响包括:影响服务运作实现标准化——影响服务效率;为使顾客感到舒适、方便和愉快,也会造成服务能力的浪费。

3. 减少顾客参与影响的办法
通过服务标准化减少服务品种,如餐馆里的菜单;通过自动化减少同顾客的接触,如自动柜员机、自动售货机;将部分操作与顾客分离,如餐馆中前台接待顾客,后台厨师炒菜。

4. 服务业基本作业问题
将不同的顾客需求分配到不同的服务系统的排队问题,安排顾客需求;将不同的服务人员安排到顾客需求不同的时间段上去的人员班次问题,安排服务人员;服务能力与客流量(工作负荷)的匹配是服务业的主要问题。

5. 处理非均匀需求的策略
改善人员班次安排——根据班次或时间段安排人员;
利用半时工作人员——以应对服务负荷的变化;
让顾客自己选择服务水平——既满足顾客的不同需求又使不同的服务水平得到不同的收入,如普通平信与快递;
顾客自我服务——如能实现自我服务,则需求一旦出现,能力也就有了,如自助餐;
采用生产线方法如麦当劳,前台按菜单点餐,后台采用流水线方式加工食品。

二、排队系统结构及类型

1. 排队的目标
其目标为:提高服务设施的利用率;减少等待顾客的平均数量;减少顾客在系统中的平均逗留时间(等待时间+服务时间);减少顾客在队列中的平均时间;一定数量顾客存在于系统中的概率不超过某一设定值等,最终使得总成本最低。

2. 排队现象
顾客到来的时间和服务的时间都是随机变量,是产生排队的根本原因。研究排队现象有助于合理确定服务能力,使顾客排队限制在一个合理的范围内,目的是以尽可能少的设施获得最大的效益。排队系统的结构图见图11.7。

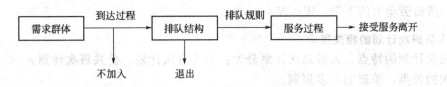

图 11.7 排队系统结构图

排队系统的类型有：单通道、单阶段；多通道、单阶段；单通道、多阶段；多通道、多阶段，如图 11.8 所示。

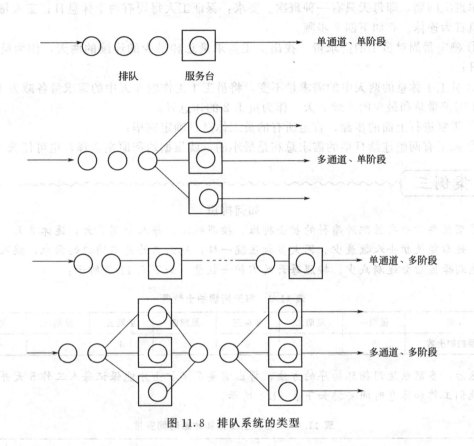

图 11.8 排队系统的类型

三、人员班次计划及计算

1. 人员班次安排所要解决的问题

人员班次安排所要解决的问题包括：充分利用人力资源，提高企业竞争力的优化；既满足生产需要又满足职工对休息及工作时间的要求，使职工数量最少。

2. 人员班次问题的常用概念

部门：给职工安排班次的企业、部门、单位。

工人：所有被安排的对象。

班次计划：每名工人的休息日/工作日（班次）顺序的作业计划。人员班次计划以"周"为单位。

$R(i,j)$：第 i 天第 j 班所需的劳动力数量。

N：总的人力需求。

W：所需劳动力的下限，$W \leqslant N$。

3. 人员班次计划的相关概念

按班次计划的特点，人员班次计划分为：个人班次计划、公共班次计划。

班次的种类：单班制与多班制。

工人的种类：全职、全职与兼职、多种向下替代。

参数的性质：确定型与随机型，指时间、人力、需求及其他参数是否为已知确定的量。

4. 启发式算法

单班次问题，即每天只有一种班次。要求：保证工人每周有两个休息日；工人每周有两个休息日为连休。有如下四个步骤。

① 确定每周对员工的需求量，找出员工需求量总和最少的连续的两天，作为员工 1 的休息日；

② 员工 1 休息的两天中的需求量不变，将员工 1 工作的 5 天中的需求量各减去 1，再找出员工需求量总和最少的连续 2 天，作为员工 2 的休息日；

③ 重复进行上面的步骤，直至所有的员工休息日确定完毕；

④ 如果有两组连续日期的需求总和是最小的，就根据均衡原则选择，也可任选一组。

案例三

如何排班

多丽丝要对平安医院肿瘤科的护士排班。按照规定，每人每周 5 天，连休 2 天。作为管理者，她希望使护士人数最少。同大多数医院一样，她面临的是不均匀的需求，病人数量在周三达到峰值后会逐渐减少。按照每天所需护士数量，如下表 11.3 所示：

表 11.3　每天所需护士数量

日期	星期一	星期二	星期三	星期四	星期五	星期六	星期日
需要的护士数	5	5	6	5	4	3	3

然后，多丽丝运用循环排序的方法，得出需要 7 名护士才能保证每人工作 5 天并连休两天。她们工作和休息时间安排如下表 11.4 所示。

表 11.4　7 名护士工作和休息时间安排

	星期一	星期二	星期三	星期四	星期五	星期六	星期日
护士甲	工作	工作	工作	工作	工作	休息	休息
护士乙	工作	工作	工作	工作	工作	休息	休息
护士丙	工作	工作	工作	工作	休息	休息	工作
护士丁	工作	工作	工作	休息	休息	工作	工作
护士戊	休息	休息	工作	工作	工作	工作	工作
护士己	工作	工作	工作	工作	工作	休息	休息
护士庚						工作	

启发思考：按这样的安排，护士庚仅需要星期六工作，应该如何处理？

第五节
生产控制

　　生产控制系统目的是通过控制基本库存和流量库存，再使用精确控制的方法从而减小控制库存。一个生产控制系统最重要的任务首先是控制基本库存和流量库存，即平衡输入和输出，然后再使用精确控制的方法减小控制库存，同时还可以考虑采取一些能力计划和批量计划的措施。

　　生产周期和脱期（脱期等于任务的实际完成日期减去计划完成日期）是两个不同的目标参量，对它们分别监控，分别采用不同的措施进行控制。生产周期只是平均库存与生产能力的函数，脱期却受到另外两方面的影响，即计划生产周期和实际生产周期的偏差、计划与实际任务投放日期的偏差。

　　流量图特别适用于作为生产控制系统的模型，因为它能够清楚地表示改变某个参量（如生产周期）的措施对其他参量（如利用率和脱期）的影响，尤其是可以通过监控和诊断系统进行检验。流量图的基本结构和它们的表示形式看起来很简单，但实践表明，要从计划和实际值的偏差找出其真正的原因，并由此得到正确的改进措施并不总是那么容易的。

　　有一种用于单件和批量生产控制的新的理论方法，这种理论方法被称为"面向负荷的任务投放方法"。它主要是考虑控制平均库存，并进一步间接地影响工序或任务的平均生产周期。该方法可首见于 Jendralski 的仿真研究。Bechte 将它发展成一种容易使用的方法。Buchmann 将这种方法集成到了一个 PPC 系统中，并由 Erdlenbruch 对一些重要的地方进行了完善。

一、控制的种类

1. 生产进度控制

　　生产进度控制是对生产量和生产期限的控制，其主要目的是保证完成生产进度计划所规定的生产量和交货期限。这是生产控制的基本方面。其他方面的控制水平，诸如库存控制、质量控制、维修等都对生产进度产生不同程度的影响。在某种程度上，生产系统运行过程的各个方面问题都会反映到生产作业进度上。因此，在实际运行管理过程中，企业的生产计划与控制部门通过对生产作业进度的控制，协调和沟通各专业管理部门，如产品设计、工艺设计、人事、维修、质量管理和生产部门之间的工作，可以达到整个生产系统运行控制的协调、统一。

2. 设备维修控制

　　设备维修是对机器设备、生产设施等制造系统硬件的控制。其目的是尽量减少并及时排除物资系统的各种故障，使系统硬件的可靠性保持在一个相当高的水平。如果设备、生产设施不能保持良好的正常运转状态，就会妨碍生产任务的完成，造成停工损失，加大生产成本。因此，选择恰当的维修方式、加强日常设备维护保养、设计合理的维修程序是十分重要的。

3. 库存控制

　　库存控制是使各种生产库存物资的种类、数量、存储时间维持在必要的水平上。其主要功能在于既要保障企业生产经营活动的正常进行，又要通过规定合理的库存水平和采取有效的控制方式，使库存数量、成本和占用资金维持在最低限度。

4. 质量控制

质量控制，其目的是保证生产出符合质量标准要求的产品。由于产品质量的形成涉及生产的全过程，因此，质量控制是对生产政策、产品研制、物料采购、制造过程以及销售使用等产品形成全过程的控制。

5. 成本控制

成本控制同样涉及生产的全过程，包括生产过程前的控制和生产过程中的控制。生产过程前的成本控制，主要是在产品设计和研制过程中，对产品的设计、工艺、工艺装备、材料选用等进行技术经济分析和价值分析，以及对各类消耗定额的审核，以求用最低的成本生产出符合质量要求的产品。生产过程中的成本控制，主要是对日常生产费用的控制，其中包括：材料费、各类库存品占用费、人工费和各类间接费用等。实际上，成本控制是从价值量上对其他各项控制活动的综合反映。因此，成本控制，尤其是对生产过程中的成本控制，必须与其他各项控制活动结合进行。

6. 数量控制

数量控制是对产品及零部件的生产数量进行控制，生产数量控制有以下三个概念：不得少于计划数量；不得多于计划数量；要进行配套生产。

制造企业控制的全过程，首先就是由供应商提供的原材料开始和企业对原材料进行来料品质检验，不合格的原材料将进行退货，合格的准备入原料仓库。对入库原料进行裁料，分为印刷和冲型两种方式。印刷过程为"绷网—制版—调磨—丝印—UV光固—烘烤"；冲型过程为"制膜—打定孔位—压凸包—切胶隔层—裁边冲孔"。分别对上述两个过程进行制程检验，检验不通过的报废处理，通过的进行组装。组装过程包括：贴保护膜、组装线路、组装LED、组装面板、装引线头。对组装后的产品要再次进行制程检验，检验不通过的报废处理，通过的进行检验包装，出库时还需检验，对合格产品放入成品仓库。最后由业务部销售给顾客。具体流程图见图11.9。

二、控制方式

生产控制有事前、事中和事后控制，三种控制方式及其应用对象如图11.10所示。

生产管理的发展历史上，控制方式有一个典型的演化过程，最初出现的是事后控制，而后是事中控制，再到事前控制。这是从时间维度定义管理活动的一种方法。事后与事中控制都是使用负反馈控制原理，事前控制使用的是前馈控制原理。

1. 事后控制

生产控制的事后控制方式是指根据当期生产结果与计划目标的分析比较，提出控制措施，在下一轮生产活动中实施控制的方式。它是利用反馈信息实施控制的，控制的重点是今后的生产活动。其控制思想是总结过去的经验与教训，把今后的事情做得更好。经过几轮的反馈控制是可以把事情做得越来越好。有人称它为负债管理，意指今天的管理是为昨天欠下的债所做的。这种方式在我国企业中有着广泛的使用，例如在质量控制与成本控制中常常可见。特别是成本控制，大量沿用这种方式。事后控制的优点是方法简便，控制活动量小，控制费用低。但其缺点也很明显，不良结果一旦发生，损失已经造成，无法挽回了。

事后控制方式的控制要点是：以计划执行后的信息为主要依据；要有完整的统计资料；要分析内、外部环境的干扰情况；计划执行情况分析要客观，控制措施要可行，确保下一轮计划执行的质量。

2. 事中控制

生产活动的事中控制方式是一种对进行中的生产系统作日常性控制的控制方式。事后控

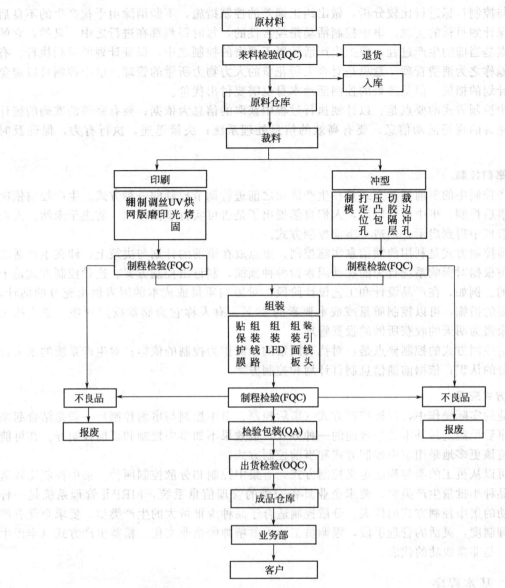

图 11.9 控制流程图

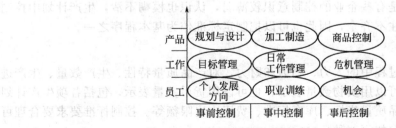

图 11.10 生产控制的三种控制方式及其应用对象

制方式起到亡羊补牢的作用，难免有为时已晚的缺陷，能否在生产活动进行之中对其实施有效的控制呢？质量控制图法在质量管理中实现了这个想法，于是就有了事中控制。

事中控制方式是利用反馈信息实施控制的，通过作业核算和现场观测获取信息，及时把输出量与控制目标进行比较分析，做出纠正偏差的控制措施，不断消除由干扰产生的不良后果，确保计划目标的实现。事中控制活动是经常性的，每时每刻都在进行之中。显然，它的控制重点是当前的生产过程，要把生产活动置于严密的控制之中，保证计划的顺利执行。有人形象地称之为消费管理，意思是对今天所花费的人力物力所做的管理。事中控制可以避免完不成计划的损失，但是频繁的控制活动本身也需要付出代价。

事中控制方式的要点是：以计划执行过程中获取的信息为依据；要有完整的准确的统计资料和完备的现场活动信息；要有高效的信息处理系统；决策迅速，执行有力，保证及时控制。

3. 事前控制

生产控制中的事前控制方式是在生产活动之前进行调节控制的一种方式。生产控制依次出现了事后控制、事中控制以后，人们自然提出了是否可实行事前控制，防患于未然。人们从目标管理中得到启示，创造了事前控制方式。

事前控制方式是利用前馈信息实施控制，重点放在事前的计划与决策上，即在生产活动开始以前根据对影响系统行为的扰动因素做种种预测，制订出控制方案。这种控制方式是十分有效的。例如，在产品设计和工艺设计阶段，对影响质量或成本的因素做出充分的估计，采取必要的措施，可以控制质量或成本要素的60%。有人称它为储蓄投资管理，意为抽出今天的余裕为明天的收获所做的投资管理。

事前控制方式的控制要点是：对扰动因素的预测作为控制的依据；对生产系统的未来行为有充分的认识；依据前馈信息制订计划和控制方案。

4. 方式应用

企业的实际操作中，三种控制方式（事后控制、事中控制与事前控制）一般是结合起来使用。事后控制是最基本的最普遍的一种方式，但效果不如事中控制和事前控制好。在可能的场合应该更多地采用事中控制方式和事前控制方式。

也可以从员工的参与程度定义控制方式，有集中控制和分散控制两种。集中控制比较适合于多品种小批量生产类型，要求企业具备完善的管理信息系统，MRPⅡ管理系统是一种十分成功的集中控制方式的代表。分散控制适合于品种少批量大的生产类型，要求企业有严密的管理制度，灵活的管理手段，强调员工主人翁精神的企业文化。精益生产方式（丰田生产方式）是非常成功的代表。

三、基本程序

生产过程包括三个阶段，即测量比较、控制决策、实施执行，控制目标一般由计划职能完成。但目前的实际情况是有些企业的控制意识较薄弱，认识也模糊不清，生产计划中控制目标的指标数和标准值往往不齐全，因此也可以把制定标准作为基本程序之一。

1. 制定标准

制定标准就是对生产过程中的人力、物力和财力，对产品质量特性、生产数量、生产进度规定一个数量界限。它可以用实物数量表示，也可以用货币数量表示，包括各项生产计划指标、各种消耗定额、产品质量指标、库存标准、费用支出限额等。控制标准要求要合理可行。制定标准的方法一般有如下四种。

类比法，参照本企业的历史水平制定标准，也可参照同行业的先进水平制定标准。这种方法简单易行，标准也比较客观可行。

分解法，即把企业层的指标按部门、按产品层层分解为一个个小指标，作为每个生产单元的控制目标。这种方法在成本控制中起重要作用。

定额法，即为生产过程中某些消耗规定标准，主要包括劳动消耗定额和材料消耗定额。

标准化法，即根据权威机构制定的标准作为自己的控制标准，如国际标准、国家标准、部颁标准，以及行业标准等。这种方法在质量控制中用得较多。当然，也可用于制定工作程序或作业标准。

2. 测量比较

测量比较就是以生产统计手段获取系统的输出值，与预定的控制标准做对比分析，发现偏差。偏差有正负之分，正偏差表示目标值大于实际值，负偏差表示实际值大于目标值，正负偏差的控制论意义，视具体的控制对象而定。如对于产量、利润、劳动生产率，正偏差表示没有达标，需要考虑控制。而对于成本、工时消耗等目标，正偏差表示优于控制标准。在实际工作中这些概念是很清楚的，不会混淆。

3. 控制决策

控制决策是根据产生偏差的原因，提出用于纠正偏差的控制措施。一般有三个工作步骤。

一是分析原因。有效的控制必定是从失控的最基本原因着手的。有时从表象出发采取的控制措施也能有成效，但它往往是以牺牲另一目标为代价的。造成某个控制目标失控的原因有时会有很多，所以要客观的实事求是的分析。

二是拟定措施。从造成失控的主要原因着手，研究控制措施。传统观点认为控制措施主要是调节输入资源，而实践证明这对于生产系统是远远不够的，还要检查计划的合理性，组织措施可否改进。总之，要全面考虑各方面的因素，才能找到有效的措施。

三是效果预期分析。生产系统是个大系统，不能用实验的方法去验证控制措施，但为了保证控制的有效性必须对控制措施做效果分析。有条件的企业可使用计算机模拟方法。一般可采用推理方法，即在观念上分析实施控制措施后可能会产生的种种情况，尽可能使控制措施制订得更周密。

4. 实施执行

这是控制程序中最后一项工作，由一系列的具体操作组成。控制措施贯彻执行得如何，直接影响控制效果，如果执行不力，则整个控制活动功亏一篑。所以在执行中要有专人负责，及时监督检查。

案例四

自行车的库存管理

某自行车专营店，是一家批发和零售各种型号自行车及其零配件的商店，每年销售各种类型自行车约 30000 辆，年销售额近 5000 万元。过去几年产品畅销，商店效益好，但是管理比较粗放，主要靠经验管理。由于商店所在地离生产厂家距离较远，前几年铁路运输比较紧张，为避免缺货，商店经常保持较高的库存量。近两年来，市场竞争十分激烈。商店自行车经销部王主管，就着手了解情况，以寻求提高经济效益的途径。自行车采购的具体方式是，参加生产厂家每年一次的订货会议，签订下年度的订货合同，然后按期到生产厂办理提货手续，组织进货。

王主管认为自行车经营部应当按照库存控制理论，在保证市场供应的前提下，尽量降低库存，这是提高经济效益的主要途径。王先生以 Y 公司生产的自行车为例，计算其经济订购批量。已知：

① 每年对 Y 公司生产的自行车需用量为 3000 辆，平均每辆价格为 4000 元。

② 采购人员处理一笔采购业务的旅费、住勤费、通信等费用。采购员各项支出每人平

均为 6700 元，每次订货去两名采购员。

③ 每辆自行车的年库存维持费用：占用资金的机会成本，每辆自行车平均价格为 4000 元，银行贷款利率年息为 6%；房屋成本，每辆车年房屋成本可取为 130 元；仓库设施折旧费和操作费，吊车、卡车折旧和操作费平均每年 10 元/辆；存货的损坏、丢失、保险费用平均每年 20 元/辆。

启发思考：
（1）请计算经济订购批量、订购间隔期、年库存维持成本。
（2）总结一下王先生可从哪几方面采取措施，降低费用。

第六节

现场管理

现场管理的目的是利用科学的管理制度、标准和方法，使生产现场各生产要素处于最佳状态。

一、现场管理及其标准

1. 现场管理的概念

现场管理就是指用科学的管理制度、标准和方法对生产现场各生产要素，包括人员、机器、材料、方法、环境、信息等，进行合理有效的计划、组织、协调、控制和检测，使其处于良好的结合状态，达到优质、高效、低耗、均衡、安全、文明生产的目的。

现场，就是指企业为顾客设计、生产、销售产品和服务以及与顾客交流的地方。现场为企业创造出附加值，是企业活动最活跃的地方。例如制造业，开发部门设计产品，生产部门制造产品，销售部门将产品销售给顾客。企业的每一个部门都与顾客的需求有着密切的联系。从产品设计到生产及销售的整个过程都是现场，也就都有现场管理，这里我们所探讨的侧重点是现场管理的中心环节——生产部门的制造现场，但现场管理的原则对其他部门的现场管理也都是适用的。

2. 现场管理的任务

现场管理的任务包括以下方面。

① 以市场需求为导向，生产适销对路的产品，全面完成生产计划规定的任务，包括产品品种、质量、产量、产值、资金、成本、利润和安全等经济技术指标。

② 消除生产现场的浪费现象，科学地组织生产，采用新工艺、新技术，开展技术革新和合理化建议活动，实现生产的高效率和高效益。

③ 优化劳动组织，搞好班组建设和民主管理，不断提高现场人员的思想水平与技术业务素质。

④ 加强定额管理，降低物料和能源消耗，减少生产储备和资金占用，不断降低生产成本。

⑤ 优化专业管理，完善工艺、质量、设备、计划、调度、财务和安全等专业管理保证体系，并使它们在生产现场协调配合，发挥综合管理效应，有效地控制生产现场的投入与产出。

⑥ 组织均衡生产，实行标准化管理。

⑦ 加强管理基础工作，做到人流、物流运转有序，信息流及时准确，出现异常现象能及时发现和解决，使生产现场始终处于正常、有序、可控的状态。

⑧ 治理现场环境，改变生产现场"脏、乱、差"的状况，确保安全生产、文明生产。

3. 优秀现场管理的标准

优秀现场管理的标准有十条：定员合理，技能匹配；材料工具放置有序；场地规划标注清晰；工作流程有条不紊；规章制度落实严格；现场环境卫生清洁；设备完好，运转正常；安全有序，物流顺畅；定量保质，调控均衡；登记统计，应急无漏。

二、现场管理制度

1. 位置管理

安置摆放、工件按区域按类放置，合理使用工位器具。

及时运转，勤检查、勤转序、勤清理，若有标志变化，应立即转序，稳吊轻放，保证产品外观完好。

做到单物相符，工序小票，传递记录与工件数量相符，手续齐全。

加强不合格品管理，有记录，标识明显，处理及时。

安全通道内不得摆放任何物品，不得阻碍通道。

消防器材定置摆放，不得随意挪作他用，保持清洁卫生，周围不得有障碍物。

2. 工艺管理

严格贯彻执行工艺规程；对新工人和工种变动人员进行岗位技能培训，经考试合格并有师傅指导方可上岗操作，生产技术部不定期检查工艺纪律执行情况。

严格贯彻执行按标准、按工艺、按图纸生产，对图纸和工艺文件规定的工艺参数、技术要求应严格遵守、认真执行，按规定进行检查，做好记录；如需修改或变更，应提出申请，并经试验鉴定，报请生产技术部审批后方可用于生产。

对原材料、半成品和零配件在进入车间后要进行自检，符合标准或有让步接收手续方可投产，否则不得投入生产。

在用工装应保持完好；新制作的工装应进行检查和试验，判定无异常且首件产品合格方可投入生产。

生产部门应建立库存工装台账，按规定办理领出、维修、报废手续，做好各项记录。

合理使用设备、量具、工位器具，保持精度和良好的技术状态。

合理化建议、技术改进、新材料应用必须进行试验、鉴定、审批后纳入有关技术、工艺文件方可用于生产。

3. 质量管理

各车间应严格执行程序文件中关于"各级各类人员的质量职责"的规定，履行自己的职责、协调工作。

对关键过程按程序文件的规定严格控制，对出现的异常情况，要查明原因，及时排除，使质量始终处于稳定的受控状态。

认真执行"三检"制度，操作人员对自己生产的产品要做到自检，检查合格后，方能转入下工序，下工序对上工序的产品进行检查，不合格产品有权拒绝接收。如发现质量事故时要做到责任者查不清不放过、事故原因不排除不放过、预防措施不制定不放过。

车间对所生产的产品质量负责，做到不合格的材料不投产、不合格的半成品不转序。

严格划分"三品"（合格品、返修品、废品）隔离区，做到标识明显、数量准确、处理及时。

4. 设备管理

车间设备指定专人管理；认真执行设备保养制度，严格遵守操作规程；做到设备管理"三步法"，坚持日清扫、周维护、月保养，每天上班后检查设备的操纵控制系统、安全装置，润滑油路畅通、油线油毡清洁、油压油位标准并按润滑图表注油，油质合格，待检查无问题方可正式工作。

设备台账卡片、交接班记录、运转记录齐全、完整，账卡相符、填写及时、准确、整洁；实行重点设备凭证上岗操作，做到证机相符。

严格设备事故报告制度，一般事故 3 天内、重大事故 24 小时内报设备主管或主管领导。

5. 工具管理

各种工具、量具、刃具应按规定使用，严禁违章使用或挪作他用；精密、贵重工具、量具应严格按规定保管和使用；严禁磕、碰、划伤、锈蚀、受压变形；车间不得使用不合格的或已损坏的工具、量具、刃具。

6. 计量工具管理

使用人员要努力做到计量完好、准确、清洁并及时送检；量具必须保持完好无损，零件、附件无丢失，出现上述情况之一者，必须及时送质量部门以便检查、鉴定、修理；禁止使用过期或不合格量具，做到正确使用、轻拿轻放、严禁碰撞，使用后擦拭干净，较长时间不使用时要涂油，正确放置；所有在用计量器具必须按合格证书填写的有效期或质量部检测中心的通知自觉及时送检。

凡自制或新购计量器具均送质量部检测中心检查，合格后办理入库、领出手续。

严禁用精密度较高的计量工具测量粗糙工件，更不准作为他用，不得使用非法计量单位的量具。文件、报表、记录等不得采用非计量单位；凡须报废的计量器具，应提出申请报质量部。

7. 文明生产要求

车间清洁整齐，室内外经常保持清洁，不准堆放垃圾；车间合理照明，严禁长明灯、长流水；车间地面不得有积水、积油；生产区域严禁吸烟，烟头不得随地乱扔等。

车间内管路线路设置合理、安装整齐，严禁跑、冒、滴、漏；车间内管沟、盖板完整无缺，沟内无杂物，及时清理，严禁堵塞。

车间内工位器具、设备附件、更衣柜、工作台、工具箱、产品架各种搬运小车等均应指定摆放，做到清洁有序。

各图表美观大方、设计合理、填写及时、准确清晰，原始记录、台账、生产小票齐全、完整、按规定填写；应准确填写交接班记录，交接内容包括设备、工装、工具、卫生、安全等。

坚持现场管理文明生产、文明运转、文明操作，根治磕碰、划伤、锈蚀等现象，每天下班要做到设备不擦洗保养好不走，工件不按规定放好不走，工具不清点摆放好不走，原始记录不记好不走，工作场地不打扫干净不走。

8. 安全生产

安全生产最重要的是严格执行各项安全操作规程；同时，经常开展安全活动，开好班前会，不定期进行认真整改、清除隐患。对于员工来讲，要按规定穿戴好劳保用品，认真执行安全生产；特殊工种作业应持特殊作业操作证上岗；学徒工、实习生及其他学员上岗操作应有师傅带领指导，不得独立操作；重点设备要专人管理、卫生清洁、严禁损坏；非本工种人员或非本机人员不准操作设备。

交接班记录，班后认真检查，清理现场，关好门窗，对重要材料要严加管理以免丢失；加强事故管理，坚持对重大未遂事故不放过，要有事故原始记录及处理报告，记录要准确，上报要及时；消防器材要确保灵敏可靠，定期检查更换（器材、药品），有效期限标志明显；发生事故按有关规定及程序及时上报。

9. 能源管理

能源管理方面要积极履行节能职责，认真考核；开展能源消耗统计核算工作；认真执行公司下达的能源消耗定额；随时检查耗能设备运行情况，杜绝跑、冒、滴、漏，消除长流水现象，严格掌握控制设备预热时间，杜绝空车运行；未经允许不得私接耗能设备、设施、器具。

10. 车间管理

车间管理方面，车间可据公司制度，具体制定管理细则，报主管领导批准后实施；车间做到奖罚分明，账目齐全，分配公开、公正；严格现场管理，要做到生产任务过硬、技术质量过硬、管理工作过硬、劳动纪律过硬、思想工作过硬。

三、现场管理的核心要素及其工具

1. 现场管理的核心要素

现场管理的核心要素基本上有如下六个方面。人员（man）：数量、岗位、技能、资格等。机器（machine）：检查、验收、保养、维护、校准。材料（material）：纳期、品质、成本。方法（method）：生产流程、工艺、作业技术、操作标准。环境（Environment）：作业、施工的环境。信息（information）：作业过程中的信息传递和人员交流。

2. 现场管理的工具

（1）标准化

标准化就是企业里有各种各样的规范制定标准，而后依标准付诸行动则称之为标准化。那些认为编制或改定了标准即认为已完成标准化的观点是错误的，只有经过指导、训练才能算是实施了标准化。创新改善与标准化是企业提升管理水平的两大轮子。改善创新是使企业管理水平不断提升的驱动力，而标准化则是防止企业管理水平下滑的制动力。没有标准化，企业不可能维持在较高的管理水平。

（2）目视管理

目视管理是利用形象直观而又色彩适宜的各种视觉感知信息来组织现场生产活动，达到提高劳动生产率的一种管理手段，也是一种利用视觉来进行管理的科学方法。

（3）看板管理

管理看板是管理可视化的一种表现形式，即对数据、情报等的状况一目了然地表现，主要是对于管理项目、特别是情报进行的透明化管理活动。它通过各种形式如标语、现况板、图表、电子屏等把文件上、脑子里或现场等隐藏的情报揭示出来，以便任何人都可以及时掌握管理现状和必要的情报，从而能够快速制定并实施应对措施。因此，管理看板是发现问题、解决问题的非常有效且直观的手段，是优秀的现场管理必不可少的工具之一。

异常管理看板的后台数据分析报表支持：具有异常呼叫时间点、异常开始处理时间点、异常处理结束时间点；统计异常处理时间、异常发生率、异常发生率趋势图标；数据支持现场管理是否成效。

四、现场管理的方法及实施

1. 管理实施方法

管理实施方法包括:5W,即哪项工作发生了问题,发生在何时何地,责任人和发生原因;3H,即同类问题有多少、造成的损失及如何解决;1S,即有无安全注意事项。具体如图11.11。

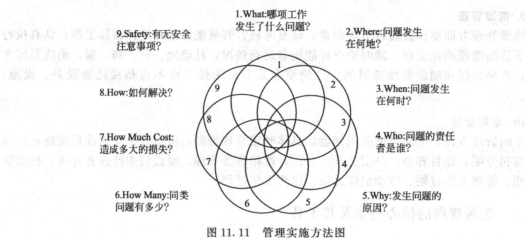

图 11.11　管理实施方法图

2. 解决问题的九个步骤

解决问题的九个步骤分别是:发掘问题、选定题目、追查原因、分析资料、提出办法、选择对策、草拟行动、成果比较和标准化。

3. 现场管理的实施

现场管理是一个复杂的系统工程。开展现场管理工作,常见做法可分为三个阶段。治理整顿:着重解决生产现场脏、乱、差,逐步建立起良好的生产环境和生产秩序。专业到位:做到管理重心下移,促进各专业管理的现场到位。优化提高:优化现场管理的实质是改善,改善的内容就是目标与现状的差距,按 PDCA 循环,使其合理有效地运行。

案例五

某塑胶成型车间

某企业一成型机发生故障,产品出现严重飞边现象。管理员立即奔赴现场,经检查模具无问题,按下启动键,成型机在锁模过程中出现激烈"点动",且时快时慢,伴随剧烈振动和巨大的声音。采用手动后,发现锁模力不足,确认参数无问题,检查供油系统,发现一油阀供油力不稳定。据经验判断为该阀堵塞,影响供油畅通,最后问题解决了。企业员工遇到实际问题,解决办法有如下三种。

1. 一般处理

反思正常机器故障处理会是什么情况。员工首先想到的就是联络维修,在一般情况下,联系生产企业。成型机的检查修理,2.5天较为正常,如果遇到维修厂商人员正好有其他事,时间更不可控制,这样就会造成生产损失。按2.5天计,该机器24小时单产20000个,每个价值0.5元,整个损失为25000元,加上维修费,则是企业的生产维修总计损失。

2. 运用三直三现法

三直三现法就是直接现场、直接现物、直接现象，马上现场、马上现品、马上现象。第一时间进入问题的中心，找出问题就变得容易；短时间找到症结，并实施策略解决故障；如果发生的问题我们不能解决，也可以让厂家知道根源，准备备品，为维修提供最直接的简便；这样企业就节省了等待时间，缩短维修周期。

3．标准化处理方法

处理流程为：现场发生问题——→到达现场观察现象——→找出问题根源——→确认解决问题方式有效——→找出新的工作程序予以标准化。确定以后不发生同样的问题。

启发思考：

(1) 上述三种现场管理的方法异同点有哪些？

(2) 如果你是企业的管理者，你准备采用什么样的现场管理方式。

本 章 小 结

本章主要介绍了制造业和服务业的生产作业计划和控制，并进行了比较分析。希望读者通过本章对如何制订生产作业计划和生产控制有所了解。

本章首先对作业计划标准进行介绍，以批量生产为例介绍了批量、间隔期、生产周期、生产提前期等生产要素的计算方法。进而引出了对生产作业计划的相关概念，并详细介绍了如何科学地编制生产计划。本章详细说明了作业排序的基本概念、规则以及三类排序方法。随着人民经济水平的不断提高，人们对产品的个性化要求也越来越高，高端定制产品已不再是小众需求。但是单件小批生产特点是产品按订单生产，订单差异很大，很难提前安排生产。因此提高单件小批生产效率是掌握市场脉动快速反应市场需求的关键。本章针对制造业中的单件小批生产进行剖析。接下来本章详细介绍了服务业的作业计划并与制造业进行对比。对生产控制的控制种类、控制方法以及基本程序进行说明。通过控制基本库存和流量库存，再使用精确控制的方法从而减少控制库存，对现场管理的概念及其标准、现场管理制度、现场管理的核心要素及其工具、现场管理的方法及实施进行概述。利用科学的管理制度、标准和方法使生产现场各生产要素处于最佳状态。

一、名词解释

1. 生产周期图表 2. 在制品定额法 3. 长期计划 4. 平均松弛时间 5. 现场管理

二、简答题

1. 简述作业排序与作业计划的区别。
2. 简述单件小批量生产的特点。
3. 制造业与服务业生产作业计划的区别。
4. 简述生产控制的主要方式。
5. 现场管理制度应包含的内容。
6. 现场管理的方法和解决问题的步骤。

第十二章

质量管理与控制

【学习目标】
1. 掌握质量、质量管理、质量管理体系；
2. 掌握质量管理常用的统计方法、QC 七种工具的基本用法；
3. 了解六西格玛管理、朱兰质量管理含义；
4. 掌握全面质量管理的概念及工作方法。

案例一

海尔的质量管理

2006 年 6 月，海尔洗衣机事业部装配车间的质量经理苏宁和抽检经理刘永军的资源存折上双双被输入了一个数字"80"，这是他们俩为一台外包装箱潮湿的海尔小神童洗衣机"买单"的结果，本月的收入将会被扣掉 80 元。责任买单仅仅是解决这件事的 30 多个环节中的一个而已，海尔开发了 FDAR 归零化质量管理体系，在质量问题被发现的时刻起，一套包括了四个环节的闭环式的质量管理模式就会启动，结果是从根本上将质量事故的隐患消除。

质量改进办法的操作过程：①问题反馈阶段，主要是对质量问题基本情况的掌握。②问题分配阶段，除了责任人买单，还主要包括了模拟复现、原因分析、责任人反思等环节。买单的只是承担了质量问题耗费成本的 1%，剩下的 99% 作为负债形式也被记录进了当事人的资源存折。这些负债部分只有在当事人在其他工作中取得了成绩被记录进了正激励才会被抵消，否则，将会大大影响当事人年终的考核以及下年度的岗位。③问题接收与处理，责任人的改进措施、反复的论证、从各个环节对整改办法进行复审等都在这一阶段处理。④问题归零，其中包括了对其他人的警示、最多长达 6 个月的效果跟踪以及问题转化的一致性复审等步骤。

海尔曾经用大铁锤砸了 76 台不合格的冰箱。那时候，让产品符合生产标准，做得精致点、耐用点几乎是唯一的目标。现在的海尔人追求什么？他们在想方设法创造标准，让别人按照海尔的标准来生产产品。就像很多人常常说的那样，一流的企业"卖"标准。

这就是海尔，把每一件正确的事情都做到极致的海尔。这些努力不断增强着海尔的优势，也推动着海尔向世界品牌的目标一步步地逼近……

启发思考：
从上文中不难观察到，海尔确实是一家极其重视产品质量的企业，你能否说出海尔质量管理的优点在哪？质量管理为什么在生产管理中占据了重要的位置？

第一节
质量与质量管理

质量管理是生产运营管理中非常重要的一项，它的重要性无论如何强调都不过分。企业每一次做出购买决定都涉及价格与质量，把管理重点集中在质量和质量改进是每个企业组织的一部分。不管组织的业务是制造汽车、销售电子产品、提供金融服务、提供医疗服务或烹饪业务，都是如此。

一、质量

1. 质量概述

质量（quality）一般理解为产品或服务的优劣或好坏程度，这是最普通、最直观的概念，也是适用范围最广的质量概念。

美国的质量管理专家克劳斯比，从生产者的角度出发，把质量概括为产品符合规定要求的程度，被称为符合性定义。这个定义是站在产品和服务的提供方而言，在应用中常常只考虑到性能、寿命、可靠性等技术性指标，没有考虑到顾客的要求，有一定的狭隘性。

世界著名的质量管理专家朱兰，从用户的使用角度出发，曾把质量的定义概括为产品的"适用性"，认为质量是满足顾客需求的程度，被称为适应性定义。他站在顾客的立场来看待质量问题，比符合性定义有了很大的进步。

在适应性定义的基础上，日本的学者提出了魅力质量的概念，认为质量包含三个层次：必需质量、满意质量和魅力质量。

国际标准化组织1994年颁布的《质量管理和质量保证——词汇》中，把质量定义为"反映实体满足明确和隐含需要的能力的特性总和"。这里的实体是指可以单独描述和研究的事物，可以是活动或过程、产品、组织、体系、人或他们的任何组合。现代质量管理认为，适量就是适用性。

（1）质量分类

① 产品质量。通常，根据以下八个质量属性来判断产品的质量水平：性能、美学性、特殊性能、一致性、可靠性、寿命、会意质量、售后服务。

② 服务质量。通常采用以下属性来说明服务质量水平：便利性、可靠性、责任心、响应、准确性、周到、视觉上的感受、一致性。

（2）评价因素

随着社会的进步、人们的收入水平和受教育水平的不断提高，消费者对产品和服务的质量要求越来越高，对质量的要求也越来越丰富。如何正确认识顾客的需求并根据顾客需求系统化地对产品和服务的质量进行管理，是现代质量管理要解决的首要问题。

企业能满足顾客的期望是评价产品或服务质量的主要指标。产品的适用性，就是指产品和服务满足顾客要求的程度，但是，适用性和满足顾客都是比较难以衡量的概念。因此，为了更好地衡量质量管理的程度，总结了以下质量衡量指标，如表12.1所示。

表 12.1 质量衡量指标

指标	内容
性能	产品主要功能到达的技术水平和等级，如立体声音响的信噪比、灵敏度等
附加功能	为使顾客更加方便、舒适等所增加的产品功能，如电视机遥控器、照相机的自动卷片功能

续表

指标	内容
一致性	产品和服务符合产品说明书和服务规定的程度,比如汽车每千米的耗油量是否超过说明书规定的体积,饮料中天然固形物的含量是否达到所规定的百分比等
可靠性	产品和服务完全规定功能的准确性和概率,如燃气灶、打火机每次一打就着的概率,快递信件在规定的时间内送达顾客手中的概率
耐久性	产品和服务达到规定使用寿命的概率,比如,电视机是否达到规定的使用时间,烫发发型是否保持规定的时间等
维护性	产品是否容易修理和维护
美学性	产品外观是否具有吸引力和艺术性
感觉性	产品和服务是否使人产生美好联想甚至妙不可言,如服装面料的手感,广告用语给人的感觉和使人产生的联想等
价值	服务是不是最大限度地满足了顾客的希望,使其觉得物有所值
响应速度	尤其对于服务业来说,时间是一个主要的质量性能和要求。有资料显示,超级市场出口处的顾客等待时间超过 5 分钟,就会显得很不耐烦,服务质量就会大打折扣
人性	这是服务质量中一个最难把握的却非常重要的质量要素。人性不仅仅是针对顾客笑脸相迎,还包括对顾客的谦逊、尊重、信任、理解、体谅以及与顾客的有效沟通
安全性	无任何风险、危险和疑虑
资格	具有必备的能力和知识提供一流的服务。例如,导游的服务质量就在很大程度上取决于导游人员的外语能力和知识素养

思考题

你认为上述质量评价指标哪个最重要?每个评价因素对于不同的产品是否同样重要,为什么?

2. 过程质量

从产品和服务质量形成过程来看,质量过程有设计过程质量、制造过程质量和使用过程质量及服务过程质量之分。

设计过程质量。这是指设计阶段所体现的质量,也就是产品设计符合质量特性要求的程度,它最终是经过图样和技术文件质量来体现。

制造过程质量。这是指按设计要求,通过生产工序制造而实际达到的实物质量,是设计质量的实现;是制造过程中,操作工人、技术装备、原料、工艺方法以及环境条件等因素的综合产物,也称为符合性质量。

使用过程质量。这是在实际使用过程中所表现的质量,它是产品质量与质量管理水平的最终体现。

服务过程质量。这是指产品进入使用过程后,生产企业(供方)对用户的服务要求的满足程度。

3. 质量特性

(1) 固有特征与赋予特征

质量的特性分为固有质量特征的和赋予质量特征。固有的指某事或某物中本来就包含的质量特征,尤其是那种永久的特性。如:产品的物理或化学性能、功能、外观等特性。赋予的指非本来就有的,而是因不同要求而增加的特性。如:产品的价格、售后服务等特性。不同产品的固有特性与赋予特性是不相同的,如供货时间和运输方式对硬件产品而言属于赋予特性,对运输服务而言就属于固有特性。

(2) 质量要求

质量要求指由相关方提出的明示的、通常隐含的或必须履行的需求或期望。

质量的广义性：产品、工序、工作、过程、体系等的质量；

质量的时效性：相关方的需求和期望是不断变化的。

质量的相对性：相关方对同一产品可能提出不同的功能需求；也可能对同一产品的同一功能提出不同需求。需求不同，质量要求也就不同，只要满足要求质量就好。

(3) 质量的决定因素

一件产品或一项服务能否成功地完成其预定的使命取决于四个主要因素：设计质量、质量符合设计的程度、便于使用、售后服务。

4. 质量成本

要认真地处理质量问题，就必须考虑与质量有关的成本。质量成本可分为三类：鉴定成本、预防成本和损失成本。

鉴定成本是指为发现不合格产品或服务或确保没有质量问题而进行的与检查、试验和其他活动有关的费用。

预防成本是指与防止出现质量问题有关的费用。

损失成本是指由于产品或零部件的缺陷或者错误的服务所造成的损失。

> **思考题**
>
> 请你对三种质量成本对应地给出生产案例（可以进行小组讨论）。

二、质量管理

1. 质量管理的定义

质量管理是指确定质量方针、目标和职责，并在质量体系中通过质量策划、质量控制、质量保证和质量改进等手段来实施的全部管理职能的所有活动，包括制定质量方针和质量目标以及质量策划、质量控制、质量保证和质量改进。

从横向来讲，质量管理包括战略计划、资源分配和其他系统活动，如质量计划、质量保证、质量控制等活动；从纵向来说，质量管理包括质量方针、质量目标以及质量体系。

2. 质量管理的重要意义

(1) 质量问题已构成社会问题

质量问题大到影响一个国家的生存和发展，一个企业的生存和发展，小到影响一个人的生活质量的改善。美国产品安全全国委员会的统计报告显示，每年因使用具有缺陷的消费品而使身体受到伤害的约有 2000 万人，其中终身致残的约 11 万人，致死者约 3 万人。

(2) 质量问题被广泛关注

美国著名质量专家朱兰说：21 世纪是质量的世纪。随着加入 WTO，我们已被纳入一场没有硝烟的，关于企业存亡的世界质量大战。优质的产品服务能给人们生活带来安全与安乐，给企业带来效益和发展，良好的质量管理体系的建立是人们现代生活与工作的保障。

(3) 市场竞争的需要

目前，国际市场上各种招标和贸易谈判中，取得 ISO9000 第三方认证证书，已成为签约的先决条件。EOTC（欧洲测试与认证组织）已将 ISO9000 作为工作基础。

在国内市场，中国政府亦改革了政府采购制度，在政府采购活动中 ISO9000 注册常被作为采购要求，注重质量已成为政府规范市场的一种手段。质量是提高企业经济效益的重要条件。提高产品质量大多可以在不增加消耗条件下，向用户提供使价格更高的产品，以优质获得优价,走质量效益型道路,使企业经济效益提高。

> **小资料**
>
> 当工商业从农业中分化出来后,质量管理就产生了。约公元前18世纪,古代《汉穆拉比法典》中有一条法律规定:"如果营造商为某人造一所房屋,由于他建得不牢固,结果房屋倒塌,使房主身亡,那么这位营造商将被处死。"
>
> 在我国,甲骨文卜辞中的"司空""司工",就是商王朝任命的专门管理手工业生产的官司吏。《周礼·考工记》中"天有时,地有气,材有美,工有巧,合此四者,然后可以为良"等,都反映我国古代管理的状况。但直到20世纪以前,产品质量一直靠手工操作者的手艺和经验来保证,不适合大工业生产,随着生产的发展,企业规模的扩大,特别是以泰勒为代表的"科学管理运动"开展起来后,现代的质量管理才逐渐产生和发展。

3. 质量管理的演进

从国外工业发达国家的情况来看,质量管理的发展大体经历以下四个阶段。

质量检验阶段。在最初阶段,企业的质量管理意识刚刚萌芽,处于起步阶段,但在这个阶段只是单纯地对质量管理的概念有所认识,并没有形成完整的质量管理体系,因此很多问题都无法完美地解决,即使解决了,也会消耗较多的人力物力与财力。因此在这个阶段质量管理体系仍处于初级阶段,实现整体质量管理的效率。

统计质量控制阶段。在质量问题层出不穷后,管理人员了解了统计质量问题的重要性,通过对质量问题的统计分析,从而了解掌握企业质量管理的薄弱环节,有助于提高企业质量管理的针对性,提高企业的信息化程度,增强企业的工作效率。

全面质量管理阶段。全面质量管理是一个质量管理研究的一大进步,也是实现质量管理高效率的有效途径。全面质量管理就是指一个组织以质量为中心,以全员参与为基础,目的在于通过顾客满意和本组织所有成员及社会受益而达到长期成功的管理途径。

质量标准化阶段。在质量管理经历过体系化的整合优化的过程中,质量管理已经形成了一套严格的质量管理机制,而其质量标准化的优点就是适用于大多数产品的质量管理,形成标准体系之后就不需要再单独地针对某一产品生产过程制定相应的质量检验体系,大大提高了质量管理效率。

三、质量管理体系

1. 质量管理体系概述

体系:相互关联或相互作用的一组要素。

管理体系:建立方针和目标并实现这些目标的"相互关联或相互作用的一组要素"。

质量管理体系:在质量方面建立方针和目标并实现这些目标的"相互关联或相互作用的一组要素"。

2. 质量管理体系的特性

一是总体性。体系由相互关联或相互作用的要素组成,体系总体功能由各要素的功能或职能集合而成,体系的总体功能往往大于各要素功能之和。

二是关联性。组成体系的要素既具独立性,又具相关性,而且各要素和体系之间同样存在"相互关联或相互作用"的关系。

三是有序性。有序性即将实现体系目标的全过程按照严格的逻辑关系程序化。有序性是体系实现有效性的重要方面,可以通过用优化的文件规定程序或按约定俗成的惯例执行等方式来实现。

四是动态性。指体系状态和体系结构在时间上的演化趋势。体系结构往往是保守和稳定的，而市场和顾客需求通常是活跃的和变化的，体系要适应市场和顾客不断变化的需要，要考虑满足顾客当前和未来的需要。

3. 质量管理体系建立流程

(1) 体系文件编制

① 过程识别，质量体系推进小组根据公司发展规划、组织架构、各部门职责等以过程的方法识别质量管理体系，过程分为顾客导向过程（COP）、管理导向过程（MOP）、支持导向过程（SOP）。其中：管理导向的过程用来建立基本的管理平台确保顾客导向过程的实施；支持导向过程是支持顾客导向过程，是实现和完成顾客导向过程的关键；管理导向过程和支持导向过程均服务于顾客导向过程，以确保满足顾客需求和期望。各过程之间的关系可用矩阵图形式表述。

② 体系文件编制，除质量手册是统一编制外，其他文件均由过程归口职责部门分别编制，先编制出初稿，再由业务相关部门共同评审，有利于文件的后期执行。为确保质量体系文件的协调和统一，应形成"质量体系文件目录"，避免文件的重复和缺失。质量体系文件编制的关键是既要满足质量管理体系标准，也要结合公司实际情况。文件编制顺序为：质量手册、程序文件、操作文件，四阶表单则随二、三阶文件一并生效。

(2) 实施阶段

① 体系文件试运行，初版体系文件生效后先试运行，试运行时间一般2—3个月。文件生效后，文件编制负责人务必对相关人员进行内容宣传贯彻，必要时进行宣传贯彻效果测试。试运行期间，各部门主管要监督指导部门员工按体系文件要求作业，并收集试运行相关信息。在试运行1个月后总结试运行情况并形成报告，在体系运行汇报会时进行讨论交流。体系文件试运行期间，质量部负责进行一次全面检查，检查内容包括：文件与实际操作的一致性，实际使用表单与随文件生效表单的一致性，以及文件运行过程中产生的问题等。并对发现的问题及时与责任部门沟通整改。文件试运行结束后由质量部汇总各部门运行中的问题，统一规划整改。

② 质量体系内部审核，为验证公司建立体系文件与质量管理体系标准的符合性和有效性，识别改进的机会。在体系文件试运行期间进行一次内部审核，审核的依据是：ISO/TS 16949标准、质量手册、程序文件及法律法规等。审核前由质量管理者代表任命审核组长，审核组长负责组建审核组、编制审核实施计划及审核提问表等，审核提问表需提前发放至受审核部门。审核员不得审核自己的工作。审核过程发现的问题由审核员发出不符合项报告，责任部门限期整改。对审核中发现文件与标准条款不一致或文件不可操作等问题，则与文件试运行的问题一并整改。

③ 管理评审，在第一阶段质量管理体系策划时应包括管理评审的策划，管理评审的时机可根据公司实际情况而定。但在第三方认证前须进行一次，另在企业组织架构、资源有重大变化时可适当增加管理评审次数。管理评审策划内容包括：管理评审的目的、依据、内容、评审方法、时间安排、与会人员及准备工作要求等。策划结果应形成书面文件，以管理评审年度计划和管理评审实施计划的形式发至参加评审人员及相关部门。管理评审会议由最高管理者主持。

小资料

质量管理已经超越了传统意义上单一产品质量考核标准，而关注企业经营管理过程中的各个方面，包括企业的经营战略、资源管理、经营绩效、满足顾客需要能力与持续改进能力，以及外部环境变化时企业的应变能力等各个方面。在过去的时间里，联想一贯秉承

"让用户用得更好"的理念。早期，联想产品以符合标准为目标，但接下来联想发现，符合标准不一定就是受消费者欢迎的产品，于是，联想又以"用户满意"作为衡量产品质量的标准。

现在，联想又正在经历从"用户满意"到全面"质量经营"阶段的发展，在企业文化方面，联想总结了过去发展的经验，凝练了联想服务客户，精准求实，诚信共享，创业创新的价值观。早在 2001 年联想单独成立了公司级质量管理部，并建立了各层级的监督检查机制与制度。质量部门引导各个环节，将客户的需求转化为各个产品形成环节的关键性能指标。每个环节和部门都有明确的质量、效率和成本指标及其考核办法。

近些年来，日趋完善的"质量经营"帮助联想获得了突出的成绩。从"符合标准"到"用户满意"，再到"质量经营"，联想成为"质量管理"先进概念的积极倡导者和有力实施者，走过了一条坚实而成功的道路。卓越有效的质量管理是联想所提供的完善服务与优质产品的重要保证。

(3) 质量体系认证

目前较为知名的认证机构有 SGS、TUV 莱茵、BV 必维、BSI 英国标准协会等，可根据公司需求有选择性地选择认证机构。若公司有请咨询机构，则可请咨询机构协助选择。认证公司一般要求 TS16949 认证需有 12 个月的质量体系运行记录，但可就公司实际情况与认证公司讨论，规避此问题；确定认证公司后，向认证公司提交认证申请书，双方签订认证合同；认证公司初审，审核的纠正措施跟踪；确定正式审核时间、审核人员等；接下来的工作是实施正式审核，审核完成后获得证书。

(4) 体系维护

好多企业在获得证书后出现松散现象，导致体系文件与实际执行出现脱节。个人认为获证后的维护更为重要。体系日常维护方法如下。

定期核查，由质量部每季度或规定间隔时间对各部门体系文件运行情况稽查，通过反复检查，督促各部门按文件执行。通过检查也可优化文件，更加有利于操作。

营造全员参与的氛围，通知各类质量活动（如质量月活动、QC 小组、提案改善等）、质量宣传看板等积极调动全员参与了解质量的重要性。

还有体系内审、过程审核、管理评审、日常工艺纪律检查等。

第二节

质量管理常用的统计方法

案例二

西门子电气公司质量检验

德国西门子股份公司创立于 1847 年，是全球电子电气工程领域的领先企业。西门子自 1872 年进入中国，140 余年来以创新的技术、卓越的解决方案和产品，坚持不懈地对中国的发展提供全面支持，并以出众的品质和令人信赖的可靠性、领先的技术成就、不懈的创新追求，确立了在中国市场的领先地位。2015 年，西门子在中国的总营业收入达到 69.4 亿欧元，拥有超过 32000 名员工。西门子的发展与其严格的质量管理体系紧密相关。

质量优势和技术领先，是西门子成功的法则。西门子对质量的追求几乎到了严苛的地步,从产品的设计到检验,每一个环节都要用数据来证明达到了要求,西门子已经产出的新款抽油烟机半年都没有推向市场,正是由于该产品要在慕尼黑的实验中心接受各种各样的环境试验。比如在做耐磨试验时使用机器人高强度地摩擦抽油烟机的外壳,以测试它的材料和外层涂料的耐磨程度。降低残次率是西门子生产过程要控制的关键数据,严格科学的质量管理体系是生产出高质量产品的保证。

一般的企业做质量检验时,只抽取 10% 左右进行检验,而西门子对所有的产品都进行了检验,并且在产品出售阶段,不断对产品维修率进行检测,以保证对产品质量进行及时的管理和控制。西门子能够做到追溯到每一个零部件的质量,从对零部件检验情况就可以推断出每个产品的维修期以及需要改善的地方。

启发思考:
(1) 你认为西门子公司怎样收集质量检验数据?
(2) 对收集到的数据应该如何处理,得到怎样的结果?
(3) 西门子公司的质量管理优点包括哪些?

一、质量统计基本原理

1. 质量数据的收集

全数检验,又被称为全面检验,就是对全部产品逐个地进行测定,从而判断每个产品合格与否的检验,检验的概率是 100%,其处理对象是每个产品。全数检验方法适用于检验成本较低的产品检验,并且在一定程度上给人安全感,获得较为全面的检测数据。

存在问题:检验成本大大增加;不能应用于破坏性检测等一些试验费用十分昂贵的检验。

抽样检验,是相对于全数检验而言的,是按照规定的抽样方案和程序从产品中随机抽取部分单位产品作为样本,根据对样本的测定结果判断产品整体情况的抽样方法。

存在问题:抽样检验的精准度相对更低;存在着判错风险;增加了计划工作和文件编制工作。

检验方法的选择,在有些情况下,必须采用全检的检验方法,比如精密、重型、贵重的关键产品,若其中混杂着一个不合格产品则会造成严重后果,这时即使成本再高,也要进行全检。其他也可以采用全检的情景:单件小批生产的产品,数量少并且检查项目不多;检验费用低,并且全检容易进行;能够采用自动化检验的产品;对影响产品质量的重要特性项目以及对质量要求较高的产品,即使采用自动化检验,尚需以全检作为补充手段。

在一定的情况下,必须采用抽检的情况有:破坏性检验(如灯泡的点亮试验),测定对象是连续体(如胶片、纸张、酒精等),均匀物料的化学分析等。

有时,可以采用抽检,产量大且允许有不合格产品混入的检验,检验项目较多时,希望检验费用较少时,希望刺激生产方提高质量,督促其加强工序管理以及作为工序控制的检查。

> **思考题**
> 对应着两种不同的检验方法,请分别列举出使用不同检验方法的产品并说明理由。

2. 质量数据的特征

质量特性值具有波动性。经过全检或者抽检所得到的质量数据是参差不齐的,由于生产过程的不确定性,所得到的质量参数也很难有固定的变化规律,因此,质量特性值具有一定的不确定性。

造成波动的原因，从管理控制的角度可分为两大类：偶然性原因和系统性原因。偶然性原因是指在生产过程中由于突发情况所造成的产品质量的变化，比如在生产过程中突发的断电情况所造成的产品性能的部分缺失。系统性原因是指当影响质量的因素发生了较大变化，如工人未遵守操作规程，机械设备发生故障或过度磨损、原材料质量规格有显著差异等情况发生时，没有及时排除，生产过程则不正常，产品质量数据就会离散过大或与质量标准有较大偏离，表现为异常波动，次品、废品发生。质量特性值波动具有规律性，数理统计方法可以研究随机现象的数量关系及其变化规律。

二、质量管理的工具

1. 直方图

直方图又称为质量分布图或柱状图，它是用于描述数据状态或变化情况的一种主要工具。利用直方图可以比较直观地看出产品质量特性的分布状况，判断工序是否处于受控状态，从总体出发推测和判断总体质量的分布情况。

(1) 直方图的作图程序

①收集数据。②找出数据的最大值和最小值，计算极差。③确定组数和组距。一般来说组数取 10 组。④确定组的界限值。为了使边界值不落入两个组内，取分组的组界值比抽取的数据多一位小数。即：先取测定单位的 1/2，然后用最小值减去测定单位的 1/2，并作为第一组的下界值；再加上组距，作为第一组的上界值；依次加上组距形成下一组。⑤记录各组中的数据，计算各组的中心值，整理成频数表。⑥根据频数值画出直方图。

(2) 直方图的类型

直方图共分为正常型、偏向型、双峰型、孤岛型、平顶型以及锯齿型六种类型，对应的会有不同的含义，其图形如图 12.1 所示。根据直方图形态的不同，可以较为直观地发现产品质量状态变化情况，确定在什么地方集中力量进行质量改进工作。

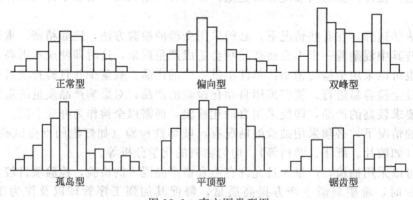

图 12.1　直方图类型图

2. 数据分层法

数据分层法用于分类分析。该方法是将全部数据根据使用目的选择合适的分类标志进行分类，并据此进行分析的方法。常用的分层标志主要有操作者、生产手段、操作方法、原材料、检查条件、时间、环境条件等。在现实生活中，引起质量波动的因素有很多，我们收集到的数据或信息往往是错综复杂的，为了能够准确地把握产品质量波动的实质原因和变化规律，必须对相关数据进行适当的归纳整理。

具体做法是：将性质相同的、在同一条件下收集的数据归纳在一起，以便进行比较分析。这种方法多用于处理相对复杂的数据时,将这些数据以不同的标准(如不同时间、不同原材料等)有系统、有目的地进行分类,以便进一步分析质量波动的原因。数据分层法多与统计分析表结合使用。

例如,某柴油机厂在柴油机装配中常出现漏气现象,为了弄清造成漏气的原因,抽查了50台柴油机,发现有19台漏气,漏气率为38%。通过初步分析,认定漏气的原因有两个:该工序操作工人的操作方法有差异;装配时所用的某零件的性能有差异。

为了进一步弄清具体原因,运用分层法分别按操作者和零件供应者进行统计分析。按操作者统计分析、按供应厂统计分析、综合统计分析表。

3. 控制图

控制图又称为管制图,是用于分析和控制过程质量的一种方法。控制图设有控制界限,用来区分引起质量波动的原因是偶然的还是系统的,可以提供系统原因存在的信息,从而判断生产过程是否处于受控状态,是用于工序控制的工具。

应用控制图能持续监控生产过程,在异常情况刚发生时就能及时发现问题,并在这种趋势造成不合格品之前就采取措施加以消除。生产监控控制图如图12.2所示。

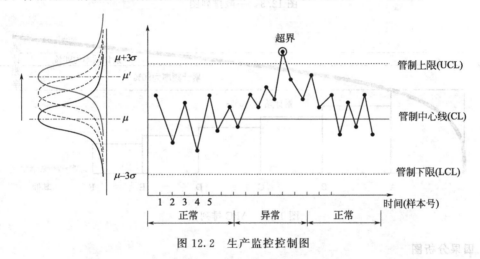

图 12.2 生产监控控制图

在发生超界之前,我们就能观察到产品变化的趋势,能够迅速地在趋势发生严重偏离之前采取措施,消除异常。不仅如此,更为重要的是,控制图能反映出生产过程中工序的变化情况,以便迅速地找出质量问题原因。

4. 排列图

排列图,又称为"帕累托图",是分析和寻找影响质量主原因的一种工具。这种分析方法建立在帕累托原理上,即80%的问题是由占总原因20%的原因造成的。美国质量管理专家朱兰把帕累托的这种关系应用到质量管理中,发现尽管影响产品质量的因素众多,但关键的因素往往只是少数几项,它们造成的不合格品占总数的绝大多数。排列图的核心思想是根据问题的重要程度(出现问题的频率、对质量影响程度大小等)对其进行分类,并集中先解决最重要的问题,再考虑那些次要问题。其具体形式见图12.3,左边的纵标轴表示频数,右边的纵轴表示频率或称累积占有率。这种方法的运用能帮助我们在质量管理中高效地解决问题。

还有一种更为细分的排列图,被称为ABC排列图,是用于分析和寻找影响质量的主要因素的工具,详情见图12.4,虚线表示累计频率,图中分别表示65%、80%和90%的累计频率。

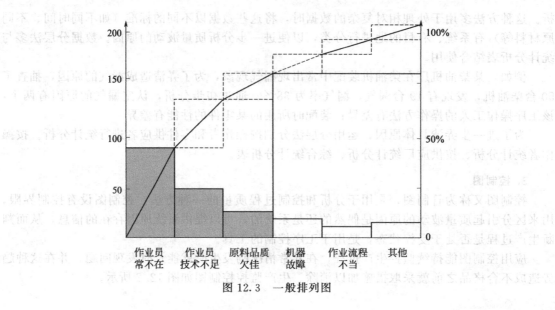

图 12.3　一般排列图

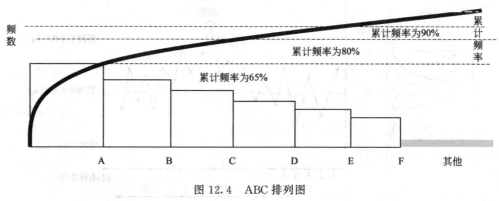

图 12.4　ABC 排列图

5. 因果分析图

在质量管理过程中，解决质量问题需要查找原因、考察对策，继而采取适合的措施。而因果分析图，就是将造成某项结果的众多原因，以系统的方式图解，即以图来表达结果与原因之间的关系。由于其形状像鱼骨，又称鱼骨图。它是用于分析和寻找造成质量问题的所有具体原因的工具（直至能采取具体可行的措施为止）。

如图 12.5 所示，将质量问题进行细分，找出所有可能的原因，并将这些因素继续细分。全面地分析问题。因果分析图提供的是抓取重要原因的工具，所以参加的人员应包含对此项工作具有经验者，才易奏效。

因果分析图的具体方法就是：在出现某种质量问题未搞清楚原因时，可针对问题发动大家寻找可能的原因，使每个人都畅所欲言，把所有可能的原因都列出来。它是一种集思广益的好方法，这种方法适合于小组中实行质量的民主管理。

6. 散布图

散布图又叫"相关图"，是用来考察和判断两个特性或变量之间相关性的工具。它将两个可能相关的变量数据用点画在坐标图上，用来表示一组成对的数据之间是否有相关性。

一切客观事物彼此间都是相互关联、相互影响的。产品质量特性与影响质量特性的众多因素之间、不同的特性之间也是相互联系、相互制约的。反映到数量上，就是变量之间存在着一定的关系。散布图就是测量和显示变量间关系的工具。其中，两个变量之间的关联判定状态包括：正相关、弱正相关、负相关、弱负相关以及无相关。具体形态如下图 12.6 所示。

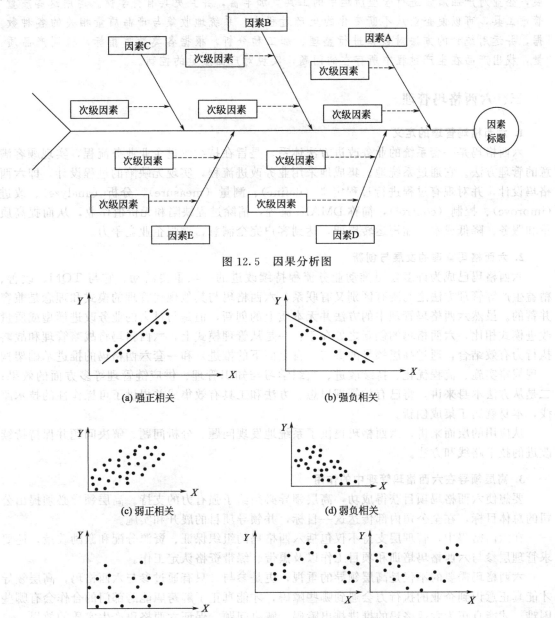

图 12.5　因果分析图

图 12.6　散布图

7. 统计分析表

统计分析表，又称为调查表、检查表，用于数据整理和粗略分析，是一种收集整理数据和初步分析质量原因的工具。其具体做法为：把产品可能出现的情况及其分类预先列成统计调查表，在检查产品时只需在相应分类中进行统计，并可从调查表中进行粗略的整理和简单的原因分析，为下一步的统计分析与判断质量状况创造良好条件。

> **追根溯源**
>
> 质量管理工具的发展以1924年美国的休哈特提出的控制图为起点,经过近百年的发展,企业对产品质量进行管理所运用的工具更加丰富,并且更具有科学性。运用这些质量管理工具,可以使企业从不断变化的生产过程中,系统地收集与产品质量相关的各种数据,并运用统计的方法对数据进行整理、加工和分析,根据各类数据指标,检测产品质量,找出产品在生产过程中所存在的问题,实现对产品质量的控制。

三、六西格玛管理

1. 六西格玛管理的定义

六西格玛是一套系统的业务改进方法体系,是旨在持续改进企业业务流程,实现顾客满意的管理方法。它通过系统地、集成地采用业务改进流程,实现无缺陷的过程设计,即六西格玛设计,并对现有过程进行过程定义(define)、测量(measure)、分析(analyze)、改进(improve)、控制(control),简称DMAIC流程,消除过程缺陷和无价值作业,从而提高质量和服务、降低成本、缩短运转周期,达到客户完全满意,增强企业竞争力。

2. 六西格玛管理的发展与创新

六西格玛已成为许多公司推动业务流程持续改进的一项重要活动。它与TQM、改善、精益生产等管理方法之间既有区别又有联系,六西格玛与其他现代管理的模式和理念是兼容并蓄的。虽然六西格玛管理中的方法并无本质上的创新,但是与过去的业务改进模型或质量改进模式相比,六西格玛的创新之处在于:一是从管理模式上,六西格玛将战略管理和战略执行力有效结合,通过高层领导的参与(自上而下的推进)和一套六西格玛的推进基础架构实现战略实施、流程优化、持续改进、组织学习与知识管理、供应链管理等多方面的效果;二是从方法本身来讲,将已有的管理思想、方法和工具有效集成并提供了可操作性的技术路线,本身就属于集成创新。

从应用的层面来讲,六西格玛提供了系统地发现问题、分析问题、解决问题并保持持续改进的技术路线和方法。

3. 高层领导在六西格玛管理中的作用

要想使六西格玛项目获得成功,高层领导必须给予强有力的支持。高层领导必须提出公司的总体目标,在全公司内部传达这一目标,并领导项目的展开和实施。

在六西格玛中,管理层支持不仅包括六西格玛的组织保证、资源分配和激励政策,还要求管理层参与六西格玛培训和项目工作以及黑带、绿带资格认定工作。

六西格玛需要的不仅是高层领导的重视,更是参与。只有通过参与六西格玛,高层领导才能真正意识到企业的执行力会遇到哪些障碍,才能真正了解跨职能跨部门的合作会有哪些困难,才能真正为六西格玛的推进排出障碍、解决问题,保证六西格玛产生实质的效果。

具体来讲,高层领导参与六西格玛体现在以下方面。

① 组成六西格玛高层领导团队,高层领导团队要首先参加六西格玛管理的培训,并在培训的基础上进行研讨,在实施六西格玛方面达成共识,提出实施六西格玛的愿景,从战略层面制定出六西格玛推进的策略。确定某些或某个高层领导的成员为六西格玛倡导人。

② 高层领导从顾客需求和战略层面确定企业的核心业务流程,进行SWOT分析,确定六西格玛项目的改进机会。

③ 参与六西格玛项目选择、评审和效果评价。

④ 参与构建六西格玛的基础架构,建立相应的管理制度和流程。

⑤ 经常与六西格玛团队成员交流，及时发现六西格玛推进过程中的问题。

这里需要特别指出两点：一是要使企业的高层领导团队而不是某一两位高层真正了解六西格玛，高层领导团队对实施六西格玛达成一致的意见。二是不要将六西格玛的推进寄希望于咨询机构。靠外力来推动六西格玛只能起到一时的作用，难以真正建立持续的六西格玛改进模式。

4. 六西格玛所基于的原则及实施步骤

（1）六西格玛所基于的原则

① 减少变异是主要目标。

② 基于数据的方法；要求有效的测量。

③ 根据输出确定输出；把精力集中在改变或控制输出上以提高输出。

④ 只有少数关键的输入对输出造成重要影响；把精力集中在少数关键输入。

（2）六西格玛的实施步骤

在推行六西格玛时，DMAIC 是一套解决质量问题的规范和方法。这套方法通过五个步骤来实施有效的流程改进。

① 定义：确定改进的范围和目标。

② 测量：明确基线和工序能力。

③ 分析：利用数据和工具来分析流程的因果关系。

④ 改进：实施改进方案，达到流程的有效改进。

⑤ 控制：制订计划和程序确保改进得以保持。

实践应用点滴

六西格玛在昊华宇航化工有限责任公司的应用

昊华宇航领导班子成员、绝大多数中层干部及生产技术管理人员均进行了认知培训，使管理层对精益六西格玛理念有了较为全面的掌握。通过培训和学习，他们能够借助所学的精益六西格玛理念对公司开展的持续改进项目进行指导和检查。此前参加培训人数达到 646 人，4 名副总经理和总经理助理级别人员参加了绿带培训并通过了绿带资质的认证。

昊华宇航引入了持续改进管理理念和方法时，在思想认识上经历了由不理解到主动实施的转变。经过长期的实施，持续改进工作已成为公司稳定运行、节能降耗、降低成本、提升质量、实现战略目标的关键路径和重要的改进方法。

四、其他质量管理方法

1. 朱兰质量螺旋模型

朱兰质量螺旋模型是表征产品质量形成规律性的理论模型，为了表述产品形成的规律性，美国质量管理专家朱兰提出了一个质量螺旋模型。所谓质量螺旋是一条螺旋式上升的曲线，该曲线把全过程中各质量职能按照逻辑顺序串联起来，用以表征产品质量形成的整个过程及其规律性，通常称之为"朱兰质量螺旋"（见图 12.7、图 12.8）。朱兰质量螺旋反映了产品质量形成的客观规律，是质量管理的理论基础，对于现代质量管理的发展具有重大意义。

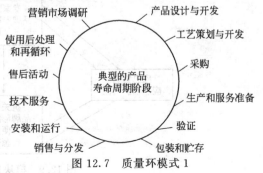

图 12.7　质量环模式 1

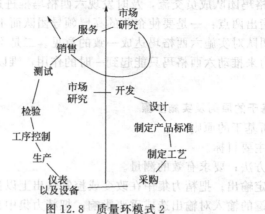

图 12.8 质量环模式 2

> **小资料**
>
> **从朱兰质量螺旋曲线建立医院服务创新机制的意义**

医院服务创新机制是可以借鉴企业朱兰质量模型管理经验、服务理念,"以客户为中心"的管理体系,提供医院的核心竞争力。医院服务创新机制的模块划分及其职能如下。

1. 模块划分

医院服务创新机制的建立涉及医院的各个科室和部门,因此需要医院营造"一盘棋、一家人"的良好氛围,各个科室和岗位之间通力协作与配合,而要做到这一点,就要求管理的划分必须科学合理。根据分工的不同,服务创新机制可划分为四个模块:医疗管理、应急管理、健康管理、机关后勤管理。四项管理模块又细化为八大工程:品牌形象建树工程、便民工程、专家团队工程、健康管理工程、应急救护工程、服务品质提升工程、品牌专科建设工程、资源开发工程。

2. 各模块主要职能

健康管理模块主要负责建立医院客户数据库,分个人客户数据库和团体客户数据库。个人客户数据库以出院客户为对象,团体客户数据库以已经与医院签订服务协议的民航四大家单位为对象。医疗管理模块对健康管理模块提供的出院客户资料进行分门别类编排管理,为客户量身定制和提供个性化的医疗服务报告。应急管理模块主要负责补救服务缺陷,减少医疗纠纷,将过去被动、间断服务,转化为主动跟踪服务,提高医院声誉。机关后勤管理模块做好医院信息系统(HIS)与各业务分系统的无缝衔接,保证客户所有信息基本自动源于医院信息系统,定期对客户满意度和人员服务绩效进行自动分析,减轻员工负担并使员工能够更好地为客户服务。模块划分及其职能划分如图 12.9 所示。

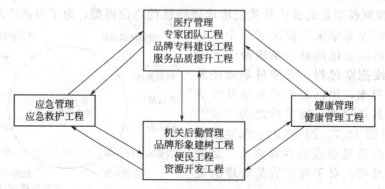

图 12.9 模块划分及其职能划分

3. 服务机制创新应注意的问题

整合工作资源，严格论证规划对项目在医院实施所需的各种条件；在建设过程中，对系统建设按系统工程原理进行统一规划，制订详细任务目标，组织专业人员按规划对系统实施情况有针对性地抓好落实。

把握工作定位，创新工作理念，引导各级各类人员不断提高对服务机制创新必要性的认识。共同培育"上下一心、整体联动、协调一致"的文化，使医院员工在处理与病人关系时，确立"病人是医院永久的资产，医院因满足客户的需求而生存"，让客户满意，让员工受到鼓舞，让医院自身得到发展。

完善工作体系，优化工作流程。医院从"客户"需求出发，以医疗服务产品营销链的各个薄弱环节为改造对象，开展服务流程优化工程，做到有机制、有重点、有措施地稳步推进。从朱兰质量螺旋模型看医院服务机制的创新，引导医院医护人员建立"以客户为中心"的服务理念，充分考虑并满足病人的需求，彻底改善整体服务质量，塑造安全和可信赖的医院形象，提高医院竞争力，吸引更多的病人，打造医院经济效益和社会效应双赢的局面。

2. 德尔菲法

这种方法不采用开会的形式，而是由主管人员或部门把已构思的方案以信函的方式分发给有关的专业人员，征询他们的意见。然后将意见汇总，统计和整理之后再分发下去，希望再次补充修改，如此反复若干次，即经过几上几下，把原来比较分散的意见在一定程度上使内容集中一致成统一的集体结论，作为新的代替方案。

3. 4M1E 法

这种方法从人、机器、材料、工作方法和环境五大因素入手，分析产品质量产生原因，找出解决方法。

4M1E 法的内容具体如下。

工作方法（method），如：作业流程、组装顺序、规格。

材料（material），如：公差、特性、冷却完全、静电对应。

设备（machinery），如：新旧刃具、熔接电流、电压。

人（man）：人员熟练程度、情绪、依标准作业等。

环境（environment）：温度、照明、粉尘等。

4. 5W2H 法

5W2H 法是针对凡事都有人物、时间、地点、事件、原因和发展的基本特征，提出七个方面的问题，以便发现问题，进而做出正确决策。这种方法在品质改善工作中运用较广泛。5W2H 的细分项如表 12.2 所示。

表 12.2 5W2H 细分表

类别	5W2H	典型问题	目的
对象	什么(what)	要做什么	明确分析的焦点
目的	为何(why)	必须做的原因	剔除不必要的工作
位置	哪里(where)	在何处做,为什么在那里做,在别处做更好吗	改变位置
顺序	何时(when)	何时做,在另外时间做更好吗	改变顺序
人员	谁(who)	由谁做,由别人做更好吗	改变顺序或提高产量
方法	如何(how)	如何做,有更好的方法吗	简化步骤,提高产量
成本	多少(how much)	目前的成本是多少,改进成本是多少	选择一种改进方法

5. 标杆法

标杆法，就是在与同行业或其他行业中最好的公司对比的情况下，衡量自身在满足用户需求方面所作所为的过程，其目的就是确定可判断自身行为的标准以及确立改进质量的模式。

标杆法的实施一般分为以下几个步骤：①明确需改进的关键业务；②确认该项业务做得很好的一家公司；③学习榜样公司是如何做的；④分析调查结果，写出调查报告；⑤在自己公司实施关键业务。

实行标杆法的问题在于，在同行业中，竞争对手为了避免被模仿或被超过，往往不会提供有使用价值的信息。这时，可将标杆公司放宽到其他行业中去，在公司各个业务方面树立不同的标杆公司，从而达到整体竞争力的提升。

第三节 全面质量管理

一、全面质量管理的概念及特点

1. 全面质量管理概念

全面质量管理（total quality management，TQM），是指在全社会的推动下，企业的所有组织、所有部门和全体人员都以产品质量为核心，把专业技术和数理统计结合起来，建立起一套科学、严密、高效的质量保障体系，控制生产全过程影响质量的因素，以优质的工作、最经济的办法，有效地利用人力、物力、财力、信息等资源提供符合用户要求的、用户期望的产品和服务。全面质量管理最重要的因素就是"全面"，全面质量管理是由"全体人员"参加的、贯穿于生产经营"全过程"的、具有"全面性"的、以保证和提高产品质量为目的的现代管理方法。

TQM 不是质量管理方法的简单汇聚，它反映了人们对质量的一种全新看法，它是一家公司的企业文化。全面质量管理是指公司上下都要关注质量。这一质量管理方法有三个核心：永无止境地推进质量改进，也就是人们所说的持续改进；全员参与；追求顾客满意度，要不断地满足或超出顾客的期望。

全面质量管理改变了原来质量管理的观念，引入了新的理念，即改变原来检查最终产品或服务为监控产品或服务全过程。TQM 的出发点就是预防产品质量问题的发生。

2. 全面质量管理特点

（1）全面的质量管理

全面质量管理就是指产品质量、过程质量和工作质量的全面管理。全面质量管理不同于以前质量管理的一个特征，就是其工作对象是全面质量，而不仅仅局限于产品质量。全面质量管理认为应从抓好产品质量的保证入手，用优质的工作质量来保证产品质量，这样能有效地改善影响产品质量的因素，达到事半功倍的效果。

（2）全过程的质量管理

全过程是相对制造过程而言的，就是要求把质量管理活动贯穿于产品质量产生、形成和实现的全过程，全面落实预防为主的方针。逐步形成一个包括市场调研、开发设计直至销售服务全过程所有环节质量保障体系，把不合格品消灭在质量形成过程中，做到防患于未然。

（3）全员参加的质量管理

产品质量的优劣，取决于企业全体人员的工作质量水平，提高产品质量必须依靠企业全体人员的努力。企业中任何人的工作都会在一定范围和一定程度上影响产品的质量。显然，过去那种依靠少数人进行质量管理是很不得力的。因此，全面质量管理要求不论是哪一个部门的人员，也不论是厂长还是普通职工，都要具备质量意识，都要承担具体的质量职能，积极关心产品质量。

（4）全社会推动的质量管理

全社会推动的质量管理，是指要使 TQM 深入持久地开展下去，并取得良好的效果，就不能把工作局限于企业内部，而需要全社会的重视，需要有质量立法、认证、监督等方面的工作，进行宏观上的引导和控制，即需要全社会的推动。一方面，是因为一个完整的产品往往是由许多企业共同协作完成的，它们形成的是"供应链"或"产业链"的关系，仅仅靠内部质量管理是无法保证产品质量的。另一方面，来自全社会宏观质量活动所创造的社会环境可以激发企业提高质量管理的积极性，并认识到进行全面质量管理的必要性。

3. 全面质量管理的目标

① 明确用户的需要。

② 开发新产品或提供新服务以满足或超出用户的需求。使新产品便于使用、易于生产，使新服务项目快捷有效。

③ 设计生产过程，确保一次成功。

④ 跟踪记录生产结果，并利用这些结果指导系统的改善。

⑤ 把这些概念扩展到供应商和经销商。

成功的 TQM 工程是通过公司内部每个人的无私奉献和通力合作才建立起来的。高层管理者必须起到保证作用并积极介入，否则 TQM 不能长久实现。

4. 全面质量管理的基本观点

全面质量管理的基本观点有四个方面："用户第一"的观点；以预防为主的观点；提倡用数据说话的观点；质量管理工作是每个职工本职工作的观点。

TQM 是一家公司的文化，要真正从 TQM 中得到好处，必须改变一家公司的文化氛围。

在观念上 TQM 与传统质量管理有很大的不同，正是因为这些不同才能使质量管理不断有新的突破，得到提升，具体的不同之处如表 12.3 所示。

表 12.3 TQM 与传统质量管理的比较

项目	传统的质量管理	TQM
投资回报	使投资得到最大的回报	达到或超过用户的期望
目标	强调短期效益	在长期效益和短期效益之间求得平衡
管理	不常公开,有时与目标不一致	公开,鼓励员工参与,与目标一致
管理者的作用	发布命令,强制推行	指导、消除障碍,建立信任用户
用户需求	并非至高无上,可能不清晰	至高无上,识别和理解的重要性
问题	责备、处罚	识别并解决
问题的解决	不系统,个人行为	系统,团队精神
改进	时断时续	持续不断
供应商	抵触	合作伙伴
工作	狭窄,过于专业化,个人努力	广泛,更全面,更着重发挥团队作用
定位	产品取向	流程取向

二、全面质量管理常用的工作方法——PDCA 循环

PDCA 循环被认为是全面质量管理的基本工作方法。PDCA 循环又叫戴明环，是由美国

质量管理专家戴明博士首先提出的,它是全面质量管理所应遵循的科学程序。全面质量管理活动的全部过程,就是质量计划的制订和组织实现的过程,这个过程就是按照 PDCA 循环周而复始地运转的。

1. PDCA 循环的实施步骤

(1) P (plan)——计划

① 分析现状,找出存在的质量问题。
② 找出产生问题的原因和影响因素。
③ 找出原因(或影响因素)中的主要原因(或影响因素)。
④ 针对主要原因制订解决问题的措施和计划。

(2) D (do)——执行

执行阶段只有一个步骤,按计划执行,计划方案实施。

(3) C (check)——检查

检查阶段只有一个步骤:检查执行的效果。实施效果的检验。

(4) A (action)——处理

① 总结成功的经验,形成标准。
② 处理(问题进入下一循环)。处理阶段有两个步骤:一是巩固提高,就是把计划执行成果的经验进行总结并整理成为标准,以利于巩固提高。二是把本次工作循环未解决的问题或出现的新问题,提交到下一工作循环去解决。

PDCA 循环就是按照这样的顺序进行质量管理,并且循环不止地进行下去,如图 12.10 所示。

图 12.10 PDCA 循环图

2. PDCA 循环的特点

PDCA 循环的特点是:循环上升;大环套小环互相促进;处理阶段是关键;周而复始地进行,阶梯式上升。PDCA 循环的四个过程不是运行一次就完结,而是周而复始地进行。一个循环结束了,解决了一部分问题,可能还有问题没有解决,或者又出现了新的问题,再进行下一个 PDCA 循环,以此类推。类似行星轮系,一个公司或组织的整体运行体系与其内部各子体系的关系,是大环带动小环、小环又促进大环的有机逻辑组合体,如图 12.11 所示。

PDCA 循环不是停留在一个水平上的循环,不断解决问题的过程就是水平逐步阶梯式上升的过程,如图 12.12 所示。

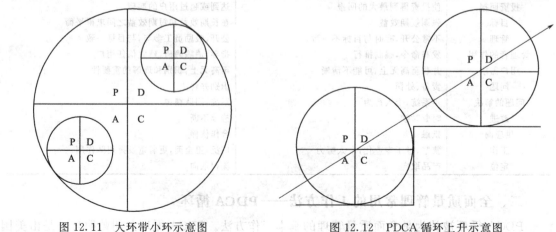

图 12.11 大环带小环示意图　　　　　图 12.12 PDCA 循环上升示意图

3. 质量管理工具的整合运用

开展产品质量管理，主要是为了确保项目按照设计者规定的要求完成，包括使整个项目的所有功能活动能够按照原有的质量及目标要求得以实施。质量管理主要是依赖于质量计划、质量控制、质量保证及质量改进所形成的质量保证系统来实现的。

各种质量管理工具都不是单独存在和使用的，同一个项目中会分别用到多个工具，或将多个工具整合起来应用以反映某一个问题。在实践中，我们大多用排列图或直方图确定问题，用控制图、检查表、散布图、分层法等统计方法分析根本原因，结合相关技术来确定对策；在此之后，运用排列图等方法确认对策实施的效果，并将有效的对策标准化；完成上述步骤后，我们便要运用 PDCA 循环，实现项目质量管理。通过管理循环的持续进行，才能达到质量控制的目标，最终达到项目管理的目标，质量管理真正成为让参与方都满意。

全面质量管理的四个阶段是相对的，它们之间不是截然分开，而是紧密衔接、交叉存在的。在实际管理工作中，各方面管理的计划、执行、检查、处理同时交错进行的情况是常有的。因此，全面质量管理过程实际上是一个纵横交错、综合循环发展的过程。

解决出现的质量问题是全面质量管理的一个基本步骤。为了成功解决问题必须遵守一定的步骤。TQM 解决质量问题的基本步骤可以分为以下七个步骤。

第一步，确定问题并明确改进目标；第二步，收集数据；第三步，分析问题；第四步，获得可能的解决方案；第五步，选择一个解决方案；第六步，解决质量问题；第七步，检查解决方案并说明是否实现了目标。

在 TQM 方法中，解决问题的一个重要方面是消除导致质量问题的原因，以使问题不会再次发生。这就是在采用 TQM 方法时，总是要把问题看成是改进的机会。

本 章 小 结

本章主要介绍了质量管理与控制的内容。

首先，介绍了质量与质量管理的基本概念、质量管理体系、质量管理的统计方法和 QC 七种工具（直方图、数据分层法、控制图、排列图、因果分析图、散布图、统计分析表）及其基本用法。

其次，对六西格玛管理及应用原则进行了阐述。

再次，介绍了朱兰质量管理含义，以及其他的质量管理方法。

最后，对全面质量管理及其特点、PDCA 循环进行了介绍。

一、名词解释

1. 质量　2. 螺旋曲线　3. PDCA 循环　4. 控制图　5. 全面质量管理

二、简答题

1. 质量管理的基本原则有哪些？
2. 常用的质量管理工具有哪些。
3. 质量变异产生的原因是什么？
4. 控制图的构成包括哪些内容？
5. 质量改进的步骤是什么？
6. 六西格玛管理的基本含义。
7. 全面质量管理的 PDCA 循环的实施步骤和特点。

第十三章

设备管理与维护

【学习目标】
1. 了解设备管理的含义和发展历程;
2. 学习设备安装、调试的方法;
3. 掌握设备合理购置基本原则;
4. 学习设备的合理使用和维修;
5. 了解设备更新和技术改造。

案例一

超易设备管理软件成功案例

豪森医药集团由创建于1995年7月的江苏豪森药业发展而成,目前已成为集药物研发、制造、销售、医药投资于一体的新型药业集团。专业化的营销模式使豪森品牌的市场价值不断提升,市场规模不断扩大。公司的发展,自然避免不了管理上的种种问题。设备作为豪森医药集团维持生产的物质基础,其管理同样非常重要。良好的设备管理流程可以更好地维持设备的运行周期及效率。如果设备的日常维护保养及所处状态不能很好地被企业掌握,那就会严重影响到企业的正常运营。如果要急着用设备的时候,却发现该设备目前正在维修,或者已经外借给其他部门了,那肯定会影响到当前的工作。因此,为了确保企业的正常工作,就必须时刻掌握企业所有的设备的相关信息。豪森医药集团也考虑到这个问题,最终决定选用超易设备管理软件来辅助公司进行设备的日常管理。

超易设备管理软件的功能涵盖了企业从设备启用、设备维护、设备保养、设备领用及至设备报废的全过程精确管理,企业只需要把设备的相关信息输入到软件,软件会自动计算并输出报表,企业可以通过统计报表查阅相关设备的折旧、残值等信息。超易设备管理软件除了在功能上实现了设备的全方位管理,也在操作及个性化设计上为企业提供了可能,企业也自行设计设备资产的录入界面,自定义设置查询条件,极具灵活性,既简化了企业的设备管理流程,又减轻了软件操作人员的操作负担,为企业的设备管理提供了便捷高效的解决方案。

启发思考:
(1) 如何理解设备管理的重要性?
(2) 设备管理如何帮助企业科学管理设备?

第一节

设备管理概述

设备管理是以设备为研究对象,追求设备综合效率,应用一系列理论、方法,通过一系列技术、经济、组织措施,对设备的物质运动和价值运动进行全过程(从规划、设计、选型、购置、安装、验收、使用、保养、维修、改造、更新直至报废)的科学性管理。

一、设备及设备管理

1. 基本概念

设备是指企业中长期使用,在使用过程中基本保持其实物状态,价值在一定限额以上的劳动资料和其他物质资料的总称。

设备管理是指依据企业的生产经营目标,通过一系列的技术、经济和组织的措施,对设备寿命周期内的所有设备物质运动状态和价值运动状态进行的综合管理工作。

设备寿命周期是指设备从规划、购置、安装、调试、使用、维修、改造、更新直至报废的全过程所经历的时间。

设备管理的主要目的是用技术上先进、经济上合理的装备,采取有效措施,保证设备高效率、长周期、安全、经济地运行,来保证企业获得最好的经济效益。

设备管理的基本职能就是合理运用设备技术经济方法,综合设备管理、工程技术和财务经营等手段,使设备寿命周期内的费用/效益比(即费效比)达到最佳的程度,即设备资产综合效益最大化。

2. 设备管理的主要内容

设备管理是对设备寿命周期全过程的管理,包括选择设备、正确使用设备、维护修理设备以及更新改造设备全过程的管理工作。设备运动过程从物资、资本两个基本面来看,可分为两种基本运动形态,即设备的物质运动形态和资本运动形态。

设备的物质运动形态的管理,称之为技术性管理。它是从设备的物质形态的基本面来看,指设备从研究、设计、制造或从选购进厂验收投入生产领域开始,经使用、维护、修理、更新、改造直至报废退出生产领域的全过程。

设备的资本运动形态的管理,称之为经济性管理。它是从设备资本价值形态来看,包括设备的最初投资、运行费用、维护费用、折旧、收益以及更新改造的措施和运行费用等。设备的技术性管理和经济性管理是两方面管理的综合和统一,偏重于任何一个层面的管理都不符合现代设备管理的最终要求。

设备管理的内容包括以下活动。

① 建立设备管理平台。包括:建立相关的组织机构和信息处理系统,制定相应的规章制度和标准措施等,以形成管理机制,为设备管理其他内容的实施提供条件和依据。

② 依据企业经营目标及生产需要制定设备规划,组织设备购置中的技术经济评价。

③ 选择、购置、安装、调试、验收所需设备。

④ 监督、控制设备的使用和维修保养。

⑤ 适时改造、调拨和更新报废。

⑥ 合理的经济管理:合理筹集和使用资金、计提折旧、费用核算等。

3. 设备管理的意义

① 设备管理直接影响企业活动的均衡性。设备是工人为国家创造物质财富的重要劳动

手段，是国家的宝贵财富，是进行现代化建设的物质技术基础。设备管理是保证企业进行生产和再生产的物质基础，也是现代化生产的基础。

② 设备管理直接关系到企业产品的产量和质量以及企业生产资金的合理使用。设备管理水平标志着国家现代化程度和科学技术水平。它对保证企业增加生产、确保产品质量、发展品种、产品更新换代和降低成本等，都具有十分重要的意义。

③ 设备管理直接影响着产品制造成本的高低和企业安全生产及环境保护。搞好设备管理对一个企业来说，不仅是保证简单再生产必不可少的一个条件，而且对提高企业生产技术水平和产品质量、降低消耗、保护环境、保证安全生产、提高经济效益、推动国民经济持续、稳定、协调发展有极为重要的意义。

> **问与答**
>
> 问：设备管理是什么？
> 答：依据企业的生产经营目标，通过一系列的技术、经济和组织的措施，对设备寿命周期内的所有设备物质运动状态和价值运动状态进行的综合管理工作。

二、设备管理的演进

自人类使用机械以来，就伴随有设备的管理工作。从简单落后设备到复杂先进设备，设备管理从依靠操作人员经验到成为一门独立学科。了解设备管理的演进史，才能知道我们的设备管理工作所处的阶段，才能采用正确的方法。设备管理经历了以下四个发展时期：设备事后维修时期、设备预防维修时期、设备生产维修时期和设备综合管理时期。

1. 设备的事后维修

事后维修是设备发生故障后或者设备的精度、性能降低到合格水平以下时再进行维修。它属于非计划性修理，可提高设备的利用率，减少设备的停机时间。但若设备一旦发生故障，就会给施工生产造成很大影响，给修理工作造成一定的困难，特别在一些重要设备、连续运行的设备和地处偏远工地的设备上，损失更为严重。

事后维修较为普遍，大多数的事后维修只是对发生故障的部位或零件进行修理，是一种被动的维修方式，适宜于一些设备和发生故障后对正常生产影响小、能及时提供备件、并且修理技术不复杂、利用率不高的设备。

2. 设备的预防维修

设备的预防维修是以预防为主，加强日常和定期检查及维护保养。社会化大生产的出现，机器设备故障造成的经济损失不容忽视，于是"预防维修"的概念出现了。它是对影响设备正常运行的故障采取"预防为主""防患于未然"的措施。加强维护保养，预防故障发生，尽可能多做预防维修，降低停工损失费用和维修费用。

"计划预防维修制度"是以修理复杂系数和修理周期结构为基础的制度，按待修设备的复杂程度制订出各种修理定额作为编制预防性检修计划的依据。除了设备进行定期检查和计划修理外，还强调设备的日常维修。

其主要做法是以日常检查和定期检查为基础，并从中了解设备状况，以此为依据进行修理工作。并进一步发展确立规程化技术维护与维修制度，大大提高了维修作业的效率和质量，减少了设备因突发故障造成停机损失。

1953 年，在苏联的援助下，我国开展了以 156 个重点项目为中心的大规模经济建设，全面引进了苏联的设备管理制度。根据"计划预防维修制度"的模式建立各级设备管理组织，培训设备管理人员和维修骨干，按照修理周期结构安排设备的大修、中修、小修，推行"设备修理复杂系数"等一整套技术标准定额，把我国的设备管理从事后维修推进到定期计划预防修理阶段。由于实行预防维修，设备的故障停机大大减少，有力地保证了我国工业骨干建设项目的顺利投产和正常运行。

3. 设备的生产维修

设备的生产维修是根据设备重要性选择不同的维修方法。1954年美国通用电气公司提出了"生产维修"的概念，强调系统地管理设备，对关键设备采取重点维护政策，以提高企业综合经济效益。美国企业界又提出设备管理"后勤学"的观点，设备在设计阶段就开始考虑其可靠性、维修性及其必要的后勤支援方案。设备出厂后，在资料、技术、检测手段、备件供应以及人员培训方面为用户提供良好、周到的服务，使用户达到设备寿命周期费用最经济的目标。设备管理从维修管理转为设计和制造的系统管理，设备管理进入新阶段。

我国在"以预防为主，维护保养和计划检修并重"方针的指导下，广大职工还创造了"专群结合，专管成线，群管成网""三好四会""润滑五定""定人定机""分级保养"等一系列具有中国特色的好经验、好办法，使我国的设备管理与维修工作在"计划预防维修制度"的基础上有了重大的改进和发展。

4. 设备的综合管理

它是在设备的设计和制造阶段就考虑维修问题，提高设备的可靠性和易修性，从行为科学、系统理论的观点出发，对设备进行全面管理的一种重要方式。

设备综合管理是根据企业生产经营的宏观目标，通过采取一系列技术、经济、管理措施，对设备的"一生"进行管理，以保持设备良好状态并不断提高设备的技术素质，保证设备的有效使用和获得最佳的经济效益。

设备综合管理的两个典型一个是英国丹尼斯·帕克斯提出的"设备综合工程学"和以此为基础日本提出的"全面生产维修制"（total productive maintenance，TPM），分别以设备寿命周期费用最经济和综合效率为目标。致使进一步发展重视维修高技术的开发和应用，充分利用计算机的快速与准确性，并以教育为先导，重视维修管理，注重技术人才的培养。

比如，1979年9月，机械工业部在长春第一汽车厂召开现场会，推广该厂试行日本TPM的经验。同年10月，机械工业部又派人去印度参加1979年国际设备工程会议，了解国外设备管理发展状况。从1979至1982年，该部先后在长春、株洲、银川、北京等地举办企业设备科长学习班，介绍英国设备综合工程学、日本TPM等现代设备管理理论和方法，组织一批企业试点推行，摸索经验。航空工业部从成立开始连续举办设备综合管理培训班，编译出版了"国外设备工程译文集"系统介绍国外设备管理，并且总结出171厂等抓设备更新改造、促进企业提高经济效益的典型经验进行广为宣传，普及现代设备管理的思想和方法。与此同时，许多行业、地区也逐步开展了这项工作。

因此，随着经济体制的改革，开始大量引进国外设备管理的新方法，并继承我国过去行之有效的"三好四会""润滑五定"等一系列先进经验，形成了我国自己的特色管理体系和管理模式。其内容丰富，可以简单概括为五个方面，即"一生管理、两个目标、三个基本方针、四项主要任务、五个结合"的操作模式方法，也就是常说的"一二三四五"。一生管理就是要对设备的功能运动、物质运动与价值运动的全过程进行全系统、全效率、全员的"三全"管理；两个目标就是既要提高设备的综合效率或系统效率，又要降低设备的寿命周期费用；三个基本方针就是坚持依靠技术进步的方针，贯彻预防为主的方针，执行促进生产发展的方针；四项主要任务就是保持设备完好，不断改善和提高企业技术装备素质，充分发挥设备效能，取得良好的经济效益；五个结合就是设计、制造与使用相结合，日常维护与计划检修相结合，修理、改造与更新相结合，专业管理与群众管理相结合，技术管理与经济管理相结合。

第二节
设备的选购种类、选择、安装与调试

设备的选购是设备管理的起点,是指根据生产经营和管理系统的需要而购买、设计制造和配置设备的活动。它的活动直接影响着企业的管理效率、生产效率、产品质量和生产成本等,因此必须做好分析评价和决策。生产安装与调试是设备进入工作程序的主要环节,它直接影响设备后期的使用和维修环节。

一、设备的种类

1. 按资产属性和行业特点分类

2011年1月,《固定资产分类与代码》国家标准(GB/T 14885—2010)发布,该标准按资产属性分类,并兼顾了行业管理的需要。目前各产业部门对行业设备都有不同的分类方法。

① 机械工业将机械设备分为6大类,动力设备分为4大类,共有10大类。其中包括:金属切削机床、锻压设备、起重运输设备、木工铸造设备、专业生产用设备、其他机械设备、动能发生设备、电器设备、工业炉窑和其他动力设备等。

② 化学工业设备可分为反应设备、塔、化工炉、交换器、贮罐、过滤设备、干燥设备、机械泵、破碎机械、起重设备和运输设备等20类。

③ 纺织工业设备可分为棉纺织设备,棉印染设备,化纤设备,毛、麻、丝纺织设备,针织设备和纺织仪器,毛、丝、针织、纱线染整设备类等。

④ 冶金工业设备由于行业特点,按联动机组加以分类。主要分为高炉、炼钢炉、焦炉、轧钢及锻压设备、烧结机和动力设备6大类。

2. 按设备在企业中的用途分类

(1) 生产设备

生产设备是指企业中直接进行生产活动的设备,以及在生产过程中直接为生产服务的辅助生产设备。如动力设备、起重运输设备。

(2) 非生产设备

非生产设备是指企业中用于生活、医疗、行政、办公、文化、娱乐、基建等设备。通常情况下,企业设备管理部门主要对生产设备的运动情况进行控制和管理。

3. 按设备的技术特性分类

按设备本身的精度、价值、大型、重型和稀有等特点分类,可分为高精度、大型、重型、稀有设备。所谓高精度设备是指具有极精密元件并能加工精密产品的设备;大型设备一般是指体积较大、较重的设备;重型、稀有设备是指单一的、重型的和国内稀有的大重型设备及购置价值高的生产关键设备。

国家统计局对高精度、大型、重型、稀有设备的划分做出了规定,凡精、大、稀设备,都应按照国家统计局的规定进行划分。

4. 按设备在企业中的重要性分类

按照设备发生故障后或停机修理时,对企业的生产、质量、成本、安全、交货期等方面的影响程度与造成损失的大小,将设备划分为三类。

① 重点设备(也称A类设备),是重点管理和维修的对象,尽可能实施状态监测

维修。
　　② 主要设备（也称 B 类设备），应实施预防维修。
　　③ 一般设备（也称 C 类设备），为减少不必要的过剩修理，考虑到维修的经济性，可实施事后维修。
　　重点设备的划分，既要考虑设备的固有因素又要考虑设备在运行过程中的客观作用，两者结合起来，使设备管理工作更切合实际。

二、设备的选择与评价

　　设备选择（equipment selection）是指根据企业生产的发展需要，有计划地增添技术上先进适宜、经济上合理合算的新设备。

1. 设备选择的原则

　　设备选择总的原则：技术上先进、经济上合理、生产上可行。具体来讲，在选择设备时，应综合考虑以下因素。
　　① 生产效率。一般以设备在单位时间内的产品产出量来表示。其表现多为功率、速率等一系列技术参数。应与企业的长、短期生产任务相适应。
　　② 配套性。配套性即设备的配套水平。购置单机要考察设备的各种配套工具、附件、部件是否适宜；机组购置，要考察成套机组的主辅机和控制设备的配置；项目购置，则要考察项目配套中工艺设备、动力设备、辅助生产设备的配置。
　　③ 可靠性。可靠性是指精度保持性、零件耐用性、操作安全性。
　　④ 适应性。与原有设备及所产产品相适应。也指在设备适应不同的工作条件，加工不同的制品的性能。
　　⑤ 节能性。节能性是指设备对能源消耗和原材料消耗的过程。设备的能源消耗一般以设备的单位开动时间所耗能源量来表示，如每小时耗电量或耗油量。
　　⑥ 维修性。维修性是指设备维修的难易程度。维修性好的设备往往结构简单、零部件组合可维修、易维修、易拆卸、易检查、互换性好。维修性的好坏会影响设备使用中的维修费的高低。
　　⑦ 环保性。环保性是指设备对环境的危害程度。要考察噪声、有害物质排放是否符合标准，并要考虑相应的有害物质处理的配套设施的性能。
　　⑧ 灵活性。设备的灵活性包含如下几个内容：一是在工作对象固定的条件下，设备能够适应不同的工作环境和条件，操作、使用比较方便灵活；二是对工作对象可变的加工设备，要能适应多种零部件加工的性能，通用性强；三是设备结构简单紧凑，重量轻，体积小，占用作业面积小，移动方便。
　　⑨ 设备的经济性。选择设备时，应结合实际，在满足生产技术要求的前提下，尽量选择寿命周期费用最小的设备。

2. 设备选择的经济评价

（1）投资回收期分析

　　投资回收期分析是从设备的投资费用于设备采用后带来的生产效率提高、能源消耗降低、产品质量提高而产生的效益这样几个角度来分析（在其他条件相同的情况下，投资回收期短的设备应优先考虑），公式如下：

$$投资回收期(率) = 设备投资额 / 采用新设备后年节约额 \qquad (13.1)$$

（2）设备的最小年平均寿命周期费用法

　　设备的年平均寿命周期费用公式如下：

$$C_y = \frac{1 + \sum_{i=1}^{T_e} C_i}{T_e} \quad (13.2)$$

式中，C_y 为设备的年平均寿命周期费用；C_i 为设备在第 i 年的使用费用；T_e 为设备的经济寿命。

(3) 设备最大综合效益法

设备的综合经济效益＝设备寿命周期输出/设备寿命周期费用 (13.3)

(4) 费用效益法

设备的费用效益＝系统效益/设备寿命周期费用 (13.4)

(5) 年费法

其思路是把设备寿命周期费用换算成每年的平均费用来评价。其分析公式如下：

$$\overline{X} = \frac{\sum_{i=1}^{t} C_i + (K_0 - K_t)}{t} \quad (13.5)$$

式中，$\overline{X}$ 为使用 t 年的年平均费用；C_i 为第 i 年使用费；K_0 为设备原值；K_t 为 t 年的设备残值。

【例 13.1】 假定现有 A 和 B 两个方案，设备的购置投资 A 方案为 40 万元，B 方案为 35 万元，每年使用费支出 A 为 3 万元，B 为 4 万元；使用年限 A、B 均为 10 年，使用年限到期后，A 方案的残值为 8 万元，B 方案的残值为 6 万元；利息率为 10％。比较 A、B 两方案的年平均总费用（使用年费法）。

【解】 资本回收系数 $= \dfrac{10\% \times (1+10\%)^{10}}{(1+10\%)^{10} - 1} = 0.16275$

A 方案年平均总费用＝$(40-8) \times 0.16275 + 8 \times 10\% + 3 = 9.008$（万元）

B 方案年平均总费用＝$(35-6) \times 0.16275 + 6 \times 10\% + 4 = 9.320$（万元）

在其他条件相近时，量贩比较，A 方案年总费比 B 低，因此 A 比较优。

(6) 现值法

其思路是把每年支出的使用费换算成限制，再与设备购置费综合起来进行评价。其公式如下：

设备寿命周期费用现值＝设备购置费＋年使用费×年金现值系数－残值×现值系数 (13.6)

其中，年金现值系数为 $\dfrac{(1+i)^n - 1}{i(1+i)^n}$，现值系数为 $\dfrac{1}{(1+i)^n}$。

【例 13.2】 假定现有 A 和 B 两个方案，设备的购置投资 A 方案为 40 万元，B 方案为 35 万元，每年使用费支出 A 为 3 万元，B 为 4 万元；使用年限 A、B 均为 10 年，使用年限到期后，A 方案的残值为 8 万元，B 方案的残值为 6 万元；利息率为 10％。比较 A、B 两方案的设备寿命周期费用现值（使用现值法）。

【解】 A 设备寿命周期费用现值为：

$$\left\{ 40 + 3 \times \frac{(1+0.1)^{10} - 1}{0.1 \times (1+0.1)^{10}} - 8 \times \left[\frac{1}{(1+0.1)^{10}} \right] \right\} = 55.350 \text{（万元）}$$

B 设备寿命周期费用现值为：

$$\left\{ 35 + 4 \times \frac{(1+0.1)^{10} - 1}{0.1 \times (1+0.1)^{10}} - 6 \times \left[\frac{1}{(1+0.1)^{10}} \right] \right\} = 57.265 \text{（万元）}$$

A 与 B 在其他条件差异不大时，A 设备寿命周期费用比较低，因此 A 方案比较优。

三、设备的安装与调试

1. 设备的安装

设备安装的具体工作包括：设备到货验收、设备基础准备、基础检验、安装就位、安装检查、找平、灌浆、稳固、清洗加油、检查试验、竣工验收等。

设备的安装应按照机械设备安装验收有关规范要求，做好设备安装找平，保证安装稳固，减轻震动，避免变形，保证加工精度，防止不合理的磨损。安装前要进行技术交底，组织施工人员认真学习设备的有关技术资料，了解设备性能及安全要求和施工中的注意事项。

此外，安装过程中，对基础的制作、装配链接、电气线路等项目的施工，要严格按照施工规范执行。安装工序中如果有恒温、防震、防尘、防潮、防火等特殊要求时，应采取措施，条件具备后方能进行该项工程的施工。

2. 设备的调试

设备的调试包括静态和动态试验、冷态和热态试验等，还包括设备运行状态和程序调整、设备系统联动程序设定和成套设备试运行等。设备调试工作主要有：清洗、检查、调整、试运转、检查和测量、移交。应由设备的使用部门、管理部门、工艺技术部门协同调试。

设备的试运转一般可分为空运转试验、负荷试验、精度试验三种。

① 空运转试验：是为了考核设备安装精度的保持性、设备的稳固性，以及传动、操纵、控制、润滑、液压等系统是否正常。一定时间的空负荷运转是新设备投入使用前必须进行磨合的一个不可缺少的步骤。

② 负荷试验：试验设备在多个标准负荷工况下进行试验。在负荷试验中应按规范检查轴承的温升，考核液压系统、传动、操纵、控制、安全等装置工作是否达到出厂的标准，是否正常、安全、可靠。不同负荷状态下的试运转，也是新设备进行磨合所必须进行的工作，磨合试验进行的质量如何，对于设备使用寿命影响极大。

③ 精度试验：一般应在负荷试验后按说明书的规定进行，既要检查设备本身的几何精度，也要检查工作（加工产品）的精度。这项试验大多在设备投入使用两个月后进行。

做好设备检查、记录工作十分关键。具体措施如下：

① 做好磨合后对设备的清洗、润滑、紧固，更换或检修故障零部件并进行调试，使设备进入最佳使用状态；

② 做好并整理设备几何精度、加工精度的检查记录和其他机能的试验记录；

③ 整理设备试运转中的情况（包括故障排除）记录；

④ 对于无法调整的问题，分析原因，从设备设计、制造、运输、保管、安装等方面进行归纳；

⑤ 对设备运转做出评定结论，处理意见，办理移交的手续，并注明参加试运转的人员和日期。

验收与移交使用的具体措施如下：

① 设备基础的施工验收由修建部门质量检查员会同土建施工员进行验收，填写施工验收单。基础的施工质量必须符合基础图和技术要求。

② 验收是在设备调试合格后进行。由设备管理部门和工艺技术部门会同其他部门，在安装、检查、安全、使用等各方面有关人员共同参加下进行验收，做出鉴定，填写安装施工质量、精度检验、安全性能、试车运转记录等凭证和验收移交单，由参加验收的各方人员签字方可竣工。

③ 设备验收合格后办理移交手续。设备开箱验收（或设备安装移交验收单）、设备运转

试验记录单由参加验收的各方人员签字后及随设备带来的技术文件，由设备管理部门纳入设备档案管理；随设备的配件、备品，应填写备件入库单，送交设备仓库入库保管。安全管理部门应就安装试验中的安全问题进行建档。

④ 设备移交完毕，由设备管理部门签署设备投产通知书，并将副本分别交设备管理部门、使用单位、财务部门、生产管理部门，作为存档、通知开始使用、固定资产管理凭证、考核工程计划的依据。

案例二

配送中心的设备选择问题

一家大型零售企业，为了提高物流效率，为配送中心购买了一套自动分拣设备。但购买后发现由于规模、技术等原因不能有效使用，出现了手工分拣成本低于自动分拣成本的情况。因此设备被闲置起来。

启发思考：

配送中心的设备选择的要点，对该案例予以分析。

答：首先该公司的问题主要体现在两方面：一是设备选择盲目追求先进性；二是没有充分了解自动分拣设备的基本使用要求——规模性。

配送中心在选择设备时应遵守以下三个基本原则：①先进性，不购买落后的设备；②经济性，在尽量满足需求的条件下，购买便宜的；③合理性，设备作业能力和物流需求能力相适应。根据系统性原则，应紧密结合三个基本原则。

设备选购的具体要点有：①设备的使用方法；②设备的形状、尺寸和重量；③设备的作业能力；④物流量的平衡。

第三节
设备的合理使用和维护保养

只有操作者合理使用设备，才能保持设备良好的工作性能，充分发挥设备效率，延长设备的使用寿命；也只有操作者合理使用设备，才能减少和避免突发性故障。合理使用设备是控制技术状态变化和延缓工作能力下降的首要事项。因此，强调合理使用设备具有重要意义。

做好设备的维护保养工作，及时处理随时发生的各种问题，改善设备的运行条件，就能防患于未然，避免不应有的损失。实践证明，设备的寿命在很大程度上取决于维护保养的程度。因此，对设备的维护保养工作必须强制进行，并严格督促检查。

下面将详细介绍设备的合理使用、磨损理论、故障曲线以及设备维修的具体内容。

一、设备的合理使用

设备的使用是设备寿命周期中所占时间最长的环节。合理的使用设备可以减少设备的磨损，提高设备利用率，发挥设备效益。合理的使用设备应注意以下几方面。

（1）提高设备利用率，实现设备满负荷运转

设备管理人员应根据各种设备的性能、结构和技术经济特点，恰当地安排加工任务和设备工作负荷。恰当地安排加工任务，是要使各种设备物尽其用，避免"大机小用""精机粗

用"等现象。

(2) 合理配备操作工人

设备管理人员必须为设备配备具有一定熟练程度的操作者。为了充分发挥设备的性能，使机器设备在最佳状态下使用，必须配备与设备相适应的工人。要求操作者熟悉并掌握设备的性能、结构、工艺加工范围和维护保养技术。上机新工人一定要进行技术考核，合格后方可允许独立操作。对于精密、复杂、稀有以及对生产具有关键性的设备，应指定具有专门技术的工人去操作。在使用从国外引进的设备时，必须指定具备专门知识和操作经验的高级技工或技术人员去掌握。

(3) 为设备创造良好的工作环境和条件

设备管理人员要为设备使用、维护、保养创造良好的工作条件。良好的工作条件是保证设备正常运转，延长使用期限，保证安全生产的重要前提。企业中使用类别繁多的设备，要求有不同的工作条件。一般来说，所有的设备都要求有一个整洁的工作环境和一个正常的生产秩序。此外：

① 安装必要的防护、防潮、防腐、取暖、降温装置；

② 配备必要的测量、控制和保险用的仪器、仪表装置；

③ 对于精密的机器设备，要求设立单独的工作室，工作室的温度、湿度、防尘、防震等工作条件应有严格的要求；

(4) 严格操作程序，保证设备精度

这需要配备专业的操作人员，详细内容同（2）。

(5) 建立健全设备使用工作制度

设备管理人员应制定有关设备使用和维修方面的规章制度，建立健全设备使用的责任制度，并严格执行有关设备使用和维修方面的规章制度。这些规章制度是指导操作员工操作、维修和检修设备的技术法规，它是根据设备说明书中注明的各项技术条件制定的。正确地制定和贯彻执行这些规章制度，是合理使用设备的重要保证。不同行业的主管部门在这方面都规定有一定的条例、规程供系统内企业参照执行。企业的各级领导、设备管理部门、生产班组长直到生产工人，在保证设备合理使用方面，都负有相应的责任。各个企业应根据各自的特点制定出切实的责任制度。规章制度一经确定，就要严格执行。对于严格遵守规程，爱护设备有功的人员，应当给予表扬和物质奖励，对于违反操作规程以致造成设备事故者，应给予批评教育和纪律处分。

二、设备的磨损理论

设备在使用和闲置的过程中，均会发生磨损，设备的磨损分为有形磨损和无形磨损。

1. 设备的有形磨损

设备的有形磨损是指机器设备在使用过程中因震荡、摩擦、腐蚀、疲劳或在自然力作用下造成的设备实体的损耗，也称物质磨损。

(1) 第Ⅰ种有形磨损

第Ⅰ种有形磨损是指在使用过程中，由于摩擦、应力及化学反应等原因造成的有形磨损，又称使用磨损。表现为：①零部件尺寸变化，形状变化；②公差配合性质改变，性能精度降低；③零部件损坏。针对第Ⅰ种有形磨损，应注意在设备使用的同时，降低其磨损程度，减少和消除非正常损耗。要合理使用设备、做好维护保养工作、及时检修。

(2) 第Ⅱ种有形磨损

第Ⅱ种有形磨损不是由于使用而产生的，而是源于自然力的作用所发生的有形磨损，造成设备实体锈蚀、风化、老化等的损耗，又称自然磨损。这类损耗与设备的闲置时间有密切关系。针对第Ⅱ种有形磨损，应注意加强管理，减少设备闲置时间，做好闲置设备的养护工作。

(3) 有形磨损曲线

设备有形磨损的发展过程具有一定的规律性，一般分为三个阶段（见图13.1）。

① 第Ⅰ阶段：初期磨损阶段。磨损速度快，时间跨度短。对设备没危害，必经阶段，叫"磨合"或"跑合"。

② 第Ⅱ阶段：正常磨损阶段。最佳运行状态，磨损速度缓慢，磨损量小，曲线呈平稳状态。

③ 第Ⅲ阶段：急剧磨损阶段。磨损速度非常快，丧失精度和强度，事故概率急升。

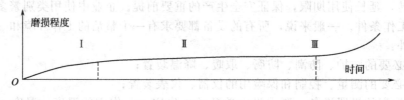

图 13.1　零件磨损示意图

2. 设备的无形磨损

设备的无形磨损不表现为实体的变化，却表现为设备原始价值的贬值，又叫精神磨损。有两种情况：

(1) 第Ⅰ类无形磨损

由于设备制造工艺的不断改进，劳动生产率不断提高，生产同种设备所需要的社会平均劳动减少，成本降低，从而使原已购买的设备贬值。它不影响设备功能，也不影响其技术性能。要防止和减少这类损耗，应注意：①合理购置设备；②提高设备利用率，充分利用设备；③合理提取折旧。

(2) 第Ⅱ类无形磨损

由于社会技术的进步，出现性能更完善和效率更高的新型设备，原有设备陈旧落后，丧失部分或全部使用价值，又叫技术性无形磨损。其后果是生产率大大低于社会平均水平，因而生产成本大大高于社会平均水平。此类磨损使设备的技术性能相对落后，为防止和减少这类磨损，应注意对设备加强管理，及时更新改造。

三、设备的故障曲线

设备故障是指设备在其寿命周期内，由于磨损或操作使用等方面的原因，使设备暂时丧失其规定功能的状况。

设备老化性故障规律形成的曲线变化一般呈现三个不同阶段：初始故障期、偶发故障期、磨损故障期。

1. 设备故障的种类

① 突发故障，突然发生的故障。发生时间随机，较难预料，设备使用功能丧失。

② 劣化故障，由于设备性能的逐渐劣化所引起的故障。发生速度慢，有规律可循，局部功能丧失。

2. 设备故障曲线

实践证明，可维修设备的故障率随时间的推移呈图13.2所示曲线形状，这就是著名的"浴盆曲线"。设备维修期内的设备故障状态分三个时期。

① 初始故障期。故障率由高而低，由材料缺陷、设计制造质量差、装配失误、操作不熟练等原因造成。

② 偶发故障期。故障率低且稳定，由于维护不好或操作失误造成。为最佳工作期。

③ 耗损故障期。故障率急剧升高，磨损严重，有效寿命结束。

图 13.2　故障率曲线（浴盆曲线）

四、设备的维修

设备的维护保养是管、用、养、修等各项工作的基础，也是操作工人的主要责任之一，是保持设备经常处于完好状态的重要手段，是一项积极的预防工作。下面将详细介绍设备维修的基本内容。

1. 设备维护保养和检查

（1）维护保养

维护保养是指人们为保持设备正常工作以及消除隐患而进行的一系列日常保护工作。按工作量大小和维护广度、深度分为四个方面。

① 日常保养：重点对设备进行清洗、润滑、紧固、检查状况。由操作人员进行。

② 一级保养：普遍地进行清洗、润滑、紧固、检查，局部调整。操作人员在专业维修人员指导下进行。

③ 二级保养：对设备局部解体和检查，进行内部清洗、润滑。恢复和更换易损件。由专业维修人员在操作人员协助下进行。

④ 三级保养：对设备主体进行彻底检查和调整，对主要零部件的磨损检查鉴定。由专业维修人员在操作人员配合下定期进行。

（2）设备的检查

设备的检查是对设备的运行状况、工作性能、零件的磨损程度进行检查和校验，以求及时地发现问题，消除隐患，并能针对发现的问题提出维护措施，做好修理前的各种准备，以提高设备修理工作的质量，缩短修理时间。设备的检查一般分为三种：日常检查、定期检查、精度检查。

① 日常检查是操作工人按规定标准，以五官感觉为主，对设备各部位进行技术状况检查，以便及时发现隐患，采取对策，尽量减少故障停机损失。对重点设备，每班或一定时间由操作者按设备点检卡逐项进行检查记录。维修人员在巡检时，根据点检卡记录的异常进行及时有效地排除，保证设备处于完好工作状态。

② 定期检查是按规定的检查周期，由维修工对设备性能和业余度进行全面检查和测量，发现问题，及时解决，将检查结果认真做好记录，作为日后决策该设备维修方案的依据。

③ 精度检查是对设备的几何精度、加工精度及安装水平的测定、分析、调整。此项工作由专职检查员按计划进行，其目的是确定设备的实际情况，为设备调整、修理、验收和报废提供参考依据。

2. 设备修理

设备修理是对设备的磨损或损坏所进行的补偿或修复，其实质是补偿设备的物质磨损。

(1) 设备修理的类型

一是小修，对设备进行的局部修理，拆卸部分零部件；二是中修，对设备部分解体，工作量较大；三是大修，全面地修理，对设备全部拆卸分解，彻底修理。

(2) 设备的修理定额

设备的修理定额分为五种情况。

① 修理复杂系数，是表示设备修理复杂程度的基本单位。如机械修理复杂系数（C620车床）、电气修理复杂系数（0.6kW 防护式异步鼠笼电动机）、专用设备修理复杂系数。

② 修理劳动量定额，是指企业为完成备交付修理开始至修理完工验收为止所经过的时间。

③ 修理周期，对于新设备是指由开始使用至第一次大修的间隔时间；对于旧设备指相邻两次大修的间隔时长。

④ 修理周期结构，是指在一个修理周期内所安排的各种检修的次数和次序。

⑤ 修理间隔期，是指相邻两次检修的间隔时间。

3. 设备维修制度

(1) 计划预修制

计划预修制是以预防为主的一种设备维修方式，据设备磨损理论，有计划地对设备进行日常维护、保养、检查、校正和修理，以保证设备正常运行。计划预修制主要内容有：日常维护、定期检查、计划修理。

它是一种比较科学的设备维修制度，有利于同生产进度安排相衔接，减少生产的意外中断和停工损失。要求：掌握设备的故障理论和规律，充分掌握企业设备及其组成部分的磨损与破坏的各种具体资料与数据。对于设备众多、资料有限的企业，可以在重点设备以及设备的关键部件上应用。

(2) 计划保修制

它是有计划地对设备进行三级保养和修理的制度和方法。计划保修制主要内容有：三级保养加大修；三级保养、小修加大修；三级保养、小修、中修加大修。

(3) 全面生产维修制度

全面生产维修制度是日本在学习美国预防维修的基础上，吸收设备综合工程学的理论和以往设备维修制度中的成就逐步发展起来的一种制度。全面生产维修制的核心是全系统、全效率、全员，以设备综合效率为目标，以设备的"一生"为对象的生产维修制。

问与答

问：维修保养包括哪几类？

答：分为四类，包括日常保养、一级保养、二级保养及三级保养。

案例三

海尔的 OEC 管理

海尔独创了一套管理理论——OEC 管理，O（overall）意为"全面的"；E（everyone, everything, everyday）意为"每个人、每件事、每一天"；C（control & clear）意为"控制和清理"。其含义是全方位地对每个人每一天所做的每件事进行控制和清理，做到"日事日毕，日清日高"，今天的工作今天必须完成，今天的效果应该比昨天有提高，明天的目标要比今天的目标高。具体地讲就是企业每天的事都有人管，做到控制不漏项；所有的人均有管理、控制的内容，并依据工作标准对各自的控制项目按规定的计划执行，每日把实施结果与预定的计划指标进行对照检查、总结、纠偏，达到对事物全系统、全过程、全方位的控制、事事控制的目的，确保事务向预定的目标发展。

启发思考：
(1) 设备管理的优点是什么？
(2) 如何进行合理的设备管理？

第四节
设备的更新与改造

设备更新和改造是促进科学技术和生产发展的重要因素；是扩大再生产，节约能源的根本措施；是搞好环境保护及改善劳动条件的主要方法；同时也是产品更新换代、提高劳动生产率、获得最佳经济效益的有效途径。

一、设备的寿命与更新

1. 设备的寿命

设备寿命是指设备可运行的年限。可从四种不同角度划分设备寿命。

(1) 物理寿命

物理寿命是指设备从全新状态下开始使用，直到不堪再用而予以报废的全部时间过程。自然寿命主要取决于设备有形磨损的速度。

(2) 技术寿命

技术寿命是指设备在开始使用后持续地能够满足使用者需要功能的时间，其时间长短主要取决于无形磨损的速度，技术进步速度越快，设备的技术寿命越短。

(3) 经济寿命

经济寿命是指从经济角度判断的设备最合理的使用年限，在数值上等于使投入使用的设备等额年总成本（包括初始购置费用和使用过程中的年运营费用）最低或等额年净收益最高的期限，经济寿命是有形磨损和无形磨损共同决定的。

(4) 折旧寿命

折旧寿命是指按国家有关部门规定或企业自行规定的折旧率，把设备总值扣除残值后的余额，折旧到接近于零时所经历的时间。折旧寿命的长短取决于国家或企业所采取的政策和方针。

2. 设备的更新

设备更新是指用新型设备更换原有的技术落后或经济上不合理的旧设备。分为原型更新和技术更新两种方式。

(1) 原型更新

原型更新也称简单更新，是指用同类型的新设备代替旧设备。它适用于设备的技术寿命尚可，但物质寿命已尽，或设备制造厂受技术水平限制不能提供新的机型。

(2) 技术更新

技术更新是指用技术上更加先进、效率更高的先进设备来代替技术寿命已尽、经济上不宜继续使用的陈旧设备。

(3) 设备更新的原则

① 设备更新应当结合企业的经济条件，有计划、有重点、有步骤地进行。

② 要做好调查摸底工作，根据企业的实际需要和可能，安排设备的更新工作。注意克服生产薄弱环节，提高企业的综合生产能力。

③ 应有利于提高生产的安全程度，有利于减轻工人劳动强度，防止环境污染。

④ 更新设备要同加强原有设备的维修和改造结合起来，如改造后能达到生产要求的，可暂不更新。

⑤ 讲求经济效益，做好设备更新的技术经济分析工作。主要包括确定设备的最佳更新周期，计算设备投资回收期等。

二、设备的技术改造

1. 设备技术改造的内容

设备技术改造是指运用新技术对原有设备进行改造，以改善或提高设备的性能、精度及生产率，减少能耗及污染。设备改造时必须考虑生产上的必要性、技术上的可能性和经济上的合理性。设备改造的主要作用是补偿无形磨损，某些情况下也补偿有形磨损。通过改造可实现企业生产手段现代化，因此，又称设备的现代化改装。它贯穿于设备使用的整个过程。

设备的技术改造可分为：①大型设备进行现代化改造；②将普通设备改造成专用设备；③对设备的重点部件进行改造。

2. 设备技术改造的特点

(1) 相关性强

企业设备的技术改造不仅仅与设备、管理人员有关，更与设备操作人员有关，只有技术人员掌握好新技术，懂得如何驾驭新设备，才能够为企业带来更高的利益。

(2) 针对性强

企业的设备技术改造，一般是由设备使用单位与设备管理部门协同配合，确定技术方案，进行设计、制造的。这种做法有利于充分发挥他们熟悉生产要求和设备实际情况的长处，使设备技术改造密切结合企业生产的实际需要，所获得的技术性能往往比选用同类新设备具有更强的针对性和适用性。

(3) 现实性大

一个国家所拥有的某种设备的生产能力是有限的，不能够全部用来更新设备，所以采用技术改造更具有现实性。

(4) 经济性好

设备技术改造可以充分利用原有设备的基础部件，比采用设备更新的方案节省时间和费用。此外，进行设备技术改造常常可以替代设备进口，节约外汇，取得良好的经济效益。

(5) 风险性高

尽管许多技术改造项目采用的是成熟技术，但企业的技术改造还是存在很强的市场风险、技术风险和经营风险。

~~~~ 案例四 ~~~~

技术改造投入的争议

机械行业某企业的生产部门主管和技改部门主管在一次公司例会上，就设备技术改造的投入策略展开争议。生产部门经理 A 认为，公司的当务之急是降低成本，不要在效益不好的情况下还加大设备技术改造的力度,他认为那样做是"找死"。技术改造部门经理 B 认为,如果现在再不加大设备技改投入力度,将会阻碍资本扩张、延迟新技术的采用,这无疑是在"等死"。

启发思考:

请问假若你是总经理,你如何说服双方达成一致?

答:经理 A 需要拿出证据说明加大技改力度对公司的负面影响;在增加成本的同时,技术革新会不会因生产力的提高给公司带来更大利益,从长远角度来看是否对公司有利;公司效益不好有没有技术水平不高的因素;如果不改,公司能否应对采用了新技术的同行竞争。

经理 B 需要用证据说明公司加大技改力度的必要性,加大或不加大技改力度对公司未来的影响如何,能否给公司带来长远的、更大的利益;如果加大技改力度,什么时候改更合适,以公司现在的财务现状又能否应对。

总经理再根据两位经理的阐述,先确定以下问题,进而让两位经理达成共识:

① 加大技改力度与不加大技改力度,对公司的利弊。
② 效益不好,有没有技术水平因素,其影响有多大。
③ 加大技改对效益的影响。
④ 要不要加大技改力度。
⑤ 是先降低成本,还是先加大技改力度。
⑥ 什么时候实施更合适。
⑦ 公司财政是否能应对。

本 章 小 结

设备管理是以设备为研究对象,追求设备综合效率的科学型管理。首先,本章从设备管理概念、演进和意义等方面对设备管理进行概述。设备的选购是设备管理的起点,生产安装与调试是设备进入工作程序的主要环节,它直接影响设备后期的使用和维修环节。接下来,本章详细介绍了设备种类、选择原则、经济评价以及设备的安装调试的相关内容。合理使用设备是控制技术状态变化和延缓工作能力下降的首要事项。此外,设备的寿命在很大程度上取决于维护保养的程度。因此,本章对设备如何合理使用和维护保养进行了详细阐述。最后,本章对设备的更新与改造进行了概述。本章旨在全面了解并掌握设备管理的相关内容及方法。

一、名词解释

1. 设备寿命周期 2. 设备的精神磨损 3. 设备维修 4. 设备经济寿命

二、简答题

1. 简述设备的寿命理论。
2. 什么是设备管理?设备管理的特点是什么?
3. 企业的设备管理应当遵循哪些方针原则?
4. 企业设备管理的主要任务是什么?
5. 设备技术改造的内容和特点。

第十四章

新型生产运作方式

【学习目标】
1. 掌握准时生产的目标和适时适量生产的基本手段；
2. 了解精益生产的特点、误区、常见问题以及效果；
3. 学习敏捷制造的三要素、基本理念以及特点，学会选择敏捷制造的工具；
4. 对大规模定制的相关内容有所了解；
5. 理解约束管理的方法。

案例一

三洋公司的准时生产

广东三洋科龙冷柜有限公司由日本三洋株式会社和国内制冷龙头企业科龙集团于1996年合资组建，日资控股。其主要产品为冷柜和冰箱，设计产能35万台/年。实施全面的日式管理体系。所有设计工作与生产管理，都采用计算机作业，以保证高效率。制冷业均采取批量生产。

三洋科龙公司的生产流程是：根据订单以及销售预测安排生产计划，提出材料清单，以采购各种原材料来满足生产需要。但此生产模式常遭遇生产周期长、交货周期长、生产现场产品囤积、库存过高等问题，造成成本积压与浪费。因此，三洋科龙决定进一步引入JIT体制来改善生产作业。

三洋科龙首先运用群组归类将流程分成钣金件、喷涂件和组装三个群组部分。实行群组布置，可以为小批量、平准化生产打好基础。持续稳定生产质量并严格把关，是维持JIT系统运作的要点。三洋科龙参照日本三洋的成功经验和制度建立起自己的各工序操作标准，包括自主检查制度、标准作业程序、加工线工序平衡，并对公司内相关人员进行教育训练。从公司的车间现场来看，由于是规划为大批量生产，因此引进了多部精密数控机床。将JIT导入生产线，必须有合理的规划布置。由于作业的完善小部件与箱体钣金件能否配合是JIT运用成功的关键所在，所以，依照产品作业特性，将生产流程划分为：小构件加工、冰箱门板和箱体制造组装作业两个阶段进行作业。

制造业首先提出学习曲线理论，提出重复性的作业具有学习效益而得以减少其作业的时间，由累积的工作经验可学习做得更快更好。三洋科龙公司在计划阶段尽量安排每日相对固定的作业数量和稳定的作业内容，使得企业生产快速进入稳定生产阶段，减少了学习过程造成的生产力损失。依据现场实作统计结果，生产效率提高了约13%。三洋科龙由于实施JIT生产作业，将不会有整批的小构件及箱体板堆放在生产线旁，因此可大幅缩减生产作业面积,第一阶段的作业面积减少50%,第二阶段的作业面积减少15%,使工作空间更能有效利用。

传统的作业方式,工人为了方便会事先加工多余的小构件,是一种生产过剩的浪费。采用JIT体系,箱体制造所需的小构件和箱板完全配合生产排程,因而每月半成品库存下降30%,每月成品库存下降60%,因此每月可减少利息支出及搬运费用约22万元。采用标准作业程序使工人操作水平保持稳定,同时落实自主检查制度使生产质量大幅提升。经实测结果显示,钢板切割不良率由改善前3%降为改善后的1.2%,而成型电焊不良率则由改善前3.5%降为改善后的2%。因而维修费用每月减少10万元,且生产线得以维持连续性生产,避免工序中断问题。

启发思考:
(1) 通过分析上述案例,总结准时生产的实施步骤。
(2) 准时生产的优点有哪些?
(3) 你能举例说明哪个制造型企业在组织生产中运用了准时生产方式吗?

第一节
准时生产

准时制的概念最早是在密歇根河边亨利·福特(Henry Ford)的大型工业联合体中出现的。丰田公司从福特的运营中学到了很多东西,准时生产方式就是源于日本丰田汽车公司的一种生产管理方法。它的基本思想可用现在已广为流传的一句话来概括,即"只在需要的时候,按需要的量生产所需的产品",这就是准时生产(just in time,JIT)。

一、准时生产的生产方式和目标

JIT是指企业生产系统的各个环节、工序只在需要的时候,按需要的量生产所需要的产品。JIT是一种生产系统,在系统中,生产过程中的商品运动时间和供应商的交货时间经过系统的统筹安排,在作业过程中的每一步都恰好在前一个工序刚结束时到达,因此称之为准时。

JIT的核心目标是追求一种无库存或使库存达到最小的生产系统,降低成本。通过"减少库存—暴露问题—解决问题—减少库存"的循环过程,不断地消除各种浪费。JIT生产方式的目标即企业的经营目的:获取最大利润。因而,"降低成本"就成为基本目标。同时,还有更快速响应客户需求、部门之间或供应商之间有较好的沟通、更有弹性以及达到更好的品质等目标。

在福特时代,降低成本主要是依靠单一品种的规模化生产来实现的。浪费被定义为"只使成本增加的生产诸因素",即不会带来任何附加价值的诸因素,其最主要的有生产过剩(即库存)所引起的浪费。其他浪费还包括:过量生产,包括制造资源的过度使用;等候时间,需要一段时间,但不增值;不必要的运输,增加处理成本,增加在制品存货;处理不当,产生不必要的生产步骤、废料;低效工作方法,指生产布局与物料移动不合理,增加在制品存货;产品缺陷,需要返工成本,以及顾客不满意引起的可能的销售损失。

二、准时生产的基本手段

为了达到降低成本这一基本目标,准时生产的基本手段可以概括为三个方面。

1. 适时适量生产

对于企业来说，各种产品的产量必须能够灵活地适应市场需要量的变比，避免浪费就要实施适时适量生产，只在市场需要的时候生产所需的产品。具体方法：生产同步化和生产均衡化。

（1）生产同步化

为了实现适时适量生产，需要生产的同步化。即：工序间不设置仓库，前一工序的加工结束后，使其立即转到下一工序去，装配线与机械加工几乎平行进行。生产的同步化通过"后工序领取"的方法来实现。即"后工序只在需要的时间到前工序领取所需的加工品；前工序按照被领取的数量和品种进行生产"。

例如，在机械加工过程中，在铸造、锻造、冲压等必须成批生产的工序，则通过尽量缩短作业更换时间来尽量缩小生产批量。制造工序的最后一道即总装配线成为生产的出发点，生产计划只下达给总装配线，以装配为起点，在需要的时候，向前工序领取必要的加工品。而前工序提供该加工品后，为了补充生产被领走的量，必向更前道工序领取物料。这样把各个工序都连接起来，实现同步化生产。这样的同步化生产还需通过采取相应的设备配置方法以及人员配置方法来实现。

（2）生产均衡化

生产均衡化是指总装配线在向前工序领取零部件时，应均衡地使用各种零部件，生产各种产品。为此在制订生产计划时就必须加以考虑，然后将其体现于产品生产顺序计划之中。

在制造阶段，生产均衡化就是采用专用设备通用化和制定标准作业来实现。所谓专用设备通用化，是指通过在专用设备上增加一些工夹具的方法使之能够加工多种不同的产品。标准作业是指将作业节拍内一个作业人员所应担当的一系列作业内容标准化。生产均衡化是实现适时适量生产的前提条件。

2. 弹性配置作业人数

降低劳动力的费用是降低成本的一个重要方面，为达到这一目的，方法是"少人化"。所谓少人化，是指根据生产量的变动，弹性地增减各生产线的作业人数，以及尽量用较少的人力完成较多的生产。这种"少人化"一反历来的生产系统中的"定员制"，是一种全新人员配置方法。其具体的实现方法是实施独特的设备布置，以便能够将需求减少时，将作业所减少的工时集中起来，以整顿削减人员。但从作业人员的角度来看，这意味着标准作业中的作业内容、范围、作业组合以及作业顺序等的一系列变更。因此，为了适应这种变更，作业人员必须是具有多种技能的"多面手"。

3. 质量保证

在 JIT 生产方式中，通过将质量管理贯穿于每一工序之中，来实现提高质量与降低成本的一致性，具体方法是"自动化"。这里所讲的自动化是指融入生产组织中的两种机制。一是使设备或生产线能够自动检测不良产品，一旦发现异常或不良产品可以自动停止设备运行的机制。为此在设备上开发、安装了各种自动停止装置和加工状态检测装置。二是生产第一线的设备操作工人发现产品或设备的问题时，有权自行停止生产的管理机制。依靠这样的机制，不良产品一出现马上就会被发现，防止了不良的重复出现或累积出现，从而避免了由此可能造成的大量浪费。由于一旦发生异常生产线或设备就立即停止运行，比较容易找到发生异常的原因，从而能够有针对性地采取措施，防止类似异常情况的再发生，杜绝类似不良产品的再产生。

在 JIT 生产方式中，一旦发现问题就会使其停止，并立即对其进行分析、改善，久而久之，生产中存在的问题就会越来越少，企业的生产素质就会逐渐增强。在这个体系中，包括

JIT生产方式的基本目标以及实施这些目标的诸多手段和方法，也包括这些目标与各种手段方法之间的相互内在联系。

三、实现适时适量生产的管理工具——看板

为了实现适时适量生产，准时生产开发了包括"看板"在内的一系列具体方法，并逐渐形成了一套独具特色的生产经营体系。准时生产方式在最初引起人们的注意时曾被称为"丰田生产方式"，后来随着这种生产方式被人们越来越广泛地认识研究和应用，特别是引起西方国家的广泛注意以后，人们开始把它称为 JIT 生产方式。

1. 看板的概念

看板是一种传递生产信息的卡片，根据其在生产控制中的作用分为生产指示看板、取货看板和其他看板三类。其中，生产指示看板用来传递生产指示信息，生产指示看板上载有详细的生产指标，是各个工序进行生产的依据。生产指示看板又分为一般生产指示看板和三角看板。三角看板用于批量生产的制品。取货看板分为企业内取货看板和外协取货看板，都标有详细的取货信息。其他看板一般包括紧急看板、临时看板。

在实现适时适量生产中具有极为重要意义的是作为其管理工具的看板。看板管理也可以说是 JIT 生产方式中最独特的部分。因为如前所述，JIT 生产方式的本质是一种生产管理技术，而看板只不过是一种管理工具。典型的生产看板有工作地号、零件号、零件的存放地点、所需要的物料颜色等相关信息，详见图 14.1。

```
工作地号：38#油漆
零件号：A435油箱座
放于出口存放处：No38-6
所需物料：5#漆，黑色
放于压制车间：21-11号储藏室
```

图 14.1　典型生产看板

2. 看板的功能

看板的主要功能是传递生产和运送的指令。在 JIT 生产方式中，生产的月度计划是集中制订的，同时传达到各个工厂以及协作企业。而与此相应的日生产指令只下达到最后一道工序或总装配线，对其他工序的生产指令通过看板来实现。即后工序"在需要的时候"用看板向前工序去领取"所需的量"时，同时就等于向前工序发出了生产指令。由于生产是不可能100%的完全照计划进行的，月生产量的不均衡以及日生产计划的修改都通过看板来进行微调。看板就相当于工序之间、部门之间以及物流之间的联络神经。各工序要根据看板进行生产和运送，如果没有看板，就不进行生产，也不进行运送。如果看板数量减少，则生产和运送的量也相应减少，因为看板所标示的只是必要的量。所以，运用看板能够做到自动防止过量生产和过量运送。

看板是管理人员进行目视管理的有效工具。看板会附在实物上存放，前工序须按照看板上的顺序进行生产，所以作业现场的管理人员对生产的优先顺序能够一目了然。他们想要了解后工序的生产情况、本工序的生产能力利用情况、库存情况及人员的配置情况等信息，只要通过看板就可以知道了。

看板除了以上的生产管理功能以外，还有一大功能，即改善功能。通过看板，可以发现生产中存在的问题，从而立即采取改善对策。看板数量多了，就说明中间的在制品多了，我们可以通过不断减少看板来不断减少中间在制品。最理想的状态就是减少到没有看板。每一个工序只有一个在制品，在制品生产完以后马上送到下一道工序，这时候就不用看板了。当

然，实际操作中企业还是需要看板的，只是我们要尽量减少看板，看板越少，表明我们的工作就做得越好。所以看板就是一个改善的工具，我们可以把十个看板变成八个、变成七个、变成五个、变成三个等，这样不断地改进。

3. 看板的计算方法

（1）参数的设定

N_m 为生产看板的数量；N_p 为传送看板的数量；D 为日需求量；T_w 为零件等待的时间，即传送看板循环时间（日）；T_p 为零件加工的时间，即生产看板循环的时间（日）；A_w 为等待时间；A_p 为加工时间容差；b 为容器中零件的标准数量。

（2）计算公式

$$N_m = DT_w(1+A_w)/b \tag{14.1}$$

$$N_p = DT_p(1+A_p)/b \tag{14.2}$$

【例 14.1】 对某零件的日需求量为 24000 个，标准容器的数量为 100 个，每天一班 8 小时，零件等待的时间，即传送看板循环时间 T_w 为 1 小时，零件加工的时间，即生产看板循环的时间 T_p 为 0.5 小时，假定等待时间和加工时间容差是相等的，$A_w = A_p = 0.2$。求：看板的数量。

【解】
$$N_m = 24000 \times (1+0.2)/(100 \times 8) = 36 \text{（个）}$$
$$N_p = 24000 \times 0.5 \times (1+0.2)/(100 \times 8) = 18 \text{（个）}$$

答：生产看板需 36 个，传送看板需 18 个。

第二节

精益生产

精益生产（lean production）也称精益制造（lean manufacturing），是将精益的思路运用到整个企业经营管理层面，如战略、营销、财务、研发、生产、物流、采购、人力资源、供应链管理等，彻底消除浪费，以实现用最小的投入，获得最大的产出目标。它一般是由企业最高层主导的为了实现业绩目标有意识开展的、持久性的管理变革。它通过对员工能力、观念、制度和流程的持续改善来实现业绩提升。

一、精益生产的内容及特点

1. 精益生产的内容

精益生产的要素主要包括：消除浪费，持续改进，消除任何不增值的事物，例如：在制品、库存是对资源的闲置并且都会增加系统成本；易于管理的简单系统，例如：可视化系统、看板管理等；使用能减少原材料和部件移动时间的生产布置、从源头控制质量（每个员工必须为其产出负责）、缺陷预防（自动防故障工具和方法来预防错误、预防性维护设备停工的危险）、良好的现场管理（5S 管理：整理、整顿、清扫、清洁、素养）、员工交叉培训（提高员工综合素质，缩减交接时间）、拉式管理。

2. 精益生产的特点

在企业实施精益生产，必须注意三个关键点。第一，强调长短结合，即在较短时间内使企业取得显著进步，取得有震撼力的早期成果，才能长期获得更多人的支持与投入。

第二，强调在精益工具、组织支撑、理念共振三个方面齐抓并举。第三，要提出明确的精益目标，并且一定要在项目酝酿阶段就要系统地设计一套全面而切实可行的精益方案。

很多企业也一直在做管理优化活动，系统的精益生产与企业过往的管理优化的做法有很大不同。第一，精益工具、组织支撑、理念共振三个方面齐抓并举，系统、全方位地进行变革。第二，过往的管理优化一般限于局部，而精益生产则一定是高层挂帅的全局项目。第三，精益生产是根据目标找路径，强调从根本上改善问题。第四，精益生产最大的特点在于全员（特别强调一线员工）参与。第五，一般的管理优化针对的多是短期目标，较少关注可持续性，而精益生产则是长短兼顾，致力于通过搭建多种管理平台和长效机制来推动持续改善和成果固化。第六，精益生产强调提炼标准化的运营管理体系，更有利于把子系统里的改善经验在企业内部进行复制推广。

精益生产的成功要诀在于注重在精益工具、组织支撑、理念共振上三管齐下，缺一不可。精益工具是让资产和资源得到配置和优化，从而创造价值和最大程度减少浪费的方法，解决的是"如何做"的问题，缺乏工具就会让员工觉得是赤手空拳做精益。组织支撑通过管理资源以便为精益生产提供支持的正式结构、流程和体制，否则精益生产就会出现群龙无首的问题，不知道"谁来做"。而理念共振决定了员工在国企中用精益的理念进行思考和行动，避免了不知道"为什么做"的问题。

3. 精益生产的问题

精益生产是一项艰巨而复杂的系统工程，有些企业由于以下原因可能无法完全达到预期的精益效果。

① 最常见的原因是组织的惰性使得精益项目虎头蛇尾，无法坚持推行。

② 比较普遍的问题是项目管理不善，推进和落实职责不清，团队忙于日常琐事而不能看清全局，缺乏系统的分阶段推进方法。

③ 在精益生产推行中，过分倚重技术解决方案和硬件投资解决问题，没有足够的激励制度来调动一线员工的积极性。

④ 影响效果的问题是项目目标设置不合理，目标设定过低或过高都会导致团队在推进过程中后劲乏力，最终不了了之。

⑤ 经常在企业中出现的通病是未投入足够的精益骨干，导致推动力不足。这个问题追根溯源还是企业缺乏既懂精益又懂运营的复合型人才。

二、实现精益生产的关键因素及优势

1. 精益生产的关键因素

精益生产的效果大多数和人的因素有关，要确保精益生产"可持续、成规模、效益好"，需要从以下五个方面下大功夫。

① 在项目管理上，应强调效益与系统并重，要设立健全的项目推进办公室负责项目进度管理和追踪。

② 需要强调的是企业领导的支持，这种支持要体现在思想和行动的统一上，企业领导要坚持定期参与推进委员会议，要在自己的日常工作中分配充分的时间。

③ 精益生产中尤为重要的是各层级能力培养，要完善精益骨干的招聘和培养机制。

④ 精益生产的成功，很大程度上取决于一线员工的接受与执行，企业要注重对一线进行精益生产的宣传贯彻和动员，在一线积极推动，比如落实一线员工坚持按标准化流程进行作业等。

⑤ 作为精益生产落地保障的绩效管理，通过关键绩效指标法（KPI）和目标的科学设置，能可靠地衡量精益生产的执行效果。企业要通过持续地绩效对话，保障精益生产的推进。

2. 精益生产的优势与风险

精益生产的主要优点是与传统的运营系统相比，利用更少的资源生产或提供质量更好的产品或服务。精益生产可以实现较低的库存水平、高质量产品、柔性或较短的提前期、较高生产率和设备利用率、较少次品数和返工数、较少的空间需求等。

风险则来自缓冲的短缺，比如一旦出现某些问题会要求有额外的员工和库存储备。风险所带来的后果可能有丧失销售和顾客。供应商的管理对整个运营十分关键，如果供应商无法使其工厂的生产能力应对不断变化的需求，那么容易出现中断，对系统产生威胁。此外，由于低水平库存的特点，无法及时应对自然灾害切断供应来源的风险。

案例二

华泰集团精益生产经营实施案例

项目背景：华泰集团坐落于黄河三角洲最美丽的年轻城市——东营市，是以造纸为主，集化工、印刷、热电、林业、物流、商贸服务于一体的全国500强企业，是中国上市公司100强企业和中国行业100强企业之一，是山东省政府直接调度的24家重点企业集团之一。在国家统计局公布的首届全国大企业集团竞争力500强中排名第3位，全省纳税百强排名第29位，其中在造纸企业名列第1位。在发展过程中，华泰集团计划投资100多亿元陆续增上"林浆纸一体化"国家重点技改项目、与广东新会双水发电厂合资的40万吨新闻纸项目、与世界500强企业——斯道拉恩索集团合资建设年产20万吨SC纸、"兴广"铁路线及其化工和造纸助剂项目，并投资扩建五星级酒店、房地产开发和市政场馆建设。2010年实现造纸年产量300万吨，化工及造纸助剂200万吨，印刷能力80万色令，年销售收入突破200亿元，使华泰成为一个以高科技产品的研制开发、生产经营、技术服务、国际贸易为主导，集科、工、贸于一体的、具备国际市场竞争力的一流现代化企业集团。企业在高速发展过程中，产业和规模在不断地扩大，上市公司，对精益生产经营需求越来越迫切。

项目现状分析：公司前期主要是为了满足业务的快速增长，在公司产业链的上游、下游一体化扩张，企业走的是规模最求效益之路，随着公司产能和产量均达到国内领先地步，企业以前粗放式经营在逐渐转向集约化经营等，但公司精益经营管理上，还存在如下问题：

（1）公司采取按库存进行生产的模式，库存周转周期长达到3个半月，库存周转周期约为3.5次；

（2）材料、半成品库存、产成品库存高；

（3）质量不稳定，导致质量损失高；

（4）确认有效经营量化机制；

（5）有些分子公司生产一线人均效率为45万元，效率低下；

（6）员工精益士气低落，缺乏主观能动性；

（7）对下属分子公司上报数据没有进行有效管理。

启发思考：

请你根据精益生产相关内容帮助该企业制定解决方案。

第三节 敏捷制造

20世纪80年代后期,美国意识到了必须夺回在制造业上的优势,才能保持在国际上的领先地位。1991年美国国会提出要为国防部拟定一个较长期的制造技术规划,要能同时体现工业界和国防部的共同利益。于是,委托里海大学(Lehigh University)的亚科卡(Iacocca)研究所编写了一份《21世纪制造企业战略》的报告,提出了"敏捷制造"(agile manufacturing,AM)的概念,描绘了一幅在2006年以前实现敏捷制造模式的图画。敏捷制造的核心思想是:要提高企业对市场变化的快速反应能力,满足顾客的要求。除了充分利用企业内部资源外,还可以充分利用其他企业乃至社会的资源来组织生产。

一、敏捷制造的基本理念

1. 使顾客富裕(enriching the customer)

敏捷制造把目标定位在大量个人市场上,主要满足顾客个性化的需求,而评价标准则又只以"顾客满意"为标准。因此,必须突破传统观念。顾客感觉到的是他的问题得到了解决,而不单是拿到了一个实体的产品。当然,"解决"并不是说没有实体产品的抽象结果,而是指完全按照顾客要求的个性化的产品和服务的综合,其价值体现在使顾客真正感受到"我的问题解决了",甚至是"我赚到了"。

2. 销售"解决方案"(solution)而不是产品

对于"解决方案",顾客支付的费用则是一个在供应商和顾客之间都认可的这个"解决方案"的价值。比如,在同一航班上的乘客,可能其票价差别很大。有些旅游的乘客为了买便宜的机票,提前很多天订票,完全听从航空公司安排的航班。而有的经理由于临时决定商务谈判,要求马上订到机票,航空公司就为他们提供高价机票,满足了他们的"及时性"要求。要签一项几百万元的合同,如果能及时到达,合同就可以签成了;如果不能,合同就不能签了。这就是为不同需求的顾客提供"个性化"解决方案。

3. 用合作加强竞争

从组织内部来说,主要是发扬团队的合作精神。要鼓励员工协同工作解决问题,把合作看成是一种义务,而不是互相推诿责任。

从组织外部来说,合作已经扩展到了与以前竞争对手之间的合作。比如:日立和IBM公司在计算机主机市场上一直是竞争关系,但现在成了合作伙伴。日立买进IBM的主机CMOS处理机芯片,经IBM许可并制造IBM结构的主机,以日立牌子进行销售。当然,为了公平的利益分配,供应商、合作伙伴以及顾客该共享信息,互相受惠,进而创建或加入"虚拟企业"制定出的标准。

4. 急救室式的工作

对于敏捷制造企业,可以类比为医院的急救室,在那里,准备了一套人力的、技术的和制度的资源,随时可以按特殊需要,重新组合成各种不同的组织形式。对于敏捷制造,为了能完成一项用户需要的紧急订单,首先是人员之间能主动承担任务,相互积极配合。其次是设备器材、专业知识等也能做最灵活的调度。完成紧急订单时,人员上要密切配合,主动承担任务。管理上,强调权力分散,让中下层管理人员在保证企业总任务的前提下,有更多的自治权。整个企业做出敏捷的响应。

5. 充分发挥人和信息的作用

在企业中最重要的核心资源不是技术、厂房，也不是设备，而是人和信息。敏捷制造企业应该不断地探索和实施激励人的主动性和创造性的措施。市场的急剧变化，最主要是要掌握用户需求的变化和在竞争中知己知彼。"敏捷"的基本思想是既快又灵，所以一定要把信息的价值提高到足够的高度来认识。

二、敏捷制造的特点和三要素

1. 敏捷制造的特点

敏捷制造是企业在无法预测的持续、快速变化的竞争环境中生存、发展并扩大竞争优势的一种新的经营管理和生产组织模式，其最基本的特征是智能和快速，具体特点如下。

为订单而制造，为订单而设计。从产品开发开始的整个产品生命周期都是为了满足用户需求，保持良好的信息沟通，根据用户反映建立组织机构，保证产品终身质量。

采用多变的动态的组织结构和信息集成，使一种产品生产 1000 件和 1000 种产品每种只生产一件的成本相差无几。

着眼于长期获取经济效益，用敏捷的能力实现低成本、高品质。

建立新型的标准体系，实现技术、管理和人的集成，重新配置组合。

最大限度地调动、发挥人的作用。

生产活动顺序为并行。

对员工采取继续教育的方式，珍惜雇员，雇佣知识面广的员工，向工作小组及其成员放权。

整个企业集成，综合不同公司的特长，形成虚拟公司，互相之间人力物力的资源共享，并且整个企业基于远景蓝图的管理与领导。

2. 敏捷制造的三要素

敏捷性是通过将生产技术、管理技术和人力资源三种资源集成为一个协调的、相互关联的系统来实现的。

（1）生产技术

首先，具有高度柔性的生产设备是创建敏捷制造企业的必要条件（但不是充分条件），具体体现是：由可改变结构、可量测的模块化制造单元构成的可编程的柔性机床组；"智能"制造过程控制装置；用传感器、采样器、分析仪与智能诊断软件相配合，对制造过程进行闭环监视等。

其次，在产品开发和制造过程中，能运用计算机能力和制造过程的知识基础，用数字计算方法设计复杂产品，可靠地模拟产品的特性和状态，精确地模拟产品制造过程。各项工作是同时进行的，例如同时开发新产品，编制生产工艺规程，进行产品销售。技术在缩短新产品的开发与生产周期上可充分发挥作用。

再次，敏捷制造企业是一种高度集成的组织。信息在制造、工程、市场研究、采购、财务、仓储、销售、研究等部门之间连续地流动，而且还要在敏捷制造企业与其供应厂家之间连续流动。在敏捷制造系统中，用户和供应厂家在产品设计和开发中都应起到积极作用。每一个产品都可能要使用具有高度交互性的网络。

最后，把企业中分散的各个部门集中在一起，靠的是严密的通用数据交换标准、坚固的"组件"（许多人能够同时使用同一文件的软件）、宽带通信信道（传递需要交换的大量信息）。把所有这些技术综合到现有的企业集成软件和硬件中去，这标志着敏捷制造时代的开始。敏捷制造企业将普遍使用可靠的集成技术，进行可靠的、不中断系统运行的大规模软件的更换,这些都将成为正常现象。

(2) 管理技术

敏捷制造在管理上所提出的创新思想之一是"虚拟",新产品投放市场的速度是当今最重要的竞争优势。推出新产品最快的办法是利用不同公司的资源,使分布在不同公司内的人力资源和物资资源能随意互换,然后把它们综合成单一的靠电子手段联系的经营实体——虚拟公司,以完成特定的任务。

同时,需要解决因为合作而产生的知识产权问题,需要开发管理公司、调动人员工作主动性的技术,寻找建立与管理项目组的方法,以及建立衡量项目组绩效的标准,这些都是艰巨的任务。

敏捷制造企业应具有组织上的柔性。因为,先进工业产品及服务的激烈竞争环境已经开始形成,越来越多的产品要投入瞬息万变的世界市场上去参与竞争。产品的设计、制造、分配、服务将用分布在世界各地的资源(公司、人才、设备、物料等)来完成。制造公司日益需要满足各个地区的客观条件。这些客观条件不仅反映社会、政治和经济价值,而且还反映人们对环境安全、能源供应能力等问题的关心。在这种环境中,应采用具有高度柔性的动态组织结构。根据工作任务的不同,有时可以采取内部多功能团队形式,请供应者和用户参加团队;有时可以采用与其他公司合作的形式;有时可以采取虚拟公司形式。有效地运用这些手段,就能充分利用公司的资源。

(3) 人力资源

敏捷制造企业能够最大限度地发挥人的主动性,有知识的人员是敏捷制造企业中唯一最宝贵的财富。敏捷制造在人力资源上的基本思想是,在动态竞争的环境中,关键的因素是人员。柔性生产技术和柔性管理要使敏捷制造企业的人员能够实现他们自己提出的发明和合理化建议。没有一个一成不变的原则来指导此类企业的运行,唯一可行的长期指导原则,是提供必要的物质资源和组织资源,支持人员的创造性和主动性。

敏捷制造企业中的每一个人都应该认识到柔性可以使企业转变为一种通用工具,这种工具的应用仅仅取决于人们对于使用这种工具进行工作的想象力。敏捷制造企业是连续发展的制造系统,该系统的能力仅受人员的想象力、创造性和技能的限制,而不受设备限制。

敏捷制造企业的特性支配着它在人员管理上所持有的、完全不同于大量生产企业的态度。管理者与雇员之间的敌对关系是不能容忍的,这种敌对关系限制了雇员接触有关企业运行状态的信息。信息必须完全公开,管理者与雇员之间必须建立相互信赖的关系。工作场所不仅要完全,而且对在企业的每一个层次上从事脑力创造性活动的人员都要有一定的吸引力。

三、敏捷制造技术基础

1. 敏捷制造信息需求

信息革命促使了市场全球化,使现代企业呈现集团化、多元化和动态联盟的发展趋势:企业跨越不同的地域,产品涉及多个领域。这些企业需要及时了解各地分公司的生产经营状况;同一企业不同部门、不同地区的员工之间也需要及时共享大量企业信息;企业和用户之间以及企业与其合作伙伴之间也存在着大量的信息交流。只有了解企业信息的需求,才能有效管理组织这些信息,选择合作伙伴,实现敏捷化制造。企业信息涉及有关产品设计、计划、生产资源、组织等类型的数据,不仅数据量大、数据类型和结构复杂,而且数据间存在复杂的语义联系,数据载体也是多介质的。

2. 敏捷化信息系统

敏捷化的信息系统是敏捷制造运行的基础平台。敏捷制造系统信息的采集、处理与分析、传递、集成的敏捷化是实现敏捷制造不可缺少的条件。敏捷化信息系统具有开放性、系统可重构性、软件可重用性和规模可扩展性，可以通过添加新的要素，改变要素之间的连接方式，使系统动态地改变为新的系统，以适应新的要求。

3. 敏捷化信息的工具集

在敏捷化信息系统中提供敏捷化工具集，为企业活动提供更好的服务。工具包括：决策支持系统（DSS）、多媒体协同工作环境、工作流管理系统、产品数据管理（PDM）、质量保证体系、计算机仿真技术、物料管理计划Ⅱ（MRPⅡ）、企业资源计划（ERP）、供应链管理系统（SCM）等。

案例三

爱思帝（重庆）驱动系统有限公司 ERP 成功案例

爱思帝（重庆）驱动系统有限公司是日本 EXEDY 集团在中国的控股子公司，位于重庆市南岸经济技术开发区。爱思帝（重庆）驱动系统有限公司经过十年的潜心耕耘，获得成倍攀升的业绩。随着企业的不断发展，各业务部门的协调越来越难，销售与生产（产销）、生产与采购（产供）之间协调困难，阻碍了企业的进一步发展。公司领导层为了保证企业整体业务流程的顺畅和规范，实现企业信息的集成，决定由重庆用友软件有限公司来实施爱思帝（重庆）驱动系统有限公司的 ERP 系统。

面对激烈的市场竞争，很多汽车零部件企业意识到信息化对企业发展和管理改善的重大作用，开始利用 ERP 等一整套先进的信息化工具来提升企业的管理水平。然而，汽车配件行业信息化的进程面临行业特点以及企业管理基础现状所引发的许多问题，例如：

① 由于市场变化莫测，主机厂一般又采用准时供货制，因此很难保证计划的稳定性，这必将对整个物流的计划和采购带来很大的不确定。

② 有效控制企业投入产出的能力。目前国内一些为主机厂配套的汽车零部件企业，其生产的投入产出存在较大的问题，生产成本相对过高。

③ "按时交付"能力。目前，主机厂普遍采用"即时供应"的供货方式，供应商根据客户的需要作时间安排，提前一小时或数小时将产品送达生产线供装配使用。另一方面，客户的要求也十分严格，如果导致客户的生产线停顿，供应商轻则支付违约赔偿，重则信誉受损，生产线停顿，竞争对手乘虚而入。

④ "快速反应"能力。统计表明，主机厂更换供应商的原因，约三分之二是原来的供应商未能作出适时的安排，客户的需求未得到重视和反馈。

通过 ERP 系统的实施，爱思帝（重庆）驱动系统有限公司在敏捷制造和精益生产两大方面获得了很强的改善能力，使企业有了不断进步的基础并已取得了一定成效。

在 ERP 系统实施过程中，爱思帝（重庆）驱动系统有限公司将台套计划方式转换成了零部件提前期计划方式。产品及部件级的生产计划直接按照产品、零件生产的提前期下达到各车间，各车间不能随意选择某种产品的完工时间，以及加工数量。以前因为一种零配件不到位而造成整个生产过程停滞、产品不能按时完工下线的情况减少了。由于改变了企业的计划方式，企业在制品的配套率得到大大提高。

台套计划方式根本不能考虑到通用件的生产情况，通用件的合批计划生产因此无法实现。结果是类似"成形"这种批量大、换模时间长的瓶颈工序生产的通用件只能凭经验排产，经常是该生产的东西没有生产，不该生产的东西却生产了很多。在系统实施过程中，用友顾问为爱思帝（重庆）驱动有限公司引进了"通用半成品纳入计划运算"的模式，通过 MPS/MRP 运算，自动得到包括通用零部件的具体需求计划。

采用零部件提前期计划后，爱思帝（重庆）驱动有限公司生产车间、采购人员对主机厂订单变化的反应时间从台套计划方式下 3 天时间，缩短到 1 个小时之内（MRP 计划时间缩短到 10 分钟之内），更好地响应了客户的变化；排月滚动计划的时间间隔从 1 个月缩短到 1 周，大大降低了预测的不准确性，为物料的均衡生产和采购奠定了基础。

在采购计划方面，爱思帝（重庆）驱动有限公司还通过应用 U8 系统的 PE 供应规则，将采购按期间进行批量合并，增加了采购批量、减少采购批次，增强了与供应商的谈判优势、拿到更低的采购单价，有效降低了采购成本。

厂内成品库房的管理——从粗放到精细，从延时到及时的数据统计。由于以前爱思帝公司的库房只用了用友的 U850 的库存管理，要到晚上才能把数据录入到 EXCEL 表单中，进行整理、归纳。一般一个月的数据要延迟一两周才能统计出来。后来，用友实施顾问在实施这个环境中，除了产品的编码规范、统一外，对库房进行了货位的管理，库管人员收成品和发货都一清二楚，同时对成品实行批次管理。成品库的管理细化到了每个客户所需要的产品、规格型号和批次号，同时对于当天的出入库账系统当天就能呈现出来，根本不用再手工登记台账了。

实时跟踪车间生产状况——再也不用跑断腿。现在，车间主任可以随时跟踪每一张订单的生产进度，保证订单能够按时按质实现交付。实施用友 U8 系统后，车间各工序完工后，随着产品、半成品的完工入库，各车间的生产情况生产进度一目了然，以前一天到晚跑断腿的现象大大减少。

启发思考：
(1) 请简述该企业应用 ERP 如何实现敏捷制造的。
(2) 库存方面如何实现精细化管理？

第四节
大规模定制

为顾客提供定制化的产品，全面提高顾客的满意度，已经成为现代企业追求新的竞争优势的一种必然趋势。大规模定制在系统思想指导下，用整体优化的观点，充分利用企业已有的各种资源，在标准技术、现代设计方法、信息技术和先进制造技术的支持下，根据客户的个性化需求，以大批量生产的低成本、高质量和高效率提供定制产品和服务的生产方式。

一、大规模定制概述

随着技术革命的产生、市场的转变、市场环境的变化以及信息技术与先进制造技术的发展，企业之间的竞争越发激烈，并且竞争逐渐转向基于时间的竞争和基于客户需求的竞争。在新的市场环境中，企业迫切需要一种新的生产模式，大规模定制（mass customization，MC）便由此产生。大规模定制是斯坦·戴维斯（Stan Davis）在他所著的《未来理想》一书中首先提出的。约瑟夫·派恩二世（B. Joseph Pine Ⅱ）对大规模定制进行了系统的阐述，他认为大规模定制式以满足顾客个性化需求为目标，以顾客愿意支付的价格，并以能够获得一定利润的成本高效率地进行定制，从而提高企业适应市场需求变化的灵活性和快速响应能力的先进生产方式。大规模定制将成为 21 世纪的主流生产方式。

1. 大规模定制的概念

大规模定制概念基本上可分为两类：一是广义上完全意义上的大规模定制；二是狭义上的大规模定制，它将大规模定制视为一个系统。前者的代表人物是 Davis 和 Pine Ò。Davis 将大规模定制定义为一种可以通过高度灵敏、柔性和集成的过程，为每个顾客提供个性化设计的产品和服务，来表达一种在不牺牲规模经济的情况下，以单件（one-of-a-kind）产品的制造方法满足顾客个性需求的生产模式。Pine Ò 将大规模定制分为四类，说明他开始倾向于从实用的角度定义大规模定制。许多学者将大规模定制定义为一个系统，认为其可以利用信息技术、柔性过程和组织结构，以接近大规模生产的成本提供范围广泛的产品和服务，满足单个用户的特殊需要。美国生产与库存控制协会认为大规模定制是一种创造性的大量生产，它可以使顾客在一个很大的品种范围内选择自己需要的特定产品，而且由于采用大量生产方式，其产品成本非常低。

大规模定制能够以几乎每个人都能付得起的价格提供差异化的产品，它是结合企业的实际能力（大规模定制能力），为单个客户或批量多品种的市场定制任意数量产品的一种生产模式。这种生产模式，通过把大规模生产和定制生产两种生产模式的优势有机地结合起来，在不牺牲企业经济效益的前提下，满足客户个性化的需要。

大规模定制的基本思想在于：通过产品结构和制造过程的重组，运用现代信息技术、新材料技术、柔性制造技术等一系列高新技术，把产品的定制生产问题全部或者部分转化为批量生产，以大规模生产的成本和速度，为单个客户或小批量多品种市场定制任意数量的产品。

徐福缘等认为，实现大批量定制生产的基本思路是减少定制量，在产品的生产过程中最大限度地采用通用的（泛指标准的、通用的、相似的）零部件和工艺过程等，尽可能减少定制的成分和由定制引起的零部件和服务的变化，从而实现大批量与定制两种生产方式的统一。

2. 大规模定制的特征

（1）以客户需求为导向

在传统的大规模生产方式中，先生产、后销售，因而大规模生产是一种推动型的生产模式；而在大规模定制中，企业以客户提出的个性化需求为起点，因而大规模定制是一种需求拉动型的生产模式。

（2）以现代信息技术和柔性制造技术为支持

大规模定制经济必须对客户的需求作出快速反应，这要求有现代信息技术作为保障。网络技术和电子商务的迅速发展，使企业能够快速地获取客户的订单；CAD 系统能够根据在线订单快速设计出符合客户需求的产品；柔性制造系统保证迅速生产出高质量的定制产品。

（3）以模块化设计、零部件标准化为基础

通过模块化设计、零部件标准化，可以批量生产模块和零部件，减少定制产品中的定制部分，从而大大缩短产品的交货提前期和减少产品的定制成本。

（4）以敏捷为标志

在传统的大批量生产方式中，企业与消费者是一对多的关系，企业以不变应万变。而在大规模定制经济中，企业与消费者是一对一的关系，企业面临的是千变万化的需求，大规模定制企业必须快速满足不同客户的不同需求。因此大规模定制企业是一种敏捷组织，这种敏捷不仅体现在柔性的生产设备、多技能的人员，而且还表现为组织结构的扁平化和精炼。

（5）以竞（争）合（作）的供应链管理为手段

在未来市场经济中，竞争不是企业与企业之间的竞争，而是企业供应链与供应链之间的竞争。大规模定制企业通过与其供应商建立起既竞争又合作的关系，共同来满足客户的需要。

3. 大规模定制的分类

企业采用的定制类型随产品性质、企业的技术水平、供应商的参与程度及顾客要求的不同而不同。因此，企业面临着选择何种定制化方式的问题。

约瑟夫·派恩二世和詹姆斯·吉尔摩（James H. Gilmore）提出了四种不同的定制方法：合作型定制（collaborative customization）、透明型定制（transparent customization）、装饰型定制（cosmetic customization）和适应性定制（adaptive customization）。合作型定制是指定制企业通过与客户交流，帮助客户澄清其需要，准确设计并制造出能够满足客户需要的个性化产品。透明型定制是指企业为客户提供定制化的商品或服务，而客户并没有清楚地意识到这些产品和服务是为其定制的，也就是说客户并没有参与商品的设计过程。这种定制方式适用于定制企业能够预测或简单推断出客户的具体需要的情况。装饰性定制是指企业以不同的包装把同样的产品提供给不同的客户。这种定制方式适用于客户对产品本身并无什么特殊要求，但要求包装符合其特定要求的情况。适应性定制是指企业提供标准化的产品，但产品是可客户化的（customizable），客户可根据自身需要对产品进行调整。

按照客户需求对企业生产的影响程度的不同，把大规模定制划分成四种类型：按订单销售（sale-to-order）、按订单装配（assemble-to-order）、按订单制造（make-to-order）和按订单设计（engineer-to-order）。

二、大规模定制实施的相关问题

1. 制约因素

（1）成本和交货提前期

大规模定制生产面临的最大挑战是成本和交货提前期。客户的定制要求往往增加了产品的复杂性，同时也增加了设计和加工的难度，从而增加了产品的成本。如何在满足客户个性化需求的同时，保持较低的定制成本，是大规模定制企业需要解决的首要问题。在大规模生产方式中，产品的生产先于需求；而在大规模定制生产中，定制是在客户提出需求之后才开始进行的，因此与大规模生产相比存在着时间上的劣势。如何快速地对客户的定制需要做出反应、及时提供定制化的产品或服务、缩短交货提前期，是大规模定制企业必须解决的第二大问题。而制约大规模定制的成本和速度的因素来自多方面。

（2）技术和组织结构

企业设计能力、制造技术、物流管理水平及信息沟通程度等方面的因素都会影响到大规模定制的效率和效益，这些因素归根结底是技术、组织结构和人员素质的问题。因此，有效实施大规模定制生产方式的前提是：定制企业必须提高信息技术水平，提高机器设备的柔性；对组织结构进行重新设计，建成一个灵活、高效、精练的组织；对员工进行培训，提高员工的素质。图 14.2 为大规模定制的制约因素的结构图。

2. 关键技术和相关技术

涉及大规模定制的技术主要是指生产组织与管理技术和先进设计与制造技术。前者主要指敏捷制造、供应链管理、精益生产等；后者主要是指先进制造技术（AMT），即诸如计算机数控（CNC）和柔性制造系统（FMS）、计算机辅助设计（CAD）、计算机辅助制造（CAM）、计算机集成制造（CIM）、电子数据交换（EDI）的通讯和网络技术等大规模定制必不可少的技术。其中，面向大批量定制的产品开发设计技术（DFMC）、面向大批量定制的管理技术、客户需求分析技术（QFD 等）、可重组的制造系统（RMS）和面向大批量定制的成本控制技术等是关键技术。樊树海等提到的关键技术及相关技术包括标准化技术、模

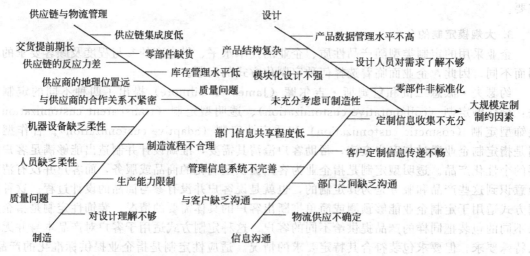

图 14.2 大规模定制的制约因素

块化设计技术和产品构造器技术,以及敏捷产品开发、业务过程工程、供应链管理、产品数据管理和信息资源共享技术。

三、大规模生产与大规模定制

1. 企业生产方式的变迁

到目前为止,企业的生产方式的变迁主要经历了三个阶段。

第一阶段:大规模生产。以人人都能买得起的价格生产标准化产品。

第二阶段:多品种小批量生产。给顾客更多的选择,使顾客从多样化的产品中找出最接近其需要的产品。

第三阶段:大规模定制生产。人人都能用合理的价格买到自己想要买的产品。

2. 大规模定制与大规模生产的比较

大规模定制与大规模生产的比较,可以从企业管理的理念、生产的驱动方式、企业的核心和战略、企业的生产经营目标、订货方式等方面进行比较,如表 14.1 所示。

表 14.1 大规模定制与大规模生产的比较

项目	大规模生产	大规模定制
管理理念	以产品为中心,以低成本赢得市场	以顾客为中心,以快速响应赢得市场
驱动方式	根据市场预测安排生产,属推动式的生产方式	根据客户定点安排生产,属拉动式生产方式
核心	通过稳定性和控制力取得高效率	通过灵活性和快速响应来实现多样化和定制化
战略	成本领先战略:通过降低成本、提高生产效率获取竞争优势	差异化战略:通过快速反应、提供个性化的产品获取竞争优势
目标	以低价格开发、生产、销售、交付产品和服务	以多样化和定制化开发、生产、销售、交付顾客买得起的产品和服务
订货	按照企业生产的产品满足客户订货要求	按照客户订货组织生产,满足客户个性化的要求
设计	针对某一产品设计,产品系列趋于增大,零件数量增加,零部件标准化程度低	针对产品簇设计,设计任务模块化,零部件标准化程度高,模块重用率高
制造	针对某一产品优化配置,大批量生产产品,制造自动化、智能化	合理的物流配置和通用性强的工艺,以批量生产的效益生产各种产品,制造虚拟化、网络化、个性化

续表

项目	大规模生产	大规模定制
生产时间	产品单一、产品开发周期长、产品生产周期长	产品随客户需求而变、产品开发周期短、产品生产周期短
技术	信息技术、标准化技术、快速制造技术	信息高速公路、产品变量结构模型、标准化技术、可重组制造系统
设备	机器设备专用,设备调整时间长,调整费用高	柔性的机器设备,设备调整时间短,调整费用低
成本	低成本	低成本
质量	质量稳定、标准化的产品和服务	高质量、定制化的产品和服务
销售	客户和企业以关系为纽带,关心的是如何推销已有的产品	客户和企业以技术为纽带,关心的是如何采用适用技术满足客户的需求
服务	难以达到客户十分满意	客户充分满意
员工	专业化、多面手、责任感强	协调能力强,创造性好
市场	需求稳定、统一市场	需求动态变化、多元化的细分市场

第五节 约束管理

约束管理可以帮助企业识别出在实现目标的过程中存在着哪些制约因素,并找出如何实施必要的改进,以便消除这些约束,从而更有效地实现企业目标。

一、约束管理及其指标

约束管理（theory of constraint,TOC）,也称作"制约法""制约管理""制约理论",或者"限制理论"。美国生产及库存管理协会（American Production and Inventory Control Society,APICS）又称它为限制管理（constraint management）。

1. 主要财务指标

NP、ROI 和 CF 三个指标是企业的主要财务指标,用来评价企业是否盈利。

净利润（net profit,NP）：一个企业赚多少钱的绝对量,净利润越高的企业,其效益越好。

投资收益率（return on investment,ROI）：表示一定时期的收益与投资的比。

现金流量（cash flow,CF）：表示短期内收入和支出的现金。没有一定的现金流量,企业也就无法生存下去。

2. TOC 的衡量指标

把企业各项生产活动和企业目标之间的关系联系起来,评价生产管理的结果对企业目标的贡献。TOC 具有可操作性的评价指标,能够把生产传统的关键活动与企业目标的实现紧密联系起来。

（1）有效产出

有效产出（throughput,T）即产销率,是指整个系统通过销售而获得资金,也就是单位时间内生产出来并销售出去所获得的销售收入（S）扣除原材料采购费用之后的利润额,即通过销售活动获取金钱的速率。从销售收入中扣除的这部分费用总称为纯变动费用（TVE），所以，单位时间销售收入与产销率的关系表示为：

$$T = S - TVE \tag{14.3}$$

公式(14.3)也可表示为：

$$T = (P - TVC)/t \tag{14.4}$$

式中，P 为销售价格；TVC 为总变动成本；t 为时间。

(2) 库存

库存（inventory，I），整个系统投资在采购上占用的资金，系统内目前占用的资金都作为库存来考虑，即库存是一切暂时不用的资源。包括：为满足未来需要而准备的原材料、加工过程的在制品（WIP）、零部件、未销售的成品，而且还包括扣除折旧后的固定资产（如厂房、设备、土地等）。

库存占用了资金，产生机会成本及一系列维持库存所需的费用。也可以简单地采用原材料成本对库存估价，还可以避免直接成本与间接成本的区分问题。可以说，库存即当前系统内占用的资金。

(3) 运营费用和利润

运营费用（operating expenses，OE）是指生产系统将库存转化为有效产出的过程中的一切花费，包括所有的直接费用和间接费用，直接人力成本（操作时间、休息时间、生病、休假等）；间接费用（期间费用、管理费用、销售费用）。

企业赢得利润是企业生产与运作的根本所在，企业现在和将来都赚钱。企业的作业指标、财务指标与制造周期的关系如图14.3所示。

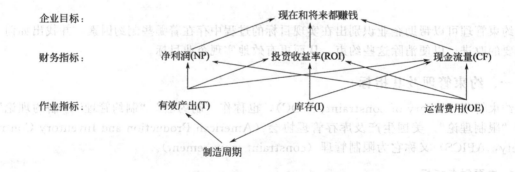

图14.3 企业的作业指标、财务指标与制造周期的关系

二、约束管理分析——产能

1. 寻找突破这些制约因素的办法

企业应集中精力于那些单位约束有效产出最高的产品和服务项目。约束可能来自企业内部，也可能来自外部，一般来说优先处理内部约束。约束可能来自：物料、能力、市场、政策、企业固有的制度、员工的态度和习惯等。

2. 服从制约因素

鼓-缓冲-绳子（drum-buffer-rope，DBR）系统，系统中非约束环节的产能高于约束环节，要降低产能使其服从约束的节拍，即其他的一切服从（同步）于制约因素。

3. 提高约束产能

如果经过前两步后产能仍不满足，应考虑增加产能，如增加设备、安排外协加工等。

4. 持续改进

企业应持续改进，返回到第一步识别一个约束后，要调整一系列政策，经过一轮循环后，可能产生新的瓶颈。

5. DBR 系统

DBR 原意是指实现步调一致行军的三个措施，在 DBR 系统中分别代表三个有机组成部分：主生产计划、缓冲时间和控制机制。

DBR 系统是借助于行军模型来描述生产活动中的两个基本现象及客观效果，并借助于步调一致的行军模型来寻找实现同步制造所应采取的技术措施。其具体含义如下。

① 击鼓（drum）：由走得最慢的士兵根据自己的步伐击鼓，所有的士兵按鼓点行军。

② 牵绳（rope）：防止队伍拉长。

③ 缓冲（buffer）：防止行走最慢的士兵受前面士兵的影响。

行军模型生动描述了生产活动两个基本现象下的客观效果。大多数管理工作者都认识到生产系统中的"矮胖子"——瓶颈资源在生产系统中的特殊作用，并且大多数采用扩充生产能力来平衡生产系统的办法，试图消除瓶颈资源在生产过程中的不良影响。生产系统中瓶颈资源的成因既可能是能力不足，也可能是因计划、管理不当等引起的。

如果我们动态地去看生产活动中的基本现象，不难发现能力不平衡是绝对的，与其追求能力平衡，不如追求物流平衡，即通过生产系统的协同作业实现物流同步化。基于这种认识，DBR 系统把重点转移到瓶颈资源的挖掘上，并使系统其他所有生产资源的运作与保证瓶颈资源潜力的最大限度发挥相协调来进行全方位的管理。

案例四

特色水饺店的业绩改善之路

一家特色水饺店，虽然只生产和销售一种水饺，但是销路很好，并且供不应求。但关店后，一些没卖完的半成品（面和馅）就要报废。水饺流程如图 14.4 所示。

图 14.4 水饺流程图

每天水饺店营业 12 小时，上午 7 点到晚上 7 点。每份水饺（12 个）卖 6 元，其中原料 3 元。小店的营运费每月 15000 元（含工资、租金和水电等）。每天 1 班 12 小时，员工隔天轮休，小店天天营业。除店长、收款台和服务环节外，制作流程每班有 5 个员工，以手工和常规设备进行生产，不过手工是该店特色所在，一般人难以在短期内学会某些特别的技能。现在，整个小店每天卖出水饺 300 份，利润多少？按 TOC 的计算法：

$$利润 = 有效产出 - 成本 - 费用 = (6-3) \times 300 \times 30 - 15000 = 12000（元）$$

改善计划：我们为小店制定一个改善的目标：不通过大的投资，短期内把利润提高一倍。（即使水饺店利润翻番，但不能扩大店面，因为没有容量增加设备、人力，且不能 24 小时营业，因为晚上 7 点到第二天 7 点一般没生意可做。）

(1) 识别系统约束。我们测出每个工序岗位的小时产能（份），如图 14.5 所示。其中箭头上方圆圈内的数字代表的是加工份数。

(2) 开发系统约束。每小时能包饺子 32 份，理论上可得 384 份，但实际上只有 300 份。

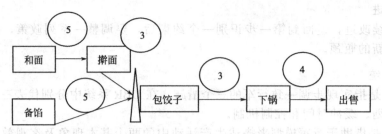

图 14.5　水饺制作工时图

为什么？即使包饺子岗位 12 个小时不缺人，也只能获得 345 份水饺。为什么？

第一问：在制作过程中，不能忽视客观因素，也就是不可避免因素，比如：吃饭时间、休息时间等制约条件，因此无法完成理论值。

第二问：即使包饺子岗位 12 小时不缺人，但每个小时的产量也会受到人工数量的影响，在满员时可以达到 32 份/小时，但是 12 小时不缺人并不意味着能达到满员制作，因此无法达到理论值。

（3）令其他一切迁就以上决定。在瓶颈前安排一个工作堆，即缓冲（buffer）消除瓶颈缺料，每天销售就达到 384 份，增加 39 份。

可增加利润：$(6-3)×39×30=3510$（元）

在制品浪费，损失达到原料成本的 5% 左右。

原料价：$3×345×30 天×5\%=1552$（元）

缓冲管理，导致报废减少了，利润可增加 1552 元。

（4）为制约松绑。提高包饺子工序的生产率，工艺改进：增设一个前置工序，交由备馅工序做，水饺制作工时改善图见图 14.6。

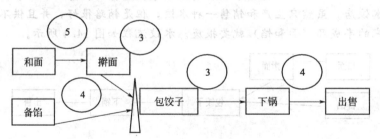

图 14.6　水饺制作工时改善图

水饺制作工时改善后，每小时产出增加 4 份。

可增加利润 $=(6-3×95\%)×4×12×30=4536$（元）

第一次：多产出了 45 份；

第二次：多产出了 39 份；

第三次：原料成本的降低 5%；

第四次：多产出了 48 份。

（5）回到步骤一，不要让人的惰性成为系统约束。

① 约束可能来自企业内部，也可能来自外部，优先处理内部约束；

② 约束可能来自物料、能力、市场、政策、公司固有的制度、员工的态度和习惯。

启发思考：

该店利用约束管理每月共增加了多少利润？

本 章 小 结

本章主要介绍了几种新型生产运作方式。

首先,详细介绍了关于准时生产(JIT)的相关内容:这种生产方式的核心是追求一种无库存的生产系统,或使库存达到最小的生产系统,本章还介绍了适时适量、弹性配置作业人数和质量保证三种手段,并对"看板"在内的一系列具体方法进行了概述。

其次,介绍了精益生产的相关内容,对其特点、可能存在的误区、问题以及运营效果一一进行阐述。本章针对敏捷制造的三要素、基本理念、特点以及技术基础等内容展开讨论。

再次,对大规模定制相关内容进行概述。

最后,本章介绍了约束管理的相关内容,从寻找突破制约因素的方法、服从制约因素、提高约束产能、持续改进和DBR系统五个步骤对约束管理中的产能约束展开细致的介绍。

一、名词解释
1. 精益生产 2. 瓶颈资源 3. 大规模定制 4. 生产平准化 5. DBR

二、简答题
1. 简述JIT生产方式的基本手段。
2. 简述看板的使用规则。
3. 简述精益生产的关键因素及优势和风险。
4. 简述敏捷制造的特点。
5. 敏捷制造的技术基础。
6. 大规模定制和大规模生产的区别。
7. 约束管理系统和持续改进。

参考文献

[1] [美] 威廉·史蒂文森，[中] 张群，张杰. 运营管理 [M]. 北京：机械工业出版社. 2020.

[2] 刘晓冰. 李新然. 运营管理 [M]. 北京：清华大学出版社，2011.

[3] 夏文汇. 物流运作管理 [D]. 拉萨：西藏大学出版社，2003.

[4] 方勇，王璞，吴卫红，张爱美，任继勤. 技术经济学 [M]. 北京：机械工业出版社，2018.

[5] 梅林. 电子商务时代现代物流运营管理的研究 [D]. 哈尔滨：哈尔滨工程大学，2003.

[6] 张群. 生产与运作管理 [M]. 北京：机械工业出版社，2016.

[7] 陈荣秋、马士华，生产与运作管理 [M]. 北京：高等教育出版社，2018.

[8] 张列平. 精益生产与 MRPII 实施分析：精益生产及制造资源计划管理思想综述与实施分析（之三）[J]. 工业工程与管理. 1997，(4)：33-36.

[9] 周晓东，邹国胜，谢洁飞，张双杰. 大规模定制研究综述 [J]. 计算机集成制造系统 CIMS，2003，9 (12)：1045-1056

[10] 邹海峰. 面向多品种小批量生产的 MES 中作业计划的研究 [D]. 广州：广东工业大学，2005.

[11] 陈军波. 现场管理体系及其关键技术研究 [D]. 重庆：重庆大学，2006.

[12] 张霄. 基于 TOC 理论的制造型企业管理的应用研究 [J]. 工业工程与管理. 2008，(5)：3-63.

[13] 方勇，任继勤，蔡中华. 质量管理 [M]. 北京：化学工业出版社，2020.